The Ticker Symbol Book

Other Standard & Poor's Books:

Standard & Poor's Stock and Bond Guide

Standard & Poor's 500 Guide

Standard & Poor's Midcap 400 Guide

Standard & Poor's Smallcap 600 Guide

Standard & Poor's Sector Investing

Standard & Poor's 401(K) Planning Guide

The Ticker Symbol Book

1997 Edition

Standard & Poor's

McGraw-Hill

New York   San Francisco   Washington, D.C.   Auckland   Bogotá
Caracas   Lisbon   London   Madrid   Mexico City   Milan
Montreal   New Delhi   San Juan   Singapore
Sydney   Tokyo   Toronto

Library of Congress Catalog Card Number: 96-77916

McGraw-Hill

A Division of The McGraw·Hill Companies

Standard & Poor's

1 2 3 4 5 6 7 8 9 0   DOC/DOC   9 0 1 0 9 8 7 6

ISBN 0-07-052409-2

For Standard & Poor's:
  Frank LoVaglio, *Associate Publisher, Guide Services*

For McGraw-Hill:
  David Conti, *Sponsoring Editor*
  Allyson Arias, *Assistant Editor*
  Patricia V. Amoroso, *Editing Supervisor*
  Donald F. Schmidt, *Production Supervisor*

Printed and bound by R. R. Donnelley & Sons.

This publication is designed to provide accurate and authoritative information in regard to the subject matter covered. It is sold with the understanding that the publisher is not engaged in rendering legal, accounting, or other professional service. If legal advice or other expert assistance is required, the services of a competent professional person should be sought.

> *–From a declaration of principles jointly adopted by a committee of the American Bar Association and a committee of publishers.*

 This book is printed on recycled, acid-free paper containing a minimum of 50% recycled, de-inked fiber.

Contents

Introduction

The truism *is* true: We live in an age of information. Faxes, modems, e-mail, smart phones, laptops—all the paraphernalia of modern communications technology—spread information about companies and their stocks more rapidly than our forebears around the buttonwood tree could have imagined. Successful investors need immediate access to that information if for no other reason than this: Everyone else has it.

That makes ticker symbols an increasingly powerful and essential tool for amateur investors as well as professional ones. The symbols offer fingertip access to a growing array of facts about the more than 10,000 publicly traded companies in the United States. Timely access to those facts can make the difference between investment success and failure. "Investors need accurate information right away," says Brett Rodda, who keeps tabs on ticker symbols for the Nasdaq Stock Market. "Ticker symbols help them get it."

One sign of ticker symbols' increasing importance is their sheer ubiquity. Open a newspaper or turn on your television or check your mail. Tickers are thicker than black flies in May. They appear next to the name of each company listed on the stock tables of newspapers such as *Barron's* and *The Wall Street Journal.* They

roll across the bottom of the television screen during
CNN's *Headline News* or CNBC broadcasts. Investment
newsletters and brokerage reports are littered with
ticker symbols. But if you don't know which ticker
symbols belong to which firms, none of this means
much to you.

Meanwhile, investors who use software and home
computers to monitor or manage their portfolios are
finding ticker symbols indispensable. We now use
computers and the Internet to access information
about stocks and companies' finances that were once
limited exclusively to traders, brokers, and other Wall
Street mavens. For instance, say it's 11:00 A.M. and
you're dying to check how shares of General Electric
are doing. If you've got access to America Online,
Compuserve, financial software such as StreetSmart,
or numerous Web sites, simply type the ticker symbol
(in this case, it's GE), and you've got your price. (Some
programs offer real-time quotes, while others quote
prices with 15-minute delays.) And you'll need a ticker
symbol if you want to check out an Internet news
group on your favorite stock. A wealth of information
is available to the smallest of investors armed with a
home computer—but you've got to know the ticker
symbols.

In short, the time has come for a book that does just
what this one does: *The Ticker Symbol Book* alphabeti-
cally lists all the companies found in the three major
U.S. stock exchanges—the New York Stock Exchange
(NYSE); the American Stock Exchange (AMEX); and
the Nasdaq Exchanges: Nasdaq National Market
(NNM) and Nasdaq Small Cap (NSC)—and their cor-
responding ticker symbols. Selected stocks from these
regional and international exchanges are included as
well: Amsterdam (AM); Australian (AU); Belgium
(BL); Boston (BO); Bovespa (BA); Brazilian (BSP);
Emerging Company Marketplace (ECM); London
(LO); Mexican (ME); Milan (ML); Montreal (MS);

Nasdaq Small Cap (NSC); Over-the-Counter (OTC); Pacific (PC); Toronto (TS); and Vancouver (VS).

The first section of the book lists the companies by their ticker symbols; that way, you can translate the tickers you read on the television screen or elsewhere. If you need to know a company's ticker, go to the second section of this book, look up the firm's name, and you're in business.

That's all you need to know to use this book. But there are more things you might like to know anyway—the kind of information that might make it easier to read the ticker tape on your television screen, or perhaps to make life just a little more interesting. The fact is, the history of ticker symbols is intertwined with the history of investing in this country.

First, some basic facts: Ticker symbols are letters assigned by stock exchanges to abbreviate the full names of companies, making it quicker and easier to trade the firms' stocks. For instance, AT&T's symbol is "T." Stroll into the visitor's center at the New York Stock Exchange and listen for awhile. You might hear traders yelling, "Give me some T!" If you're lucky, you won't hear some of the other things they yell.

Companies listed on the NYSE or AMEX have ticker symbols of one to three letters. Nasdaq issues feature mostly four-letter ticker symbols. Some of the most actively traded stocks on these exchanges are Philip Morris (NYSE ticker symbol: MO), Hasbro (AMEX: HAS) and Microsoft (Nasdaq: MSFT).

Many investors know ticker symbols through business newspapers and television, such as the electronic ticker seen on CNBC and CNN. The figures that flow rapidly across your TV screen may seem like a jumble of letters and numbers, but the ticker tape's message is easy to decipher if you know the code.

Here it is: The top row of figures on the ticker tape you see on your television features information about stocks listed on the NYSE (3,306 issues) and AMEX

(925 issues), while the bottom level tells the story on Nasdaq stocks (5,424 issues). A typical ticker entry includes the company's ticker symbol followed by the most recent price of that company's stock—that is, what the stock's price was 15 minutes before. If the price was arrived at in a trade of 10,000 or more shares, the share volume of the trade often will be indicated next to the stock's price.

Ticker tapes at brokerage firms and on the trading floor of each exchange show up-to-the-second prices. (Vendors such as Bloomberg or Reuters will sell you a terminal that displays "real-time" prices and other data—but be prepared to shell out truly big bucks.)

Tickers usually flow across the screen alphabetically, typically followed by summaries of various financial benchmarks—the Dow Jones Industrial Average, the Dow Jones Transportation Average, the Standard & Poor's 500 stock index, the 30-year bond, the NYSE, AMEX, and Nasdaq indices. The tape also shows the ratio of stocks that have advanced in price to stocks that have declined.

Like wheelbarrows, chairs, and other modest implements, ticker symbols have an interesting history. They date to 1844, when Samuel Morse built his first land telegraph, which ran between Washington and Baltimore. Morse started the Magnetic Telegraph Company the same year. It operated a line from New York to Philadelphia (the two largest markets for stock trading at the time). Before the hookup, communication between the two cities took days. The telegraph reduced that time to 15 seconds.

Stock brokers took note immediately. By 1860, New York's Wall Street market was connected by telegraph to every major American city. Newspapers throughout the country began quoting Wall Street prices, which became the standard for determining what a stock was worth at any given moment.

Seven years later, in 1867, Edward A. Calahan, an operator for the American Telegraph Company, patented the first version of the ticker—a machine that printed out lists of ticker symbols and prices. That summer, Calahan helped form the Gold and Stock Telegraph Company, which manufactured and leased the ticker machines to brokerages for $6 a week. The machines sent out prices from the floors of the New York, Gold, and other exchanges directly to brokers around the country.

In the years that followed, the ticker machine got better. Thomas Edison's glass-domed ticker, a widely recognized symbol of Wall Street, was used by brokers until the 1940s, when the exchanges began to send prices electronically to brokers. The New York Stock Exchange fully automated data transmission from the floor in December 1966. Now, of course, ticker symbols show up on Quotrons and other terminals in brokers' offices: There is no more ticker tape.

Ticker symbols came soon after Morse started selling telegraph service to businesses. Anonymous telegraph operators made up short abbreviations of the firms' names, reserving one-letter symbols for the most actively traded stocks to conserve wire space.

During the 1800s, these single-letter symbols went to railroad companies: Atchison, Topeka & Santa Fe was "A," Brooklyn Rapid Transit was "B," and so on. As railroads' importance diminished, those symbols were assigned elsewhere. However, a few of the early symbols are still in use today: Sears, Roebuck is still "S," American Telephone and Telegraph has kept its "T," and Woolworth remains "Z." Don't look for a company with the ticker symbol "Q"; that letter is used as a prefix for companies in bankruptcy.

A company's ticker symbol often is an easy-to-decipher abbreviation of its name—"GM" for General Motors or "XON" for Exxon. When assigning a ticker symbol, the exchange asks the company to propose three alternative symbols in order of preference, then uses the first one that is available. The Nasdaq can assign a fifth letter to designate issues that are not common or capital shares, or that are subject to special restrictions or conditions. Only Nasdaq can give out these fifth letters.*

Do ticker symbols matter? Corporate managers seem to think so. "Many corporations treat their symbols like personalized license plates," says Nasdaq's Brett Rodda. "They choose the symbols very carefully, and they are reluctant to change them." Case in point: A Pennsylvania-based computer company almost filed a lawsuit against one exchange after the exchange delisted the firm and assigned it a new ticker symbol. The old symbol was given to a health-care management corporation. "A ticker symbol represents a company. Changing it unexpectedly is dangerous," groused the computer company's president when I called him. "Our shareholders were very confused and disappointed."

Psychologists say a catchy ticker symbol can foster the same kind of brand loyalty that products with easy-to-remember names have. Linda Barbanel, a New York psychotherapist, believes that ticker symbols are

---

* The Nasdaq can apply a fifth letter to any of its ticker symbols to signify a stock's special situation. The information that follows is also printed each day in the C section of *The Wall Street Journal:* A = Class A. B = Class B. C = Exempt from Nasdaq listing qualifications for a limited period. D = New issues of an existing stock. E = Delinquent in required filings with the SEC, as determined by the NASD. F = Foreign. G = First convertible bond. H = Second convertible bond, same company. I = Third convertible company, same company. J = Voting. K = Nonvoting. L = Miscellaneous situations, including second-class units, third-class of warrants, or sixth-class of preferred stock. M = Fourth preferred, same company. N = Third preferred, same company. O = Second preferred, same company. P = First preferred, same company. Q = In bankruptcy proceedings. R = Rights. S = Shares of beneficial interest. T = With warrants or rights. U = Units. V = When issued and when distributed. W = Warrants. Y = American Depository Receipt (ADR). Z = Miscellaneous situations, including second class of warrants, fifth class of preferred stock and any unit, receipt, or certificate representing a limited partnership interest.

an important part of a company's marketing strategy. "Visibility is the name of the game," she says. "Smart companies should do everything they can to stand out from the crowd."

Lately, investors have come across new stock offerings from BUNZ (Schlotzsky's Inc., a sourdough bun-and-sandwich chain), WIKD (Pete's Brewing Company, maker of Pete's Wicked Ale); and GRR (Asia Tigers, an investment company). Other examples are RARE (Bugaboo Creek Steak House), SUIT (Men's Warehouse), LOUD (New Ear, a hearing aid company), RAYS (Sunglass Hut), and GUSH (Fountain Oil). The list goes on, but I won't.

Tickers have a delightfully seamy side, too. Remember comedian George Carlin's list of things you can't say on TV? Meet Nasdaq's "restricted list" of 25 or so four-letter symbols that you'll never run across in *The Wall Street Journal*. They showed me the list. You don't want to see it. There are no hard and fast rules about which symbols make the list. Following Senator Jesse Helms's definition of obscenity ("I know it when I see it"), the Nasdaq can refuse any symbol it deems inappropriate.

Problems also arise when different companies' ticker symbols are too much alike. Each stock exchange keeps its eye on the others; thus, the NYSE's symbol for Bass (BAS) won't be used for a company whose shares trade on the AMEX. Still, some investors almost certainly have bought shares of MFS Technology (MFST) thinking they were scooping up shares of Microsoft (MSFT). Tough luck for them.

If only they'd had this book.

How to use this book:

It's easy to find the information you're looking for in *The Ticker Symbol Book*. For instance, if you're watching

CNBC and you notice that shares of ABIO closed up $2, simply find the ticker symbol ABIO in the first section of the book. You'll find that the company that had the good day is Applied Biometrics. You'll also see that the company is listed on the Nasdaq Small-Cap market.

But say it's 10:00 P.M. and you're itching to know how shares of that European company your friend recommended are holding up. Your computer can help—if you punch in the correct ticker symbol. But you can't remember it, and it's certainly not going to flash across the screen on CNN's *Headline News*. Grab this book and find ABN AMRO Holdings N.V. You'll find its ticker (ALGEF) and its exchange (Amsterdam).

The Editors

Securities By Ticker

Ticker	Issue	Exchange
A	Astra AB'A' ADS	NYSE
AA	Aluminum Co of Amer	NYSE
AAA	U.S.Alcohol Testing of Amer	AMEX
AAAPrA	U.S.Alcohol Test'g 14% Cl'A'Pfd	AMEX
AAB	Astra AB'B' ADS	NYSE
AACE	Ace Cash Express	NNM
AACI	All American Commun	NNM
AACIB	All Amer Communications'B'	NNM
AADV	Advantage Bancorp	NNM
AAF	Amer Gvt Income Portfolio	NYSE
AAG	Amer Annuity Group	NYSE
AAGIY	Anglo Am Gold Inv ADR	NSC
AAGP	Active Apparel Group	NSC
AAH	Prime Residential	NYSE
AAHS	Children's Broadcasting	NNM
AAIR	Airways Corp	NNM
AAL	Alexander & Alex Sv	NYSE
AALA	Ameralia Inc	NSC
AALR	Advanced Logic Research	NNM
AAM	Aames Financial	NYSE
AAME	Atlantic American	NNM
AAON	AAON Inc	NNM
AAP	Amway Asia Pacific	NYSE
AAPL	Apple Computer	NNM
AAPr	Alum Co Amer $3.75 Pfd	AMEX
AAS	AmeriSource Health'A'	NYSE
AAT	All-American Term Trust	NYSE
AATI	Analysis & Technology	NNM
AATT	Aavid Thermal Technologies	NNM
AB	Alex Brown Inc	NYSE
ABACF	Abacan Resource	NNM
ABAG	Safety Components Intl	NNM
ABAN	Amer Bancshares	NNM
ABAX	Abaxis Inc	NNM
ABBBY	ABB AB ADR	NSC
ABCB	ABC Bancorp	NNM
ABCC	Amer Business Computers	NSC
ABCN	Amer Bancorp Nevada	NNM
ABCO	Amer Buildings	NNM
ABCR	ABC Rail Products	NNM
ABCW	Anchor Bancorp Wisc	NNM
ABE	Amer Body Armor & Equip	AMEX
ABERF	Aber Resources Ltd	NSC
ABEV	Atlantic Beverage	NSC
ABF	Airborne Freight	NYSE
ABFS	Arkansas Best	NNM
ABFSP	Arkansas Best $2.875 'A' Pfd	NNM
ABGA	Allied Bankshares (GA)	NNM
ABIG	Amer Bankers Insur Grp	NNM
ABII	Amer Business Information	NNM
ABIO	Applied Biometrics	NSC
ABIX	Abatix Environmental	NSC
ABK	AMBAC Inc	NYSE
ABL	Amer Biltrite	AMEX
ABM	ABM Industries Inc	NYSE
ABMD	ABIOMED, Inc	NNM
ABN	Amer Banknote	NYSE
ABP	Amer Business Prod	NYSE
ABPCA	Au Bon Pain'A'	NNM
ABR	Arbor Property Tr	NYSE

Ticker	Issue	Exchange
ABRI	Abrams Industries	NNM
ABRX	ABR Information Services	NNM
ABS	Albertson's, Inc	NYSE
ABT	Abbott Laboratories	NYSE
ABTC	ABT Building Products	NNM
ABTE	Able Telecom Holding	NNM
ABTI	Alpha-Beta Technology	NNM
ABTX	AgriBioTech Inc	NSC
ABX	Barrick Gold	NYSE
ABY	Abitibi-Price	NYSE
AC	Alliance Cap Mgmt L.P.	NYSE
ACA	Arcadian Corp	NYSE
ACAI	Atlantic Coast Airlines	NNM
ACAM	Autocam Corp	NNM
ACAPrA	Arcadian Corp Mand Cv Pfd	NYSE
ACAR	Aegis Consumer Funding	NNM
ACAT	Arctco Inc	NNM
ACB	Van Kam Am Cap Bd	NYSE
ACCC	ACC Corp	NNM
ACCI	ACC Consumer Finance	NNM
ACCI	Amer Complex Care	NNM
ACCOB	Coors (Adolph)Cl'B'	NNM
ACCS	Access Health	NNM
ACCUF	Accugraph Corp	NNM
ACCX	Atchison Casting	NNM
ACD	Van Kam Am Cap Inc Tr	NYSE
ACE	Acme Electric	NYSE
ACEP	Parts Source	NSC
ACES	Amer Casino Enterprises	NSC
ACET	Aceto Corp	NNM
ACF	AmeriCredit Corp	NYSE
ACG	ACM Gvt Income Fund	NYSE
ACH	Alexander Haagen Properties	AMEX
ACI	Ashland Coal	NYSE
ACK	Armstrong World Indus	NYSE
ACL	ACE Limited	NYSE
ACLE	Accel Intl	NNM
ACMI	AccuMed Intl	NSC
ACMIW	AccuMed Intl Wrrt	NSC
ACMM	Accom Inc	NNM
ACMTA	ACMAT Corp'A'	NNM
ACN	Acuson Corp	NYSE
ACNAF	Air Canada'A'	NNM
ACNS	Amer Communications Svcs	NNM
ACNTF	Accent Software Intl	NSC
ACO	Acordia Inc	NYSE
ACOL	AMCOL Intl	NNM
ACOM	A+ Network	NNM
ACP	Amer R.E.Ptnrs L.P.	NYSE
ACPPr	Amer R.E. Ptnrs 5%'PIK'Pfd	NYSE
ACRG	ACR Group	NSC
ACRO	Acrodyne Communications	NSC
ACROW	Acrodyne Communicns Wrrt	NSC
ACRS	Across Data Systems	NNM
ACRT	Actrade Intl Ltd	NSC
ACS	Van Kam Am Cap Cv Sec	NYSE
ACSA	Affiliated Computer Services'A'	NNM
ACSI	Amer Cinemastores	NSC
ACSIW	American Cinemastores Wrrt	NSC
ACTC	Applied Cellular Technology	NSC

Ticker	Issue	Exchange
ACTI	Applied Computer Tech	NSC
ACTIW	Applied Computer Tech Wrrt	NSC
ACTL	Actel Corp	NNM
ACTM	ACT Manufacturing	NNM
ACTN	Action Performance Cos	NNM
ACTT	Act Teleconferencing	NSC
ACTTU	Act Teleconferencing Unit	NSC
ACTTW	Act Teleconferencing Wrrt	NSC
ACTYF	Applied Carbon Technology	NNM
ACU	Acme United	AMEX
ACV	Alberto-Culver Cl'B'	NYSE
ACV.A	Alberto-Culver Cl'A'	NYSE
ACVC	Active Voice	NNM
ACX	ACX Technologies	NYSE
ACXM	Acxiom Corp	NNM
ACZ	Action Indus	AMEX
AD	ADVO Inc	NYSE
ADA	AmeriData Technol	NYSE
ADAC	ADAC Laboratories	NNM
ADAM	A.D.A.M. Software	NNM
ADAX	Applied Digital Access	NNM
ADBE	Adobe Systems	NNM
ADC	Agree Realty	NYSE
ADCO	Adco Technologies	NNM
ADCT	ADC Telecommunications	NNM
ADDR	Addington Resources	NNM
ADEX	ADE Corp	NNM
ADF	ACM Managed Dollar Income	NYSE
ADGE	Adage Inc	NNM
ADI	Analog Devices	NYSE
ADIAY	Adia S.A. ADS	NNM
ADK	Allied Digital Tech	AMEX
ADLAC	Adelphia Communic'A'	NNM
ADLI	Amer Dental Technologies	NSC
ADLRF	Adrian Resources	NSC
ADLT	Advanced Lighting Technol	NNM
ADM	Archer-Daniels-Midland	NYSE
ADMG	Advanced Matls Group	NSC
ADMS	Advanced Marketing Svcs	NNM
ADMT	ADM Tronics Unlimited	NSC
ADNEA	Alden Electronics'A'	NSC
ADP	Allied Products	NYSE
ADPT	Adaptec Inc	NNM
ADSK	Autodesk, Inc	NNM
ADSO	Adaptive Solutions	NSC
ADSOW	Adaptive Solutions Wrrt	NSC
ADSP	Ariel Corp	NNM
ADSPU	Ariel Corp Unit 2000	NSC
ADSPW	Ariel Corp Wrrt	NNM
ADT	ADT Limited	NYSE
ADTC	Advanced Deposition Tech	NSC
ADTCW	Advanced Deposition Tech Wrrt	NSC
ADTK	Adept Technology	NNM
ADTN	Adtran Inc	NNM
ADV	Advest Group	NYSE
ADVNA	ADVANTA Corp Cl'A'	NNM
ADVNB	ADVANTA Corp Cl'B'	NNM
ADVNZ	ADVANTA Corp Dep Shrs	NNM
ADVS	Advent Software	NNM
ADVT	Advantage Life Products	NSC

Ticker	Issue	Exchange
ADX	Adams Express	NYSE
ADYNF	Andyne Computing	NNM
AE	Adams Res & Energy	AMEX
AEC	Associated Estates Realty	NYSE
AECPrA	Assoc Estates Rlty 9.75% Dep Pfd	NYSE
AED	Banco de A Edwards ADS	NYSE
AEF	Alliance Global Enviro Fd	NYSE
AEG	AEGON N.V. Ord	NYSE
AEIC	Air Express Intl	NNM
AEIS	Advanced Energy Industries	NNM
AEK	Salomon Inc 6.50% AMGN'ELKS'	AMEX
AEM	Agnico Eagle Mines	NYSE
AEN	AMC Entertainment	AMEX
AENPr	AMC Entertain't $1.75 Cv Pfd	AMEX
AEOK	Alexander Energy	NNM
AEOS	Amer Eagle Outfitters	NNM
AEP	Amer Electric Pwr	NYSE
AEPI	AEP Industries	NNM
AERN	AER Energy Resources	NNM
AERS	Aero Sys Engr	NSC
AERTA	Advanced Envirn Recycl Tech	NSC
AERTZ	Advanced Environm'l Recyclg Wrrt	NSC
AESC	AES Corp	NNM
AET	Aetna Life & Casualty	NYSE
AETC	Applied Extrusion Tech	NNM
AETPrA	Aetna Capital 9.50%'MIPS'	NYSE
AEWPrC	Appal Pwr,7.40% Pfd	NYSE
AF	Argentina Fund	NYSE
AFAS	Arden Industrial Products	NNM
AFC	Allmerica Financial	NYSE
AFCB	Affiliated Community Bancorp	NNM
AFCX	AFC Cable Systems	NNM
AFF	Morgan Stanley Africa Inv Fd	NYSE
AFFFZ	Amer First Finl 1987-A Fd	NNM
AFFI	Affinity Technology Gp	NNM
AFG	Amer Finl Group	NYSE
AFGL	AFGL Intl	NSC
AFIL	Amer Filtrona	NNM
AFL	AFLAC Inc	NYSE
AFLX	ADFlex Solutions	NNM
AFN	Alfin Inc	AMEX
AFP	United Capital Corp	AMEX
AFPC	AFP Imaging	NSC
AFPFZ	Amer First Ptc/Pfd Eqty Mtg	NNM
AFS	Associates First Capital'A'	NYSE
AFTXZ	Amer First Tax Exempt Mtg L.P.	NNM
AFTY	Affinity Teleproductions Inc	NSC
AFWY	Amer Freightways	NNM
AG	AGCO Corp	NYSE
AGAI	AG Associates	NNM
AGAM	Acres Gaming	NSC
AGAMW	Acres Gaming Wrrt	NSC
AGBG	Ag-Bag Intl Ltd	NSC
AGC	Amer General	NYSE
AGCH	Ag-Chem Equipment	NNM
AGCPrC	Amer Gen'l Del LLC 6% Cv'MIPS'	NYSE
AGCPrD	Amer Genl 7% Cv Pfd	NYSE
AGCPrM	Amer Genl 8.45% 'MIPS'	NYSE
AGCPrN	Amer Genl 8.125% 'MIPS'	NYSE
AGDM	Americana Gold&Diamond Hldgs	NSC

Ticker	Issue	Exchange
AGE	Edwards(AG)Inc	NYSE
AGF	Amer Gvt Income Fd	NYSE
AGFIB	Fortis AG	BL
AGH	Atlantis Plastics	AMEX
AGI	Alpine Group	AMEX
AGII	Argonaut Group	NNM
AGL	Angelica Corp	NYSE
AGLF	Atlantic Gulf Communities	NNM
AGMIF	Agrium Inc	NNM
AGN	Allergan, Inc	NYSE
AGNU	Agri-Nutrition Group	NNM
AGPCE	AGP & Co	NSC
AGPH	Agouron Pharmaceuticals	NNM
AGR	Corporacion Banc Espana ADS	NYSE
AGREA	Amer Greetings Cl'A'	NNM
AGRPA	Associated Group 'A'	NNM
AGRPB	Associated Group 'B'	NNM
AGSV	Ag Services of America	NNM
AGTX	Applied Graphics Tech	NNM
AHA	Alpha Indus	AMEX
AHC	Amerada Hess	NYSE
AHCC	Arbor Health Care	NNM
AHCI	Ambanc Holding	NNM
AHE	Amer Health Prop	NYSE
AHEPZ	Amer Health Prop Dep Pfd	NNM
AHG	Apria Healthcare Grp	NYSE
AHIC	Amer HealthChoice	NSC
AHIS	AHI Healthcare Sys	NNM
AHL	Amer Heritage Life	NYSE
AHLCP	Amer Life Hldg $2.16 Pfd	NNM
AHLN	Ahold nv	AM
AHM	Ahmanson (H F) & Co	NYSE
AHMPrB	Ahmanson(H F) 9.60% Dep Pfd	NYSE
AHMPrC	Ahmanson(HF)8.40% Dep Pfd	NYSE
AHMPrD	Ahmanson (HF) Cv Dep Pfd	NYSE
AHO	Ahold Ltd ADR	NYSE
AHOM	Amer HomePatient	NNM
AHP	Amer Home Products	NYSE
AHPI	Allied Healthcare Prod	NNM
AHPPr	Amer Home Prod,$2 Cv Pfd	NYSE
AHR	Americana Hotels/Rlty	NYSE
AHSIW	Ages Health Svcs Wrrt	NSC
AHT	AIRCOA Hotel Ptnrs L.P.'A'	AMEX
AI	Arrow Automotive Indus	AMEX
AIA	Amer Ins Mtge Inv L.P.	AMEX
AIB	Allied Irish Banks ADS	NYSE
AIBPr	Allied Irish Banks Pref ADS	NYSE
AIC	Asset Investors Corp	NYSE
AIDA	Aid Auto Stores	NSC
AIDAW	Aid Auto Stores Wrrt	NSC
AIF	Acceptance Insur Cos	NYSE
AIFC	Amer Indem/Finl	NNM
AIG	Amer Intl Group	NYSE
AII	Amer Ins Mtge Inv Ser 85	AMEX
AIII	Autologic Information Intl	NNM
AIJ	Amer Ins Mtge Inv Ser 86	AMEX
AIK	Amer Ins Mtge Inv Ser 88	AMEX
AILP	ALPNET, Inc	NSC
AIM	Aerosonic Corp	AMEX
AIMM	AutoImmune Inc	NNM

Ticker	Issue	Exchange
AIN	Albany Intl 'A'	NYSE
AIND	Arnold Indus	NNM
AINN	Applied Innovation	NNM
AIP	Amer Israeli Paper Ord	AMEX
AIPN	Amer Intl Petroleum	NNM
AIPNW	American Intl Pete Wrrt	NNM
AIR	AAR Corp	NYSE
AIRM	Air Methods	NNM
AIRT	Air Transn Hldgs	NSC
AIS.A	Ampal-Amer Israel'A'	AMEX
AIS.A WS	Ampal-Amer Israel Wrrt	AMEX
AIT	Ameritech Corp	NYSE
AIV	Apartment Investment & Mgmt'A'	NYSE
AIX	Astrotech Intl	AMEX
AIZ	Amcast Industrial	NYSE
AJAY	Ajay Sports	NSC
AJAYP	Ajay Sports 10% Cv Pfd	NSC
AJAYW	Ajay Sports Wrrt	NSC
AJG	Gallagher(Arthur J.)	NYSE
AJL	Amway Japan Ltd ADS	NYSE
AJP	AJL Peps Trust	NYSE
AK	Ackerley Communications	AMEX
AKLM	Acclaim Entertainment	NNM
AKO	Embotelladora Andina ADS	NYSE
AKPPr	Entergy Arkansas $2.40cmPfd	NYSE
AKRN	Akorn Inc	NNM
AKS	AK Steel Holding	NYSE
AKSEF	Arakis Energy	NNM
AKSPr	AK Steel Hldg 7%'SAILS'	NYSE
AKSY	Aksys Ltd	NNM
AKZOY	Akzo Nobel N.V. ADS	NNM
AL	Alcan Aluminium Ltd	NYSE
ALA	Alcatel Alsthom ADS	NYSE
ALAB	Alabama Natl Bancorp	NNM
ALAN	Alanco Environmental Res	NSC
ALB	Albemarle Corp	NYSE
ALBC	Albion Banc Corp	NSC
ALBK	ALBANK Finl	NNM
ALCC	Allied Capital Commercial	NNM
ALCD	Alcide Corp	NNM
ALCI	Allcity Insurance	NNM
ALCL	Allied Capital Lending	NNM
ALCM	All-Comm Media	NSC
ALCO	Alico, Inc	NNM
ALD	AlliedSignal Inc	NYSE
ALDA	Aldila Inc	NNM
ALDNF	Aladdin Knowledge Systems	NNM
ALDV	Allied Devices Corp	NSC
ALES	Nor'Wester Brewing	NNM
ALET	Aloette Cosmetics	NNM
ALEX	Alexander & Baldwin	NNM
ALF	Assisted Living Concepts	AMEX
ALFA	Alfa Corp	NNM
ALFC	ALLIED Life Financial	NNM
ALG	Alamo Group	NYSE
ALGEF	ABN AMRO Holdings N.V.	AM
ALGI	Amer Locker Group	NNM
ALGR	ALLIED Group	NNM
ALGSF	Algoma Steel	NNM
ALHY	Alpha Hospitality	NSC

Ticker	Issue	Exchange
ALHYW	Alpha Hospitality Wrrt	NSC
ALII	Allied Capital Corp II	NNM
ALK	Alaska Air Group	NYSE
ALKS	Alkermes Inc	NNM
ALL	Allstate Corp	NYSE
ALLA	Allied Capital Advisers	NNM
ALLC	Allied Capital Corp	NNM
ALLE	Allegiant Bancorp	NNM
ALLG	Allegiance Banc	NNM
ALLIF	Alliance Communic 'B'	NNM
ALLP	Alliance Pharmaceutical	NNM
ALLY	Alliance Gaming	NNM
ALM	Allmerica Sec Tr	NYSE
ALMI	Alpha Microsystems	NNM
ALMIW	Alpha Microsystems Wrrt	NNM
ALN	Allen Group	NYSE
ALNK	AmeriLink Corp	NNM
ALO	ALPHARMA INC 'A'	NYSE
ALO.WS	ALPHARMA Inc Wrrt	NYSE
ALOG	Analogic Corp	NNM
ALOT	Astro-Med	NNM
ALPH	AlphaNet Solutions	NNM
ALPPrA	Alabama Pwr 7.60%'A'Pfd	NYSE
ALPPrB	Alabama Pwr 6.80% 'A' Pfd	NYSE
ALPPrC	Alabama Pwr 6.40% 'A' Pfd	NYSE
ALPPrD	Alabama Pwr Adj Rt'A''93 Sr	NYSE
ALPPrH	Alabama Pwr 7.60% 2nd'A'Pfd	NYSE
ALPPrQ	Ala Pwr Cap I 7.375% Tr Pfd Sec	NYSE
ALR	Allied Research Corp	AMEX
ALRC	Alternative Resources	NNM
ALRIZ	Allergan Ligand Retinoid (Unit)	NNM
ALRM	Protection One	NNM
ALRN	Altron Inc	NNM
ALRT	First Alert	NNM
ALS	Allegheny Ludlum	NYSE
ALSC	Alliance Semiconductor	NNM
ALTA	Alta Gold Co	NNM
ALTD	Alternate Postal Delivery	NSC
ALTN	Alteon Inc	NNM
ALTR	Altera Corp	NNM
ALU	Allou Health&Beauty'A'	AMEX
ALW	Allwaste Inc	NYSE
ALX	Alexander's, Inc	NYSE
ALXN	Alexion Pharmaceuticals	NNM
AM	AM International	AMEX
AMA	Advanced Medical Inc	AMEX
AMAC	Amer Medical Alert	NSC
AMAPr	Advanced Med'l 10% cm Pfd	AMEX
AMAT	Applied Materials	NNM
AMB	Amer Brands	NYSE
AMBC	Amer Bancorp Ohio	NNM
AMBI	Applied Microbiology	NNM
AMBIW	Applied Microbiology Wrrt	NSC
AMBK	AMBANC Corp	NSC
AMBPrA	Amer Brands $2.67 Cv Pfd	NYSE
AMBR	AMBAR Inc	NNM
AMCE	Amer Claims Evaluation	NNM
AMCN	Amer Coin Merchandising	NNM
AMCRY	Amcor Limited ADR	NNM
AMCS	AMISYS Managed Care Sys	NNM

Ticker	Issue	Exchange
AMCV	Amer Classic Voyages	NNM
AMD	Advanced Micro Dev	NYSE
AME	AMETEK, Inc	NYSE
AMED	AMEDISYS Inc	NSC
AMEP	Amer Educational Prd	NNM
AMER	America Online	NNM
AMES	Ames Department Stores	NNM
AMESW	Ames Dept Stores Wrrt 'C'	NSC
AMEVN	Fortis AMEV	AM
AMF	ACM Managed Income Fund	NYSE
AMFB	Amer Federal Bank	NNM
AMFC	AMB Financial	NNM
AMFI	Amcore Financial	NNM
AMGD	Amer Vanguard	NNM
AMGN	Amgen Inc	NNM
AMH	Amdahl Corp	AMEX
AMHC	Amer Healthcorp	NNM
AMI	Acme Metals	NYSE
AMIE	Ambassadors Intl	NNM
AMK	Amer Techl Ceramics	AMEX
AML	Amli Residential Prop	NYSE
AMLJ	AML Communications	NNM
AMLN	Amylin Pharmaceuticals	NNM
AMM	AMRE Inc	NYSE
AMMB	AMRESCO INC	NNM
AMN	Ameron Intl	NYSE
AMO	Alliance All-Mkt Adv Fd	NYSE
AMOO	AMERCO	NNM
AMP	AMP Inc	NYSE
AMPBA	Amer Pac Bk Aumsville OR	NSC
AMPH	Amer Physicians Svc Gr	NNM
AMPI	Amplicon, Inc	NNM
AMPLP	Ampal-Amer Israel 6.50% Pfd	NSC
AMR	AMR Corp	NYSE
AMRC	Amer Recreation Ctrs	NNM
AMRD	Amer Radio Systems'A'	NNM
AMRI	Amrion Inc	NNM
AMRN	Amerin Corp	NNM
AMS	Amer Shared Hosp Sv	AMEX
AMSC	Amer Superconductor	NNM
AMSR	Amserv Healthcare	NNM
AMST	Amer Studios	NNM
AMSWA	Amer Software'A'	NNM
AMSY	Amer Mgmt Systems	NNM
AMT	Acme-Cleveland	NYSE
AMTA	Amistar Corp	NNM
AMTC	Amtech Corp	NNM
AMTI	American Med Technologies	NSC
AMTL	AMTROL, Inc	NNM
AMTR	Amtran, Inc	NNM
AMTX	Amati Communications	NNM
AMU	ACM Muni Securities Income	NYSE
AMV	AmVestors Finl	NYSE
AMVWW	AmVestors Fin'l Wrrt	NSC
AMW	Amwest Insur Group	AMEX
AMWD	Amer Woodmark	NNM
AM.WS	AM Intl Wrrt	AMEX
AMX	Alumax Inc	NYSE
AMXI	AMNEX Inc	NSC
AMXX	AMX Corp	NNM

Ticker	Issue	Exchange
AMZ	Amer List	AMEX
AN	Amoco Corp	NYSE
ANAD	ANADIGICS Inc	NNM
ANAFF	A & A Foods Ltd	NSC
ANAT	Amer Natl Insur	NNM
ANBC	ANB Corp	NNM
ANBK	Amer Natl Bancorp	NNM
ANCR	Ancor Communications	NSC
AND	Andrea Electronics	AMEX
ANDB	Andover Bancorp	NNM
ANDE	Andersons Inc	NNM
ANDR	Andersen Group	NNM
ANDW	Andrew Corp	NNM
ANEN	Anaren Microwave	NNM
ANET	ACT Networks	NNM
ANGLY	Anglo Amer So Afr ADR	NSC
ANGN	Angeion Corp	NNM
ANIC	Anicom Inc	NNM
ANIK	Anika Research	NSC
ANLG	Analogy Inc	NNM
ANLT	Analytical Surveys	NNM
ANLY	Analysts Intl	NNM
ANM	Angeles Mtge Inv Tr L.P.	AMEX
ANMI	Allegro New Media	NSC
ANMR	Advanced NMR Systems	NSC
ANMRW	Advanced NMR Sys Wrrt	NSC
ANN	AnnTaylor Stores	NYSE
ANNB	Annapolis Bancshares	NSC
ANRG	Anergen Inc	NNM
ANSN	Ansan Inc	NSC
ANSNU	Ansan Inc Unit	NSC
ANSNW	Ansan Inc Wrrt'A'	NSC
ANSNZ	Ansan Inc Wrrt'B'	NSC
ANST	Ansoft Corp	NNM
ANSY	AirNet Systems	NNM
ANT	Anthony Indus	NYSE
ANTC	ANTEC Corp	NNM
ANTR	Antares Resources	NSC
ANU	Anuhco Inc	AMEX
ANZ	Australia & N.Z. Bk ADS	NYSE
ANZPr	Aust&N.ZealandBk9.125%Pfd	NYSE
AOC	Aon Corp	NYSE
AOCPrA	Aon Cp 8% Perpetual Pfd	NYSE
AOCPrB	Aon Cp 6.25% Cv Ex Pfd	NYSE
AOF	ACM Gvt Opportunity Fd	NYSE
AOG	Alberta Energy	NYSE
AOPrA	AMERCO Sr'A'Pfd	NYSE
AORGB	Allen Organ Cl'B'	NNM
AORI	Amer Oncology Res	NNM
AOS	Smith (A.O.)	NYSE
AOTI	Advanced Orthopedic Tech	NSC
AP	Ampco-Pittsburgh	NYSE
APA	Apache Corp	NYSE
APAC	APAC TeleServices	NNM
APAGF	Apco Argentina	NSC
APAT	APA Optics	NSC
APB	Asia Pacific Fund	NYSE
APBI	Applied Bioscience	NNM
APC	Anadarko Petroleum	NYSE
APCC	Amer Power Conversion	NNM

Ticker	Issue	Exchange
APCO	Automobile Protection-APCO	NSC
APD	Air Products & Chem	NYSE
APF	Morgan Stanley Asia-Pac Fund	NYSE
APFC	Amer Pacific	NNM
APG	Aprogenex Inc	AMEX
APGG	Apogee Inc	NNM
APGI	Green(A.P.)Indus	NNM
APGR	Arch Communications Group	NNM
APH	Amphenol Corp'A'	NYSE
APHT	Aphton Corp	NNM
API	Advanced Photonix'A'	AMEX
APII	Action Products Intl	NSC
APLOF	Alaska Apollo Res Ltd	NSC
APLX	Applix Inc	NNM
APM	Applied Magnetics	NYSE
APMC	Applied Microsystems	NNM
APOG	Apogee Enterprises	NNM
APOL	Apollo Group'A'	NNM
APOS	Advanced Polymer Sys	NNM
APP	Amer Paging	AMEX
APPB	Applebee's Intl	NNM
APQCF	Asia Pacific Resources Ltd	NSC
APR	Amer Precision Indus	NYSE
APS	Amer President Cos	NYSE
APSG	Applied Signal Technology	NNM
APSI	APS Holding 'A'	NNM
APSO	Apple South	NNM
APT	Angeles Ptc Mtge'A'SBI	AMEX
APTI	Amer Portable Telecom	NNM
APTS	Apertus Technologies	NNM
APU	AmeriGas Partners L.P.	NYSE
APW	Applied Power Cl'A'	NYSE
APWD	Applewoods Inc	NSC
APX	Apex Muni Fund	NYSE
APY	Allmerica Prop & Cas Cos	NYSE
AQCR	Aqua Care Systems	NSC
AQCRW	Aqua Care Sys Wrrt 'A'	NSC
AQCRZ	Aqua Care Sys Wrrt 'B'	NSC
AQM	QMS Inc	NYSE
AQP	Aquila Gas Pipeline	NYSE
AQQA	Aquanatural Co	NSC
AQS	AmeriQuest Technol	NYSE
AQTN	Aequitron Medical	NNM
AQUX	Aquagenix Inc	NNM
AQUXW	Aquagenix Inc Wrrt	NNM
AR	ASARCO Inc	NYSE
ARA	Aracruz Celulose S.A. ADS	NYSE
ARB	Amer Realty Tr SBI	NYSE
ARBR	Arbor Drugs	NNM
ARC	Atlantic Richfield	NYSE
ARCCA	ARC Capital Cl'A'	NSC
ARCCW	ARC Cap Wrrt 'A'	NSC
ARCCZ	ARC Cap Wrrt 'B'	NSC
ARCH	Arch Petroleum Inc	NNM
ARCI	Appliance Recycling Ctrs Amer	NNM
ARCPrA	Atlantic Rich $3 Cv Pref	NYSE
ARCPrC	Atlantic Rich,$2.80 Cv Pref	NYSE
ARDNA	Arden Group Cl'A'	NNM
AREA	Area Bancshares	NNM
AREE	Amer Resource	NSC

Ticker	Issue	Exchange
AREL	Alpharel,Inc	NNM
ARG	Airgas Inc	NYSE
ARGL	Argyle Television 'A'	NNM
ARGNA	Amerigon Inc'A'	NSC
ARGT	ArgentBank	NNM
ARGY	Argosy Gaming	NNM
ARH	Asia Pac Resources Intl'A'	NYSE
ARIA	ARIAD Pharmaceuticals	NNM
ARIAW	ARIAD Pharmaceuticals Wrrt	NNM
ARIB	Aspen Imaging Intl	NSC
ARINA	Arista Invs Corp	NSC
ARIS	ARI Network Services	NNM
ARK	Senior High Income Portfolio	NYSE
ARKR	Ark Restaurants	NNM
ARLCF	Arel Comm & Software	NNM
ARLWF	Arel Comm & Software Wrrt'A'	NNM
ARMF	Armanino Foods Distinction	NSC
ARMPr	ARM Fin'l 9.50% Pfd	AMEX
ARMR	Armor All Products	NNM
ARN	Amer Re Corp	NYSE
ARNPrA	Amer Re Capital 8.50% 'QUIPS'	NYSE
ARNX	Aronex Pharmaceuticals	NNM
AROC	American River Oil	NSC
ARON	Aaron Rents	NNM
ARONA	Aaron Rents Cl'A'	NNM
AROW	Arrow Financial	NNM
ARPPrQ	Arizona Pub SvAdj Rt Q Pfd	NYSE
ARPPrW	Arizona Pub Svc $1.8125 Pfd	NYSE
ARRO	Arrow International	NNM
ARRS	Arris Pharmaceutical	NNM
ARRW	Arrow Transportation	NSC
ARSD	Arabian Shield Dev	NNM
ARSN	AirSensors Inc	NNM
ARSNW	AirSensors Wrrt	NNM
ARSW	Arbor Software	NNM
ARTC	ArthroCare Corp	NNM
ARTG	Artistic Greetings	NNM
ARTL	Aristotle Corp	NSC
ARTNA	Artesian Resources 'A'	NNM
ARTS	Media Arts Group	NNM
ARTW	Art's Way Mfg	NNM
ARV	Arvin Indus	NYSE
ARVI	ARV Assisted Living	NNM
ARVX	Aerovox Inc	NNM
ARW	Arrow Electronics	NYSE
ARWM	Arrow-Magnolia Intl	NSC
ARX	Aeroflex Inc	NYSE
ARYTF	Aryt Inds Ltd	NSC
ARZNF	Arzan Intl(1991) Ltd	NSC
ARZWF	Arzan Intl(1991) Wrrt	NSC
AS	Armco Inc	NYSE
ASA	ASA Ltd	NYSE
ASAA	ASA Intl Ltd	NSC
ASAI	Atlantic So'east Air	NNM
ASAM	ASAHI/America	NNM
ASBC	Associated Banc-Corp	NNM
ASBI	Ameriana Bancorp	NNM
ASBK	Aspen Bancshares	NNM
ASBP	ASB Financial	NNM
ASC	Amer Stores	NYSE

Ticker	Issue	Exchange
ASCA	Ameristar Casinos	NNM
ASCO	Alpha Solarco	NSC
ASD	Amer Standard	NYSE
ASDV	Aspect Development	NNM
ASE	Amer Science & Engr	AMEX
ASEC	Aseco Corp	NNM
ASFC	Astoria Financial	NNM
ASFI	Asta Funding	NSC
ASFN	Allstate Financial	NNM
ASFT	Artisoft Inc	NNM
ASG	Liberty ALL-STAR Growth Fd	NYSE
ASGN	On Assignment	NNM
ASGR	Amer Service Group	NNM
ASH	Ashland Inc	NYSE
ASHE	Aasche Transportation	NNM
ASHEW	Aasche Transport Svcs Wrrt	NNM
ASHPr	Ashland Inc $3.125 Cv Pfd	NYSE
ASHW	Ashworth Inc	NNM
ASI	Automated Security Hldgs ADS	NYSE
ASIA	Sunbase Asia	NNM
ASII	Airport Systems Intl	NNM
ASILU	Alcohol Sensors Intl Unit	NSC
ASIPY	Anangel-Amer Shiphldgs ADS	NNM
ASL	Ashanti Goldfields Ltd GDS	NYSE
ASM	Authentic Fitness	NYSE
ASMIF	Advanced Semi Mat's	NNM
ASMLF	ASM Litography Hldg NV	NNM
ASN	Alco Standard	NYSE
ASND	Ascend Communications	NNM
ASNPrB	Alco Std $5.04 Cv Dep Pfd	NYSE
ASNT	Asante Technologies	NNM
ASO	AmSouth Bancorp	NYSE
ASP	Amer Strategic Inc Portfolio	NYSE
ASPT	Aspect Telecommunications	NNM
ASPX	Auspex Systems	NNM
ASPr	Armco Inc,$2.10 Cv Pfd	NYSE
ASPrA	Armco $4.50 Cv B Pfd	NYSE
ASPrB	Armco $3.625 Cv A Pfd	NYSE
ASR	ASR Investments	AMEX
AST	AIM Strategic Income Fd	AMEX
AST.BA	ASTRA Compania Argentina	BA
ASTA	AST Research	NNM
ASTE	Astec Industries	NNM
ASTF	AccuStaff Inc	NNM
ASTN	Ashton Tech Group	NSC
ASTNW	Ashton Tech Group Wrrt	NSC
ASTR	Astrosystems Inc	NNM
ASTX	Applied Science & Tech	NNM
ASTXW	Applied Science & Tech Wrrt	NNM
ASVI	A S V Inc	NSC
ASW	Audits & Surveys Worldwide	AMEX
ASX	Amer States Financial	NYSE
ASYS	Amtech Systems	NSC
ASYSW	Amtech Sys Wrrt	NSC
ASYT	Asyst Technologies	NNM
AT	ALLTEL Corp	NYSE
ATA	Artra Group	NYSE
ATAXZ	Amer First Tax Exempt Mtg 2	NNM
ATC	Atari Corp	AMEX
ATCE	ATC Environmental	NNM

Ticker	Issue	Exchange
ATCEL	ATC Environmental Wrrt 'C'	NNM
ATCI	Autonomous Tech	NNM
ATCT	ATC Communications	NNM
ATE	Atlantic Energy	NYSE
ATEA	Astea Intl	NNM
ATEC	ATEC Group	NSC
ATECW	ATEC Group Wrrt	NSC
ATEL	Amer Telecasting	NNM
ATF	Equity Income Fund	AMEX
ATG	AGL Resources	NYSE
ATGI	Alpha Technologies Grp	NNM
ATGPr	Atlanta Gas Lt 7.70% Dep Pfd	NYSE
ATH	Advanced Therapeutic Sys	AMEX
ATHN	Athena Neurosciences	NNM
ATI	AirTouch Communications	NYSE
ATIS	Advanced Tissue Sci	NNM
ATJ	AT Plastics	AMEX
ATK	Alliant Techsystems	NYSE
ATKN	Atkinson (Guy F.)Calif	NNM
ATL	Atalanta/Sosnoff	NYSE
ATLB	Atlantic Bank & Trust	NNM
ATLC	Atlantic Pharmaceuticals	NSC
ATLCU	Atlantic Pharma'l Units 2000	NSC
ATLCW	Atlantic Pharm'l Wrrt 2000	NSC
ATLI	Advanced Technology Labs	NNM
ATLRS	Atlantic Realty Trust	NSC
ATLS	Atlas Air	NNM
ATMI	Advanced Technology Matr'l	NNM
ATML	Atmel Corp	NNM
ATNI	Atlantic Tele-Network	NNM
ATO	Atmos Energy Corp	NYSE
ATOY	Amer Toys	NSC
ATOYW	American Toys Wrrt	NSC
ATOYZ	American Toys Non-Red Wrrt	NSC
ATP	Atlas Pacific Limited	AU
ATP	Power Control Technologies	NYSE
ATPC	Athey Products	NNM
ATPr	ALLTEL Corp $2.06 Cv Pfd	NYSE
ATR	AptarGroup Inc	NYSE
ATRE	Appletree Companies	NSC
ATRI	Atrion Corp	NNM
ATRM	Aetrium Inc	NNM
ATRO	Astronics Corp	NNM
ATRX	Atrix Laboratories	NNM
ATSB	AmTrust Capital	NSC
ATSI	ATS Medical	NNM
ATSIW	ATS Med Inc Wrrt	NNM
ATSP	Aristo International	NSC
ATSS	Air-Cure Technologies	NNM
ATSW	Atria Software	NNM
ATTC	Auto-trol Technology	NSC
ATV	ARC Intl	AMEX
ATVC	Amer Travellers	NNM
ATVI	Activision Inc	NNM
ATWD	Atwood Oceanics	NNM
ATX.A	Cross (A.T.) Cl'A'	AMEX
ATXI	Atrix International	NSC
ATY	Grupo Casa Autrey ADS	NYSE
AU	Amax Gold Inc	NYSE
AU	Ariel Resources	TS

Ticker	Issue	Exchange
AUBN	Auburn Natl Bancorp	NSC
AUD	Automatic Data Proc	NYSE
AUDK	Audio King	NSC
AUG	Augat, Inc	NYSE
AUGI	Amer United Global	NNM
AUGIW	American United Global Wrrt	NNM
AULT	Ault Inc	NSC
AUPrB	Amax Gold $3.75 Sr'B'Cv Pfd	NYSE
AUR	Aurora Electronics	AMEX
AURA	Aura Systems Inc	NNM
AURT	Aurtex Inc	NSC
AUST	Austin's International	NSC
AUTO	AutoInfo Inc	NNM
AVC	Advocat Inc	NYSE
AVCC	Acorn Venture Cap	NSC
AVDL	Avondale Industries	NNM
AVE	AVEMCO Corp	NYSE
AVEC	Avecor Cardiovascular	NNM
AVEI	Arterial Vascular Engineering	NNM
AVF	Advanced Financial	AMEX
AVFIP	Advanced Finl 10.50% Cv 'B' Pfd	NSC
AVGN	Avigen Inc	NNM
AVID	Avid Technology	NNM
AVITW	Avitar Inc Wrrt	NSC
AVL	Aviall Inc	NYSE
AVM	Advanced Magnetics	AMEX
AVN	Avalon Properties	NYSE
AVND	Avondale Financial	NNM
AVNPrA	Avalon Prop 9% Sr'A'Pfd	NYSE
AVNT	Avant Corp	NNM
AVP	Avon Products	NYSE
AVR	Avenor Inc	TS
AVRT	Avert Inc	NNM
AVRTW	Avert Inc Wrrt	NNM
AVT	Avnet, Inc	NYSE
AVTC	Applied Voice Technology	NNM
AVTR	Avatar Hldgs	NNM
AVV	Aviva Petroleum Dep	AMEX
AVX	AVX Corp	NYSE
AVY	Avery Dennison Corp	NYSE
AW	Amer Waste Svcs'A'	NYSE
AWA	America West Airlines 'B'	NYSE
AWA.WS	America West Airlines Wrrt	NYSE
AWCI	Amer White Cross	NNM
AWCSA	AW Computer Systems'A'	NNM
AWF	Alliance World Dollar Gvt Fd II	NYSE
AWG	Alliance World Dollar Gvt Fd	NYSE
AWII	Ameriwood Indus Intl	NNM
AWIN	Allied Waste Ind	NNM
AWK	Amer Water Works	NYSE
AWKPrA	Amer Water Wks 5%Pref	NYSE
AWKPrB	Amer Water Wks,5% Pfd	NYSE
AWS	Alba-Waldensian	AMEX
AWT	Air & Water Tech'A'	AMEX
AX	Amer Exploration(New)	AMEX
AXAS	Abraxas Petroleum	NNM
AXC	Ampex Corp'A'	AMEX
AXD	Amer Exp 6.25% 'DECS' '96	NYSE
AXE	Anixter Intl	NYSE
AXLE	T.J.T. Inc	NSC

Ticker	Issue	Exchange
AXLEW	T.J.T. Inc Wrrt	NSC
AXNT	AXENT Technologies	NNM
AXO	Alamco Inc	AMEX
AXP	Amer Express	NYSE
AXPrC	Amer Explor Cv Dep'C'Pfd	AMEX
AXR	AMREP Corp	NYSE
AXT	Amer Muni Term Trust	NYSE
AYD	Aydin Corp	NYSE
AYN	Lehman Br Amgen'YEELD''97	AMEX
AYP	Allegheny Power Sys	NYSE
AZ	Atlas Corp	NYSE
AZA	ALZA Corp	NYSE
AZC	Azco Mining	AMEX
AZD	Arizona Pub Svc 10%'MIDS'	NYSE
AZIC	Arizona Instrument	NSC
AZL	Arizona Land Income'A'	AMEX
AZO	AutoZone Inc	NYSE
AZPN	Aspen Technology	NNM
AZR	Aztar Corp	NYSE
AZTC	Aztec Mfg Co	NNM
AZ.WS	Atlas Corp Wrrt	AMEX
B	Barnes Group	NYSE
BA	Boeing Co	NYSE
BAANF	Baan Co NV	NNM
BAB	British Airways ADS	NYSE
BABC	Barrington Bancorp	NSC
BAC	BankAmerica Corp	NYSE
BACH	Bachman Information Sys	NNM
BACPrA	BankAmer Adj cm A Pfd	NYSE
BACPrB	BankAmer Adj cm B Pfd	NYSE
BACPrH	BankAmer 9% cm Ser'H'Pfd	NYSE
BACPrK	BankAmer 8.375% cm Ser'K'Pfd	NYSE
BACPrL	BankAmer 8.16% cm Ser'L' Pfd	NYSE
BACPrM	BankAmer 7.875% cm Ser'M'Pfd	NYSE
BACPrN	BankAmer 8.50% cm Ser'N'Pfd	NYSE
BACU	Bacou USA	NNM
BAE	Buenos Aires Embotell'a ADS	NYSE
BAGL	BAB Holdings	NSC
BAIB	Bailey Corp	NNM
BAKE	Greenberg(William Jr)Desserts	NSC
BAMM	Books-A-Million	NNM
BAN	Banister Foundation	AMEX
BANC	BankAtlantic Bancorp'B'	NNM
BANCA	BankAtlantic Bancorp 'A'	NNM
BANF	BancFirst Corp	NNM
BAP	Credicorp Ltd	NYSE
BAR	Banner Aerospace	NYSE
BARE	Barefoot Inc	NNM
BARR	Barringer Technologies Inc	NSC
BARY	Barry's Jewelers	NNM
BARYW	Barry's Jewelers Wrrt	NSC
BARZ	BARRA Inc	NNM
BAS	Bass ADS	NYSE
BASEA	Base Ten Sys Cl'A'	NNM
BASEB	Base Ten Sys Cl'B'	NSC
BAT	Blackrock Advantage Term	NYSE
BATS	Batteries Batteries	NNM
BATSW	Batteries Batteries Wrrt	NNM
BAX	Baxter International	NYSE
BAY	Bay Networks	NYSE

Ticker	Issue	Exchange
BBA	Bombay Company	NYSE
BBBY	Bed Bath & Beyond	NNM
BBC	Bergen Brunswig 'A'	NYSE
BBD.B	Bombardier Inc Cl'B'	TS
BBHF	Barbers,Hairstyling Men&Women	NSC
BBI	Barnett Banks Inc	NYSE
BBIOY	British Biotech plc ADS	NNM
BBKS	Bobbie Brooks	NSC
BBN	BBN Corp	NYSE
BBNK	BayBanks Inc	NNM
BBOX	Black Box Corp	NNM
BBRC	Burr-Brown Corp	NNM
BBSI	Barrett Business Svcs	NNM
BBT	Blackrock 1998 Term Tr	NYSE
BBTK	BroadBand Technologies	NNM
BBV	Banco Bilbao Vizcaya ADS	NYSE
BBY	Best Buy Co	NYSE
BBYPrM	Best Buy Cap 6.50%'MIPS'	NYSE
BC	Brunswick Corp	NYSE
BCAML	BCAM Intl Wrrt'B'	NSC
BCAMZ	BCAM Intl Wrrt'E'	NSC
BCBF	BCB Financial Svcs	NNM
BCBPr	Barclays Bk E1/E2 UnitADS	NYSE
BCBPrC	Barclays Bk Cl/C2Unit ADS	NYSE
BCBPrD	Barclays Bk D1/D2Unit ADS	NYSE
BCC	Boise Cascade	NYSE
BCCPrF	Boise Cascade 9.40% Dep Pfd	NYSE
BCCPrG	Boise Cascade 7.48% Dep Pfd	NYSE
BCE	BCE Inc	NYSE
BCF	Burlington Coat Factory	NYSE
BCG	BC Gas	TS
BCGA	Bank Corp (GA)	NNM
BCH	Banco Cent Hispanoamer ADS	NYSE
BCHPE	Blue Chip Computerware	NSC
BCHXF	BioChem Pharma	NNM
BCII	Bone Care Intl	NSC
BCIS	Bancinsurance Corp	NNM
BCL	Biocraft Labs	NYSE
BCMD	Brush Creek Mining/Dvlp	NSC
BCMPY	Bell Cablemedia	NNM
BCN	Beacon Properties	NYSE
BCO	Blessings Corp	AMEX
BCOM	Bank of Commerce	NNM
BCP	Balchem Corp	AMEX
BCR	Bard (C.R.)	NYSE
BCRX	BioCryst Pharm'l	NNM
BCS	Barclays plc ADS	NYSE
BCT	Blackrock Broad Inv Gr 2009	AMEX
BCTI	BCT International	NNM
BCU	Borden Chem/Plastics L.P.	NYSE
BCV	Bancroft Convertible Fd	AMEX
BCYR	Bucyrus Intl	NNM
BDCO	Blue Dolphin Energy	NSC
BDF	1838 Bond-Deb Trad'g	NYSE
BDG	Bandag, Inc	NYSE
BDG A	Bandag Inc 'A'	NYSE
BDJI	First Fed Bancorp(MN)	NSC
BDK	Black & Decker Corp	NYSE
BDL	Flanigan's Enterprises	AMEX
BDMI	BDM Intl	NNM

Ticker	Issue	Exchange
BDN	Brandywine Rlty Trust SBI	AMEX
BDR	Blonder Tongue Labs	AMEX
BDT	Breed Technologies	NYSE
BDTC	Bio-Dental Technologies	NNM
BDX	Becton, Dickinson	NYSE
BDY	Bindley Western Indus	NYSE
BDYN	Biodynamics Intl	NSC
BE	Benguet Corp Cl'B'	NYSE
BEAM	Summit Technology	NNM
BEAN	Brothers Gourmet Coffees	NNM
BEAR	Vermont Teddy Bear	NNM
BEAV	BE Aerospace	NNM
BEC	Beckman Instruments	NYSE
BED	Bedford Prop Investors(New)	NYSE
BEDSD	Hillside Bedding	NSC
BEEF	Western Beef Inc	NNM
BEERF	Big Rock Brewery	NNM
BEI	Berg Electronics	NYSE
BEII	BEI Electronics	NNM
BEL	Bell Atlantic Corp	NYSE
BELD	Belden & Blake Corp	NNM
BELF	Bel Fuse Inc	NNM
BELL	Bell Bancorp	NNM
BELM	Bell Microproducts	NNM
BELT	Bell Tech Group Ltd	NSC
BELTW	Bell Technology Wrrt	NSC
BELW	Bellwether Exploration	NNM
BEM	Bergstrom Capital	AMEX
BEN	Franklin Resources	NYSE
BEP	BET Public Ltd ADS	NYSE
BEPI	Bureau of Elec Pub	NSC
BEPIW	Bureau Electr Pubg Wrrt	NSC
BER	Bearings, Inc	NYSE
BERT	Bertucci's Inc	NNM
BESIF	BE Semiconductor Indus	NNM
BEST	Best Products	NNM
BET	Bethlehem Corp	AMEX
BETM	Amer Wagering	NNM
BETS	Florida Gaming	NSC
BETT	Bettis Corp	NNM
BEV	Beverly Enterprises	NYSE
BEVTC	Bev-Tyme Inc	NSC
BEVTP	Bev Tyme 10% Cv'C' Pfd	NSC
BEVTZ	Bev-Tyme Inc Wrrt'C'	NSC
BEXPr	Extecapital Ltd'A'Pref	NYSE
BEZ	Baldor Electric	NYSE
BF.A	Brown-Forman'A'	NYSE
BF.B	Brown-Forman Cl'B'	NYSE
BFC	Blackrock CA Ins Muni 2008 Tr	NYSE
BFCI	Braun's Fashions	NNM
BFCX	Benson Financial	NNM
BFD	BostonFed Bancorp	AMEX
BFE	Browning-Ferris 7.25% 'ACES'	NYSE
BFEN	BF Enterprises	NNM
BFI	Browning-Ferris Indus	NYSE
BFIT	Bally Total Fitness Holding	NNM
BFOH	BancFirst Ohio Corp	NNM
BFPT	Brooks Fiber Properties	NNM
BFPr	Brown-Forman Inc 4% Pfd	NYSE
BFR	Banco Frances del Rio ADS	NYSE

Ticker	Issue	Exchange
BFS	Saul Centers	NYSE
BFSB	Bedford Bancshares	NNM
BFSI	BFS Bankorp	NNM
BFX	Buffton Corp	AMEX
BG	Brown Group	NYSE
BGA	Banco Ganadero ADS	NYSE
BGAPr	Banco Ganadero 'C'Pref ADS	NYSE
BGALY	Banco de Galicia-Buenos Aires	NNM
BGAS	Berkshire Gas	NNM
BGC	Bay State Gas	NYSE
BGE	Baltimore Gas & El	NYSE
BGEN	Biogen Inc	NNM
BGF	Big Flower Press Hldgs	NYSE
BGG	Briggs & Stratton	NYSE
BGI.EC	Besicorp Group	ECM
BGII	Bally Gaming Intl	NNM
BGL	Brooke Group Ltd	NYSE
BGLS	Manhattan Bagel	NNM
BGLV	Bally's Grand	NNM
BGLVW	Ballys Grand Wrrt	NNM
BGN	Bogen Communic Intl	AMEX
BGN.E	Bogen Communic Intl Unit	AMEX
BGN.WS	Bogen Communic Intl Wrrt	AMEX
BGO	Bema Gold	AMEX
BGP	Borders Group	NYSE
BGR	Bangor Hydro Electric	NYSE
BGRH	Berger Hldgs Ltd	NSC
BGSS	BGS Systems	NNM
BGT	Blackrock Strategic Term	NYSE
BH	Bristol Hotel	NYSE
BHA	Biscayne Apparel	AMEX
BHAG	BHA Group'A'	NNM
BHAL	Bernard Haldane Assoc Inc	NSC
BHC	BHC Communications'A'	AMEX
BHCF	BHC Financial	NNM
BHE	Benchmark Electronics	AMEX
BHI	Baker Hughes Inc	NYSE
BHIKF	BHI Corp	NNM
BHIX	Belmont Homes	NNM
BHM	B&H Maritime Carriers	AMEX
BHO	B&H Ocean Carriers	AMEX
BHP	Broken Hill Prop ADR	NYSE
BHW	Bell & Howell	NYSE
BHWK	Black Hawk Gaming & Dvlp	NNM
BHWKW	Black Hawk Gaming Wrrt 'A'	NNM
BHWKZ	Black Hawk Gaming Wrrt 'B'	NNM
BHY	Belding Heminway	NYSE
BI	Bell Industries	NYSE
BIAC	BI Inc	NNM
BICO	Biocontrol Technology	NSC
BID	Sotheby's Hldgs Cl'A'	NYSE
BIGB	Big B, Inc	NNM
BIGC	Big City Bagels	NSC
BIGCW	Big City Bagels Wrrt	NSC
BIGE	Big Entertainment'A'	NSC
BIGO	Big O Tires, Inc	NNM
BIKE	Cannondale Corp	NNM
BIME	Biomune Systems	NSC
BIN	Binks Mfg	AMEX
BINC	Biospherics	NNM

Ticker	Issue	Exchange
BIO.A	Bio-Rad Labs Cl'A'	AMEX
BIO.B	Bio-Rad Labs Cl'B'	AMEX
BIOC	Biocircuits Corp	NNM
BIOI	BioSource Intl	NNM
BIOMF	Biomira Inc	NNM
BIOP	Biopsys Medical	NNM
BIOS	biosys Inc	NNM
BIOT	BioTechnica Intl	NNM
BIOX	Biomatrix Inc	NNM
BIPL	Biopool Intl	NSC
BIR	Birmingham Steel	NYSE
BIRD	Bird Corp	NNM
BIRDP	Bird Corp $1.85 Cv Pref	NSC
BIRM	Birmingham Utils	NNM
BIS	Barrister Info Sys	AMEX
BISA	Baltic Intl USA	NSC
BISAW	Baltic Intl USA Wrrt	NSC
BITI	Bio Imaging Technologies Inc	NSC
BITIW	Bio Imaging Technol Wrrt'G'	NSC
BJCT	Bioject Medl Technologies	NNM
BJICA	Ben & Jerry's Cl'A'	NNM
BJS	BJ Services	NYSE
BJS.WS	BJ Services Wrrt	NYSE
BK	Bank of New York	NYSE
BKB	Bank of Boston	NYSE
BKBPrA	Bank of Boston Adj Rt A Pfd	NYSE
BKBPrB	Bank of Boston Adj Rt B Pfd	NYSE
BKBPrC	Bank of Boston Adj Rt C Pfd	NYSE
BKBPrE	Bank of Boston 8.60% Dep Pfd	NYSE
BKBPrF	Bank of Boston 7.875%DepPfd	NYSE
BKC	Amer Bank, Conn	AMEX
BKCS	BKC Semiconductors	NNM
BKCT	Bancorp Connecticut	NNM
BKF	Baker,Fentress & Co	NYSE
BKG	Lehman Br Reg'l Bk'SUNS' 1996	AMEX
BKH	Black Hills Corp	NYSE
BKI	Buckeye Cellulose	NYSE
BKLE	Buckle Inc	NNM
BKLY	Berkley (W.R.)	NNM
BKLYZ	Berkley(W.R.)7.375% Dep'A'Pfd	NNM
BKN	Blackrock Inv Qual Muni Tr	NYSE
BKNG	Banknorth Group	NNM
BKPrB	Bk of N.Y. 8.60% Dep Pfd	NYSE
BKR	Baker (Michael)	AMEX
BKS	Barnes & Noble	NYSE
BKSC	Bank South Carolina	NSC
BKST	Brookstone Inc	NNM
BKT	Blackrock Income Trust	NYSE
BKUNA	BankUnited Financial'A'	NNM
BKUNO	BankUnited Finl 9% Perp Pfd	NNM
BKUNP	BankUnited Finl 8% Cv Pfd	NNM
BKUPrA	Bank Utd Texas FSB Pfd	NYSE
BKUPrB	Bank Utd Texas 9.60% 'B' Pfd	NYSE
BL	Blair Corp	AMEX
BLC	Belo (A.H.)Cl'A'	NYSE
BLD	Baldwin Technology'A'	AMEX
BLDG	NCI Building Systems	NNM
BLDPF	Ballard Power Systems	NNM
BLE	Bradlees, Inc	NYSE
BLH	Bankers Life Holdings	NYSE

Ticker	Issue	Exchange
BLK	Blackrock 2001 Term Trust	NYSE
BLL	Ball Corp	NYSE
BLMT	Belmont Bancorp	NSC
BLN	Blackrock NY Ins Muni 2008 Tr	NYSE
BLOCA	Block Drug'A'non-vtg	NNM
BLP	Compania Boliviana De Energia	NYSE
BLS	BellSouth Corp	NYSE
BLSC	Bio-Logic Systems	NNM
BLSI	Boston Life Sciences	NSC
BLSIW	Boston Life Sciences Wrrt	NNM
BLT.A	Blount Intl Cl'A'	NYSE
BLT.B	Blount Intl Cv'B'	NYSE
BLTI	BIOLASE Technology	NSC
BLU	Blue Chip Value Fund	NYSE
BLUD	Immucor Inc	NNM
BLUE	Frederick Brewing	NSC
BLX	Banco Latinoamer de Export'E'	NYSE
BLY	Bally Entertainment	NYSE
BLYH	Blyth Holdings	NNM
BLYPrP	Bally Entertain't 8.00%'PRIDES'	NYSE
BLYVY	BlyvoorGold Mng ADR	NSC
BMC	BMC Industries	NYSE
BMCC	Bando McGlocklin Capital	NNM
BMCCP	Bando McGlocklin Adj Rt'A'Pfd	NNM
BMCS	BMC Software	NNM
BMCW	BMC West	NNM
BMET	Biomet, Inc	NNM
BMG	Battle Mtn Gold	NYSE
BMGPr	Battle Mtn Gold $3.25 Cv Pfd	NYSE
BMI	Badger Meter	AMEX
BMJF	B M J Financial	NNM
BMLS	Burke Mills	NNM
BMN	Blackrock Muni Target Term	NYSE
BMO	Bank of Montreal	NYSE
BMP	Ballard Medical Prod	NYSE
BMPE	Blimpie Int'l	NNM
BMRA	Biomerica Inc	NSC
BMRQ	BENCHMARQ Microelectronics	NNM
BMS	Bemis Co	NYSE
BMT	Blackrock Ins Muni Term	NYSE
BMTC	Bryn Mawr Bank	NNM
BMTN	Boomtown Inc	NNM
BMTR	Bonded Motors	NNM
BMY	Bristol-Myers Squibb	NYSE
BMYPr	Bris-Myr Squibb,$2 Cv Pfd	NYSE
BNA	Blackrock No Amer Gvt Inc	NYSE
BNBC	Broad Natl Bancorp	NNM
BNBGA	Bull & Bear Group 'A'	NSC
BNCC	BNCCORP Inc	NNM
BND	Bankers Tr6.125%CapSec	AMEX
BNE	Bowne & Co	AMEX
BNG	Benetton Group ADS	NYSE
BNGO	Amer Bingo & Gaming	NSC
BNGOW	Amer Bingo & Gaming Wrrt	NSC
BNHB	BNH Bancshares	NNM
BNHN	Benihana Inc	NNM
BNHNA	Benihana Inc'A'	NNM
BNI	Burlington Northern Santa Fe	NYSE
BNK	CNB Bancshares	NYSE
BNL	Beneficial Corp	NYSE

Ticker	Issue	Exchange
BNLPrA	Beneficial Corp,$4.50 Pfd	NYSE
BNLPrB	Beneficial Corp,$4.30 Pfd	NYSE
BNLPrC	Beneficial Corp,$5.50 Cv Pfd	NYSE
BNLPrV	Beneficial Corp,5% Pfd	NYSE
BNN	Blackrock 1999 Term Tr	NYSE
BNP	Boddie-Noell Properties	AMEX
BNRY	Bonray Drilling	NSC
BNS	Bank of Nova Scotia	TS
BNS	Brown & Sharpe Mfg'A'	NYSE
BNSOF	Bonso Electronics Intl	NNM
BNSWF	Bonso Electrs Intl Wrrt	NNM
BNT	Bentley Pharmaceuticals	AMEX
BNTA	Banta Corp	NNM
BNTN	Benton Oil & Gas	NNM
BNTNW	Benton Oil & Gas Wrrt	NNM
BNTT	Barnett Inc	NNM
BNT.WS.A	Bentley Pharma Cl'A' Wrrt	AMEX
BNYN	Banyan Systems	NNM
BOA	Bush Boake Allen	NYSE
BOAT	Boatmen's Bancshares	NNM
BOBE	Bob Evans Farms	NNM
BOBJY	Business Objects ADS	NNM
BOBS	Brazil Fast Food	NSC
BOBSW	Brazil Fast Food Wrrt'A'	NSC
BOBSZ	Brazil Fast Food Wrrt'B'	NSC
BOC	Beard Co	AMEX
BOCB	Buffets Inc	NNM
BOCI	Boca Research	NNM
BODY	Bio-Dyne Corp	NSC
BOG	Belco Oil & Gas	NYSE
BOH	Bancorp Hawaii	NYSE
BOKF	BOK Financial	NSC
BOL	Bausch & Lomb	NYSE
BOLD	Bolder Tech	NNM
BOM	Bowmar Instrument	AMEX
BOMPr	Bowmar Instr $3.00 Cv Pfd	AMEX
BOMS	BancorpSouth	NNM
BONEO	Banc One $3.50 Cv Pfd	NNM
BONT	Bon-Ton Stores	NNM
BONZ	Interpore Intl	NNM
BOOK	Village Green Bookstore	NSC
BOOKW	Village Green Bookstore Wrrt	NSC
BOOL	Boole & Babbage	NNM
BOOM	Dynamic Materials	NSC
BOOT	LaCrosse Footwear	NNM
BOP	Boise Cascade Office Products	NYSE
BOR	Borg-Warner Security	NYSE
BORAY	Boral Ltd ADS	NNM
BORL	Borland Intl	NNM
BORR	Borror Corp	NNM
BOS	Boston Celtics L.P.	NYSE
BOSA	Boston Acoustics	NNM
BOSCF	B.O.S. Better Online Solutions	NSC
BOST	Boston Chicken	NNM
BOSWF	B.O.S. Better Online Sol Wrrt	NSC
BOTX	Georgia Bonded Fibers	NNM
BOU	Banco Osorno y La UnionADS	NYSE
BOW	Bowater, Inc	NYSE
BOWPrB	Bowater Inc Dep'B'7%'PRIDES'	NYSE
BOWPrC	Bowater Inc'C'8.40% Dep Pfd	NYSE

Ticker	Issue	Exchange
BOXXA	Box Energy'A'	NNM
BOXXB	Box Energy 'B'	NNM
BOYD	Boyd Bros.Transport'n	NNM
BP	British Petrol ADS	NYSE
BPAO	Baldwin Piano & Organ	NNM
BPB	Bankers Tr N.Y. 7.50% Dep Pfd	AMEX
BPBC	Boston Private Bancorp	NSC
BPC	Banco Coml Portugues ADS	NYSE
BPIE	BPI Packaging Tech	NNM
BPIEP	BPI Pkg Tech 8.50%'A'Pfd	NSC
BPIEZ	BPI Pkg Technologies Wrrt'B'	NNM
BPILF	Basic Petroleum Intl	NNM
BPL	Buckeye Ptnrs L.P.	NYSE
BPLS	Bank Plus Corp	NNM
BPLX	Bio-Plexus Inc	NNM
BPMI	Badger Paper Mills	NNM
BPOP	BanPonce Corp	NNM
BPOPP	BanPonce 8.35% Mthly Inc Pfd	NNM
BPP	Burnham Pacific Prop	NYSE
BPR	Bankers Tr N.Y. 7.625%Dep Pfd	AMEX
BPRXA	Bradley Pharmaceuticals'A'	NNM
BPRXL	Bradley Pharm Wrrt 'D'	NNM
BPRXW	Bradley Pharm Wrrt 'A'	NNM
BPRXZ	Bradley Pharm Wrrt 'B'	NNM
BPT	BP Prudhoe Bay Royalty	NYSE
BPTM	Bridgeport Machines	NNM
BQR	Quick & Reilly Group	NYSE
BQT	Blackrock Inv Qual Term Tr	NYSE
BR	Burlington Resources	NYSE
BRAI	Boston Restaurant Assoc	NSC
BRAIW	Boston Restaurant Assoc Wrrt	NSC
BRBK	Brenton Banks	NNM
BRCOA	Brady(W.H.)'A'non-vtg	NNM
BRCP	BRC Holdings	NNM
BRD	Ragan (Brad)	AMEX
BRDL	Brendle's Inc	NSC
BRE	BRE Properties Cl'A'	NYSE
BREN	Brenco, Inc	NNM
BREW	Rock Bottom Restaurants	NNM
BRF	Blackrock FL Ins Muni 2008 Tr	NYSE
BRFC	Bridgeville Savings Bk	NSC
BRG	British Gas ADS	NYSE
BRGP	Business Resource Group	NNM
BRI	Berkshire Realty	NYSE
BRI.WS	Berkshire Realty Wrrt	NYSE
BRID	Bridgford Foods	NNM
BRIMF	Brimm Energy Corp	NSC
BRIOF	Brio Industries	NSC
BRK.A	Berkshire Hathaway'A'	NYSE
BRK.B	Berkshire Hathaway'B'	NYSE
BRKS	Brooks Automation	NNM
BRKT	Brooktrout Technology	NNM
BRL	Barr Laboratories	AMEX
BRLI	Bio-Reference Labs	NSC
BRLIW	Bio-Reference Labs Wrrt'A'	NSC
BRLIZ	Bio-Reference Labs Wrrt'B'	NSC
BRM	Blackrock Ins Muni 2008 Tr	NYSE
BRN	Barnwell Indus	AMEX
BROC	Brock Intl Inc	NNM
BROD	Broderbund Software	NNM

Ticker	Issue	Exchange
BRR	Barrett Resources	NYSE
BRS.A	Brascan Ltd Cv'A'Ord	AMEX
BRT	BRT Realty Trust SBI	NYSE
BRU	Burlington Res CoalSeamGasRty	NYSE
BRY	Berry Petroleum'A'	NYSE
BS	Bethlehem Steel	NYSE
BSBC	Branford Savings Bank(CT)	NNM
BSBI	Big Smith Brands	NSC
BSBIW	Big Smith Brands Wrrt	NSC
BSBL	Score Board	NNM
BSBN	BSB Bancorp	NNM
BSC	Bear Stearns Cos	NYSE
BSCPrA	Bear Stearns Adj Rt A Pfd	NYSE
BSCPrB	Bear Stearns 7.88%'B'Dep Pfd	NYSE
BSCPrC	Bear Stearns 7.60%'C'Dep Pfd	NYSE
BSCPrZ	Bear Stearns Fin LLC'EPICS'	NYSE
BSE	Boston Edison	NYSE
BSEP	BioSepra Inc	NNM
BSEPrA	Boston Edison 8.25% Dep Pfd	NYSE
BSEPrB	Boston Edison 7.75% Dep Pfd	NYSE
BSET	Bassett Furniture	NNM
BSFE	BioSafe Intl	NSC
BSFEL	BioSafe Intl Wrrt'E'	NSC
BSFEW	BioSafe Intl Wrrt'C'	NSC
BSFEZ	BioSafe Intl Wrrt'D'	NSC
BSFPrA	Santander Fin Pref'A'	NYSE
BSFPrB	Santander Fin Pref'B'	NYSE
BSFPrC	Santander Fin Pref'C'	NYSE
BSH	Bush Indus Cl'A'	NYSE
BSIS	Broadway & Seymour Inc	NNM
BSMT	Filene's Basement	NNM
BSNX	Basin Exploration	NNM
BSO	Bank of Southington	AMEX
BSP	Amer Strategic Inc Portfolio II	NYSE
BSPT	Bell Sports	NNM
BSPr	Bethlehem Steel $5 cm Cv Pfd	NYSE
BSPrB	Bethlehem Steel$2.50cmCv Pfd	NYSE
BSST	Baby Superstore	NNM
BST	British Steel ADS	NYSE
BSTC	BioSpecifics Technologies	NNM
BSTN	Boston Technology	NNM
BSTW	Bestway Inc	NSC
BSX	Boston Scientific	NYSE
BSY	British Sky Broadcstg Gp ADS	NYSE
BSYS	BISYS Group	NNM
BT	Bankers Trust NY	NYSE
BTB	Bankers Tr6% Cap Sec	AMEX
BTBTY	BT Shipping Ltd ADR	NNM
BTC	BancTec,Inc	NYSE
BTEK	Baltek Corp	NNM
BTF	BT Office Prod Intl	NYSE
BTFC	BT Financial	NNM
BTGC	Bio-Technology Genl	NNM
BTGCL	Bio Technology Gen Wrrt'A'	NNM
BTGI	BTG Inc	NNM
BTH	Blyth Industries	NYSE
BTHL	Bethel Bancorp	NNM
BTI	B.A.T.Indus Ord ADR	AMEX
BTIM	Biotime Inc	NSC
BTIOF	Battery Technologies	NNM

Ticker	Issue	Exchange
BTIX	Biomagnetic Tech	NNM
BTL	Betz Laboratories	NYSE
BTLR	Butler Mfg	NNM
BTN	Ballantyne of Omaha	AMEX
BTO	John Hancock Bk/Thrift Opp	NYSE
BTON	Benetton Group S.p.A	ML
BTPrI	Bankers Tr N.Y.8.55% Sr'I'Pfd	NYSE
BTPrQ	Bankers Tr N.Y. Adj Dep'Q'Pfd	NYSE
BTPrR	Bankers Tr N.Y. Adj Dep'R'Pfd	NYSE
BTPrS	Bankers Tr N.Y.7.75% Dep'S'Pfd	NYSE
BTR	Bradley Real Estate	NYSE
BTRE	Brooktree Corp	NNM
BTRN	Bio Transplant Inc	NNM
BTRY	Buttrey Food & Drug Stores	NNM
BTT	Blackrock Target Term	NYSE
BTUI	BTU International	NNM
BTV	BET Holdings'A'	NYSE
BTWS	Bitwise Designs	NSC
BTY	British Telecommn ADR	NYSE
BTZ	Berlitz International	NYSE
BU	Brooklyn Union Gas	NYSE
BUCK	Buckhead America	NNM
BUD	Anheuser-Busch Cos	NYSE
BUKS	Butler Natl	NSC
BULL	Bull Run Corp	NNM
BUNZ	Schlotzsky's Inc	NNM
BUR	Burlington Industries	NYSE
BURMY	Burmah Castrol plc ADR	NSC
BURN	Water-Jel Tech	NSC
BURNZ	Water-Jel Technol Wrrt'A'	NSC
BUS	Greyhound Lines	AMEX
BUTI	BeautiControl Cosmetics	NNM
BUTL	Butler International	NNM
BVAS	Bio-Vascular Inc	NNM
BVF	Biovail Corp Intl	AMEX
BVFS	Bay View Capital	NNM
BVGPr	BancoBilbaoVizcaya9.75% ADS	NYSE
BVGPrB	Banco Bilbao Vizcaya 9% ADS	NYSE
BVGPrC	BancoBilbaoVizcaya8.00%ADS	NYSE
BVN	Comp de Minas Buenaventura ADS	NYSE
BVRTF	BVR Technologies Ltd	NSC
BVSI	Brite Voice Systems	NNM
BW	Brush Wellman	NYSE
BWA	Borg-Warner Automotive	NYSE
BWAI	Builders Warehouse Assn	NSC
BWAY	BWAY Corp	NNM
BWC	Belden Inc	NYSE
BWFC	Bank West Financial	NNM
BWI	BioWhittaker Inc	NYSE
BWINA	Baldwin & Lyons Cl'A'	NNM
BWINB	Baldwin & Lyons Cl'B'	NNM
BWIP	BW/IP Inc	NNM
BWL.A	Bowl America Cl'A'	AMEX
BWLK	Boardwalk Casino	NSC
BWLKW	Boardwalk Casino Wrrt	NSC
BWP	Banco Wiese ADS	NYSE
BWY.WS	Broadway Stores Wrrt	NYSE
BXG	Bluegreen Corp	NYSE
BXT	Amer Muni Term Trust II	NYSE
BYA	Bay Apartment Communities	NYSE

Ticker	Issue	Exchange
BYBI	Back Yard Burgers	NSC
BYD	Boyd Gaming	NYSE
BYDS	Boyds Wheels	NNM
BYFC	Broadway Financial	NSC
BYX	Bayou Steel'A'	AMEX
BZ	Bairnco Corp	NYSE
BZET	Biofield Corp	NNM
BZF	Brazil Fund	NYSE
BZH	Beazer Homes USA	NYSE
BZHPrA	Beazer HomesUSA$2.00CvExPfd	NYSE
BZL	Brazilian Equity Fund	NYSE
C	Chrysler Corp	NYSE
CA	Canadian Airlines	TS
CA	Computer Assoc Intl	NYSE
CAASD	Capital Brands	NSC
CABI	Calif Bancshares	NNM
CABKZ	Capital Bancorpn $2 Dep'C'Pfd	NNM
CABP	Cameron Ashley Bldg Prod	NNM
CABR	Cabre Corp	NSC
CACB	Cascade Bancorp	NSC
CACC	Credit Acceptance	NNM
CACH	Cache, Inc	NNM
CACI	CACI Int'l	NNM
CACOA	Cato Corp'A'	NNM
CADA	CAM Data Systems	NSC
CADE	Cade Industries	NNM
CAER	Caere Corp	NNM
CAF	Capitol American Finl	NYSE
CAFC	Carolina First Corp	NNM
CAFE	Country Star Restaurants	NNM
CAFEP	Country Star Rest Cv'A' Pfd	NNM
CAFI	Camco Financial	NNM
CAG	ConAgra Inc	NYSE
CAGPrA	ConAgra Cap L.C. 9% Pfd	NYSE
CAGPrB	ConAgra Cap L.C.Adj Pfd'B'	NYSE
CAGPrC	ConAgra Cap L.C.9.35% Pfd	NYSE
CAH	Cardinal Health	NYSE
CAI.A	Contl Airlines'A'	NYSE
CAI.B	Contl Airlines'B'	NYSE
CAII	Capital Associates	NNM
CAIRW	Conquest Inds Wrrt	NSC
CAKE	Cheesecake Factory	NNM
CAL	Cal Fed Bancorp	NYSE
CALC	Commonwealth Aluminum	NNM
CALL	NEXTEL Communic'ns'A'	NNM
CALN	Calnetics Corp	NSC
CALP	Calif Pro Sports	NSC
CALPW	California Pro Sports Wrrt	NSC
CALPr	Cal Fed Bk 7.75% CvPfd'A'	NYSE
CALPrB	Calif Fed'l Bk10.625%'B'Pfd	NYSE
CALVF	Caledonia Mining	NNM
CAM	Camco International	NYSE
CAMD	Calif Micro Devices	NNM
CAML	Camelot Corp	NSC
CAMP	Calif Amplifier	NNM
CAN	Contl Can	NYSE
CAND	Candies Inc	NNM
CANDL	Candies Inc Wrrt 'B'	NSC
CANDN	Candies Inc Wrrt 'C'	NSC
CANNY	Canon Inc ADR	NNM

Ticker	Issue	Exchange
CANRQ	Canisco Resources	NSC
CANX	Cannon Express	NNM
CAP.EC	Creative Computer Appl	ECM
CAPS	Capital Savings Bancorp	NNM
CAR	Carter-Wallace	NYSE
CARA	Caraco Pharm Labs	NSC
CARAW	Caraco Pharm Labs Wrrt	NSC
CARD	Cardinal Bancshares	NNM
CARE	Care Group	NNM
CARN	Carrington Laboratories	NNM
CARV	Carver Federal Svgs Bank	NNM
CAS	Castle (A.M.)	AMEX
CASA	Casa Ole-Restaurants	NNM
CASB	Cascade Financial Corp	NSC
CASC	Cascade Corp	NNM
CASH	First Midwest Financial	NNM
CAST	Citation Corp	NNM
CASY	Casey's Genl Stores	NNM
CAT	Caterpillar Inc	NYSE
CATA	Capitol Transamerica	NNM
CATB	Catskill Financial	NNM
CATH	Catherines Stores	NNM
CATP	Cambridge Technology Ptnrs	NNM
CATS	Catalyst Semiconductor	NNM
CATX	C.ATS Software	NNM
CATY	Cathay Bancorp	NNM
CAV	Cavalier Homes	NYSE
CAVR	Carver Corp	NNM
CAWS	CAI Wireless Systems	NNM
CAX	Commercial Assets	AMEX
CB	Chubb Corp	NYSE
CBA	Brilliance China Automotive	NYSE
CBB	Caliber System	NYSE
CBBI	CB Bancshares	NNM
CBC	Centura Banks	NYSE
CBCA	Chancellor Broadcstg'A'	NNM
CBCF	Citizens Banking	NNM
CBCI	Calumet Bancorp	NNM
CBCL	Capitol Bancorp Ltd	NNM
CBCO	CB Bancorp	NSC
CBCP	Capital Bancorp (Fla)	NNM
CBE	Cooper Indus	NYSE
CBEX	Cambex Corp	NNM
CBHI	Brewer,C Homes'A'	NNM
CBIN	Community Bank Shares(Ind)	NSC
CBJ	Cambior Inc	AMEX
CBJ.WSA	Cambior Inc'96 Wrrt	AMEX
CBK	Citizens First Finl	AMEX
CBL	CBL & Associates Prop	NYSE
CBM	Cambrex Corp	AMEX
CBMD	Columbia Bancorp	NNM
CBMI	Creative BioMolecules	NNM
CBN	Cornerstone Bank	AMEX
CBNH	Community Bankshares (NH)	NNM
CBNJ	Carnegie Bancorp	NNM
CBNJW	Carnegie Bancorp Wrrt	NNM
CBNY	Commercial Bank of New York	NNM
CBOC	County Bank of Chesterfield	NSC
CBRL	Cracker Brl Old Ctry	NNM
CBRYA	Northland Cranberries'A'	NNM

27

Ticker	Issue	Exchange
CBS	Cort Business Services	NYSE
CBSA	Coastal Bancorp	NNM
CBSAP	Coastal Bancorp 9% 'A' Pfd	NNM
CBSB	Charter Financial	NNM
CBSH	Commerce Bancshares	NNM
CBSI	Community Bank Systems	NNM
CBSS	Compass Bancshares	NNM
CBT	Cabot Corp	NYSE
CBTC	CBT Corp	NNM
CBTSY	CBT Group ADS	NNM
CBUK	Cutter & Buck	NNM
CBVI	Coin Bill Validator	NNM
CBXC	Cybex Computer Products	NNM
CC	Circuit City Stores	NYSE
CCAI	Community Care of Amer	NNM
CCAM	CCA Industries	NNM
CCAR	CCAIR Inc	NSC
CCBC	California Commun Bancshs	NNM
CCBF	CCB Financial	NNM
CCBL	C-COR Electrs	NNM
CCBT	Cape Cod Bank & Trust	NNM
CCC	Calgon Carbon	NYSE
CCCFF	Chai-Na-Ta Corp	NNM
CCCI	Contl Choice Care	NNM
CCCIW	Continental Choice Care Wrrt	NNM
CCE	Coca-Cola Enterprises	NYSE
CCEE	Computer Concepts	NSC
CCF	Chase Corp	AMEX
CCFH	CCF Holding	NSC
CCG	Chelsea GCA Realty	NYSE
CCH	Campbell Resources	NYSE
CCI	Citicorp	NYSE
CCIL	Cellular Commun Intl	NNM
CCIPr	Citicorp Adj Rt 2nd Pfd	NYSE
CCIPrA	Citicorp Adj Rt 3rd Pfd	NYSE
CCIPrD	Citicorp 9.08% Dep Pfd	NYSE
CCIPrE	Citicorp 8.00% Dep Pfd	NYSE
CCIPrF	Citicorp 7.50% Dep Pfd	NYSE
CCIPrG	Citicorp Adj Rt Dep Pfd	NYSE
CCIPrH	Citicorp Adj Rt Dep'H'Pfd	NYSE
CCIPrI	Citicorp 8.30% Dep Pfd	NYSE
CCIPrJ	Citicorp 8.50% Dep Pfd	NYSE
CCIPrK	Citicorp 7.75% Dep Sr 22 Pfd	NYSE
CCIR	Contl Circuits	NNM
CCIX	Communic Central	NNM
CCJ	Cameco Corp	NYSE
CCJ PP	Cameco Corp 1st Installment	NYSE
CCK	Crown Cork & Seal	NYSE
CCKPr	Crown Cork&Seal 4.50% Cv Pfd	NYSE
CCL	Carnival Corp'A'	NYSE
CCL	Celanese Canada	TS
CCMPr	Carlton Commun'X-CAPS'	NYSE
CCN	Chris-Craft Indus	NYSE
CCNPrA	Chris-Craft Ind,$1 Pr Pfd	NYSE
CCNPrB	Chris-Craft Ind,$1.40 Cv Pfd	NYSE
CCOM	Colonial Coml	NSC
CCOMP	Colonial Comml Cv Pfd	NSC
CCON	Circon Corp	NNM
CCOW	Capital Corp of the West	NNM
CCPR	Cellular Commun P.R.	NNM

Ticker	Issue	Exchange
CCR	Countrywide Credit Indus	NYSE
CCRI	Colorado Casino Resorts	NSC
CCRO	ClinTrials Research	NNM
CCS	Castle & Cooke Inc	NYSE
CCSC	Coherent Communic Sys	NNM
CCSI	Chromatics Color Sciences	NSC
CCSIW	Chromatics Color Sci Wrrt	NSC
CCT	Capstone Capital	NYSE
CCTI	Cooper & Chyan Technology	NNM
CCTVY	Carlton Communic ADS	NNM
CCU	Clear Channel Commun	NYSE
CCUR	Concurrent Computer	NNM
CCUUY	Compania Cervecerias ADS	NNM
CDA	Cordiant ADS	NYSE
CDAT	Control Data Systems	NNM
CDCO	CIDCO Inc	NNM
CDCR	Childrens Discovery Centers	NNM
CDE	Coeur d'Alene Mines	NYSE
CDEPr	Coeur d'Alene Mines 'MARCS'	NYSE
CDI	CDI Corp	NYSE
CDIM	Capitol Multimedia	NSC
CDIMW	Capitol Multimedia Wrrt 'A'	NSC
CDIO	Cardiotronics Inc	NSC
CDIR	Concepts Direct	NSC
CDL	Citadel Holding	AMEX
CDLI	Consol Delivery & Logistics	NNM
CDMS	Cadmus Communication	NNM
CDN	Cadence Design Sys	NYSE
CDO	Comdisco, Inc	NYSE
CDOC	Company Doctor	NSC
CDOCW	Company Doctor Wrrt	NSC
CDOPrA	Comdisco 8.75% cm Ser'A'Pfd	NYSE
CDOPrB	Comdisco 8.75% cm Ser'B'Pfd	NYSE
CDP	Consolidated Papers	NYSE
CDRD	CD Radio Inc	NSC
CDRDW	CD Radio Inc Wrrt	NSC
CDRM	Preiss Byron Multimedia	NSC
CDRMW	Preiss Byron Multimedia Wrrt	NSC
CDS	Alliance Entertainment	NYSE
CDSI	Computer Data Systems	NNM
CDTC	Cable Design Technologies	NNM
CDTI	Clean Diesel Technologies	NSC
CDTS	Conductus Inc	NNM
CDTX	Colonial Data Tech	NNM
CDWC	CDW Computer Centers	NNM
CDX	Catellus Development	NYSE
CDXPrA	Catellus Dvlp $3.75'A'Cv Pfd	NYSE
CE	CalEnergy Co	NYSE
CEBC	Centennial Bancorp	NNM
CEBK	Central Co-operative Bank	NNM
CECE	Ceco Environmental	NSC
CECX	Castle Energy Corp	NNM
CEDR	Cedar Income Fund	NSC
CEE	Central European Eq Fd	NYSE
CEF	Central Fund,Cda'A'	AMEX
CEFT	Concord EFS	NNM
CEGE	Cell Genesys	NNM
CEI	Crescent Real Estate Eq	NYSE
CEL	Grupo Iusacell S.A.'L'ADS	NYSE
CEL.D	Grupo Iusacell S.A.'D'ADS	NYSE

Ticker	Issue	Exchange
CELG	Celgene Corp	NNM
CELI	Cel-Sci Corp	NNM
CELIW	Cel-Sci Corp Wrrt	NNM
CELL	Brightpoint Inc	NNM
CELS	CommNet Cellular	NNM
CELT	Celtic Investment	NSC
CELX	Celox Laboratories	NSC
CEMX	CEM Corp	NNM
CEN	Ceridian Corp	NYSE
CENF	CENFED Financial	NNM
CENI	Conestoga Enterprises	NSC
CENPr	Ceridian Cp Cv Ex Dep Pfd	NYSE
CENT	Central Garden & Pet	NNM
CENX	Century Aluminum	NNM
CEON	Cerion Technologies	NNM
CEPH	Cephalon Inc	NNM
CER	CILCORP, Inc	NYSE
CERB	CERBCO Inc	NNM
CERN	Cerner Corp	NNM
CERPr	Central Ill Lt 4 1/2% cm Pfd	NYSE
CES	Commonwealth Energy Sys	NYSE
CES.SA	CESP-Companhia Energetica	BSP
CESH	CE Software Hldgs	NNM
CET	Central Securities	AMEX
CETPrD	Central Sec$2cmCv D Pfd	AMEX
CETV	Central Euro Media Enter'A'	NNM
CEUS	Cairn Energy USA	NNM
CEXP	Corporate Express	NNM
CF	Crestar Financial	NYSE
CFB	Commercial Federal	NYSE
CFBI	Cullen Frost Bankers	NNM
CFBN	CFB Bancorp	NNM
CFBS	Central Fidelity Banks	NNM
CFBX	Community First Bankshares	NNM
CFBXZ	Community First 7% Cv Dep Pfd	NNM
CFCI	CFC Intl	NNM
CFCM	Chief Consol Mining	NSC
CFCP	Coastal Finl Del	NSC
CFCX	Center Financial	NNM
CFFC	Community Finl VA	NSC
CFGI	Community Finl Group	NSC
CFGIW	Community Finl Group Wrrt	NSC
CFHC	Calif Finl Hldg	NNM
CFIB	CFI Industries	NNM
CFIC	Community Financial (IL)	NNM
CFIN	Consumers Finl	NNM
CFINP	Consumers Finl 8.50% Cv Pfd	NNM
CFK	CE Franklin Ltd	AMEX
CFL	CoreStates Financial	NYSE
CFLO	Cardiometrics Inc	NNM
CFN	ContiFinancial Corp	NYSE
CFON	Target Tech Inc	NNM
CFR	CRI Liquidating REIT	NYSE
CFS	CT Finl Services	TS
CFS	Comforce Corp	AMEX
CFSB	CFSB Bancorp	NNM
CFTP	Community Federal Bancorp	NNM
CFWC	CFW Communications	NNM
CFX	CFX Corp	AMEX
CG	Columbia Gas System	NYSE

Ticker	Issue	Exchange
CGA	Cornerstone Natural Gas	AMEX
CGAS	Clinton Gas System	NNM
CGC	Cascade Natural Gas	NYSE
CGCO	Commerce Group	NSC
CGCP	CardioGenesis Corp	NNM
CGEN	Collagen Corp	NNM
CGES	Colonial Gas	NNM
CGF	Carr-Gottstein Foods	NYSE
CGGI	Carbide/Graphite Group	NNM
CGGPrT	Canadian Genl Cp 9.125%'TOPrS'	NYSE
CGI	Commerce Group Inc	NYSE
CGIX	Carnegie Group	NNM
CGL.A	Cagle's Inc 'A'	AMEX
CGM	Congoleum Corp 'A'	NYSE
CGMV	Cedar Group	NNM
CGN	Cognitronics Corp	AMEX
CGNE	Calgene Inc	NNM
CGNX	Cognex Corp	NNM
CGP	Coastal Corp	NYSE
CGPPrA	Coastal Corp,$1.19 Cv A Pfd	NYSE
CGPPrB	Coastal Corp,$1.83 Cv B Pfd	NYSE
CGPPrH	Coastal Corp $2.125 cm Pfd	NYSE
CGR	Cooker Restaurant	NYSE
CGRM	Centigram Communications	NNM
CGRO	Crop Growers	NNM
CGS	CEC Resources	AMEX
CGUL	Margate Industries	NSC
CGW	Cristalerias de Chile ADS	NYSE
CH	Chile Fund Inc	NYSE
CHA	Champion Intl	NYSE
CHAI	Life Med Sciences	NNM
CHAIW	Life Med Sciences Wrrt'A'	NNM
CHAIZ	Life Med Sciences Wrrt'B'	NNM
CHANF	Chandler Insurance Ltd	NNM
CHAR	Chaparral Resources	NSC
CHAT	ChatCom Inc	NSC
CHB	Champion Enterprises	NYSE
CHC	Champion Healthcare	AMEX
CHCA	Consolidated Hlth Care Assoc	NSC
CHCO	City Holding	NNM
CHCS	Chico's FAS	NNM
CHD	Church & Dwight	NYSE
CHDX	U.S.-China Indl Exchange	NNM
CHDXW	US-China Indl Exchange Wrrt'A'	NSC
CHDXZ	US-China Indl Exchange Wrrt'B'	NSC
CHE	Chemed Corp	NYSE
CHEF	Chefs Intl	NSC
CHEM	Chempower Inc	NNM
CHERA	Cherry Corp 'A'	NNM
CHERB	Cherry Corp'B'	NNM
CHES	Chester Hldgs Ltd	NSC
CHEZ	Suprema Specialties	NNM
CHF	Chock Full O'Nuts	NYSE
CHFB	Chase Federal Bank	NSC
CHFC	Chemical Financial	NNM
CHGNF	AES China Generating'A'	NNM
CHI	Furr's/Bishop's Inc	NYSE
CHIK	Golden Poultry Co	NNM
CHIR	Chiron Corp	NNM
CHK	Chesapeake Energy	NYSE

Ticker	Issue	Exchange
CHKE	Cherokee Inc	NNM
CHKR	Checkers Drive-In Restr	NNM
CHLD	Childrobics Inc	NSC
CHLDW	Childrobics Inc Wrrt	NSC
CHLN	Chalone Wine Group	NNM
CHM	Specialty Chemical Res	AMEX
CHMD	Chronimed Inc	NNM
CHML	Chicago Miniature Lamp	NNM
CHMP	Champion Industries	NNM
CHN	China Fund	NYSE
CHNA	China Pacific	NSC
CHPS	Chips/Technologies	NNM
CHR	Chilgener S.A. ADS	NYSE
CHRB	China Resource Dvlmt	NSC
CHRI	COHR Inc	NNM
CHRS	Charming Shoppes	NNM
CHRX	ChiRex Inc	NNM
CHRZ	Computer Horizons	NNM
CHS	Chaus (Bernard) Inc	NYSE
CHSE	CHS Electronics	NSC
CHT	Chart House Enterpr	NYSE
CHTL	Chantal Pharmaceutical	NSC
CHTR	Charter Power Systems	NNM
CHTT	Chattem Inc	NNM
CHUR	Churchill Technology	NSC
CHUX	O'Charley's Inc	NNM
CHV	Chevron Corp	NYSE
CHX	Pilgrim's Pride	NYSE
CHY	Chyron Corp	NYSE
CHZ	Career Horizons	NYSE
CI	CIGNA Corp	NYSE
CIA	Citizens Inc'A'	AMEX
CIAT	Ciattis Inc	NSC
CIB	Banco Indl Colombiano Pref ADS	NYSE
CIBI	Community Investors Bancorp	NSC
CIBR	CIBER Inc	NNM
CICS	Citizens Bancshares	NNM
CID	Chieftain Intl	AMEX
CIDN	Computer Identics	NNM
CIEI	Classics Intl Entertainment	NSC
CIF	Colonial Interm Hi Income	NYSE
CIM	CIM High Yield Sec	AMEX
CIMA	CIMA Labs	NNM
CIMTF	Cimatron Ltd	NNM
CIN	CINergy Corp	NYSE
CIND	China Industrial Group	NSC
CINDW	China Industrial Grp Wrrt'A'	NSC
CINDZ	China Industrial Grp Wrrt'B'	NSC
CINE	Cinergi Pictures Entertain	NNM
CINF	Cincinnati Financial	NNM
CINPrA	Cincinnati G & E,4% Pfd	NYSE
CINPrB	Cincinnati G & El 4 3/4% Pfd	NYSE
CINPrG	Cincinnati G&E 7.375% Pfd	NYSE
CINPrI	Cincinnati G&E 7.875% Pfd	NYSE
CINRF	Cinar Films Cl'B'	NNM
CIP	CIPSCO Inc	NYSE
CIR	Circus Circus Enterp	NYSE
CIRQF	Cirque Energy Ltd	NSC
CIS	Concord Fabrics Cl'A'	AMEX
CIS.B	Concord Fabrics Cl'B' Cv	AMEX

Ticker	Issue	Exchange
CISC	Continental Info Sys	NSC
CISI	C.I.S. Technologies	NNM
CITA	CITATION Computer Sys	NNM
CITI	Citicasters Inc'A'	NNM
CITN	Citation Insurance	NNM
CITY	Avalon Community Svcs	NSC
CIVC	Civic Bancorp	NNM
CJ	Bay Meadows Oper(Unit)	AMEX
CJC	CanCapital Corp	TS
CJFC	Central Jersey Finl	NNM
CK	Caremark International	NYSE
CKC	Collins & Aikman	NYSE
CKE	Carmike Cinemas'A'	NYSE
CKFB	CKF Bancorp	NSC
CKFR	Checkfree Corp	NNM
CKOR	SEACOR Holdings	NNM
CKP	Checkpoint Sys	NYSE
CKR	CKE Restaurants	NYSE
CKSG	CKS Group	NNM
CKT	Crocker Realty Trust	AMEX
CKT.WS	Crocker Realty Inv Wrrt	AMEX
CL	Colgate-Palmolive	NYSE
CLAS	Classic Bancshares	NSC
CLB	Columbus Realty Trust	NYSE
CLBK	Commercial Bancshares	NNM
CLC	CLARCOR Inc	NYSE
CLCDF	Clearly Canadian Beverage	NNM
CLCI	Cadiz Land	NNM
CLCX	Computer Learning Ctrs	NNM
CLD	Caldor Corp	NYSE
CLDN	Celadon Group	NNM
CLDR	Cliffs Drilling	NNM
CLE	Claire's Stores	NYSE
CLEB	Celebrity Entertainment	NSC
CLF	Cleveland-Cliffs	NYSE
CLFY	Clarify Inc	NNM
CLGY	Cellegy Pharmaceutical	NSC
CLGYW	Cellegy Pharmaceuticals Wrrt	NSC
CLHB	Clean Harbors	NNM
CLI	Cali Realty	NYSE
CLIX	Compression Labs	NNM
CLL.EC	Crown Laboratories	ECM
CLM	Clemente Global Gr	NYSE
CLN	Coleman Co	NYSE
CLNK	CompLink Ltd	NSC
CLNP	Callon Petroleum	NNM
CLNPP	Callon Petroleum Cv Exch 'A' Pfd	NNM
CLNTF	Clearnet Communic 'A'	NNM
CLOS	Amer Safety Closure	NSC
CLP	Colonial Properties Tr	NYSE
CLPI	Creative Learning Products	NSC
CLPZF	Colossal Resources	NSC
CLPr	Colgate-Palmolive,$4.25 Pfd	NYSE
CLQ	Cold Metal Products	NYSE
CLR	CST Entertainment	AMEX
CLRI	Computer Language Rsch	NNM
CLST	CellStar Corp	NNM
CLT	Cominco Ltd	AMEX
CLTDF	Computalog Ltd	NNM
CLTK	Celeritek Inc	NNM

Ticker	Issue	Exchange
CLWY	Calloway's Nursery	NNM
CLX	Clorox Co	NYSE
CLXG	Celex Group	NNM
CLXX	Cellex Biosciences	NSC
CLXXZ	Cellex Biosciences Wrrt 2000	NSC
CLYS	Catalyst Intl	NNM
CLZR	Candela Corp	NNM
CLZRW	Candela Corp Wrrt	NNM
CM	Canadian Imperial Bk	TS
CM	Coles Myer Ltd ADR	NYSE
CMA	Comerica Inc	NYSE
CMAG	Casino Magic	NNM
CMB	Chase Manhattan	NYSE
CMBPfK	Chase Manhattan 7.50% Dep Pfd	NYSE
CMBPrA	Chase Manhattan 10 1/2%'A'Pfd	NYSE
CMBPrB	Chase Manhattan 9.76%'B'Pfd	NYSE
CMBPrC	Chase Manhattan 10.84%'C'Pfd	NYSE
CMBPrD	Chase Manhattan 9.08%'D'Pfd	NYSE
CMBPrE	Chase Manhattan 8.50%'E'Pfd	NYSE
CMBPrF	Chase Manhattan 8.32%'F'Pfd	NYSE
CMBPrG	Chase Manhattan 10.96% Pfd	NYSE
CMBPrH	Chase Manhattan 8.375% Pfd	NYSE
CMBPrI	Chase Manhattan 7.92% Dep Pfd	NYSE
CMBPrJ	Chase Manhattan 7.58% Dep Pfd	NYSE
CMBPrL	Chase Manhattan Adj Rt'L'Pfd	NYSE
CMBPrM	Chase Manhattan 8.40% M Pfd	NYSE
CMBPrN	Chase Manhattan Adj N Pfd	NYSE
CMB.WS	Chase Manhattan Wrrt	NYSE
CMC	Commercial Metals	NYSE
CMCAF	Comcast UK Cable Partners'A'	NNM
CMCI	CMC Industries	NNM
CMCO	Columbus McKinnon	NNM
CMCSA	Comcast Cl'A'	NNM
CMCSK	Comcast Cl'A'Spl(non-vtg)	NNM
CMDA	Cam Designs	NNM
CMDAW	Cam Designs Wrrt	NNM
CMDI	Creative Med Dev	NSC
CMDL	Comdial Corp	NNM
CMDR	Commander Aircraft	NSC
CMED	Colorado Medtech	NSC
CMEL	Checkmate Electronics	NNM
CMETS	Contl Mtg & Eq Tr SBI	NNM
CMFB	Chemfab Corp	NNM
CMFH	Community Finl Hldg	NSC
CMGI	CMG Info Services	NNM
CMH	Clayton Homes	NYSE
CMI	Complete Management	AMEX
CMIC	Calif Microwave	NNM
CMK	Colonial InterMkt Inc Tr I	NYSE
CML	CML Group	NYSE
CMM	CRIIMI MAE	NYSE
CMMD	Command Security	NSC
CMNT	Computer Network Technology	NNM
CMO	Capstead Mortgage	NYSE
CMOPrA	Capstead Mtge $1.60cm Cv Pfd	NYSE
CMOPrB	Capstead Mtge $1.26 cm Cv Pfd	NYSE
CMOS	Credence Systems	NNM
CMP	Comprehensive Care	NYSE
CMPC	CompuCom Systems	NNM
CMPD	CompuMed Inc	NSC

Ticker	Issue	Exchange
CMPDW	CompuMed Inc Wrrt	NSC
CMPO	Campo Electr Appliances/Comp	NNM
CMPT	Computone Corp	NSC
CMRE	Comstock Resources	NNM
CMRN	Cameron Financial	NNM
CMRO	Comarco Inc	NNM
CMS	CMS Energy	NYSE
CMSB	Commonwealth Savings	NNM
CMSI	Cryomedical Sciences	NNM
CMSPrA	Consumers Pwr $4.16 Pfd	NYSE
CMSPrB	Consumers Pwr $4.50 Pfd	NYSE
CMSPrD	Consumers Pwr $7.45cmPfd	NYSE
CMSPrE	Consumers Pwr $7.72 Pfd	NYSE
CMSPrG	Consumers Pwr $7.76 Pfd	NYSE
CMSPrH	Consumers Pwr $7.68 Pfd	NYSE
CMSPrI	Consumers Pwr $2.08'A'Pfd	NYSE
CMSPrJ	Consumers Pwr Fin I 8.36%'TOPrS'	NYSE
CMSV	Community Savings F.A.	NNM
CMSX	Computer Mgmt Sciences	NNM
CMT	CMAC Investment	NYSE
CMTI	Community Med Trans	NNM
CMTIW	Community Med Trans Wrrt	NNM
CMTK	Com/Tech Commun Tech	NSC
CMTL	Comtech Telecommns	NNM
CMTR	ChemTrak Inc	NNM
CMU	Colonial Muni Inc Tr	NYSE
CMVT	Comverse Technology	NNM
CMW	Canadian Marconi	AMEX
CMX	CMI Corp Cl'A'	NYSE
CMY	Community Psych Ctrs	NYSE
CMZ	Cincinnati Milacron	NYSE
CN	Calton,Inc	AMEX
CNA	CNA Financial	NYSE
CNB	Colonial BancGroup	NYSE
CNBF	CNB Financial(NY)	NNM
CNBKA	Century Bancorp(MA)	NNM
CNBL	Citi-Bancshares	NNM
CNC	Conseco Inc	NYSE
CNCP	Conceptronic Inc	NSC
CNCPrD	Conseco Inc Series'D'Cv Pfd	NYSE
CNCPrE	Conseco Inc 7%'PRIDES'	NYSE
CNCT	Connective Therapeutics	NNM
CNDN	Chittenden Corp	NNM
CNE	Connecticut Energy	NYSE
CNEBF	Call-Net Enterprises'B'	NNM
CNET	COMNET Corp	NNM
CNF	Consolidated Freightways	NYSE
CNFL	Citizens Finl Kentucky	NSC
CNG	Consolidated Nat Gas	NYSE
CNH	Central Hudson Gas&El	NYSE
CNI PP	Canadian Natl Railway	NYSE
CNIT	Cenit Bancorp	NNM
CNJ	Cole National	NYSE
CNK	Crompton & Knowles	NYSE
CNL	Central La Elec	NYSE
CNLG	Conolog Corp	NSC
CNLGU	Conolog Corp Unit	NSC
CNLGW	Conolog Corp Wrrt'A'	NSC
CNMD	Conmed Corp	NNM
CNMW	Cincinnati Microwave	NNM

Ticker	Issue	Exchange
CNMWW	Cincinnati Microwave Wrrt	NNM
CNMX	Canmax Inc	NSC
CNN	CNA Income Shares	NYSE
CNP.A	Crown Centl Pet 'A'	AMEX
CNP.B	Crown Central Cl'B'	AMEX
CNPGF	Cornucopia Resources Ltd	NSC
CNRMF	Cinram Ltd	NNM
CNS	Consolidated Stores	NYSE
CNSI	Cambridge NeuroScience	NNM
CNSK	Covenant Bank for Savings	NNM
CNSO	Conso Products	NNM
CNSP	Central Sprinkler	NNM
CNT	CenterPoint Properties	AMEX
CNTBY	Cantab Pharmaceuticals ADS	NNM
CNTL	Cantel Industries	NNM
CNTO	Centocor Inc	NNM
CNTY	Century Casinos	NSC
CNTYW	Century Casinos Wrrt	NSC
CNU	Continuum Co	NYSE
CNV	Convertible Hldgs	NYSE
CNVLZ	City Investing Liq Tr	NSC
CNVPr	Convertible Hldgs Inc Shrs	NYSE
CNXS	CNS Inc	NNM
CO	Corrpro Co	NYSE
COA	Coachmen Indus	NYSE
COAL	Amer Fuel	NSC
COALU	Amer Fuel Unit	NSC
COB	Columbia Laboratories	AMEX
COBA	Commerce Bancorp	NNM
COBH	Commerce Bk Harrisburg PA	NSC
COBI	CoBancorp Inc	NNM
COBR	Cobra Electronics	NNM
COCN	CoCensys Inc	NNM
CODE	Concord Energy	NSC
CODL	Code Alarm	NNM
COE	Cone Mills	NYSE
COEV	Comprehensive Envir'l Sys	NSC
COF	Capital One Financial	NYSE
COFD	Collective Bancorp, Inc	NNM
COFI	Charter One Finl	NNM
COG	Cabot Oil & Gas 'A'	NYSE
COGE	Compare Generiks	NSC
COGEU	Compare Generiks Unit	NSC
COGEW	Compare Generiks Wrrt'A'	NSC
COGI	Consolidated Graphics	NNM
COGNF	Cognos Inc	NNM
COHO	Coho Energy	NNM
COHR	Coherent, Inc	NNM
COHT	Cohesant Technologies	NSC
COHTW	Cohesant Technologies Wrrt	NSC
COHU	Cohu Inc	NNM
COKE	Coca-Cola Bott Consol	NNM
COL	Columbia/HCA Hlthcare	NYSE
COLB	Columbia Banking System	NNM
COLL	Collins Industries	NNM
COLO	Colonel's Intl	NSC
COM	Crowley, Milner & Co	AMEX
COMC	ComCentral Corp	NSC
COMMA	CellularCommunications'A'	NNM
COMR	Comair Holdings	NNM

Ticker	Issue	Exchange
COMS	3Com Corp	NNM
COMT	Coda Music Tech	NSC
COMX	Comtrex Systems	NSC
CON	Contl Homes Hldg	NYSE
CONE	Conestoga Bancorp	NNM
CONT	Continental Waste Industries	NNM
CONW	Consumers Water	NNM
COO	Cooper Cos	NYSE
COOK	Calif Culinary Academy	NNM
COOP	Cooperative Bankshares	NNM
COP	Copley Properties	AMEX
COPI	Consolidated Products	NNM
COPY	CopyTele Inc	NNM
COR	Crystal Oil	AMEX
CORC	Corcom, Inc	NNM
CORE	CORE Inc	NNM
CORR	Cor Therapeutics	NNM
CORTW	Cort Business Svcs Wrrt	NSC
CORX	Cortex Pharmaceuticals	NSC
COSCA	Cosmetic Center Cl'A'	NNM
COSCB	Cosmetic Center Cl'B'(vtg)	NNM
COSFF	Corel Corp	NNM
COSI	Computer Outsourcing Svcs	NNM
COT	Coltec Industries	NYSE
COTG	Consolidated Technology Grp	NSC
COTL	Cotelligent Group	NNM
COTTF	Cott Corp	NNM
COU	Courtaulds, plc ADR	AMEX
COV	Convest Energy Corp	AMEX
COX	Cox Communications'A'	NYSE
COY	Corporate High Yield Fund	NYSE
CP	Canadian Pacific, Ord	NYSE
CPA	Carlisle Plastics Cl'A'	NYSE
CPAK	CPAC Inc	NNM
CPB	Campbell Soup	NYSE
CPBI	CPB Inc	NNM
CPC	CPC Intl	NYSE
CPCI	Ciprico Inc	NNM
CPCL	C.P. Clare	NNM
CPCO	Computer Pete	NSC
CPD	Carolina Pwr & Lt 8.55%'QUICS'	NYSE
CPDN	CompDent Corp	NNM
CPG	CMS Energy Cl'G'	NYSE
CPH	Capital Pacific Hldgs	AMEX
CPIA	CPI Aerostructures	NSC
CPJ	Chateau Properties	NYSE
CPK	Chesapeake Utilities	NYSE
CPL	Carolina Pwr & Lt	NYSE
CPLNY	Concordia Paper Holdings ADS	NNM
CPLPr	Carol P&L,$5 cm Pfd	AMEX
CPLX	Cerplex Group	NNM
CPLY	Copley Pharmaceutical	NNM
CPMNY	Central Pac Minerals NL	NSC
CPMPrA	CL&P Capital L.P.9.30%'MIPS'	NYSE
CPP	Calprop Corp	AMEX
CPQ	Compaq Computer	NYSE
CPRD	Computer Products	NNM
CPRO	CellPro Inc	NNM
CPRT	Copart Inc	NNM
CPSS	Consumer Portfolio Svcs	NNM

Ticker	Issue	Exchange
CPT	Camden Property Trust	NYSE
CPTL	Computer Telephone Cl'1'	NNM
CPTS	Conceptus Inc	NNM
CPTV	Creative Progrm Tech Venture	NSC
CPU	CompUSA Inc	NYSE
CPWM	Cost Plus	NNM
CPWR	Compuware Corp	NNM
CPX	Cineplex Odeon	NYSE
CPY	CPI Corp	NYSE
CQ	Comsat Corp	NYSE
CQB	Chiquita Brands Intl	NYSE
CQBPrA	Chiquita Br Intl $2.875 Cv'A'Pfd	NYSE
CQPrA	COMSAT Capital I 8.125%'MIPS'	NYSE
CR	Crane Co	NYSE
CRA	Cap Rlty Inv TaxExFdLP I	AMEX
CRAA	CRA Managed Care	NNM
CRAN	Crown-Andersen	NNM
CRB	Cap Rlty Inv TaxExFdLP II	AMEX
CRBO	Carbo Ceramics	NSC
CRC	Chromcraft Revington	NYSE
CRCL	Circle Finl	NNM
CRD.A	Crawford&Co Cl'A'non-vtg	NYSE
CRD.B	Crawford & Co Cl'B'	NYSE
CRDN	Ceradyne Inc	NNM
CRE	CarrAmerica Realty	NYSE
CREAF	Creative Technology	NNM
CREB	Champion Parts	NSC
CRED	Credo Pete	NSC
CREE	Cree Research	NNM
CREG	Craig Consumers Electronics	NNM
CREN	Corporate Renaissance Group	NSC
CRF	Czech Republic Fund	NYSE
CRFT	Craftmade Intl	NNM
CRG	Craig Corp	NYSE
CRGPr	Craig Corp Cl'A'	NYSE
CRH	Coram Healthcare	NYSE
CRHCY	CRH plc	NNM
CRI	Core Indus	NYSE
CRL	Cap Rlty Inv TaxExFdLP III	AMEX
CRLBF	Core Laboratories N.V.	NNM
CRLC	Central Reserve Life	NNM
CRLG	Carlyle Golf Inc	NSC
CRLGW	Carlyle Golf Wrrt	NSC
CRLI	Circuit Resh Labs	NSC
CRM	Corimon ADS	NYSE
CRMLF	Champion Road Machinery	NNM
CRNR	Cornerstone Imaging	NNM
CRNSF	Cronos Group	NNM
CRO	Crown Pac Partners L.P.	NYSE
CROS	Crossmann Communities	NNM
CRP	Carson Pirie Scott	NYSE
CRPB	CerProbe Corp	NNM
CRR	Conrail Inc	NYSE
CRRB	Carrollton Bancorp	NNM
CRRC	Courier Corp	NNM
CRRS	Crown Resources Corp	NNM
CRS	Carpenter Technology	NYSE
CRSI	Cardinal Realty Svcs	NNM
CRT	Cross Timbers Royalty Tr	NYSE
CRTM	Curtis Mathes Hldg	NSC

Ticker	Issue	Exchange
CRTN	Certron Corp	NSC
CRTQ	Cortech Inc	NNM
CRTV	Creative Technologies	NNM
CRUS	Cirrus Logic	NNM
CRV	Coast Distribution Sys	AMEX
CRVL	CorVel Corp	NNM
CRW	Crown Crafts	NYSE
CRWF	CRW Financial	NSC
CRWN	Crown Books	NNM
CRYL	CryoLife Inc	NNM
CRYS	Crystallume Inc	NSC
CRZY	Crazy Woman Creek Bncp	NSC
CS	Cabletron Systems	NYSE
CSA	Coast Svgs Finl	NYSE
CSAR	Caraustar Industries	NNM
CSB	ComSouth Bankshares	AMEX
CSBC	Central & Southern Holding	NNM
CSBF	CSB Financial	NSC
CSBI	Century South Banks	NNM
CSBK	Carolina Sthrn Bk Spartn SC	NSC
CSC	Computer Sciences	NYSE
CSCC	Cascade Communications	NNM
CSCI	Cryenco Sciences	NNM
CSCO	Cisco Systems	NNM
CSDPrA	Cadbury Schwep LP 8.625%'QUIPS'	NYSE
CSDS	Casino Data Systems	NNM
CSE	Case Corp	NYSE
CSEP	Consep Inc	NNM
CSG	Cadbury Schweppes ADS	NYSE
CSGI	Citizens Security Grp	NSC
CSGS	CSG Systems Intl	NNM
CSH	Capsure Holdings	NYSE
CSI	Chase Brass Indus	NYSE
CSII	Communic Sys	NNM
CSIM	Consilium Inc	NNM
CSIN	Computational Systems	NNM
CSIS	CSI Computer Specialists	NSC
CSISW	CSI Computer Specialists Wrrt'A'	NSC
CSJ	Columbus SoPwr 8.375% Sub Db	NYSE
CSK	Chesapeake Corp	NYSE
CSKKY	CSK Corp ADS	NSC
CSL	Carlisle Cos	NYSE
CSLI	Cotton States Life Ins	NNM
CSLMF	Consolidated Mercantile	NSC
CSLR	Consulier Engr	NSC
CSLX	CSL Lighting Mfg	NSC
CSM	Chaparral Steel Co	NYSE
CSN	Cincinnati Bell	NYSE
CSNO	Casino America	NNM
CSNR	Casino Resource	NNM
CSNRW	Casino Resource Wrrt 'A'	NNM
CSP	Amer Strategic Inc Portfol III	NYSE
CSPI	CSP Inc	NNM
CSPLF	Canada South'n Petrol	NSC
CSR	Central & So. West	NYSE
CSRE	Comshare, Inc	NNM
CSRV	CompuServe Corp	NNM
CSS	CSS Industries	NYSE
CST	Christiana Cos	NYSE
CSTB	California State Bank	NNM

Ticker	Issue	Exchange
CSTF	COREStaff Inc	NNM
CSTL	Castelle	NNM
CSTM	Custom Chrome	NNM
CSWC	Capital Southwest	NNM
CSX	CSX Corp	NYSE
CSYI	Circuit Systems	NNM
CT	Calif REIT SBI	NYSE
CTA	CasTech Aluminum Group	NYSE
CTAL	Catalytica Inc	NNM
CTAS	Cintas Corp	NNM
CTB	Cooper Tire & Rubber	NYSE
CTBK	Center Banks	NNM
CTC	Compania de Telecom Chile ADS	NYSE
CTCQ	Check Technology	NNM
CTEA	Celestial Seasonings	NNM
CTEC	Cholestech Corp	NNM
CTEX	C-TEC Corp	NNM
CTEXB	C-TEC Corp'B'	NSC
CTF	Counsellors Tandem	NYSE
CTFC	Central Tractor Farm & Country	NNM
CTFG	Cole Taylor Financial Grp	NNM
CTG	Connecticut Nat Gas	NYSE
CTH.EC	Cancer Treatment Hldgs	ECM
CTI	Chart Industries	NYSE
CTII	CytoTherapeutics Inc	NNM
CTIM	Childtime Learning Centers	NNM
CTIX	Conversion Tech Intl	NSC
CTIXW	Conversion Tech Intl Wrrt'A'	NSC
CTIXZ	Conversion Tech Intl Wrrt'B'	NSC
CTK	Comptek Research Inc	AMEX
CTL	Century Tel Enterp	NYSE
CTLI	CTL Credit	NNM
CTLO	Cattlemans Inc	NSC
CTMC	Centurion Mines	NSC
CTMEQ	ClothesTime Inc	NNM
CTMI	Contour Medical	NSC
CTN	Centennial Technologies	AMEX
CTND	Caretenders Healthcorp	NNM
CTO	Consolidated Tomoka Land	AMEX
CTP	Central Maine Power	NYSE
CTPPr	Central Maine Pwr,3 1/2% Pfd	AMEX
CTPPrA	Central Maine Pwr 7.875% Pfd	NYSE
CTRA	Concentra Corp	NNM
CTRIS	CleveTrust Realty SBI	NNM
CTRL	Chemi Trol Chem	NSC
CTRN	Computron Software	NNM
CTRX	Celtrix Pharmaceuticals	NNM
CTS	CTS Corp	NYSE
CTSC	Cellular Technical Svcs	NNM
CTSI	CardioThoracic Systems	NNM
CTT	Competitive Technologies	AMEX
CTU	Chad Therapeutics	AMEX
CTWS	Connecticut Wtr Svc	NNM
CTX	Centex Corp	NYSE
CTXR	Core Technologies	NSC
CTXS	Citrix Systems	NNM
CTY	Community Banks (PA)	AMEX
CTYA	Century Communic'ns'A'	NNM
CTYS	Cityscape Financial	NNM
CTZ	Corpus Christi Bancshares	AMEX

Ticker	Issue	Exchange
CTZN	Citfed Bancorp	NNM
CU	CUC Intl	NYSE
CUB	Cubic Corp	AMEX
CUBE	C-Cube Microsystems	NNM
CUBN	CU Bancorp	NNM
CUC	Culbro Corp	NYSE
CUCO	Cucos Inc	NSC
CUL	Culligan Water Tech	NYSE
CULP	Culp Inc	NNM
CUM	Cummins Engine	NYSE
CUNB	Cupertino Natl Bancorp	NNM
CUO	Contl Materials	AMEX
CUR	Current Inc Shares	NYSE
CURE	Curative Technology	NNM
CUS	Customedix Corp	AMEX
CUSA	Cosmetic Group USA	NSC
CUSAW	Cosmetic Group USA Wrrt	NSC
CUSIF	Cusac Gold Mines	NSC
CUSWF	Cusac Inds Ltd Wrrt	NSC
CUTC	CutCo Indus	NSC
CUTS	Supercuts Inc	NNM
CUZ	Cousins Properties	NYSE
CV	Central VT Pub Svc	NYSE
CVAL	Chester Valley Bancorp	NNM
CVAN	Crown Vantage	NNM
CVAS	Corvas International	NNM
CVB	CVB Financial	AMEX
CVBK	Central VA Bankshares	NNM
CVC	Cablevision Sys'A'	AMEX
CVCO	Cavco Indus	NSC
CVCPr	CablevisionSys 8.50% Dep Cv Ex Pfd	AMEX
CVDI	Cardiovascular Diagnostics	NNM
CVE	Converse Inc	NYSE
CVF	Castle Convert Fund	AMEX
CVI	CV REIT Inc	NYSE
CVN	Computervision Corp	NYSE
CVR	Chicago Rivet & Mach	AMEX
CVT	TCW Conv Sec Fund	NYSE
CVTAC	Corvita Corp	NSC
CVTI	Covenant Transport 'A'	NNM
CVTY	Coventry Corp	NNM
CVUS	CellularVision USA	NNM
CVXPr	ClevelandElec $7.40 cm A Pfd	NYSE
CVXPrB	Cleveland Elec Ill $7.56 Pfd	NYSE
CVXPrL	Cleveland Elec Ill Adj L Pfd	NYSE
CVXPrT	Cleveland Elec Ill'93 Sr'A'Dep Pfd	NYSE
CW	Curtiss-Wright	NYSE
CWC	Caribiner International	NYSE
CWCOF	Cayman Water Co Ltd	NSC
CWEI	Clayton Williams Energy	NNM
CWEPrC	Commonwealth Ed, $1.90 Pref	NYSE
CWEPrD	Commonwealth Ed, $2.00 Pref	NYSE
CWEPrE	Commonwealth Ed,$7.24 Pref	NYSE
CWEPrF	Commonwealth Ed,$8.40 Pref	NYSE
CWEPrI	Commonwealth Ed $8.38 Pref	NYSE
CWEPrJ	Commonwealth Ed $8.40 Pref	NYSE
CWEPrK	Commonwealth Ed,$2.425 Pref	NYSE
CWEPrT	ComEd Financing 1 8.48%'TOPrS'	NYSE
CWIC	Children's Wonderland	NSC
CWICU	Children's Wonderland Unit	NSC

Ticker	Issue	Exchange
CWICW	Children's Wonderland Wrrt	NSC
CWII	Communications World Intl	NSC
CWIIW	Communications Wrld Intl Wrrt	NSC
CWKTF	Cam-Net Communic Ntwk	NNM
CWLR	Chartwell Re Corp	NNM
CWM	CWM Mortgage Hldgs	NYSE
CWN	Crown Amer Realty Tr	NYSE
CWNPF	Cons Westn & Pac Res	NSC
CWP	Cable & Wireless ADS	NYSE
CWT	Calif Water Svc	NYSE
CWTS	Country Wide Trans Svcs	NSC
CX	Centerior Energy	NYSE
CXC	Corrections Corp Amer	NYSE
CXC.WS	Corrections Cp Amer Wrrt	NYSE
CXE	Colonial High Income Muni	NYSE
CXH	Colonial Inv Grade Muni	NYSE
CXIM	Criticare Systems	NNM
CXIPY	Coflexip ADS	NNM
CXP	Centex Construction Prod	NYSE
CXSNF	Counsel Corp	NNM
CXT	Amer Muni Term Trust III	NYSE
CXW	Cooper Ind 6.00%'DECS'1998	NYSE
CXY	Canadian Occidental Petrol	AMEX
CY	Cypress Semiconductor	NYSE
CYAN	Cyanotech Corp	NNM
CYBE	CyberOptics Corp	NNM
CYBX	Cyberonics Inc	NNM
CYCH	CyberCash Inc	NNM
CYCL	Centennial Cellular 'A'	NNM
CYD	China Yuchai Intl	NYSE
CYDS	Cygne Designs	NNM
CYE	Cheyenne Software	AMEX
CYGN	Cygnus Inc	NNM
CYH	Community Hlth Sys	NYSE
CYI	Cycomm Intl(New)	AMEX
CYLK	Cylink Corp	NNM
CYM	Cyprus Amax Minerals	NYSE
CYN	City National	NYSE
CYNR	Canyon Resources	NNM
CYPB	Cypress Bioscience	NSC
CYPBW	Cypress Bioscience Wrrt	NSC
CYPH	Cytoclonal Pharmaceuticals	NSC
CYPHW	Cytoclonal Pharm Wrrt'C'	NSC
CYPHZ	Cytoclonal Pharm Wrrt'D'	NSC
CYPR	Cypros Pharmaceutical	NNM
CYPRZ	Cypros Pharmaceutical Wrrt'B'	NNM
CYR	Cray Research	NYSE
CYRK	Cyrk Inc	NNM
CYRX	Cyrix Corp	NNM
CYS	CyCare Systems	NYSE
CYT	Cytec Industries	NYSE
CYTC	Cytyc Corp	NNM
CYTL	Cytel Corp	NNM
CYTO	Cytogen Corp	NNM
CYTOW	Cytogen Corp Wrrt	NNM
CYTR	CytRx Corp	NNM
CZC	Citizens Corp	NYSE
CZCH	Czech Industries	NSC
CZCHW	Czech Inds Wrrt'A'	NSC
CZF	CitiSave Financial	AMEX

Ticker	Issue	Exchange
CZM	CalMat Co	NYSE
CZN.A	Citizens Util'A'	NYSE
CZN.B	Citizens Util 'B'	NYSE
CZNPr	Citiz Util Tr 5%'EPPICS'	NYSE
D	Dominion Resources	NYSE
DAGR	Green Daniel Co	NSC
DAI	Daimler-Benz Aktieng ADS	NYSE
DAIEY	Daiei Inc ADS	NSC
DAIG	Daig Corp	NNM
DAIO	Data I/O	NNM
DAKT	Daktronics Inc	NNM
DAL	Delta Air Lines	NYSE
DALPrC	Delta Air Lines Cv Dep Pfd	NYSE
DAN	Daniel Indus	NYSE
DANB	Dave & Buster's	NNM
DANKY	Danka Business Systems ADR	NNM
DANN	Danninger Med Tech	NSC
DANS	Danskin Inc	NNM
DAP	Discount Auto Parts	NYSE
DAPN	Dauphin Deposit	NNM
DARL	Darling International	NNM
DARTA	Dart Group Cl'A'	NNM
DASWZ	Data Switch Wrrt	NSC
DATA	Datatrend Services	NSC
DATAW	Datatrend Svcs Wrrt	NSC
DATM	Datum Inc	NNM
DATX	Data Translation	NNM
DAVD	Davidson & Associates Inc	NNM
DAVL	Davel Communications Grp	NNM
DAVX	Davox Corp	NNM
DAWH	David White, Inc	NSC
DAWK	Daw Technologies	NNM
DAY	Dayton Mining	AMEX
DAYR	Day Runner	NNM
DBAS	DBA Systems	NNM
DBCC	Data Broadcasting	NNM
DBD	Diebold, Inc	NYSE
DBG	Dyersburg Corp	NYSE
DBII	Digital Biometrics	NNM
DBLE	Double Eagle Pete & Mng	NSC
DBRN	Dress Barn	NNM
DBRSY	DeBeers Cons Mns ADR	NSC
DC	Datametrics Corp	AMEX
DCAI	Dialysis Corp Amer	NSC
DCAIU	Dialysis Corp Amer Unit	NSC
DCAIW	Dialysis Corp Amer Wrrt	NSC
DCBK	Desert Community Bank	NNM
DCI	Donaldson Co	NYSE
DCIS	Delta Computec	NSC
DCM	Dreyfus Cal Muni Income	AMEX
DCN	Dana Corp	NYSE
DCO	Ducommun Inc	AMEX
DCPI	dick clark productions	NNM
DCR	Duff & Phelps Credit Rating	NYSE
DCRNZ	Diacrin Inc Unit	NSC
DCSR	DISC Inc	NSC
DCSRW	DISC Inc Wrrt	NSC
DCT	Digital Comm Tech	AMEX
DCTM	Documentum Inc	NNM
DCXI	DCX Inc	NSC

Ticker	Issue	Exchange
DD	duPont(EI)deNemours	NYSE
DDC	Detroit Diesel	NYSE
DDDDF	New Dimension Software	NNM
DDF	Delaware Grp Dividend Income	NYSE
DDII	Data Documents	NNM
DDIM	Data Dimensions	NNM
DDL	DDL Electronics	NYSE
DDPrA	du Pont(E.I.),$3.50 Pfd	NYSE
DDPrB	du Pont(E.I.),$4.50 Pfd	NYSE
DDR	Developers Diversified Rlty	NYSE
DDRPrA	Developers Div Rlty 9.50% Pfd	NYSE
DDRPrB	Developers Div Rlty 9.44% Pfd	NYSE
DDS	Dillard Dept Str'A'	NYSE
DDSI	Digital Descriptor Systems	NSC
DDSIU	Digital Descriptor Sys Unit	NSC
DDSIW	Digital Descriptor Sys Wrrt'A'	NSC
DDSIZ	Digital Descriptor Sys Wrrt'B'	NSC
DE	Deere & Co	NYSE
DEBS	Deb Shops	NNM
DEC	Digital Equipment	NYSE
DECK	Deckers Outdoor	NNM
DECO	Decora Industries	NSC
DECPrA	Digital Equip 8.875% Dep'A'Pfd	NYSE
DEEP	DeepTech International	NNM
DEFI	Defiance Inc	NNM
DEL	Del Global Technologies	AMEX
DELGF	Delgratia Mining	NSC
DELI	Jerry's Famous Deli	NNM
DELL	Dell Computer Corp	NNM
DEMI	DEM Inc	NSC
DEMP	Drug Emporium	NNM
DEN	DenAmerica Corp	AMEX
DENRF	Denbury Resources	NNM
DEPO	DepoTech Inc	NNM
DEPS	Deposit Guaranty	NNM
DER	De Rigo ADS	NYSE
DERM	Penederm Inc	NNM
DES	Desc S.A. ADS	NYSE
DESI	Designs Inc	NNM
DETC	Detection Systems	NNM
DEVC	Devcon International	NNM
DEVN	Devon Group	NNM
DEVT	Developed Technology Resource	NSC
DEW	Delmarva Pwr & Lt	NYSE
DEX	Dexter Corp	NYSE
DF	Dean Foods	NYSE
DFAX	Diversifax Inc	NSC
DFCO	Destron Fearing	NSC
DFI	Duty Free Intl	NYSE
DFIN	Damen Financial	NNM
DFLX	Dataflex Corp	NNM
DFS	Department 56	NYSE
DFS	Dofasco, Inc	TS
DG	Dollar General	NYSE
DGAS	Delta Natural Gas	NNM
DGC	Digicon Inc	AMEX
DGCWS	Digicon Inc Wrrt	AMEX
DGF	Delaware Grp Global Div & Inc	NYSE
DGIC	Donegal Group	NNM
DGII	Digi International	NNM

Ticker	Issue	Exchange
DGIT	Digital Generation Systems	NNM
DGIX	Dyna Group Intl	NSC
DGN	Data General	NYSE
DGP	USX-Delhi Group	NYSE
DGSD	Digital Sound Corp	NNM
DGSI	Digital Solutions	NSC
DGTL	Digital Systems Intl	NNM
DH	Dayton Hudson	NYSE
DHC	Danielson Holding	AMEX
DHI	D.R.Horton	NYSE
DHR	Danaher Corp	NYSE
DHSM	Diagnostic Health Svcs	NNM
DHSMW	Diagnostic Health Svcs Wrrt	NNM
DHTI	Dynamic Healthcare Tech	NSC
DHTK	DH Technology	NNM
DHULZ	Dorchester Hugoton	NNM
DI	Dresser Industries	NYSE
DIAGF	Spectral Diagnostics	NNM
DIAN	Dianon Systems	NNM
DIBK	Dime Finl (CT)	NNM
DICE	Crown Casino	NSC
DIDA	Digital Data Network	NSC
DIDAW	Digital Data Network Wrrt	NSC
DIEG	Diehl Graphsoft	NSC
DIEM	Control Chief Hldgs	NSC
DIGE	Digene Corp	NNM
DIGI	DSC Communications	NNM
DII	Decorator Indus	AMEX
DIIG	DII Group	NNM
DIMD	Diamond Multimedia Systems	NNM
DIN	Consorcio G Grupo Dina ADS	NYSE
DIN.L	Consorcio G Grupo Dina'L'ADS	NYSE
DIO	Diodes, Inc	AMEX
DIPL	Diplomat Corp	NSC
DIPLW	Diplomat Corp Wrrt	NSC
DIS	Disney (Walt) Co	NYSE
DISH	EchoStar Communications'A'	NNM
DISK	Image Entertainment	NNM
DIST	AMCON Distributing	NSC
DIV	John Hancock Patr Sel Div Tr	NYSE
DIVE	Amer Oilfield Divers	NNM
DIYH	D.I.Y. Home Warehouse	NNM
DIYS	DiaSys Corp	NSC
DIYSW	Diasys Corp Wrrt	NSC
DJ	Dow Jones & Co	NYSE
DJCO	Daily Journal	NNM
DJT	Trump Hotels & Casino Resorts	NYSE
DKAI	DAKA Intl	NNM
DKEY	Datakey Inc	NNM
DKT	Dakota Mining	AMEX
DKTH	Dakotah Inc	NNM
DKWD	D & K Wholesale Drug	NSC
DL	Dial Corp	NYSE
DLBI	DLB Oil & Gas	NNM
DLCH	Delchamps Inc	NNM
DLFI	Delphi Fin'l Group 'A'	NNM
DLGC	Dialogic Corp	NNM
DLGX	Datalogix Intl	NNM
DLI	Del Laboratories	AMEX
DLJ	Donaldson,Lufkin&Jenrette	NYSE

Ticker	Issue	Exchange
DLK	Salomon Inc 6.75% DEC'ELKS'	AMEX
DLNK	Digital Link	NNM
DLOVF	Daleco Res	NSC
DLP	Delta and Pine Land	NYSE
DLPH	Delphi Information Sys	NSC
DLPr	Dial Corp $4.75cmPfd	NYSE
DLRTD	Dollar Time Group(New)	NSC
DLS.EC	Dallas Gold&Silver Exchange	ECM
DLTR	Dollar Tree Stores	NNM
DLVRY	Cortecs Intl Ltd ADS	NNM
DLW	Delta Woodside Ind	NYSE
DLX	Deluxe Corp	NYSE
DM	Dames & Moore Inc	NYSE
DMAR	Datamarine Int'l	NNM
DMCVA	Dairy Mart Conven Str'A'	NNM
DMCVB	Dairy Mart Conven Str'B'	NNM
DME	Dime Bancorp	NYSE
DMED	Diametrics Medical	NNM
DMF	Dreyfus Muni Income	AMEX
DMIC	Digital Microwave	NNM
DMIF	DMI Furniture	NSC
DMM.A	Dia Met Minerals'A'	AMEX
DMM.B	Dia Met Minerals'B'	AMEX
DMMC	DM Management	NNM
DMN	DiMon Inc	NYSE
DMRK	Damark International'A'	NNM
DNA	Diana Corp	NYSE
DNAP	DNA Plant Technology	NNM
DNAPP	DNA Plant Tech $2.25 Cv Ex Pfd	NNM
DNB	Dun & Bradstreet	NYSE
DNEX	Dionex Corp	NNM
DNFC	D&N Finl Corp	NNM
DNFCW	D&N Financial Wrrt	NNM
DNKY	Donnkenny Inc	NNM
DNLC	Dixie Natl	NSC
DNM	Dreyfus N.Y. Muni Income	AMEX
DNP	Duff/Phelps Util Income	NYSE
DNVOF	De Novo Corp	NSC
DNXX	DNX Corp	NNM
DNY	Donnelley(RR)& Sons	NYSE
DO	Diamond Offshore Drilling	NYSE
DOBG	Doughtie's Foods	NSC
DOCI	DecisionOne Holdings	NNM
DOCKS	Chicago Dock & Canal Trust	NNM
DOCP	Delaware Otsego	NNM
DOCSF	PC DOCS Gp Intl	NNM
DOCU	DocuCon Inc	NSC
DOL	Dole Food Co	NYSE
DOM	Dominion Res Black Warrior Tr	NYSE
DOMZ	Dominguez Services	NNM
DON	Donnelly Corp Cl'A'	AMEX
DOSE	Capstone Pharmacy Svc	NNM
DOSEW	Capstone Pharmacy Svcs Wrrt	NNM
DOTX	Dotronix Inc	NNM
DOUG	Douglas & Lomason	NNM
DOV	Dover Corp	NYSE
DOVE	Dove Audio	NSC
DOW	Dow Chemical	NYSE
DP	Diagnostic Products	NYSE
DPAC	Dense-Pac Microsystems	NNM

Ticker	Issue	Exchange
DPCAQ	DEP Corp 'A'	NSC
DPCBQ	DEP Corp'B'	NSC
DPL	DPL Inc	NYSE
DPNR	Dignity Partners	NNM
DPRC	Data Processing Resources	NNM
DPSI	Dawson Production Svcs	NNM
DPT	Datapoint Corp	NYSE
DPTPrA	Datapoint $1 cm Pfd	NYSE
DPTR	Delta Petroleum	NSC
DQE	DQE	NYSE
DQPrA	Duquesne Cap L.P.8.375%'MIPS'	NYSE
DQUPrA	Duquesne Lt cm$2.10 Pfd	NYSE
DQUPrB	Duquesne Lt 3.75% Pfd	NYSE
DQUPrC	Duquesne Lt 4% Pfd	NYSE
DQUPrD	Duquesne Lt,4.10% Pfd	NYSE
DQUPrE	Duquesne Lt 4.15% Pfd	NYSE
DQUPrG	Duquesne Lt 4.20% Pfd	NYSE
DR	Coastal Physician Grp	NYSE
DRAI	Data Research Associates	NNM
DRAXF	Draxis Health	NNM
DRC	DRCA Medical Corp	AMEX
DRCO	Dynamics Research	NNM
DRE	Duke Realty Inv	NYSE
DREAF	Dreco Energy Svcs'A'	NNM
DRFNY	Driefontein Consol ADR	NSC
DRH	Driver-Harris	AMEX
DRI	Darden Restaurants	NYSE
DRKN	Durakon Industries	NNM
DRL	DI Industries	AMEX
DRM	Diamond Shamrock	NYSE
DRMD	Duramed Pharmaceutical	NNM
DRNK	Cable Car Beverage	NSC
DRS	Diagnostic/Retrieval Sys	AMEX
DRTE	Dendrite International	NNM
DRTK	GTS Duratek	NNM
DRV	Dravo Corp	NYSE
DRXR	Drexler Technology	NNM
DRYR	Dreyer's Gr Ice Cr	NNM
DS	Dallas Semiconductor	NYSE
DSBC	DS Bancor	NNM
DSCI	Derma Sciences	NSC
DSCP	Datascope Corp	NNM
DSGIF	DSG International Ltd	NNM
DSGR	Disc Graphics	NNM
DSGRW	Disc Graphics Wrrt	NSC
DSH	Designer Holdings	NYSE
DSI	Dreyfus Strategic Gvts	NYSE
DSIC	DSI Industries	NSC
DSL	Downey Financial	NYSE
DSLGF	Discreet Logic	NNM
DSM	Dreyfus Strategic Muni Bd Fd	NYSE
DSO	DeSoto Inc	NYSE
DSPC	DSP Communications	NNM
DSPG	DSP Group	NNM
DSPT	DSP Technology	NNM
DSSI	Data Systems & Software	NNM
DST	DST Systems	NYSE
DSTM	Datastream Systems	NNM
DSTR	DualStar Technologies	NNM
DSTRU	DualStar Technologies Unit	NSC

Ticker	Issue	Exchange
DSTRW	DualStar Technologies Wrrt'A'	NNM
DSWLF	Deswell Industries	NNM
DSWWF	Deswell Inds Wrrt	NNM
DSYS	Data Sys Network Corp	NSC
DSYSW	Data Sys Network Wrrt	NSC
DSYT	Dorsey Trailers	NNM
DTA	Detroit Edison 7.625% 'QUIDS'	NYSE
DTC	Domtar, Inc	NYSE
DTD	Detroit Edison 8.50% 'QUIDS'	NYSE
DTE	DTE Energy	NYSE
DTEPrF	Detroit Edison 7.74% Dep Pfd	NYSE
DTEPrl	Detroit Edison 7.75% Dep Pfd	NYSE
DTF	Duff/Phelps Util Tax-Free Inc	NYSE
DTII	D T Industries	NNM
DTLN	Data Transmission Ntwk	NNM
DTM	Dataram Corp	AMEX
DTOM	De Tomaso Indus Inc	NSC
DTOP	Desktop Data	NNM
DTPT	DeltaPoint Inc	NSC
DTRX	Detrex Corporation	NNM
DTSI	Datron Systems	NNM
DTSXU	Digital Transmission Sys Unit	NSC
DTUN	Detroit & Cda Tunl	NSC
DTX	Dominion Textile	MS
DUAL	Dual Drilling	NNM
DUC	Duff/Phelps Util & Cp Bd Tr	NYSE
DUCK	Duckwall-Alco Stores	NNM
DUF	Phoenix Duff & Phelps	NYSE
DUFPr	Phoenix Duff/Phelps $1.50 Cv Pfd	NYSE
DUK	Duke Power	NYSE
DUKPrA	Duke Pwr 6.375%'A'Pfd	NYSE
DUKPrS	Duke Pwr 7.72%'A'Pfd	NYSE
DUP.A	duPont of Canada Cl'A'	TS
DUR	Duracell Intl	NYSE
DURA	Dura Pharmaceuticals	NNM
DURI	Duriron Co	NNM
DUSA	DUSA Pharmaceuticals	NNM
DV	DeVRY INC	NYSE
DVCO	DavCo Restaurants	NNM
DVI	DVI Inc	NYSE
DVID	Digital Video Systems	NNM
DVIDU	Digital Video Sys Unit	NSC
DVIDW	Digital Video Sys Wrrt'A'	NNM
DVIDZ	Digital Video Sys Wrrt'B'	NNM
DVLG	DeVlieg-Bullard Inc	NNM
DVN	Devon Energy	AMEX
DVSWS	UROHEALTH Sys Wrrt	AMEX
DW	Drew Industries	AMEX
DWCH	Datawatch Corp	NNM
DWD	Dean Witter, Discover & Co	NYSE
DWL	DeWolfe Cos	AMEX
DWRX	DataWorks Corp	NNM
DWSN	Dawson Geophysical	NNM
DWTI	Dataware Technologies	NNM
DWW	Davis Water & Waste	NYSE
DWYR	Dwyer Group	NNM
DXO	Disco S.A. ADS	NYSE
DXR	Daxor Corp	AMEX
DXT	Dixon Ticonderoga	AMEX
DXYN	Dixie Yarns	NNM

Ticker	Issue	Exchange
DY	Dycom Industries	NYSE
DYA	Dynamics Corp Amer	NYSE
DYC	Dycam Inc	AMEX
DYGN	DynaGen Inc	NSC
DYGNW	DynaGen Inc Wrrt	NSC
DYHM	Dynamic Homes	NSC
DYII	Dynacq Intl	NSC
DYMO	Dynamotion/ATI	NSC
DYMOZ	Dynamotion/ATI Wrrt'A'	NSC
DYMTF	DynaMotive Technologies	NSC
DYNT	Dynatronics Corp	NSC
DYNX	Dynatec Intl	NSC
DYOLF	Dynamic Oil Ltd	NSC
DYPR	Drypers Corp	NSC
DYTC	Dynatech Corp	NNM
DZTK	Daisytek Intl	NNM
E	ENI S.p.A. ADS	NYSE
EA	EA Industries	NYSE
EACO	EA Engr Science/Tech	NNM
EAGL	Eagle Hardware & Garden	NNM
EAII	Engineering Animation	NNM
EAIN	Education Alternatives	NNM
EAR	HEARx Ltd	AMEX
EASI	Engineered Support Sys	NNM
EAT	Brinker Intl	NYSE
EATS	Eateries Inc	NNM
EAVN	Eaton Vance	NNM
EBAY	Eastbay Inc	NNM
EBCP	Eastern Bancorp	NNM
EBF	Ennis Business Forms	NYSE
EBMA	E&B Marine	NNM
EBS	Edison Bros Stores	NYSE
EBSI	Eagle Bancshares	NNM
EBY	Elsag Bailey Process Auto N.V.	NYSE
EC	Engelhard Corp	NYSE
ECC	ECC International	NYSE
ECCS	ECCS, Inc	NSC
ECF	Ellsworth Cv Growth/Income	AMEX
ECGC	Essex County Gas	NNM
ECGOF	Amer Eco Corp	NNM
ECH	Echlin Inc	NYSE
ECHO	Electronic Clearing House	NSC
ECHTA	EchoCath Inc'A'	NSC
ECHTU	EchoCath Inc Unit	NSC
ECHTW	EchoCath Inc Wrrt	NSC
ECHTZ	EchoCath Inc Wrrt 'B'	NSC
ECI	EXCEL Communications	NYSE
ECII	Equity Corp Intl	NNM
ECILF	ECI Telecom Ltd	NNM
ECIN	EMCEE Broadcast Products	NNM
ECK	Eckerd Corp	NYSE
ECKL	Eckler Industries	NSC
ECKLU	Eckler Industries Unit	NSC
ECKLW	Eckler Industries Wrrt	NSC
ECL	Ecolab Inc	NYSE
ECO	Echo Bay Mines	AMEX
ECOLE	Amer Ecology	NNM
ECOS	Evans Environmental	NSC
ECP	Central Newspapers 'A'	NYSE
ECSC	EcoScience Corp	NSC

Ticker	Issue	Exchange
ECTH	Electro-Catheter	NSC
ECTL	Elcotel Inc	NNM
ED	Consolidated Edison	NYSE
EDAC	Edac Technologies	NSC
EDCO	Edison Control	NNM
EDE	Empire Dist Elec	NYSE
EDEL	Edelbrock Corp	NNM
EDEPrA	Empire Dist El,4 3/4% Pfd	NYSE
EDEPrB	Empire Dist El,5% Pfd	NYSE
EDF	Emerging Mkts Income Fund II	NYSE
EDFY	Edify Corp	NNM
EDI	Editek Inc	AMEX
EDIN	Educational Insights	NNM
EDIT	RGB Computer & Video	NSC
EDIX	Electronic Designs	NSC
EDIXW	Electronic Designs Wrrt	NSC
EDL	Consolidated Ed 7.75%'QUICS'	NYSE
EDMK	Edmark Corp	NNM
EDO	EDO Corp	NYSE
EDPPrB	Consol Ed NY,6% Cv B Pref	NYSE
EDPrA	Consol Ed NY,$5 Pfd	NYSE
EDPrC	Consol Ed NY,4.65% C Pfd	NYSE
EDSE	ESELCO Inc	NNM
EDSWS	Edisto Resources Wrrt	AMEX
EDT	Edisto Resources	AMEX
EDUC	Educational Development	NNM
EDUSF	Edusoft Ltd	NNM
EDYN	Envirodyne Inds	NSC
EE	El Paso Electric	AMEX
EEC	Environmental Elements	NYSE
EECN	Ecogen Inc	NNM
EECNW	Ecogen Inc Wrrt	NNM
EEI	Ecology/Environment'A'	AMEX
EESI	Eastern Environmental Svc	NNM
EEX	Enserch Exploration	NYSE
EF	Europe Fund	NYSE
EFBI	Enterprise Federal Bancorp	NNM
EFCW	Eagle Finance	NNM
EFCX	Electric Fuel	NNM
EFIC	EFI Electronics	NSC
EFII	Electronics For Imaging	NNM
EFL	Emerging Mkts Fltg Rt Fd	NYSE
EFS	Enhance Financial Svcs Grp	NYSE
EFTC	Electronic Fab Technology	NNM
EFU	Eastern Enterprises	NYSE
EFX	Equifax Inc	NYSE
EGFC	Eagle Financial	NNM
EGG	EG&G Inc	NYSE
EGGS	Egghead Inc	NNM
EGLE	Eagle Food Centers	NNM
EGLS	Electroglas Inc	NNM
EGN	Energen Corp	NYSE
EGP	EastGroup Properties SBI	NYSE
EGPT	Eagle Point Software	NNM
EGR	Earthgrains Co	NYSE
EGX	Engex Inc	AMEX
EGY	Columbus Energy	AMEX
EHST	Electronic Hair Styling	NNM
EI	EnergyNorth Inc	NYSE
EIC	Equitable of Iowa	NYSE

Ticker	Issue	Exchange
EIF	Electrochemical Ind(Frutarom)	AMEX
EIPM	EIP Microwave	NSC
EIS	Excelsior Inc Shares	NYSE
EISI	EIS International	NNM
EIX	Edison Intl	NYSE
EJ	Everest/Jennings Intl	AMEX
EJD	DeBartolo Realty	NYSE
EK	Eastman Kodak	NYSE
EKC	Ek Chor China Motorcycle	NYSE
EKO	Ekco Group	NYSE
EKPPr	A/S Eksportfinans 8.70% Pfd	NYSE
EKR	EQK Realty Inv I SBI	NYSE
EKT	Grupo Elektra GDS	NYSE
EL	Lauder (Estee) Co	NYSE
ELAMF	Elamex S.A.de C.V. Cl I	NNM
ELB	Eldorado Bancorp	AMEX
ELBTF	Elbit Ltd	NNM
ELCC	Electronics Communications	NSC
ELCCW	Electronics Communicns Wrrt'A'	NSC
ELCH	El Chico Restaurants	NNM
ELCO	Elcom Intl	NNM
ELE	Empresa Nac'l Elec ADS	NYSE
ELEK	Elek-Tek Inc	NNM
ELET	Ellett Brothers	NNM
ELEX	ELEXSYS Intl	NNM
ELF	Elf Aquitaine ADS	NYSE
ELGT	Electric & Gas Technology	NNM
ELJ	Eljer Industries	NYSE
ELK	Elcor Corp	NYSE
ELM	Empresas La Moderna SA ADS	NYSE
ELMG	Electromagnetic Sci	NNM
ELMS	Elmers Restaurants	NSC
ELN	Elan Corp ADS	NYSE
ELN.WS A	Elan Corp ADS Wrrt'98	NYSE
ELNT	Elantec Semiconductor	NNM
ELRC	Electro Rent	NNM
ELRNF	Elron Electrn Ind Ord	NNM
ELRWF	Elron Electric Ind Wrrt	NNM
ELS	Elsinore Corp	AMEX
ELSE	Electro-Sensors	NNM
ELSI	Electrosource Inc	NSC
ELT	Elscint Ltd(New)	NYSE
ELTN	Eltron Intl	NNM
ELTX	Eltrax Sys	NSC
ELUXY	Electrolux AB Cl'B'ADR	NNM
ELXS	ELXSI Corp	NNM
ELY	Callaway Golf	NYSE
EMAK	Equity Marketing	NNM
EMBR	Embryo Development	NSC
EMBX	Embrex Inc	NNM
EMBXW	Embrex Inc Wrrt	NNM
EMC	EMC Corp	NYSE
EMCG	EMCORE Group	NNM
EMCI	EMC Insurance Group	NNM
EMCO	Engineering Measure't	NNM
EMCR	EmCare Holdings	NNM
EMD	Emerging Mkts Income Fund	NYSE
EME	Foreign/Colon'l Emg MidEast Fd	NYSE
EMED	EuroMed Inc	NNM
EMF	Templeton Emerg Mkts	NYSE

Ticker	Issue	Exchange
EMG	Emerging Mkts Infrastructure	NYSE
EMI.EC	Encore Marketing Intl	ECM
EMIPr	Encore Mkt Intl Cv Partic Pfd	ECM
EMIS	Emisphere Technologies	NNM
EML	Eastern Co	AMEX
EMLTF	Emco Ltd	NNM
EMLX	Emulex Corp	NNM
EMMS	Emmis Broadcasting'A'	NNM
EMN	Eastman Chemical	NYSE
EMO	TCW/DW Emerg Mkt Opp Tr	NYSE
EMON	Emons Transportation Group	NSC
EMP	Empire of Carolina	AMEX
EMPI	Empi Inc	NNM
EMR	Emerson Electric	NYSE
EMR	Emperor Gold	VS
EMSI	Effective Mgmt Systems	NNM
EMSIW	Effective Mgmt Sys Wrrt	NNM
EMT	Amer Medical Response	NYSE
ENA	Enova Corp	NYSE
ENBC	Energy BioSystems	NNM
ENC	English China Clays ADR	NYSE
ENCC	Encore Computer	NYSE
ENCD	ENCAD Inc	NNM
ENCP	Enercorp Inc	NSC
ENCRF	Enscor Inc	NSC
ENDG	Endogen Inc	NSC
ENE	Enron Corp	NYSE
ENEPrA	Enron Cap Res 9% 'A' Pfd	NYSE
ENEPrC	Enron Capital LLC'MIPS'	NYSE
ENEPrJ	Enron $10.50 Cv 2nd Pfd	NYSE
ENER	Energy Conv Devices	NNM
ENET	EqualNet Holding	NNM
ENEX	ENEX Resources	NNM
ENG	Destec Energy	NYSE
ENGL	Engle Homes	NNM
ENI	Enersis S.A. ADS	NYSE
ENL	Elsevier NV ADS	NYSE
ENNS	Equity Inns	NNM
ENP	Enron Liquids Pipeline L.P.	NYSE
ENPT	En Pointe Tech	NNM
ENQ	Amer Media Cl'A'	NYSE
ENQWS	Amer Media Wrrt	NYSE
ENS	ENSERCH Corp	NYSE
ENSO	EnviroSource Inc	NNM
ENSPrE	ENSERCH Dep Adj cm E Pfd	NYSE
ENSPrF	ENSERCH Dep Adj cm F Pfd	NYSE
ENSY	EnSys Environmental Products	NNM
ENTR	Enteractive Inc	NSC
ENTRW	Enteractive Inc Wrrt	NSC
ENV	CET Environmental Svcs	AMEX
ENVG	Envirogen Inc	NSC
ENVGW	Envirogen Inc Wrrt	NSC
ENVI	Envirotest Systems'A'	NNM
ENVR	Environmental Tech USA	NSC
ENVRW	Environmental Tech USA Wrrt	NSC
ENVY	Envoy Corp	NNM
ENZ	Enzo Biochem	AMEX
ENZN	ENZON Inc	NNM
EOC	Empresa Nac'l De Electric ADS	NYSE
EOG	Enron Oil & Gas	NYSE

Ticker	Issue	Exchange
EOLPrA	Elf Overseas Ltd 8.50%Pfd'A'	NYSE
EOLPrB	Elf Overseas Ltd 7.625% Pfd'B'	NYSE
EONE	Environment-One	NSC
EOT	EOTT Energy Partners L.P.	NYSE
EPG	El Paso Natural Gas	NYSE
EPHI	Electropharmacology Inc	NSC
EPHIW	Electropharmacology Inc Wrrt	NSC
EPIC	Epic Design Technology	NNM
EPIE	Eskimo Pie	NNM
EPII	Eagle Pacific Indus	NSC
EPLTF	Electrocon Intl	NSC
EPP	Enron Global Pwr/Pipeln LLC	NYSE
EPT	Epitope Inc	AMEX
EPUR	Enviropur Waste Refining/Tech	NSC
EQ	Equitable Cos	NYSE
EQM	Midwest R.E.Shop'g Ctr L.P.	NYSE
EQMD	EquiMed Inc	NNM
EQNX	Equinox Systems	NNM
EQR	Equity Residential Prop Tr	NYSE
EQRPrA	Equity Res Prop Tr 9.375% Pfd	NYSE
EQRPrB	Equity Res Prop Tr 9.125%Pfd	NYSE
EQS	Equus II Inc	AMEX
EQSB	Equitable Fed Svgs Bank	NNM
EQT	Equitable Resources	NYSE
EQTX	Equitex Inc	NNM
EQTY	Equity Oil	NNM
EQUUS	Equus Gaming LP	NNM
ER	Executive Risk	NYSE
ERCC	Energy Research	NNM
ERCI	ERC Industries	NSC
ERDI	ERD Waste Corp	NNM
ERDR	STAT Healthcare	NSC
ERDRW	Stat Healthcare Wrrt'A'	NSC
ERGO	Ergo Science	NNM
ERICY	Ericsson(LM)Tel'B'ADR	NNM
ERICZ	Ericsson L M Tel	NSC
ERIE	Erie Indemnity 'A'	NNM
ERIV	Eagle River Interactive	NNM
ERLY	ERLY Indus	NNM
ERNS	Ernst Home Center	NNM
EROI	ERO Inc	NNM
EROX	EROX Corp	NSC
ERSI	Electronic Retailing Sys	NNM
ERTS	Electronic Arts	NNM
ESBK	Elmira Svgs Bk FSB NY	NSC
ESBPrA	Espirito Santo Oversecs 8.50% Pref	NYSE
ESC	Emeritus Corp	AMEX
ESCA	Escalade Inc	NNM
ESCC	Evans&Sutherl'd Computer	NNM
ESCI	Earth Sciences	NSC
ESCMF	ESC Medical Systems	NNM
ESCO	Easco Inc	NNM
ESE	ESCO Electronics	NYSE
ESEX	Essex Corp	NSC
ESF	Espirito Santo Finl ADS	NYSE
ESH	Scheib (Earl)	AMEX
ESI	ITT Educational Svcs	NYSE
ESIO	Electro Scientific Ind	NNM
ESIX	Enterprise Systems	NNM
ESL	Esterline Technologies	NYSE

Ticker	Issue	Exchange
ESMC	Escalon Medical Corp	NNM
ESMCL	Escalon Med Corp Wrrt'B'	NNM
ESMCW	Escalon Med Corp Wrrt'A'	NNM
ESMR	Esmor Correctional Svcs	NNM
ESMRW	Esmor Correct'l Svcs Wrrt	NNM
ESOL	Employee Solutions	NNM
ESON	Endosonics Corp	NNM
ESP	Espey Mfg & Electr	AMEX
ESQS	Esquire Communications	NSC
ESQSW	Esquire Communications Wrrt	NSC
ESRX	Express Scripts 'A'	NNM
ESS	Essex Property Trust	NYSE
ESSF	ESSEF Corp	NNM
ESST	ESS Technology	NNM
ESTI	Eclipse Surgical Tech	NNM
ESTO	Eastco Industrial Safety	NSC
ESTOW	Eastco Indl Safety Wrrt	NSC
ESTR	ElectroStar Inc	NNM
ESV	ENSCO Intl	NYSE
ESX	Essex Bancorp	AMEX
ETC	Environmental Tectonics	AMEX
ETCIA	Electronic Tele Comm'A'	NNM
ETEC	Etec Systems	NNM
ETF	Emerging Mkts Telecommun Fd	NYSE
ETFS	East Texas Financial Svcs	NNM
ETH	Ethan Allen Interiors	NYSE
ETHCY	Ethical Holdings Ltd ADS	NNM
ETN	Eaton Corp	NYSE
ETP	Enterprise Oil ADS	NYSE
ETPPr	Enterprise Oil Pref'A'ADS	NYSE
ETPPrB	Enterprise Oil Pref 'B' ADS	NYSE
ETR	Entergy Corp	NYSE
ETRC	Equitrac Corp	NNM
ETS.EC	ETS International	ECM
ETTI	EcoTyre Technologies	NSC
ETTIW	EcoTyre Technologies Wrrt	NSC
ETW	E'town Corp	NYSE
ETZ	Etz Lavud Ltd Ord	AMEX
ETZ.A	Etz Lavud Ltd 'A'	AMEX
EUA	Eastern Util Assoc	NYSE
EUFA	Eufaula BancCorp	NSC
EUPH	Euphonix Inc	NNM
EUSA	Eagle USA Airfreight	NNM
EVAN	Evans Inc	NNM
EVEN	EV Environmental	NSC
EVENW	EV Environmental Wrrt'A'	NSC
EVER	Evergreen Resources	NNM
EVGM	Evergreen Media Corp'A'	NNM
EVGMP	Evergreen Media $3.00 Cv Pfd	NNM
EVGN	Evergreen Bancorp	NNM
EVI	Energy Ventures	NYSE
EVMD	Everest Med	NSC
EVRM	Envirometrics Inc	NSC
EVRMW	Envirometrics Inc Wrrt	NSC
EVRO	EVRO Corp	NSC
EVRPrA	Everen Cap 13.50%'A' Ex Pfd	NYSE
EVSI	Evans Systems	NNM
EVTC	Environmental Technologies	NNM
EVTI	EndoVascular Technologies	NNM
EWA	Foreign Fd Australia Index'WEBS'	AMEX

Ticker	Issue	Exchange
EWB	E.W. Blanch Holdings	NYSE
EWC	Foreign Fd Canada Index'WEBS'	AMEX
EWD	Foreign Fd Sweden Index'WEBS'	AMEX
EWF	European Warrant Fund	NYSE
EWG	Foreign Fd Germany Index'WEBS'	AMEX
EWH	Foreign Fd Hong Kong Index'WEBS'	AMEX
EWI	Foreign Fd Italy Index'WEBS'	AMEX
EWJ	Foreign Fd Japan Index'WEBS'	AMEX
EWK	Foreign Fd Belgium Index'WEBS'	AMEX
EWL	Foreign Fd Switzer'd Index'WEBS'	AMEX
EWM	Foreign Fd Malaysia Index'WEBS'	AMEX
EWN	Foreign Fd Netherl'ds Index'WEBS'	AMEX
EWND	Eastwind Group	NSC
EWO	Foreign Fd Austria Index'WEBS'	AMEX
EWP	Foreign Fd Spain Index'WEBS'	AMEX
EWQ	Foreign Fd France Index'WEBS'	AMEX
EWR	Evans Withycombe Res	NYSE
EWS	Foreign Fd Singapore Index'WEBS'	AMEX
EWST	Energy West	NNM
EWU	Foreign Fd U.K. Index'WEBS'	AMEX
EWW	Foreign Fd Mexico Index'WEBS'	AMEX
EX	Exide Corp	NYSE
EXAC	Exactech Inc	NNM
EXAM	Express America Hldgs	NNM
EXAR	Exar Corp	NNM
EXBT	Exabyte Corp	NNM
EXC	Excel Industries	NYSE
EXCA	Excalibur Technologies	NNM
EXE.A	Extendicare Inc	NYSE
EXG	Enron Cp 6.25% Exch Nts'98	NYSE
EXGN	Exogen Inc	NNM
EXL	Exolon-Esk Co	BO
EXPD	Expeditors Intl,Wash	NNM
EXSO	Exsorbet Industries	NSC
EXTL	Executive Telecard Ltd	NNM
EXTRE	Exstar Financial	NNM
EXX.A	EXX Inc 'A'	AMEX
EXX.B	EXX Inc 'B'	AMEX
EY	Ethyl Corp	NYSE
EYE	BEC Group	NYSE
EZCIA	E-Z Communications'A'	NNM
EZCOF	Ezcony Interamerica	NNM
EZM.A	E-Z EM Inc'A'	AMEX
EZM.B	E-Z EM Inc 'B'	AMEX
EZPW	EZCORP Inc'A'	NNM
EZS	E-Z Serve Corp	AMEX
F	Ford Motor	NYSE
FA	Fairchild Corp 'A'	NYSE
FABC	First Alliance Bancorp (GA)	NSC
FAC	Factory Stores of America	NYSE
FACT	First Albany Cos	NNM
FAE	Fidelity Advisor Emer'g Asia	NYSE
FAF	First Amer Finl	NYSE
FAHC	First Amer Hlth Concepts	NNM
FAHNF	Fahnestock Viner Hldgs'A'	NNM
FAI	FAI Insurances Ltd ADS	NYSE
FAIL	Failure Group	NNM
FAIR	Renaissance Entertainment	NNM
FAIRW	Renaissance Entmt Wrrt'A'	NNM
FAIRZ	Renaissance Entmt Wrrt'B'	NNM

Ticker	Issue	Exchange
FAJ	Frontier Adjusters of Amer	AMEX
FAK	Fidelity Advisor Korea Fund	NYSE
FAL	Falcon Cable Sys L.P.	AMEX
FAM	Intl Family Entert'nt 'B'	NYSE
FAMCA	Federal Agricultural Mtge'A'	NSC
FAMCK	Federal Agricultural Mtge'C'	NSC
FAME	Flamemaster Corp	NNM
FARC	Farr Co	NNM
FARL	Farrel Corp	NNM
FARM	Farmer Bros	NNM
FAST	Fastenal Co	NNM
FATN	First Amer (Tenn)	NNM
FAUL	Faulding Inc	NNM
FAX	First Australia Prime	AMEX
FAY	Fay's Inc	NYSE
FB	Falcon Building Products'A'	NYSE
FBA	First Banks America	NYSE
FBAN	FNB Corp (PA)	NSC
FBANP	FNB Corp 7.5% Cv'B' Pfd	NSC
FBAR	Family Bargain	NSC
FBARP	Family Bargain 9.5% Cv'A'Pfd	NSC
FBAYF	Frisco Bay Industries	NNM
FBBC	First Bell Bancorp	NNM
FBCG	First Banking S.E. Georgia	NNM
FBCI	Fidelity Bancorp	NNM
FBCV	1st Bancorp Ind	NSC
FBD	Fibreboard Corp	AMEX
FBER	1st Bergen Bancorp	NNM
FBF	BEA Income Fd	NYSE
FBGA	First Bankshares (GA)	NSC
FBHC	Fort Bend Hldg	NNM
FBI	BEA Strategic Income Fd	NYSE
FBIC	Firstbank of Illinois	NNM
FBKP	First Bk Philadelphia PA	NSC
FBN	Furniture Brands Intl	NYSE
FBNC	First Bancorp (NC)	NNM
FBNKP	First Banks 9% Incr Rt'C'Pfd	NNM
FBP	FirstBank Puerto Rico	NYSE
FBR	First Brands Corp	NYSE
FBS	First Bank System	NYSE
FBSI	First Bankshares	NNM
FBSPrX	First Bk Sys $3.5625 Cv91A Pfd	NYSE
FBST	Fiberstars Inc	NNM
FBSWW	First Bank Sys Wrrt	NSC
FBTR	For Better Living	NSC
FCA.A	Fabri-Centers Amer'A'	NYSE
FCA.B	Fabri-Centers Amer'B'	NYSE
FCB	Falmouth Co-operative Bank	AMEX
FCBF	FCB Financial	NNM
FCBIA	First Commerce Bancshares'A'	NSC
FCBIB	First Comm Bancshares 'B'	NSC
FCBK	First Charter Bank N.A.	NNM
FCBS	Fayette County Bancshrs	NSC
FCC	First Central Finl	AMEX
FCC.A	Fletcher Challenge Cda'A'	TS
FCE.A	Forest City Enterp Cl'A'	AMEX
FCE.B	Forest City Ent Cv Cl'B'	AMEX
FCENA	Food Court Entmt Network'A'	NSC
FCENU	Food Court Entertain Unit	NSC
FCENW	Food Court Enter Wrrt 'A'	NSC

Ticker	Issue	Exchange
FCENZ	Food Court Enter Wrrt 'B'	NSC
FCF	First Commonwealth Finl	NYSE
FCFC	Firstcity Financial	NNM
FCFCP	Firstcity Finl 'B' Pfd	NNM
FCH	FelCor Suite Hotels	NYSE
FCHPrA	FelCor Suite Hotels $1.95 Pfd	NYSE
FCII	Fibercorp Intl	NSC
FCIT	First Citizens Finl	NNM
FCL	First Colony	NYSE
FCLR	First Commercial Corp	NNM
FCN	First Chicago NBD	NYSE
FCNB	FCNB Corp	NNM
FCNCA	First Citizens BancShares'A'	NNM
FCNPrB	First Chi NBD Adj Div B Pfd	NYSE
FCNPrC	First Chi NBD Adj Div C Pfd	NYSE
FCNPrE	First Chi NBD 8.45% Dep Pfd	NYSE
FCNPrU	First Chi NBD 7.5%PfdPurUnits	NYSE
FCNPrV	First Chi NBD 5 3/4% Cv Dep Pfd	NYSE
FCO	First Commonwealth Fund	NYSE
FCOB	First Comml Bancorp, Inc	NSC
FCOM	First Commerce	NNM
FCOMP	First Commerce 7.25% Cv Pfd '92	NNM
FCP	Falcon Products	NYSE
FCSE	Focus Enhancements	NSC
FCSEW	Focus Enhancements Wrrt	NSC
FCTR	First Charter Corp	NNM
FCWI	First Commonwealth	NNM
FCX	Freep't McMoRan Copper&Gold'B'	NYSE
FCX.A	Freep't McMoRan Copper&Gold'A'	NYSE
FCXPr	Freep't McMoRan Cp/Gld7%Cv Pref	NYSE
FCXPrA	Freept-McMo Cp/Gld'A'Dep Pfd	NYSE
FCXPrB	Freept-McMo Cp/Gld'B'Dep Pfd	NYSE
FCXPrC	Freept-McMo Cp/Gld'C'Dep Pfd	NYSE
FCXPrD	Freept-McMo Cp/Slvr'D'Dep Pfd	NYSE
FCY	Furon Co	NYSE
FD	Federated Dept Stores	NYSE
FD.WSC	Federated Dept Strs 'C' Wrrt	NYSE
FD.WSD	Federated Dept Strs 'D' Wrrt	NYSE
FDB	Foodbrands America	NYSE
FDC	First Data	NYSE
FDEF	First Defiance Fin'l	NNM
FDGT	Fluor Daniel/GTI	NNM
FDIR	Fronteer Directory	NSC
FDLNA	Food Lion Inc Cl'A'	NNM
FDLNB	Food Lion Inc Cl'B'	NNM
FDO	Family Dollar Stores	NYSE
FDPC	FDP Corp	NNM
FDX	Federal Express	NYSE
FEB	Far East National Bank	AMEX
FED	FirstFed Financial	NYSE
FEET	Just For Feet	NNM
FEG	Fletcher Challenge Ener ADS	NYSE
FEI	Frequency Electrs	AMEX
FEIC	FEI Co	NNM
FELE	Franklin Electric	NNM
FEP	Franklin Electronic Pub	NYSE
FERO	Ferrofluidics Corp	NNM
FERS	F&E Resource Systems Tech	NSC
FES	First Empire State	AMEX
FESX	First Essex Bancorp	NNM

Ticker	Issue	Exchange
FF	First Financial Fund	NYSE
FFA	Franchise Finance Cp Amer	NYSE
FFBA	First Colorado Bancorp	NNM
FFBC	First Finl Bancorp(OH)	NNM
FFBG	First Fedl Svg (GA)	NNM
FFBH	First Fed Bancshares (AR)	NNM
FFBI	First Finl Bancorp	NSC
FFBS	FFBS Bancorp	NNM
FFBZ	First Fed Bancorp	NNM
FFC	Fund Amer Enterpr Hldgs	NYSE
FFCH	First Finl Hldgs	NNM
FFD	Fairfield Communities	NYSE
FFDF	FFD Financial	NNM
FFDP	Firstfed Bancshares	NNM
FFEC	First Fed of Eau Clair	NNM
FFED	Fidelity Fed Bancorp	NNM
FFES	First Fed S & L (CT)	NNM
FFEX	Frozen Food Express	NNM
FFFC	FFVA Financial	NNM
FFFD	North Central Bancshares	NNM
FFFG	F.F.O. Financial Group	NSC
FFFL	Fidelity Fedl Svgs Bk Fla	NNM
FFGI	ForeFront Group	NNM
FFHC	First Finl Corp Wis	NNM
FFHH	FSF Financial	NNM
FFHS	First Franklin Corp	NNM
FFIC	Flushing Financial	NNM
FFIN	First Financial Bankshares	NNM
FFKT	Farmers Capital Bank	NSC
FFKY	First Fed Finl (KY)	NNM
FFLC	FFLC Bancorp	NNM
FFML	First Family Finl	NSC
FFOH	Fidelity Finl Ohio	NNM
FFOX	Firefox Communications	NNM
FFP	FFP Partners L.P.	AMEX
FFPB	First Palm Beach Bancorp	NNM
FFPC	Florida First Bancorp	NNM
FFRV	Fidelity Finl Bankshares	NNM
FFS	Fletcher Challenge Forest ADS	NYSE
FFSI	Financing for Science Intl	NNM
FFSIW	Financing for Science Intl Wrrt	NNM
FFSL	First Independence Del	NSC
FFST	4 Front Software Intl	NSC
FFSW	Firstfed Finl Svcs	NNM
FFSWO	FirstFederal Finl 6.5% Cv'B' Pfd	NSC
FFSWP	FirstFederal Finl 7% Cv'A'Pfd	NSC
FFSX	First Fed Svgs Bk Siouxland	NSC
FFWC	FFW Corp	NSC
FFWD	Wood Bancorp	NSC
FFWM	First Finl (MD)	NNM
FFYF	FFY Financial	NNM
FG	USF&G Corp	NYSE
FGAS	Forcenergy Inc	NNM
FGCI	Family Golf Centers	NNM
FGHC	First Georgia Holding	NNM
FGL	FMC Gold	NYSE
FGLF	Renaissance Golf Products	NSC
FGP	Ferrellgas Partners L.P.	NYSE
FH	Foundation Health	NYSE
FHC	Female Health	AMEX

Ticker	Issue	Exchange
FHPC	FHP Int'l Corp	NNM
FHPCA	FHP Intl $1.25 Cv Pfd'A'	NNM
FHRI	Full House Resorts	NSC
FHRIW	Full House Resorts Wrrt	NSC
FHT	Fingerhut Companies	NYSE
FHWN	First Hawaiian	NNM
FI	FINA,Inc Cl'A'	AMEX
FIA	Fiat SpA ADR	NYSE
FIAPr	Fiat SpA Preference ADR	NYSE
FIAPrA	Fiat SpA Savings ADR	NYSE
FIBC	Financial Bancorp	NNM
FIBR	Osicom Technologies Inc	NSC
FIC	Fair Isaac & Co	NYSE
FIF	Financial Federal	AMEX
FIFS	First Investors Finl Svcs Grp	NNM
FIGI	Figgie Intl Cl'B'	NNM
FIGIA	Figgie Intl Cl'A'	NNM
FIGPrA	Farmers Grp Cap 8.45%'QUIPS'	NYSE
FIGPrB	Farmers Grp Cap II 8.25%'QUIPS'	NYSE
FIL	Sanifill Inc	NYSE
FILE	FileNet Corp	NNM
FIMG	Fischer Imaging	NNM
FINL	Finish Line 'A'	NNM
FIRE	Finl Institutions Insur Grp	NNM
FIRM	Firstmark Corp	NSC
FISB	First Indiana Corp	NNM
FISV	Fiserv Inc	NNM
FIT	Fab Indus	AMEX
FITB	Fifth Third Bancorp	NNM
FITC	Financial Trust Corp	NNM
FIVD	Fifth Dimension	NSC
FIZ	Natl Beverage	AMEX
FJA	Fedders Corp'A'	NYSE
FJC	Fedders Corp	NYSE
FKBC	First-Knox Banc Corp	NNM
FKCM	Franklin Cons Mng	NSC
FKFS	First Keystone Financial	NNM
FKKY	Frankfort First Bancorp	NNM
FKL	Franklin Hldg Corp	AMEX
FKLN	Franklin Ophthalmic Instruments	NSC
FLA	Florida East Coast Indus	NYSE
FLAG	Flag Financial	NNM
FLB	Fletcher Challenge Bldg ADS	NYSE
FLCN	Falcon Drilling	NNM
FLD	Fieldcrest Cannon	NYSE
FLDCP	Fieldcrest Cannon $3 Cv	NSC
FLDR	Flanders Corp	NSC
FLE	Fleetwood Enterpr	NYSE
FLEXF	Flextronics Intl	NNM
FLFCO	First Liberty Fin'l 6% Cv Pfd	NSC
FLH	Fila Holdings ADS	NYSE
FLI	Amer Eagle Group	NYSE
FLIC	First Long Island	NSC
FLIR	FLIR Systems	NNM
FLK	Fluke Corp	NYSE
FLM	Fleming Cos	NYSE
FLMK	Foilmark Inc	NNM
FLO	Flowers Indus	NYSE
FLOW	Flow International	NNM
FLP	Fletcher Challenge Paper ADS	NYSE

Ticker	Issue	Exchange
FLPB	First Leesport Bancorp	NSC
FLR	Fluor Corp	NYSE
FLRO	FluoroScan Imaging Sys	NNM
FLROW	Fluoroscan Imaging Sys Wrrt	NNM
FLSC	Florsheim Shoe	NNM
FLSHF	M-Sys Flash Disk Pioneers Ltd	NSC
FLST	Flagstar Companies	NNM
FLSTP	Flagstar Cos $2.25 Cv Pfd	NNM
FLT	Fleet Financial Group	NYSE
FLT.WS	Fleet Finl Grp Wrrt	NYSE
FLTPrB	Fleet Fin'l 10.12% Dep Pfd	NYSE
FLTPrC	Fleet Fin'l 9.375% Dep Pfd	NYSE
FLTPrD	Fleet Fin'l 9.30% Dep Pfd	NYSE
FLTPrE	Fleet Fin'l 9.35% Dep Pfd	NYSE
FLTPrF	Fleet Fin'l 7.25% Dep Pfd	NYSE
FLTPrG	Fleet Fin'l 6.75% Dep Pfd	NYSE
FLWR	Celebrity Inc	NNM
FLXS	Flexsteel Indus	NNM
FLY	Airlease Ltd L.P.	NYSE
FLYAF	CHC Helicopter Cl'A'	NNM
FLYT	Interactive Flight Tech'A'	NSC
FLYTU	Interactive Flight Tech Unit	NSC
FLYTW	Interactive Flight Wrrt'A'	NSC
FLYTZ	Interactive Flight Wrrt'B'	NSC
FM	Foodmaker Inc	NYSE
FMAC	First Merchants Acceptance	NNM
FMBC	First Michigan Bank	NNM
FMBD	First Mutual Bancorp	NNM
FMBI	First Midwest Bancorp	NNM
FMBK	F&M Bancorporation, Inc	NNM
FMBN	F&M Bancorp	NNM
FMBPr	First Maryland Banc 7.875% Pfd	NYSE
FMC	FMC Corp	NYSE
FMCO	FMS Financial	NNM
FMCT	Farmers & Mechanics Bank	NNM
FMDAY	Futuremedia PLC ADS	NSC
FMDYW	Futuremedia PLC Wrrt	NNM
FMER	FirstMerit Corp	NNM
FMI	Franklin Multi-Income Tr	NYSE
FMLY	Family Bancorp	NNM
FMN	F&M National Corp	NYSE
FMO	Federal-Mogul	NYSE
FMOR	First Mortgage	NNM
FMPO	FM Properties	NNM
FMR	Freeport McMoRan O/G Rlty	NYSE
FMRX	FemRx Inc	NNM
FMSB	First Mutual Svgs (WA)	NNM
FMST	FinishMaster Inc	NNM
FMT	Fremont Genl	NYSE
FMTPr	Fremont Genl Fin I 9%'TOPrS'	NYSE
FMXI	Foamex International	NNM
FMY	Meyer (Fred) Inc	NYSE
FNAT	First National Entmt	NSC
FNBC	Franklin Bancorporation	NSC
FNBF	FNB Financial Svcs	NNM
FNBN	FNB Corp(NC)	NNM
FNBR	FNB Rochester Corp	NNM
FNCO	Funco Inc	NNM
FND	First Chi NBD 5.50% 'DECS'97	NYSE
FNF	Fidelity Natl Finl	NYSE

Ticker	Issue	Exchange
FNGB	First Northern Capital	NNM
FNGC	Frontier Natural Gas	NSC
FNGCP	Frontier Nat Gas $1.20 Cv Pfd	NSC
FNGCW	Frontier Natural Gas Wrrt	NSC
FNH	First Natl Bankshares(LA)	AMEX
FNIN	Financial Inds	NSC
FNL	Fansteel Inc	NYSE
FNLY	Finlay Enterprises	NNM
FNM	Federal Natl Mtge	NYSE
FNMPrA	Federal Natl Mtge 6.41% Pfd	NYSE
FNMPrB	Federal Natl Mtge 6.50% Pfd	NYSE
FNQ	Franklin Quest	NYSE
FNR	Flores & Rucks	NYSE
FNSC	Financial Security Corp	NNM
FNV	FINOVA Group	NYSE
FNWPr	First Nationwide Bk 11.50% Pfd	NYSE
FOA	First of America Bk	NYSE
FOBBA	First Oak Brook Bancshrs'A'	NNM
FOBC	Fed One Bancorp	NNM
FOCS	FiberChem Inc	NSC
FOE	Ferro Corp	NYSE
FOFF	50-Off Stores	NNM
FOH.A	Fredericks of Hollywood'A'	NYSE
FOH.B	Fredericks of Hollywood'B'	NYSE
FOIL	Forest Oil	NNM
FOILO	Forest Oil $0.75 Cv Pfd	NNM
FOILW	Forest Oil Wrrt	NNM
FOM	Foremost Corp,Amer	NYSE
FON	Sprint Corp	NYSE
FONE	Farmstead Tel Group	NSC
FONEW	Farmstead Tel Group Wrrt	NSC
FONPr	Sprint Corp $1.50 Cv Ser 1 Pfd	NYSE
FONPrA	Sprint Corp $1.50 Cv Ser 2 Pfd	NYSE
FONR	FONAR Corp	NSC
FOOQ	Foodquest Inc	NSC
FOOQW	Foodquest Inc Wrrt	NSC
FOOT	Foothill Independent Banc	NNM
FOR	Fortis Securities	NYSE
FORD	Forward Industries(NY)	NSC
FORE	FORE Systems	NNM
FORL	Foreland Corp	NSC
FORLL	Foreland Corp Wrrt 'L'	NSC
FORMF	JetForm Corp	NNM
FORT	Fort Howard	NNM
FOSL	Fossil Inc	NNM
FOTO	Seattle FilmWorks	NNM
FOUR	Forum Group	NSC
FOX	FoxMeyer Health	NYSE
FOXI	Foxmoor Inds Ltd	NSC
FOXPr	FoxMeyer Health $5 Cv Pfd	NYSE
FOXPrA	FoxMeyer Hlth $4.20 Ex'A'Pfd	NYSE
FPAM	FPA Medical Mgmt	NNM
FPBK	First Patriot Bankshares	NNM
FPBN	FP Bancorp	NNM
FPC	Florida Progress	NYSE
FPD	Florida P&L 8.75%'QUIDS'	NYSE
FPF	First Philippine Fund	NYSE
FPI	Fountain Powerboat Ind	AMEX
FPL	FPL Group	NYSE
FPLPrA	Fla Pwr&Lt $2 Pfd'A'	NYSE

Ticker	Issue	Exchange
FPNX	First Pacific Networks	NSC
FPO	FPA Corp	AMEX
FPRY	First Finl Bancorp	NSC
FPT	Franklin Principal Maturity	NYSE
FPU	Florida Public Utilities	AMEX
FPX	Fortune Petroleum	AMEX
FPX.WS	Fortune Pete Wrrt	AMEX
FPr	Ford Motor 8.40% Cv Dep Pfd	NYSE
FPrB	Ford Motor Dep'B'Pfd	NYSE
FPrT	Ford Mtr Cap Tr I 9.00%'TOPrS'	NYSE
FQE	Fuqua Enterprises	NYSE
FR	First Industrial Rlty Tr	NYSE
FRA	Farah Inc	NYSE
FRAC	Fractal Design	NNM
FRAG	French Fragrances	NNM
FRC	First Republic Bancorp	NYSE
FRCC	First Financial Caribbean	NNM
FRD	Friedman Indus	AMEX
FRDM	Friedman's Inc'A'	NNM
FRE	Federal Home Loan	NYSE
FRED	Fred's Inc 'A'	NNM
FREPr	Fed'l Home Ln Mtg 7.90% Pfd	NYSE
FREPrA	Fed'l Home Ln Mtg 6.72% Pfd	NYSE
FREPrB	Fed'l Home Ln Mtg Var Rt Pfd	NYSE
FRES	Fresh America	NNM
FRF	France Growth Fund	NYSE
FRG	Emerging Germany Fund	NYSE
FRGB	First Regional Bancorp	NSC
FRK	Florida Rock Indus	AMEX
FRL	Forum Retirem't Ptnrs	AMEX
FRM	First Mississippi	NYSE
FRME	First Merchants Corp	NNM
FRMG	FirstMiss Gold	NNM
FRN	Fresenius USA	AMEX
FRNT	Frontier Airlines	NSC
FRNTW	Frontier Airlines Wrrt	NSC
FRO	Frontier Corp	NYSE
FRP	Freeport McMoRan Res LP	NYSE
FRPP	FRP Properties	NNM
FRPrA	First Indl Rlty Tr 9.50% Pfd	NYSE
FRS	Frisch's Restaurants	AMEX
FRSH	Fresh Juice Inc	NSC
FRT	Federal Rlty Inv Tr SBI	NYSE
FRTE	Forte Software	NNM
FRTG	Fortress Group	NNM
FRTZ	Fritz Companies	NNM
FRX	Forest Labs	AMEX
FSA	Financial Sec Assurance Hldg	NYSE
FSACF	First South Africa	NSC
FSAUF	First South Africa Unit	NSC
FSAWF	First South Africa Wrrt'A'	NSC
FSAZF	First South Africa Wrrt'B'	NSC
FSBC	First SB Clovis N Mex	NSC
FSBI	Fidelity Bancorp (PA)	NNM
FSBS	First Ashland Financial	NSC
FSBT	First State	NNM
FSBX	Framingham Svgs Bank (MA)	NNM
FSCNY	Free St Con Gld Mines ADR	NSC
FSCO	First Security	NNM
FSCR	Federal Screw Works	NNM

Ticker	Issue	Exchange
FSCX	FastComm Communications	NNM
FSFC	First Southeast Finl	NNM
FSFI	First State Finl Svcs	NNM
FSFT	Fourth Shift	NNM
FSH	Fisher Scientific Intl	NYSE
FSI	Flightsafety Intl	NYSE
FSII	FSI International	NNM
FSLA	First Savings Bk(Perth Amboy)	NNM
FSM	Foodarama Supermkts	AMEX
FSN	Franklin Select R.E. Inc Fd'A'	AMEX
FSNJ	First Savings Bank(N.J.)	NNM
FSNM	First State Bancorporation	NNM
FSOLF	Forasol-Foramer NV	NNM
FSPG	First Home Savings Bk	NNM
FSR	Firstar Corp	NYSE
FSRPZ	Firstar Corp $1.75 Cv Dep Pfd	NNM
FSRVF	FirstService Corp (Vtg)	NSC
FSS	Federal Signal	NYSE
FSSB	First Fed Svgs & Ln Assn	NSC
FSTH	First Southern Bancshares	NNM
FSTRA	Foster (LB)Cl'A'	NNM
FSVB	Franklin Bank N.A.	NNM
FSVP	Find SVP	NSC
FT	Franklin Universal Tr	NYSE
FTC	Fruehauf Trailer	NYSE
FTCG	First Colonial Group	NNM
FTD	Fort Dearborn Inc Sec	NYSE
FTEC	Firetector Inc	NSC
FTEKF	Fuel Tech N.V.	NSC
FTEN	First Tenn Natl	NNM
FTETD	First Entertainment	NSC
FTF	Texarkana First Financial	AMEX
FTFC	First Federal Capital	NNM
FTFN	First Financial	NNM
FTHR	Featherlite Mfg	NNM
FTIC	Forensic Technologies Intl	NNM
FTL	Fruit of The Loom'A'	NYSE
FTPS	FTP Software	NNM
FTR	Frontier Insurance Gr	NYSE
FTSB	Fort Thomas Finl	NSC
FTSP	First Team Sports	NNM
FTU	First Union Corp	NYSE
FTUPrB	First Union $2.15 Cv B Pfd	NYSE
FTUPrD	First Union Adj D Pfd	NYSE
FTUPrF	First Union 10.64% Dep Pfd	NYSE
FTX	Freeport McMoRan(New)	NYSE
FUBC	1st United Bancorp (FL)	NNM
FUJIY	Fuji Photo Film ADR	NSC
FULCF	Fulcrum Technologies	NNM
FULL	Fuller (HB)	NNM
FULT	Fulton Financial	NNM
FUN	Cedar Fair L.P.	NYSE
FUNC	First United Corp	NNM
FUND	All Seasons Global Fund	NNM
FUNN	Mountasia Entertainment	NNM
FUR	First Union RE EqSBI	NYSE
FUS	First USA	NYSE
FUSA	Fotoball USA Inc	NSC
FUSAW	Fotoball USA Wrrt	NSC
FUSB	First Utd SB Greencastle Ind	NSC

Ticker	Issue	Exchange
FUSC	First United Bancorp (SC)	NNM
FUSE	Fuisz Technologies	NNM
FUSN	Fusion Systems	NNM
FUSPr	First USA 6.25% 'PRIDES'	NYSE
FUTR	Jack Carl 312 Futures Inc	NSC
FVB	First Virginia Banks	NYSE
FVNB	First Victoria Natl Bank	NNM
FWC	Foster Wheeler	NYSE
FWSH	First Wash Realty Trust	NNM
FWSHP	First Wash Rlty 9.75% Cv Pfd	NNM
FWV	First West Virginia Bancorp	AMEX
FWWB	First Svgs Bk Wash Bancorp	NNM
FXBC	Execufirst Bancorp	NSC
FXN	Sprint Corp 8.25%'DECS' 2000	NYSE
FYII	F.Y.I. Inc	NNM
G	Gillette Co	NYSE
GA	Genl Automation	AMEX
GAB	Gabelli Equity Trust	NYSE
GABC	German Amer Bancorp	NNM
GACC	Genl Acceptance	NNM
GADZ	Gadzooks Inc	NNM
GAEO	Galileo Electro-Optics	NNM
GAF	GA Financial	AMEX
GAIT	Langer Biomechanics Grp	NSC
GAL	Galoob (Lewis) Toys	NYSE
GALX	Galaxy Foods	NSC
GAM	Genl Amer Investors	NYSE
GAME	GameTek Inc	NNM
GAN	Garan Inc	AMEX
GANDF	Gandalf Technologies	NNM
GAP	Great Atl & Pac Tea	NYSE
GARN	Garnet Resources	NNM
GART	Gartner Group'A'	NNM
GAS	NICOR Inc	NYSE
GASIA	Greenwich Air Services 'A'	NNM
GASIB	Greenwich Air Svcs'B'	NNM
GASS	Amer Resources Del	NSC
GASSW	Amer Res Del Wrrt	NSC
GATE	Gateway 2000	NNM
GBCB	GBC Bancorp	NNM
GBCI	Glacier Bancorp	NNM
GBCOA	Greif Bros Cl'A'	NNM
GBCOB	Greif Bros 'B'	NNM
GBCS	Global Casinos	NSC
GBE	Grubb & Ellis	NYSE
GBFC	GB Foods	NSC
GBFE	Golden Books Family Ent	NNM
GBI	Bufete Industrial S.A. ADS	NYSE
GBIT	Global Intellicom	NSC
GBIZ	Grow Biz International	NNM
GBL	Gamma Biologicals	AMEX
GBND	Genl Binding	NNM
GBOT	Garden Botanika	NNM
GBP	Gables Residential Trust	NYSE
GBPW	Great Bay Power	NNM
GBR	Greenbriar Corp	AMEX
GBSE	Gibbs Construction	NSC
GBSEW	Gibbs Construction Wrrt	NSC
GBTVK	Granite Broadcasting	NNM
GBTVP	Granite Brdcst $1.9375 Cv Pfd	NNM

Ticker	Issue	Exchange
GBX	Greenbrier Cos	NYSE
GC	GranCare Inc	NYSE
GCABY	Genl Cable plc ADS	NNM
GCCO	Granite Construction	NNM
GCG	Genl Chemical Group	NYSE
GCH	Greater China Fund	NYSE
GCHI	Giant Cement Holding	NNM
GCI	Gannett Co	NYSE
GCM	Greenwich Street CA Muni Fd	AMEX
GCO	Genesco Inc	NYSE
GCR	Gaylord Container'A'	AMEX
GCREF	GCR Hldgs Ltd	NNM
GCRWS	Gaylord Container Wrrt	AMEX
GCS	Gray Communications Systems	NYSE
GCV	Gabelli Conv Securities Fd	NYSE
GCX	GC Companies	NYSE
GD	Genl Dynamics	NYSE
GDC	Genl DataComm Ind	NYSE
GDF	Global Partners Income Fd	NYSE
GDLEW	Glendale Fed Bk FSB Wrrt	NSC
GDMI	Gardner Denver Machinery	NNM
GDMK	GoodMark Foods	NNM
GDP	Goodrich Petroleum	NYSE
GDPAP	Goodrich Petrol 8% Cv'A'Pfd	NSC
GDSC	Gateway Data Sciences	NNM
GDT	Guidant Corp	NYSE
GDVS	Greater Del Valley Svgs	NSC
GDW	Golden West Finl	NYSE
GDX.A	Genovese Drug Str'A'	AMEX
GDYS	Goody's Family Clothing	NNM
GE	Genl Electric	NYSE
GECM	Genicom Corp	NNM
GEER	Geerlings & Wade	NNM
GEGID	Global Spill Mgmt	NSC
GEGP	Golden Eagle Group	NSC
GEGPW	Golden Eagle Group Wrrt	NSC
GEHL	Gehl Co	NNM
GELX	GelTex Pharmaceuticals	NNM
GEM	Grupo Embotellador Mex GDS	NYSE
GEMC	Geriatric & Medl Cos	NNM
GEMS	Glenayre Technologies	NNM
GEN	GenRad, Inc	NYSE
GENBB	Genesee Corp'B'	NNM
GENE	Genome Therapeutics	NNM
GENIZ	Genetics Institute Dep Shrs	NNM
GENZ	Genzyme Corp-Genl Div	NNM
GENZL	Genzyme Corp-Tissue Repair	NNM
GENZZ	Genzyme Corp Wrrt	NNM
GEO	Geomaque Explorations	TS
GEOI	Georesources Inc	NSC
GEOW	GeoWaste, Inc	NSC
GER	Germany Fund	NYSE
GEST	Guest Supply	NNM
GET	Gaylord Entertainment 'A'	NYSE
GF	New Germany Fund	NYSE
GFCO	Glenway Fin'l	NNM
GFD	Guilford Mills	NYSE
GFED	Guaranty Fedl Svgs	NNM
GFF	Griffon Corp	NYSE
GFFPrl	Griffon Corp 2d Cv Pfd	NYSE

Ticker	Issue	Exchange
GFI	Graham-Field Health	NYSE
GFII	Greenfield Industries	NNM
GFIN	Game Financial	NNM
GFS.A	Giant Food Cl'A'	AMEX
GFSB	GFS Bancorp	NSC
GFVb.M	Grupo Financiero InverMex	ME
GG.A	Goldcorp Inc 'A'	NYSE
GG.B	Goldcorp Inc 'B'	NYSE
GGC	Georgia Gulf Corp	NYSE
GGCCW	Grand Gaming Wrrt	NSC
GGE	Griffin Gaming & Entmt	AMEX
GGEN	GalaGen Inc	NNM
GGG	Graco Inc	NYSE
GGIT	Geographics Inc	NNM
GGNS	Genus Inc	NNM
GGP	Genl Growth Properties	NYSE
GGT	Gabelli Global Multimedia Tr	NYSE
GGTI	GTI Corp	NNM
GGUY	Good Guys Inc	NNM
GH	Genl Host	NYSE
GHI	Global High Inc Dollar Fd	NYSE
GHM	Graham Corp	AMEX
GHS	Global Health Sciences Fd	NYSE
GHSI	GHS Inc	NSC
GHV	Genesis Hlth Ventures	NYSE
GHW	Genl Housewares	NYSE
GI	Giant Industries	NYSE
GIBG	Gibson Greetings	NNM
GIC	Genl Instrument	NYSE
GID	Grupo Indl Durango ADS	NYSE
GIDL	Giddings & Lewis	NNM
GIFH	Golden Isles Finl Hldg	NSC
GIFHU	Golden Isles Finl Hldg Unit	NSC
GIGA	Giga-tronics Inc	NNM
GIII	G-III Apparel Group	NNM
GILBA	Gilbert Assoc'A'	NNM
GILD	Gilead Sciences	NNM
GILTF	Gilat Satellite Networks	NNM
GIM	Templeton Global Income	NYSE
GIS	Genl Mills	NYSE
GISH	Gish Biomedical	NNM
GIX	Global Industrial Tech	NYSE
GJCO	Gaylord Cos	NSC
GJCOW	Gaylord Cos Wrrt	NSC
GKI	Genl Kinetics	AMEX
GKRVF	Golden Knight Res	NSC
GKSRA	G & K Services Cl'A'	NNM
GLAR	Glas-Aire Indus Grp Ltd	NSC
GLAS	Glasgal Communications	NSC
GLASU	Glasgal Communications Unit	NSC
GLASW	Glasgal Communications Wrrt	NSC
GLB	Glenborough Realty Trust	NYSE
GLBE	Globe Business Resources	NNM
GLBK	Glendale Co Operative Bk	NSC
GLBL	Global Industries	NNM
GLCCF	Gaming Lottery	NNM
GLD	Santa Fe Pacific Gold	NYSE
GLDC	Golden Enterprises	NNM
GLDFY	Gold Fields S.Africa ADR	NSC
GLDR	Gold Reserve	NSC

Ticker	Issue	Exchange
GLE	Gleason Corp	NYSE
GLFD	Guilford Pharmaceuticals	NNM
GLFE	Golf Enterprises	NNM
GLFPrA	GTE Fla $1.25 Pfd	NYSE
GLFPrB	GTE Fla $1.30cm B Pfd	NYSE
GLFPrC	GTE Fla 8.16% Pfd	NYSE
GLG	Glamis Gold Ltd	NYSE
GLIA	Gliatech Inc	NNM
GLK	Great Lakes Chemical	NYSE
GLM	Global Marine	NYSE
GLMA	Glassmaster Co	NSC
GLN	Glendale Federal Bank	NYSE
GLNPrE	Glendale Fed Bk Cv'E'Pfd	NYSE
GLO	Global Ocean Carriers	AMEX
GLPC	Global Pharmaceutical	NSC
GLR	G & L Realty Corp	NYSE
GLRS	Global Res	NSC
GLS	Schuller Corp	NYSE
GLT	Glatfelter (P. H.)	AMEX
GLUX	Great Lakes Aviation	NNM
GLW	Corning Inc	NYSE
GLWPrM	Corning Del L.P. 6%'MIPS'	NYSE
GLX	Glaxo Wellcome plc ADR	NYSE
GLYT	Genlyte Group Inc	NNM
GM	Genl Motors	NYSE
GMAI	Greg Manning Auctions	NSC
GMAIW	Greg Manning Auctions Wrrt	NSC
GMBS	George Mason Bankshares	NNM
GMCC	Genl Magnaplate	NNM
GMCR	Green Mountain Coffee	NSC
GMD	Grupo Mex de Desarrollo'L'ADS	NYSE
GMD.B	Grupo Mex Desarr 'B'ADS	NYSE
GME	Genl Motors Cl'E'	NYSE
GMED	GeneMedicine Inc	NNM
GMGC	Genl Magic	NNM
GMH	Genl Motors Cl'H'	NYSE
GMHC	Grease Monkey Hldg	NSC
GMI	Gemini II	NYSE
GMIPr	Gemini II cm Income Shrs	NYSE
GMIS	GMIS Inc	NNM
GML	Global DirectMail	NYSE
GMP	Green Mountain Pwr	NYSE
GMPrD	General Motors 7.92% Dep Pfd	NYSE
GMPrG	General Motors 9.12% Dep Pfd	NYSE
GMPrQ	General Motors 9.125% Dep Pfd	NYSE
GMRK	Gulfmark International	NNM
GMSTF	Gemstar Intl	NNM
GMT	GATX Corp	NYSE
GMTI	Greenman Technologies	NSC
GMTIW	Greenman Technologies Wrrt	NSC
GMTPr	GATX Corp,$2.50 Cv Pfd	NYSE
GMTPrA	GATX Corp $3.875 cm Cv Pfd	NYSE
GMW	Genl Microwave	AMEX
GNA	Gainsco Inc	AMEX
GNC	Guaranty National	NYSE
GNCI	Genl Nutrition	NNM
GNCMA	Genl Communication'A'	NNM
GNCNF	Goran Capital	NNM
GND	Grand Casinos	NYSE
GNDR	Gander Mountain	NNM

Ticker	Issue	Exchange
GNE	Genentech Inc	NYSE
GNI	Great North'n Iron Ore	NYSE
GNK	Globalink Inc	AMEX
GNL	Galey & Lord Inc	NYSE
GNLB	Genelabs Technologies	NNM
GNR	Global Natural Res	NYSE
GNSA	Gensia, Inc	NNM
GNSAW	Gensia Pharmaceuticals Wrrt	NNM
GNSM	Gensym Corp	NNM
GNT	Green Tree Finl	NYSE
GNTA	Genta Inc	NNM
GNTX	Gentex Corp	NNM
GNUC	GNI Group, Inc	NNM
GNV	Geneva Steel Co 'A'	NYSE
GOAL	Ascent Entertainment Grp	NNM
GOCO	Golden Oil Co	NSC
GOGPr	Gerrity O&G Cv Dep Pfd	NYSE
GOLDF	Silverado Mines	NSC
GOLF	S 2 Golf	NSC
GON	Geon Co	NYSE
GOSHA	Oshkosh B'Gosh Cl'A'	NNM
GOSHB	Oshkosh B'Gosh Cl'B'	NNM
GOT	Gottschalks Inc	NYSE
GOTH	Gothic Energy	NSC
GOTHW	Gothic Energy Wrrt	NSC
GOTHZ	Gothic Energy Wrrt	NSC
GOTK	Geotek Communications	NNM
GOU	Gulf Canada Resources	NYSE
GOUPrA	Gulf Can ResAdjcm Ser 1 Pref	NYSE
GP	Georgia-Pacific	NYSE
GPC	Genuine Parts	NYSE
GPEPr	Georgia Pwr $7.72Pfd	NYSE
GPEPrB	Georgia Pwr $7.80 Pfd	NYSE
GPEPrK	Georgia Pwr Adj Cl'A'Pfd	NYSE
GPEPrL	Georgia Pwr Adj'A'Pfd(2nd'93 Sr)	NYSE
GPEPrM	Georgia Pwr Cap 9%'MIPS'	NYSE
GPEPrO	Georgia Pwr $2.125'A'Pfd	NYSE
GPEPrP	Georgia Pwr $1.90'A'Pfd	NYSE
GPEPrQ	Georgia Pwr $1.9875 'A' Pfd	NYSE
GPEPrR	Georgia Pwr $1.9375'A'Pfd	NYSE
GPEPrS	Georgia Pwr $1.925'A'Pfd	NYSE
GPH	Genl Physics	NYSE
GPO	GIANT Group	NYSE
GPPV	Graff Pay-Per-View	NNM
GPS	Gap Inc	NYSE
GPSX	Genl Parcel Service	NSC
GPSXW	General Parcel Svc Wrrt	NSC
GPT	Greenpoint Finl	NYSE
GPTAE	Gupta Corp	NNM
GPU	Genl Public Util	NYSE
GPWC	Great Pines Water	NSC
GQRVF	Golden Quail Res Ltd	NSC
GR	Goodrich (B.F.)	NYSE
GRA	Grace (W.R.)	NYSE
GRAN	Bank of Granite	NNM
GRB	Gerber Scientific	NYSE
GRC	Gorman-Rupp	AMEX
GRCO	Gradco Systems	NNM
GRDG	Garden Ridge	NNM
GRDNU	Guardian Tech Intl Unit	NSC

Ticker	Issue	Exchange
GRE.EC	Grove Real Estate Asset Tr	ECM
GRERF	Greenstone Res Ltd	NSC
GREY	Grey Advertising	NNM
GRH	GRC International	NYSE
GRIL	Grill Concepts	NSC
GRIN	Grands Toys Intl	NSC
GRINW	Grand Toys Intl Wrrt	NSC
GRIP	Royal Grip	NNM
GRM	Grand Metropolitan ADS	NYSE
GRMN	Garment Graphics	NSC
GRMNW	Garment Graphics Wrrt'A'	NSC
GRMNZ	Garment Graphics Wrrt'B'	NSC
GRMPrA	Grand Met Del L.P. 9.42% Pfd	NYSE
GRN	Genl Re Corp	NYSE
GRNT	Grant Geophysical	NNM
GRNTP	Grant Geophysical $2.4375 Cv Pfd	NNM
GROS	Grossman's Inc	NNM
GROV	Grove Bank (MA)	NNM
GRPH	Graphic Industries	NNM
GRPrA	BFGoodrich Capital 8.30%'QUIPS'	NYSE
GRR	Asia Tigers Fund	NYSE
GRRI	Greenstone Roberts Adv	NSC
GRST	Grist Mill	NNM
GRT	Glimcher Realty Trust	NYSE
GRTK	Group Technologies	NNM
GRTR	Greater N.Y. Svgs Bk	NNM
GRXR	Ground Round Rest	NNM
GRYP	Gryphon Holdings	NNM
GSBC	Great Southern Bancorp	NNM
GSBI	Granite State Bancshares	NNM
GSC	Gelman Sciences	AMEX
GSCI	GeoScience Corp	NNM
GSCN	Genl Scanning	NNM
GSES	GSE Systems	NNM
GSF	ACM Gvt Securities	NYSE
GSFC	Green Street Financial	NNM
GSG	Global Small Cap Fund	AMEX
GSH	Guangshen Railway ADS	NYSE
GSI	Greenwich Street Muni Fund	NYSE
GSII	Genl Surgical Innovations	NNM
GSLC	Guaranty Financial	NSC
GSMS	Gulf South Medical Supply	NNM
GSNX	GaSonics International	NNM
GSOF	Group 1 Software	NNM
GSP	Growth Fund of Spain	NYSE
GSR	Golden Star Resources	AMEX
GSSPr	Chieftain Intl Fd $1.8125 Cv Pfd	AMEX
GST	GST Telecommunications	AMEX
GSTD	Gold Standard	NSC
GSTRF	Globalstar Telecommunications	NNM
GSUPr	Entergy Gulf States $1.75 Pref	NYSE
GSUPrB	Entergy Gulf States $4.40 Pfd	NYSE
GSUPrD	Entergy Gulf States Dep Adj B Pfd	NYSE
GSUPrE	Entergy Gulf States $5.08 Pfd	NYSE
GSUPrG	Entergy Gulf States $4.52 Pfd	NYSE
GSUPrK	Entergy Gulf States $8.80 Pfd	NYSE
GSX	Genl Signal	NYSE
GT	Goodyear Tire & Rub	NYSE
GTA	Gentra Inc	TS
GTAX	Gilman & Ciocia Inc	NSC

Standard & Poor's

Ticker	Issue	Exchange
GTAXW	Gilman & Ciocia Wrrt	NSC
GTBX	GT Bicycles	NNM
GTCMY	Great Central Mines NL ADS	NSC
GTD	G.T. Global Dvlp Mkt Fund	NYSE
GTE	GTE Corp	NYSE
GTELN	GTE Calif 5% cm Pfd	NSC
GTELO	GTE Calif 4.50% cm Pfd	NSC
GTELP	GTE Calif 4.50% cm Pfd	NSC
GTEPrY	GTE Delaware L.P.'B''MIPS'	NYSE
GTEPrZ	GTE Delaware L.P.'A''MIPS'	NYSE
GTF	G.T. Greater Europe Fd	NYSE
GTFN	Great Financial	NNM
GTII	Golden Triangle Ind	NSC
GTIM	Good Times Restaurants	NSC
GTIMW	Good Times Restaurants Wrrt	NSC
GTIMZ	Good Times Restaurants Wrrt'B'	NSC
GTIS	GT Interactive Software	NNM
GTK	GTECH Holdings	NYSE
GTMIE	Global Telemedia Intl	NSC
GTNR	Gentner Communications	NSC
GTNRW	Gentner Communications Wrrt	NSC
GTOS	Gantos Inc	NNM
GTPS	Great American Bancorp	NNM
GTR	Grupo Tribasa S.A. ADS	NYSE
GTRN	Great Train Store	NSC
GTRNW	Great Train Store Wrrt	NSC
GTSI	Government Technology Svcs	NNM
GTST	Global Telecomm Solutions	NSC
GTSTW	Global Tele Solutions Wrrt	NSC
GTSWC	Greentree Software	NSC
GTSX	Golf Training Systems	NSC
GTSXU	Golf Training Systems Unit	NSC
GTSXW	Golf Training Sys Wrrt	NSC
GTTIF	GrandeTel Technologies	NNM
GTV	Galaxy Cablevision L.P.	AMEX
GTY	Getty Petroleum	NYSE
GUAR	Guarantee Life Cos	NNM
GUC	Gucci Group N.V.	NYSE
GUCO	Grand Union	NNM
GUCOW	Grand Un Wrrt Ser 1	NNM
GUCOZ	Grand Un Wrrt Ser 2	NNM
GUL	Gull Laboratories	AMEX
GULD	Goulds Pumps	NNM
GULF	Gulfwest Oil	NSC
GUMM	GumTech Intl	NSC
GUMMW	GumTech Intl Wrrt	NSC
GUN	Gundle/SLT Environmental	AMEX
GUPB	GFSB Bancorp	NSC
GUSH	Fountain Oil	NNM
GV	Goldfield Corp	AMEX
GVIL	Global Village Commun	NNM
GVT	Dean Witter Gvt Income SBI	NYSE
GWALY	Great Wall Electr Int. ADS	NNM
GWBC	Gateway Bancorp(Ky)	NSC
GWF	Great Westn Finl	NYSE
GWFPr	Great Westn Finl CvDep Pfd	NYSE
GWFPrA	Great Westn Finl 8.30% Dep Pfd	NYSE
GWFPrT	Great Westn Fin I 8.25%'TOPrS'	NYSE
GWLD	Gaming World Intl	NSC
GWLDW	Gaming World Intl Wrrt'A'	NSC

Ticker	Issue	Exchange
GWRX	Geoworks	NNM
GWW	Grainger (W.W.)	NYSE
GX	Gencor Indus	AMEX
GXA	Countrybkts Australia Index Fd	NYSE
GXF	Countrybkts France Index Fd	NYSE
GXG	Countrybkts Germany Index Fd	NYSE
GXH	Countrybkts Hong Kong Index Fd	NYSE
GXI	Countrybkts Italy Index Fd	NYSE
GXJ	Countrybkts Japan Index Fd	NYSE
GXK	Countrybkts UK Index Fd	NYSE
GXL	Granges Inc(New)	AMEX
GXR	Countrybkts S.Africa Index Fd	NYSE
GXU	Countrybkts US Index Fd	NYSE
GY	GenCorp	NYSE
GYM	Sport Supply Group	NYSE
GYMB	Gymboree Corp	NNM
GYMM	HealthTech Intl	NSC
GYMMW	HealthTech Intl Wrrt'A'	NSC
GYM.WS	Sport Supply Grp Wrrt	AMEX
GYNE	Gynecare Inc	NNM
GYRO	Gyrodyne Co Amer	NSC
GZEA	GZA GeoEnvironmental Tech	NNM
GZON	Graphix Zone	NSC
GZTC	Genzyme Transgenics	NNM
H	Harcourt General	NYSE
HA	Hawaiian Airlines 'A'	AMEX
HABC	Habersham Bancorp	NNM
HACH	Hach Co	NNM
HAE	Haemonetics Corp	NYSE
HAF.EC	Hallmark Finl Svcs	ECM
HAHI	Help At Home	NNM
HAHIW	Help At Home Wrrt	NNM
HAHN	Hahn Automotive Warehouse	NNM
HAHO	Harmony Holdings	NSC
HAI	Hampton Indus	AMEX
HAL	Halliburton Co	NYSE
HALL	Hallmark Capital	NNM
HALO	HA-LO Industries	NNM
HAMP	Hampshire Group Ltd	NNM
HAMRC	Hammers Plastic Recycling	NSC
HAMS	Smithfield Cos	NNM
HAN	Hanson plc ADR	NYSE
HAND	Handex Corp	NNM
HANS	Hansen Nat	NSC
HANWS.B	Hanson plc Cl'B'Wrrt	AMEX
HAPY	Happiness Express	NNM
HAR	Harman International	NYSE
HARB	Harbor Federal Svgs Bk	NNM
HARC	Harcor Energy	NNM
HARG	Harper Group	NNM
HARL	Harleysville Savings Bank	NNM
HARS	Harris Savings Bank	NNM
HART	Heartland Wireless Commun	NNM
HARY	Harry's Farmers Market	NNM
HAS	Hasbro Inc	AMEX
HAT	Hatteras Income Sec	NYSE
HATH	Hathaway Corp	NNM
HAUL	Allied Holdings	NNM
HAUP	Hauppauge Digital	NSC
HAUPW	Hauppague Digital Wrrt'A'	NSC

Ticker	Issue	Exchange
HAUS	Hauser Chemical Research	NNM
HAVA	Harvard Industries	NNM
HAVN	Haven Bancorp	NNM
HAVT	Haverty Furniture	NNM
HAVTA	Haverty Furniture'A'	NNM
HAWK	Hawks Industries	NSC
HAY	Hayes Wheels International	NYSE
HB	Hillenbrand Indus	NYSE
HBAN	Huntington Bancshares	NNM
HBBI	Home Building Bancorp	NSC
HBC	Hudson's Bay Co	TS
HBCCA	Heftel Broadcasting'A'	NNM
HBCI	Heritage Bancorp	NNM
HBCO	Hungarian Broadcasting	NSC
HBCOW	Hungarian Broadcasting Wrrt	NSC
HBENB	Home BeneficialCl'B'	NNM
HBFW	Home Bancorp	NNM
HBHC	Hancock Holding	NNM
HBI	Houston Biotechnology	AMEX
HBI.WS	Houston Biotechnology Wrrt	AMEX
HBNK	Highland Federal Bank	NNM
HBOC	HBO & Co	NNM
HBRK	Harmony Brook	NSC
HBT	Harbourton Finl Svcs L.P.	NYSE
HBW	Wolf (Howard B)	AMEX
HCBK	Hudson Chartered Bancorp	NNM
HCC	HCC Insurance Hldgs	NYSE
HCCC	HealthCare COMPARE	NNM
HCCO	Hector Communications	NNM
HCDV	Hilcoast Development	NSC
HCH	Health-Chem	AMEX
HCIA	HCIA Inc	NNM
HCLPr	Centl Hispano Cap 10.50% Pref	NYSE
HCLPrB	Central Hispano Cap 9.43% Pref	NYSE
HCN	Health Care REIT	NYSE
HCO	Huntco Inc'A'	NYSE
HCP	Health Care Prop Inv	NYSE
HCR	Health Care & Retirement	NYSE
HCRC	Hallwood Consolidated Res.	NNM
HCSG	Healthcare Svcs Group	NNM
HCTLF	Healthcare Technologies Ltd	NSC
HD	Home Depot	NYSE
HDCO	Hadco Corp	NNM
HDG	Halsey Drug	AMEX
HDI	Harley-Davidson	NYSE
HDIE	Healthdyne Info Enterprises	NSC
HDL	Handleman Co	NYSE
HDNG	Hardinge Inc	NNM
HDS	Hills Stores	NYSE
HDSN	Hudson Technologies Inc	NNM
HDSPr	Hills Stores Sr'A' Cv Pfd	NYSE
HDSX	HDS Network Systems	NNM
HDSXW	HDS Network Sys Wrrt	NNM
HDTC	Healthdyne Technologies	NNM
HDTWS.A	Allied Digital Tech'A'Wrrt	AMEX
HDTWS.B	Allied Digital Tech'B'Wrrt	AMEX
HDVS	H.D.Vest	NNM
HE	Hawaiian Elec Indus	NYSE
HEALD	Healthwatch Inc	NSC
HEAT	Petroleum Heat & Pwr'A'	NNM

Ticker	Issue	Exchange
HEC	Harken Energy	AMEX
HECHA	Hechinger Co Cl'A'	NNM
HECHB	Hechinger Co Cl'B' Cv	NNM
HECI	Hawkins Energy	NSC
HEI	HEICO Corp	AMEX
HEIDF	Heidemij N.V.	NNM
HEII	HEI Inc	NNM
HELE	Helen of Troy Ltd	NNM
HELI	Helisys Inc	NNM
HELO	Hello Direct	NNM
HELP	Helpmate Robotics	NSC
HELPU	Helpmate Robotics Unit	NSC
HELPW	Helpmate Robotics Wrrt	NSC
HELX	Helix Technology	NNM
HEM	Hemlo Gold Mines	AMEX
HEMA	HemaCare Corp	NSC
HEMDE	Hemdale Communications	NSC
HEMT	HF Bancorp	NNM
HEMXU	Hemispherx BioPharma Unit	NSC
-HEP	Hallwood Energy Ptnrs L.P.	AMEX
HEP.C	Hallwood Energy Ptnrs L.P.'C'	AMEX
HERB	Herbalife Intl	NNM
HERC	H.E.R.C. Products	NSC
HERS	Heritage Finl Svcs	NNM
HET	Harrah's Entertainment	NYSE
HFD	Host Funding 'A'	AMEX
HFFB	Harrodsburg First Finl Bancorp	NNM
HFFC	HF Financial	NNM
HFGI	Harrington Fin'l Grp	NNM
HFI	Hudson Foods Cl'A'	NYSE
HFMD	Home Federal (MD)	NNM
HFNC	HFNC Financial	NNM
HFPT	Hlth Fitness Physl Therapy	NSC
HFS	HFS Inc	NYSE
HFSA	Hardin Bancorp	NSC
HFSF	Home Federal Financial	NNM
HFSIW	Hospitality Franchise Sys Wrrt	NNM
HGA	Heritage U.S.Govt Income Fd	NYSE
HGC	Hudson General	AMEX
HGGR	Haggar Corp	NNM
HGI	HGI Realty	NYSE
HGIC	Harleysville Group	NNM
HGR	Hanger Orthopedic Grp	AMEX
HGSI	Human Genome Sciences	NNM
HH	Hooper Holmes	AMEX
HHC	Horizon/CMS Healthcare	NYSE
HHCA	Home Health Corp of Amer	NNM
HHFC	Harvest Home Finl	NSC
HHGP	Harris & Harris Group	NNM
HHH	Helm Resources	AMEX
HHRD	Horsehead Resource Dvlp	NNM
HHS	Harte-Hanks Communications	NYSE
HI	Household Intl	NYSE
HIB	Hibernia Corp Cl'A'	NYSE
HIBNY	Hibernia Foods plc ADS	NSC
HIBUF	Hibernia Foods Unit	NSC
HIBWF	Hibernia Foods Wrrt'C'	NSC
HIBZF	Hibernia Foods Wrrt'D'	NSC
HIC	Highlands Insurance Group	NYSE
HICKA	Hickok Inc 'A'	NSC

Ticker	Issue	Exchange
HIF	Salomon Bros High Income Fd	NYSE
HIFI	Cambridge SoundWorks	NNM
HIG	ITT Hartford Group	NYSE
HIGPrQ	Hartford Cap I 7.70% 'QUIPS'	NYSE
HII	Health Images	NYSE
HILI	Hilite Industries	NNM
HIO	High Income Opp Fd	NYSE
HIPC	High Plains Corp	NNM
HIPrJ	Houshld 7.35% cm Dep Pfd	NYSE
HIPrT	Househld Cap Tr 8.25% 'TOPrS'	NYSE
HIPrX	Househld 9.50%'91 cm Dep Pfd	NYSE
HIPrZ	Household 8.25% cm Dep Pfd	NYSE
HIRI	Hi-Rise Recycling Sys	NSC
HIS	CIGNA High Income Shs	NYSE
HISS	Healthcare Imaging Services	NNM
HISSZ	Healthcare Imaging Sv Wrrt'B'	NNM
HIST	Gallery of History	NSC
HIT	Hitachi,Ltd ADR	NYSE
HITK	Hi-Tech Pharmacal	NNM
HIW	Highwoods Properties	NYSE
HIWDF	Highwood Res Ltd	NSC
HKF	Hancock Fabrics	NYSE
HKT	Hong Kong Telecom ADR	NYSE
HL	Hecla Mining	NYSE
HLA	Highlander Income Fund	AMEX
HLD	Harold's Stores	AMEX
HLFPrA	Heller Finl 8.125% Sr'A' Pfd	NYSE
HLGRF	Hollinger Inc	NNM
HLIT	Harmonic Lightwaves	NNM
HLK	Salomon Inc 5.25% HWP'ELKS'	AMEX
HLM	Helmstar Group	AMEX
HLMS	Holmes Protection Group	NSC
HLND	Homeland Bankshares	NNM
HLO	Hi-Lo Automotive	NYSE
HLOAE	Heart Labs Amer	NSC
HLOWE	Heart Labs Amer Wrrt	NSC
HLPH	Holophane Corp	NNM
HLPrB	Hecla Mining Sr'B'Cv Pfd	NYSE
HLR	Hollinger Intl'A'	NYSE
HLT	Hilton Hotels	NYSE
HLYW	Hollywood Entertainment	NNM
HM	Homestake Mining	NYSE
HMA	Health Mgmt Associates'A'	NYSE
HMBQE	Hamburger Hamlet Restr	NSC
HMC	Honda Motor ADR	NYSE
HMCI	HomeCorp Inc	NNM
HME	Home Properties of NY	NYSE
HMF	Hastings Mfg	AMEX
HMG	HMG/Courtland Prop	AMEX
HMGC	HMG Worldwide	NSC
HMGN	Hemagen Diagnostics	NSC
HMHM	Horizon Mental Health Mgmt	NNM
HMII	HMI Industries	NNM
HMIS	Health Management	NNM
HMN	Horace Mann Educators	NYSE
HMNF	HMN Financial	NNM
HMS	Host Marriott Services	NYSE
HMSR	HemaSure Inc	NNM
HMSY	Health Management Systems	NNM
HMT	Host Marriott	NYSE

Ticker	Issue	Exchange
HMTT	HMT Technology	NNM
HMWK	Advanced Voice Technologies	NSC
HMWKU	Advanced Voice Technol's 'Unit'	NSC
HMWKW	Advanced Voice Technol Wrrt	NSC
HMX	Hartmarx Corp	NYSE
HMY	Heilig-Meyers	NYSE
HNBC	Harleysville Natl	NNM
HNCS	HNC Software	NNM
HNFC	Hinsdale Financial	NNM
HNH	Handy & Harman	NYSE
HNP	Huaneng Power Intl ADS	NYSE
HNV	Hanover Direct	AMEX
HNW	Hein-Werner	AMEX
HNZ	Heinz (H.J.)	NYSE
HNZPr	Heinz $1.70 cm Cv Pfd	NYSE
HOC	Holly Corp	AMEX
HOEN	Hoenig Group	NNM
HOFL	Home Financial	NNM
HOG	Hondo Oil & Gas	AMEX
HOL.A	Holco Mtge Accept I	AMEX
HOLO	HoloPak Technologies	NNM
HOLX	Hologic Inc	NNM
HOMEF	Home Centers	NNM
HOMF	Home Fed Bancorp	NNM
HOMG	Homeowners Group	NNM
HOMS	Home State Holdings	NNM
HON	Honeywell, Inc	NYSE
HONI	HON Indus	NNM
HOO	Glacier Water Services	AMEX
HOOK	Redhook Ale Brewery	NNM
HOOP	Sure Shot Intl Inc	NSC
HOOPW	Sure Shot Intl Wrrt	NSC
HOPR	Holly Products	NSC
HOPRD	Holly Products 10% Cv'D'Pfd	NSC
HOPRW	Holly Products Wrrt	NSC
HOPS	Hart Brewing	NNM
HOSP	Hosposable Products	NNM
HOST	Amerihost Properties	NNM
HOT	Starwood Lodging Tr	NYSE
HOT WS.B	Starwood Lodging Tr Wrrt'B'	AMEX
HOU	Houston Indus	NYSE
HOV	Hovnanian Enterpr Cl'A'	AMEX
HOW	Howell Indus	AMEX
HOWT	Howtek Inc	NNM
HP	Helmerich & Payne	NYSE
HPBC	Home Port Bancorp	NNM
HPC	Hercules, Inc	NYSE
HPH	Harnischfeger Indus	NYSE
HPI	Health Professionals	AMEX
HPIP	Houghton Pharmaceuticals	NNM
HPLX	Healthplex Inc	NSC
HPNPr	Centl Hispano Intl9.875% 'MIPS'	NYSE
HPP	Healthy Planet Prod	AMEX
HPRI	HPR Inc	NNM
HPRK	Hollywood Park	NNM
HPRKZ	Hollywood Park $0.70 Dep Cv Pfd	NNM
HPRT	Heartport Inc	NNM
HPS	HealthPlan Services	NYSE
HPSC	HPSC Inc	NNM
HPT	Hospitality Properties Trust	NYSE

Ticker	Issue	Exchange
HPWR	Health Power	NNM
HPX	Homeplex Mtge Invmts	NYSE
HPrA	Harcourt Genl'A'cm CvStk	NYSE
HQ	Health Systems Intl'A'	NYSE
HQH	H&Q Healthcare Inv	NYSE
HQL	H&Q Life Sciences Investors	NYSE
HR	Healthcare Realty Tr	NYSE
HRB	Block (H & R)	NYSE
HRBC	Harbinger Corp	NNM
HRBF	Harbor Federal Bancorp	NNM
HRC	HEALTHSOUTH Corp	NYSE
HRD	Hannaford Bros	NYSE
HRDG	Harding Lawson Assoc Grp	NNM
HRE	HRE Properties	NYSE
HRG	He-Ro Group	NYSE
HRH	Hilb,Rogal & Hamilton	NYSE
HRL	Hormel Foods	NYSE
HRLY	Herley Industries	NNM
HRMI	Health Risk Management	NNM
HRMN	Harmon Indus	NNM
HRN	Harlyn Products	AMEX
HRP	Health & Retirement Prop Tr	NYSE
HRS	Harris Corp	NYSE
HRSH	Hirsch Intl Corp'A'	NNM
HRSNF	Hariston Corp	NSC
HRT	Arrhythmia Research Tech	AMEX
HRVY	Harvey Entertainment	NNM
HRY	Hallwood Rlty Ptnrs L.P.(New)	AMEX
HRZB	Horizon Financial	NNM
HS	Healthsource Inc	NYSE
HSAPrA	HSBC AmericasAdj Rt cm A Pfd	NYSE
HSB	Hartford Stm Boiler Ins	NYSE
HSBK	Hibernia Savings Bk	NNM
HSC	Harsco Corp	NYSE
HSC	Hawker Siddeley Cda	TS
HSCL	Housecall Medical Resources	NNM
HSDC	Health Systems Design	NNM
HSE	HS Resources	NYSE
HSI	Hi-Shear Indus	NYSE
HSIC	Schein (Henry)	NNM
HSKL	Haskel Intl 'A'	NNM
HSM	Horsham Corp	NYSE
HSN	Home Shopping Network	NYSE
HSNR	Halstead Energy	NSC
HSR	Hi-Shear Technology	AMEX
HSS	Hospital Staffing Svcs	NYSE
HST	Heist(C.H.)Corp	AMEX
HSTR	Amer Homestar	NNM
HSVLY	Highveld Steel & VanadiumADR	NSC
HSY	Hershey Foods	NYSE
HTA	Hyperion 1997 Term Trust	NYSE
HTB	Hyperion 2002 Term Trust	NYSE
HTBB	HomeTown Buffet	NNM
HTC	Hungarian Tel & Cable	AMEX
HTCH	Hutchinson Technology	NNM
HTCO	Hickory Tech	NNM
HTD	Huntingdon Intl ADR	NYSE
HTEC	Hydron Technologies	NNM
HTEL	Hungarian Teleconstruct	NSC
HTG	Heritage Media'A'	AMEX

Ticker	Issue	Exchange
HTHR	Hawthorne Finl	NNM
HTL	Heartland Partners L.P. 'A'	AMEX
HTLD	Heartland Express	NNM
HTN	Houghton Mifflin	NYSE
HTO	Hyperion 2005 Inv Grd Oppt Tr	NYSE
HTR	Hyperion Total Return Fd	NYSE
HTST	Heartstream Inc	NNM
HTT	Hyperion 1999 Term Trust	NYSE
HTWN	Hometown Bancorp	NNM
HTXA	Hitox Corp	NSC
HUB.A	Hubbell Cl'A'	NYSE
HUB.B	Hubbell Inc Cl'B'	NYSE
HUBC	HUBCO Inc	NNM
HUBG	Hub Group 'A'	NNM
HUF	Huffy Corp	NYSE
HUG	Hughes Supply	NYSE
HUGO	Hugoton Energy	NNM
HUM	Humana Inc	NYSE
HUMCF	Hummingbird Communications	NNM
HUMP	Humphrey Hospitality Tr Inc	NSC
HUN	Hunt Mfg	NYSE
HURC	Hurco Companies	NNM
HVFD	Haverfield Corp	NNM
HVGO	Hanover Gold	NSC
HVY	Harveys Casino Resorts	NYSE
HWCC	Hollywood Casino'A'	NNM
HWG	Hallwood Group	NYSE
HWKN	Hawkins Chemical	NNM
HWL	Howell Corp	NYSE
HWLLP	Howell Corp $3.50 Cv'A'Pfd	NSC
HWP	Hewlett-Packard	NYSE
HWY	Huntway Ptnrs L.P.	NYSE
HWYM	HighwayMaster Communic	NNM
HX	Halifax Corp	AMEX
HXL	Hexcel Corp	NYSE
HYALF	Hyal Pharmaceutical	NNM
HYB	New Amer Hi Income Fd	NYSE
HYBD	Hycor Biomedical	NNM
HYBDW	Hycor Biomedical Wrrt	NNM
HYBN	Hybridon Inc	NNM
HYDEA	Hyde Athletic Indus'A'	NNM
HYDEB	Hyde Athletic Indus'B'	NNM
HYI	High Yield Income Fd	NYSE
HYP	High Yield Plus Fund	NYSE
HYPR	HyperMedia Communications	NSC
HYSW	Hyperion Software	NNM
HYU	Lilly CtgntPymt Units	AMEX
HZFS	Horizon Financial Svcs	NSC
HZWV	Horizon Bancorp(WV)	NNM
IAAC	Intl Asset Holding	NSC
IAACW	International Assets Hldg Wrrt	NSC
IAAI	Insurance Auto Auctions	NNM
IAAPF	Iona Appliances	NNM
IABSF	Intl Absorbents	NSC
IAC	Irvine Apartment Communities	NYSE
IACI	Industrial Acoustics	NNM
IAD	Inland Steel Indus	NYSE
IAF	First Australia Fund	AMEX
IAL	Intl Aluminum	NYSE
IART	Integra LifeSciences	NNM

Ticker	Issue	Exchange
IATV	ACTV Inc	NSC
IBAH	IBAH Inc	NNM
IBAN	Imperial Bancorp	NNM
IBC	Interstate Bakeries	NYSE
IBCP	Independent Bank	NNM
IBET	Trans World Gaming	NNM
IBETW	Trans World Gaming Wrrt	NNM
IBF	First Iberian Fund	AMEX
IBI	Intimate Brands 'A'	NYSE
IBIN	Integrated Brands 'A'	NSC
IBIS	Ibis Technology	NNM
IBISW	Ibis Technology Wrrt	NNM
IBK	Independent Bankshares	AMEX
IBM	Intl Bus. Machines	NYSE
IBMPrA	Intl Bus.Mach 7 1/2% Dep Pfd	NYSE
IBNJ	Independence Bancorp NJ	NNM
IBNJP	Independence Banc 9% Cv Pfd	NSC
IBP	IBP, Inc	NYSE
IBRM	International Basic Res	NSC
IBSDF	Intl Business Schs	NSC
IBSF	IBS Financial	NNM
IC	Illinois Central Corp	NYSE
ICOCZ	ICO Inc 6.75% Cv Dep Pfd	NNM
ICA	Empresas ICA Sociedad ADS	NYSE
ICAR	Intercargo Corp	NNM
ICB	InterCapital Inc Sec	NYSE
ICCC	ImmuCell Corp	NSC
ICEL	InterCel Inc	NNM
ICF	ICF Kaiser International	NYSE
ICG	IntelCom Group	AMEX
ICGN	ICC Technologies	NNM
ICI	Imperial Chem Ind ADR	NYSE
ICII	Imperial Credit	NNM
ICIS	ICIS Mgmt Group	NSC
ICIX	Intermedia Communications	NNM
ICL	Intellicall Inc	NYSE
ICM	Internacional De Ceramica ADS	NYSE
ICN	ICN Pharmaceuticals	NYSE
ICNI	Integrated Commun Ntwk	NNM
ICNT	Incomnet Inc	NSC
ICOC	ICO Inc	NNM
ICOMF	Intelect Communications	NNM
ICOR	ISOCOR	NNM
ICOS	ICOS Corp	NNM
ICS	InterCapital Ins Cal Muni Sec	NYSE
ICST	Integrated Circuit Sys	NNM
ICTL	Intl Cabletel	NNM
ICUI	ICU Medical	NNM
ICUT	Intl Cutlery	NSC
ICUTW	Intl Cutlery Wrrt 'A'	NSC
ICUTZ	Intl Cutlery Wrrt 'B'	NSC
IDA	Idaho Power	NYSE
IDANF	Idan Software Ind ISI	NSC
IDBEF	ID Biomedical	NSC
IDC	Interdigital Communications	AMEX
IDCC	INTEK Diversified	NSC
IDID	Comparator Sys	NSC
IDMC	IDM Environmental	NNM
IDMCW	IDM Environmental Wrrt'A'	NNM
IDPH	IDEC Pharmaceuticals	NNM

Ticker	Issue	Exchange
IDTC	IDT Corp	NNM
IDTI	Integrated Device Tech	NNM
IDX	Identix Inc	AMEX
IDXC	IDX Systems	NNM
IDXX	IDEXX Laboratories	NNM
IDYN	InnerDyne Inc	NNM
IEC	PEC Israel Economic	NYSE
IECE	IEC Electronics	NNM
IEI	Indiana Energy	NYSE
IEIB	International Electrs	NSC
IES	IES Industries	NYSE
IEU	IES Util 7.875%JrSubDebs	NYSE
IEX	IDEX Corp	NYSE
IF	Indonesia Fund	NYSE
IFCI	Intl Fibercom Inc	NSC
IFCIW	International Fibercom Wrrt	NSC
IFF	Intl Flavors/Fragr	NYSE
IFG	Inter-Regional Fin. Gr.	NYSE
IFIN	Investors Finl Svcs	NNM
IFLO	I-Flow Corp	NSC
IFMX	Informix Corp	NNM
IFN	India Fund	NYSE
IFNY	Infinity Inc	NSC
IFRA	Infrasonics Inc	NNM
IFRS	IFR Systems	NNM
IFS	Insignia Financial Grp'A'	NYSE
IFSB	Independence Fed Svgs Bk	NSC
IFSC	Interferon Sciences	NSC
IFSIA	Interface Inc'A'	NNM
IFSL	Indiana Federal	NNM
IFT	Income Opportunities Fd 2000	NYSE
IFTI	Ionic Fuel Technology	NSC
IFTIW	Ionic Fuel Technology Wrrt'A'	NSC
IFTIZ	Ionic Fuel Technology Wrrt'B'	NSC
IG	IGI Inc	AMEX
IGC	Interstate Genl L.P.	AMEX
IGCA	Innovative Gaming Corp Amer	NNM
IGEN	IGEN Inc	NNM
IGF	India Growth Fund	NYSE
IGL	IMC Global	NYSE
IGPFF	Imperial Ginseng Prod	NNM
IGRP	Indus Group	NNM
IGS	Morgan StanGp 6.50% IGT'PERQS'	AMEX
IGT	Intl Game Technology	NYSE
IGYN	Imagyn Medical	NNM
IHHI	In Home Health Inc	NNM
IHII	Industrial Holdings	NNM
IHIIW	Industrial Hldgs Wrrt'A'	NNM
IHIIZ	Industrial Hldgs Wrrt'B'	NNM
IHK	Imperial Holly Corp	AMEX
IHNI	Iatros Health Network	NSC
IHNIW	Iatros Health Network Wrrt	NSC
IHOP	IHOP Corp	NNM
IHS	Integrated Health Svcs	NYSE
II	Intersystems Inc	AMEX
IIC	InterCapital Cal Ins Muni Inc	NYSE
IICR	IIC Industries	NSC
IIF	Morgan Stanley India Inv Fd	NYSE
IIG	Investors Ins Group	AMEX
III	Insteel Industries Inc	NYSE

Ticker	Issue	Exchange
IIII	Innotech Inc	NNM
IIM	InterCapital Ins Muni Income	NYSE
IIN	ITT Industries	NYSE
IIS	INA Investment Sec	NYSE
IISLF	I.I.S. Intellig't Info	NNM
IIT	Perusahaan PT IndoSat ADS	NYSE
IITCF	IITC Holdings	NNM
IIVI	II-VI Inc	NNM
IIWS	Intersystems Inc Wrrt	AMEX
IJIN	IntlJensen	NNM
IJL	Interstate/Johnson Lane	NYSE
IK	Interlake Corp	NYSE
IKOS	IKOS Systems	NNM
ILCO	Intercontl Life	NSC
ILCT	ILC Technology	NNM
ILDCY	Israel Ld Dev Ltd	NNM
ILEX	ILX Inc	NSC
ILHL	Intl Leisure Hosts	NSC
ILI	Intl Lottery	AMEX
ILN	Illinova Corp	NYSE
ILT	Ion Laser Technology	AMEX
IMAG	Image Industries	NNM
IMAI	Imaging Mgmt Assoc	NSC
IMAK	Intl Imaging Materials	NNM
IMAT	Imatron Inc	NNM
IMAXF	Imax Corp	NNM
IMB	InterCapital Ins Muni Bd Fd	NYSE
IMC	Intl Multifoods	NYSE
IMCI	Infinite Machines	NSC
IMCIW	Infinite Machines Wrrt	NSC
IMCL	ImClone Systems	NNM
IMD	Imo Industries	NYSE
IMED	Informedics Inc	NSC
IMEX	Imex Medical Systems	NSC
IMF	Inefficient-Mkt Fund	AMEX
IMG	Intermagnetics Genl	AMEX
IMGN	ImmunoGen Inc	NNM
IMGX	Network Imaging	NNM
IMGXP	Network Imaging $2.00 Cv Pfd	NNM
IMGXW	Network Imaging Wrrt	NNM
IMH	Imperial Credit Mtge Hldgs	AMEX
IMI	Istituto Mobiliare Ital ADS	NYSE
IMII	Intelligent Med'l Imaging	NNM
IMJ	Indiana Mich Pwr 8%JrSubDebs	NYSE
IMKTA	Ingles Markets'A'	NNM
IMMI	InPhyNet Medical Mgmt	NNM
IMMU	Immunomedics Inc	NNM
IMNR	Immune Response Corp	NNM
IMNT	IMNET Systems	NNM
IMNX	Immunex Corp	NNM
IMO	Imperial Oil Ltd	AMEX
IMPH	Impath Inc	NNM
IMPX	IMP, Inc	NNM
IMR	IMCO Recycling	NYSE
IMS	Imasco Ltd	TS
IMS	InterCapital Ins Muni Sec	NYSE
IMSC	Integrated Measurement Sys	NNM
IMSI	Intl Microcomputer Software	NSC
IMT	InterCapital Ins Muni Tr	NYSE
IMTC	Imtec Inc	NSC

Ticker	Issue	Exchange
IMTKA	Information Mgmt Tech'A'	NNM
IMTKW	Information Mgmt Tech Wrrt'A'	NSC
IMTN	Iron Mountain	NNM
IMUL	ImmuLogic Pharmaceutical	NNM
IMUTF	IMUTEC Corp	NSC
IN	Integon Corp	NYSE
INAC	InaCom Corp	NNM
INAI	IntelliCorp Inc	NSC
INB	Intl Thunderbird Gaming	TS
INBI	Industrial Bancorp	NNM
INBR	INBRAND Corp	NNM
INCB	Indiana Cmnty Bk SB	NSC
INCC	Internet Communications	NSC
INCL	InControl Inc	NNM
INCY	INCYTE Pharmaceuticals	NNM
IND	Amer Industrial Prop	NYSE
INDB	Independent Bank(MA)	NNM
INDE	IndeNet Inc	NNM
INDGF	Indigo N.V.	NNM
INDI	Individual Investor Group	NSC
INDQA	Intl Dairy Queen 'A'	NNM
INDQB	Intl Dairy Queen 'B'	NNM
INDV	Individual Inc	NNM
INEI	Insituform East	NNM
INEL	Intelligent Electronics	NNM
INET	Intrenet Inc	NSC
INF	Infinity Broadcasting'A'	NYSE
INFD	Infodata Systems	NSC
INFO	Infonautics Inc'A'	NNM
INFR	Inference Corp 'A'	NNM
INFS	In Focus Systems	NNM
INFU	Infu-Tech, Inc	NNM
INGR	Intergraph Corp	NNM
INHL	Inhale Therapeutic Sys	NNM
INHM	Inco Homes	NNM
INHO	Independence Hldg	NNM
ININ	InStent Inc	NNM
INLD	Inland Casino	NNM
INLN	Inland Resources	NSC
INLQ	INTERLINQ Software	NNM
INMRY	Instrumentarium 'B' ADR	NSC
INMT	Intermet Corp	NNM
INNO	Innovo Group	NSC
INOD	Innodata Corp	NNM
INODW	Innodata Corp Wrrt	NNM
INPH	Interphase Corp	NNM
INPr	Integon Cp $3.875 Cv Pfd	NYSE
INS	Intelligent Systems	AMEX
INSGY	Insignia Solutions ADS	NNM
INSI	INSCI Corp	NSC
INSIW	INSCI Corp Wrrt	NSC
INSL	Insilco Corp	NNM
INSO	INSO Corp	NNM
INST	IPI Inc	NSC
INSUA	Insituform Technol'A'	NNM
INSV	InSite Vision	NNM
INT	World Fuel Services	NYSE
INTC	Intel Corp	NNM
INTCW	Intel Corp Wrrt	NNM
INTE	Interactive Group	NNM

Ticker	Issue	Exchange
INTF	Interface Systems	NNM
INTG	Intergroup Corp	NNM
INTI	Industrial Technologies	NSC
INTIW	Industrial Technol Wrrt'A'	NSC
INTIZ	Industrial Technol Wrrt'B'	NSC
INTK	Inotek Technologies	NSC
INTL	Inter-Tel Inc	NNM
INTM	Interim Services	NNM
INTO	Initio Inc	NSC
INTP	Interpoint Corp	NNM
INTR	Interscience Computer	NNM
INTRW	Interscience Computer Wrrt	NNM
INTS	Integrated Systems Inc	NNM
INTU	Intuit Inc	NNM
INTV	InterVoice	NNM
INTXA	Interiors Inc 'A'	NSC
INTXL	Interiors Inc Wrrt	NSC
INTXP	Interiors Inc Cv'A' Pfd	NSC
INTXW	Interiors Inc Wrrt'A'	NSC
INTXZ	Interiors Inc Wrrt'B'	NSC
INUS	Innovus Corp	NSC
INVI	Invitro International	NSC
INVN	InVision Technologies	NSC
INVR	Innovir Laboratories	NSC
INVRW	Innovir Laboratories Wrrt'A'	NSC
INVRZ	Innovir Laboratories Wrrt'B'	NSC
INVX	Innovex Inc	NNM
INZ	Istituto Nazionale ADS	NYSE
IO	Input/Output Inc	NYSE
IOF	Income Opportunities Fd 1999	NYSE
IOMG	Iomega Corp	NNM
IOMT	Isomet Corp	NSC
ION	Ionics Inc	NYSE
IOT	Income Opportunity Rlty	AMEX
IP	Inca Pacific Resources	VS
IP	Intl Paper	NYSE
IPAC	Integrated Packaging Assembly	NNM
IPCI	IPC Information Systems	NNM
IPCPrA	Illinois Pwr 4.08% Pfd	NYSE
IPCPrB	Illinois Pwr 4.20% Pfd	NYSE
IPCPrC	Illinois Pwr 4.26% Pfd	NYSE
IPCPrD	Illinois Pwr 4.42% Pfd	NYSE
IPCPrE	Illinois Pwr 4.70% Pfd	NYSE
IPCPrL	Illinois Pwr Adj Rt A Pfd	NYSE
IPCPrM	Illinois Pwr Cap 9.45%'MIPS'	NYSE
IPCPrT	Illinois Pwr Fin I 8% 'TOPrS'	NYSE
IPCRF	IPC Holdings	NNM
IPEC	Integrated Process Equipment	NNM
IPG	Interpublic Grp Cos	NYSE
IPIC	Interneuron Pharmaceuticals	NNM
IPL	IPALCO Enterprises	NYSE
IPLS	IPL Systems, Cl'A'	NNM
IPMLF	Intl Precious Metals	NSC
IPPIF	IPL Energy	NNM
IPR	Inter-City Products	AMEX
IPSCF	IPSCO Inc	NNM
IPSW	Ipswich Svgs Bk Mass	NNM
IPT	IP Timberlands Cl'A'	NYSE
IPW	Interstate Power	NYSE
IPX	Interpool, Inc	NYSE

Ticker	Issue	Exchange
IPXPrA	Interpool Inc 5.75% Cv Pfd	NYSE
IQ	IDEON Group	NYSE
IQC	InterCapital Cal Qual Muni Sec	NYSE
IQI	InterCapital Qual Muni Income	NYSE
IQM	InterCapital Qual Muni Sec	NYSE
IQN	InterCapital N.Y.Qual Muni Sec	NYSE
IQST	IntelliQuest Info Group	NNM
IQSW	IQ Software	NNM
IQT	InterCapital Qual Muni Inv	NYSE
IR	Ingersoll-Rand	NYSE
IRATA	Irata Inc'A'	NSC
IRATW	Irata Inc Wrrt	NSC
IRC.EC	Interline Resources	ECM
IREG	Information Res Engineering	NNM
IRF	Intl Rectifier	NYSE
IRI	Intl Remote Imaging	AMEX
IRIC	Information Resources	NNM
IRIX	IRIDEX Corp	NNM
IRL	Irish Investment Fund	NYSE
IRM.A	Intl Road Dynamics 'A'	VS
IROQ	Iroquois Bancorp	NNM
IRPPF	Intl Petroleum	NNM
IRS	IRSA Inversiones y Rep GDS	NYSE
IRSN	Irvine Sensors	NSC
IRT	IRT Property	NYSE
ISA	Santa Isabel ADS	NYSE
ISB	Interchange Finl Svcs	AMEX
ISBF	ISB Financial	NNM
ISCG	Integrated Sys Consulting Gp	NNM
ISCO	Illinois Superconductor	NNM
ISCX	Industrial Scientific	NNM
ISDI	Information Storage Devices	NNM
ISEE	Sterling Vision	NNM
ISER	InnoServ Technologies	NNM
ISFEA	Infosafe Systems'A'	NSC
ISFEU	Infosafe Sys Units'99	NSC
ISFEW	Infosafe Sys Wrrt'A'	NSC
ISFEZ	Infosafe Sys Wrrt'B'	NSC
ISG	ISS-Intl Service Sys ADS	NYSE
ISGI	Intl Standards Group Ltd	NSC
ISGTF	I.S.G. Technologies	NNM
ISH	Intl Shipholding	NYSE
ISIG	Insignia Sys	NSC
ISIP	Isis Pharmaceuticals	NNM
ISKO	Isco Inc	NNM
ISL	First Israel Fund	NYSE
ISLI	INTERSOLV	NNM
ISN	Instron Corp	AMEX
ISNS	Image Sensing Systems	NSC
ISO	Isomedix Inc	NYSE
ISOL	IMAGE Software	NSC
ISP	Intl Specialty Products	NYSE
ISRL	Isramco Inc	NSC
ISRLW	Isramco Inc Wrrt'A'	NSC
ISRLZ	Isramco Inc Wrrt'B'	NSC
ISSI	Integrated Silicon Solution	NNM
ISTN	Interstate Natl Dealer Svcs	NSC
ISTNW	Interstate Natl Dealer Wrrt	NSC
ISTR	Incstar Corp	NNM
ISYS	Integral Sys MD	NSC

Ticker	Issue	Exchange
ITA	Italy Fund	NYSE
ITAM	Interactive Med Tech Ltd	NSC
ITB	Intl ThoroughBred	AMEX
ITBPrA	Intl ThoroughBred A Pfd	AMEX
ITC.EC	Intelligent Controls	ECM
ITCC	Industrial Training	NNM
ITEL	Wavetech Inc	NSC
ITEX	ITEX Corp	NSC
ITGI	Investment Tech Group	NNM
ITGR	Integrity Music'A'	NNM
ITIC	Investors Title Co	NNM
ITII	ITI Technologies	NNM
ITLA	Imperial Thrift & Loan	NNM
ITN	InterTan Inc	NYSE
ITNL	Interactive Tech	NSC
ITP	Intertape Polymer Group	AMEX
ITRC	Intercardia Inc	NNM
ITRI	Itron Inc	NNM
ITSI	Intl Lottery & Totalizator	NNM
ITSY	Innovative Tech Systems	NSC
ITSYW	Innovative Tech Sys Wrrt'A'	NSC
ITT	ITT Corp (New)	NYSE
ITW	Illinois Tool Works	NYSE
ITWO	i2 Technologies	NNM
ITX	Intl Technology	NYSE
ITXPr	Intl Tech 7% Cv Exch Dep Pfd	NYSE
IUBC	Indiana United Bancorp	NNM
IV	Mark IV Industries	NYSE
IVAC	Intevac Inc	NNM
IVBK	Intervisual Books'A'	NNM
IVC	INVESCO PLC ADS	NYSE
IVCO	I V C Industries	NSC
IVCOW	I V C Industries Wrrt	NSC
IVCR	Invacare Corp	NNM
IVFA	IVF America	NNM
IVIAF	Intl Verifact	NNM
IVIAW	International Verifact Wrrt	NNM
IVIP	IVI Publishing	NNM
IVX	IVAX Corp	AMEX
IWBK	InterWest Bancorp	NNM
IWCR	IWC Resources Corp	NNM
IWHM	Interwest Home Medical	NSC
IWRK	Iwerks Entertainment	NNM
IWSI	Integrated Waste Svcs	NNM
IYCOY	Ito Yokado Ltd ADR	NNM
IZZI	Integrated Security Sys	NSC
IZZIW	Integrated Sec Sys Wrrt	NSC
J	Jackpot Enterprises	NYSE
JA	John Alden Financial	NYSE
JACC	Jayhawk Acceptance	NNM
JACO	Jaco Electronics	NNM
JAHI	Jordan Amer Hldgs	NSC
JAHIW	Jordan Amer Hldgs Wrrt	NSC
JAII	Johnstown America Indus	NNM
JAKE	Jakes Pizza Intl	NSC
JAKK	JAKKS Pacific	NSC
JAMS	Jameson Inns	NNM
JANNF	Jannock Ltd	NNM
JANX	Janex Intl	NSC
JANXW	Janex Intl Wrrt	NNM

Ticker	Issue	Exchange
JAPNY	Japan Airlines Co Ltd ADR	NSC
JARS	Alltrista Corp	NNM
JASN	Jason Inc	NNM
JAVC	Java Centrale	NSC
JAYA	Jayark Corp	NSC
JAYJ	Jay Jacobs	NNM
JBAK	Baker(J.) Inc	NNM
JBHT	Hunt(JB)Transport	NNM
JBIL	Jabil Circuit	NNM
JBM	Jan Bell Marketing	AMEX
JBM.WS	Jan Bell Marketing Wrrt	AMEX
JBNC	Jefferson Bancorp (FL)	NSC
JBNK	Jefferson Bankshares	NNM
JBOH	JB Oxford Hldgs	NSC
JBSS	Sanfilippo,John B & Son	NNM
JC	Jenny Craig	NYSE
JCBS	Jacobson Stores	NNM
JCC	Jilin Chemical Ind ADS	NYSE
JCI	Johnson Controls	NYSE
JCOR	Jacor Communications	NNM
JCORW	Jacor Communications Wrrt	NNM
JCP	Penney (J.C.)	NYSE
JCTCF	Jewett-Cameron Trading	NSC
JDAS	JDA Software Group	NNM
JDN	JDN Realty	NYSE
JEAN	Jean Philippe Fragrances	NNM
JEBC	Jefferson Bancorp(LA)	NNM
JEC	Jacobs Engr Group	NYSE
JEF	Jefferies Group	NYSE
JEFF	JeffBanks Inc	NNM
JEQ	Japan Equity Fund	NYSE
JET	Jetronic Indus	AMEX
JEWLF	IWI Holdings Ltd	NNM
JFC	Jardine Fleming China Reg Fd	NYSE
JFI	Jardine Fleming India Fund	NYSE
JGF	Jakarta Growth Fund	NYSE
JGIN	JG Industries	NNM
JH	Harland (John H.)	NYSE
JHI	John Hancock Inv Tr	NYSE
JHPC	Jim Hjelms Private Coll'n	NSC
JHS	John Hancock Inc Sec	NYSE
JII	Johnston Industries	NYSE
JJSC	Jefferson Smurfit	NNM
JJSF	J & J Snack Foods	NNM
JKHY	Henry(Jack) & Assoc	NNM
JKPTW	Jackpot Enterprises Wrrt	NSC
JL	J & L Specialty Steel	NYSE
JLGI	JLG Indus	NNM
JLHC	Just Like Home	NSC
JLN	Jaclyn, Inc	AMEX
JLT	Jalate Ltd	AMEX
JMAR	JMAR Industries	NNM
JMARW	JMAR Inds Wrrt	NNM
JMCG	JMC Group	NNM
JMED	Jones Medical Indus	NNM
JNC	John Nuveen 'A'	NYSE
JNJ	Johnson & Johnson	NYSE
JNS	Chic by H.I.S. Inc	NYSE
JNY	Jones Apparel Group	NYSE
JOAC	Joachim Bancorp	NSC

Ticker	Issue	Exchange
JOB	Genl Employ Enterpr	AMEX
JOF	Japan OTC Equity Fund	NYSE
JOIN	Jones Intercable	NNM
JOINA	Jones Intercable Cl'A'	NNM
JOL	Joule Inc	AMEX
JOS	Jostens Inc	NYSE
JOSB	Jos.A. Bank Clothiers	NNM
JP	Jefferson-Pilot	NYSE
JPEI	JPE Inc	NNM
JPFS	JP Foodservice	NNM
JPM	Morgan (J.P.)	NYSE
JPMC	JPM Co	NNM
JPMPrA	Morgan(JP) Adj Rt A Pfd	NYSE
JPMPrH	Morgan(JP)6.625% Dep'H'Pfd	NYSE
JPR	JP Realty	NYSE
JQH	Hammons(John Q)Hotels'A'	NYSE
JR	James River Corp	NYSE
JRBK	James River Bankshares	NNM
JRL	Cincinnati G&E8.28%Jr SubDebs	NYSE
JRM	McDermott (J.Ray) S.A.	NYSE
JRPrK	James River$3.375Cv Ex K Pfd	NYSE
JRPrL	James River Dep Cv Ex Pfd	NYSE
JRPrO	James River 8.25% Dep Pfd	NYSE
JRPrP	James River 9% 'DECS'	NYSE
JS	Jefferson Smurfit Grp ADS	NYSE
JSBA	Jefferson Savings Bancorp	NNM
JSBF	JSB Financial	NNM
JSTN	Justin Indus	NNM
JTAX	Jackson Hewitt	NNM
JTV	Jones Intercable Inv Cl'A'	AMEX
JTWO	J2 Communications	NSC
JTWOW	J2 Communications Wrrt'A'	NSC
JUKE	Video Jukebox Ntwk	NSC
JUNI	Juniper Features Ltd	NSC
JUNIW	Juniper Features Wrrt'A'	NSC
JUNIZ	Juniper Features Wrrt'B'	NSC
JUNO	Juno Lighting	NNM
JUST	Just Toys	NNM
JW.A	Wiley(John)Sons 'A'	NYSE
JW.B	Wiley(John)Sons 'B'	NYSE
JWAIA	Johnson Worldwide'A'	NNM
JXSB	Jacksonville Svgs Bank	NSC
JYPPr	Jersey Cent P&L 4%cmPfd	NYSE
JYPPrE	Jersey Cent P&L 7.88% Pfd	NYSE
JYPPrZ	JCP&L Cap L.P.8.56%'MIPS'	NYSE
K	Kellogg Co	NYSE
KAB	Kaneb Services	NYSE
KABPrA	Kaneb Svcs Adj Rt A Pfd	NYSE
KAII	Kiddie Academy Intl	NSC
KAIIW	Kiddie Academy Intl Wrrt	NSC
KAMNA	Kaman Corp Cl'A'	NNM
KAMNZ	Kaman Cp $3.25 Ser 2 Cv Dep Pfd	NNM
KAP	CapMAC Holdings	NYSE
KARE	Koala Corp	NNM
KASH	Kash n'Karry Food Stores	NNM
KATC	Katz Digital Technologies	NNM
KAYE	Kaye Group	NNM
KBA	Kleinwort Benson Aus	NYSE
KBALB	Kimball Intl Cl'B'	NNM
KBB	Bear Stearns Cos 'CUBS''98	AMEX

Ticker	Issue	Exchange
KBH	Kaufman & Broad Home	NYSE
KBK	KBK Capital	AMEX
KCC	K-III Communications	NYSE
KCCPr	K-III Commun$2.875SrExPfd	NYSE
KCLC	Kinder-Care Learning Ctrs	NNM
KCLCW	Kinder-Care Lrng Ctr Wrrt	NNM
KCLI	Kansas City Life Ins	NSC
KCN	Intl Colin Energy	NYSE
KCP	Kenneth Cole Productions'A'	NYSE
KCS	KCS Energy Inc	NYSE
KDN	Kaydon Corp	NYSE
KDX	Klondex Mines Ltd	VS
KE	Koger Equity	AMEX
KEA	Keane Inc	AMEX
KEF	Korea Equity Fund	NYSE
KEG	Key Energy Group	AMEX
KEI	Keithley Instruments	NYSE
KELL	Kellstrom Industries	NSC
KELLW	Kellstrom Inds Wrrt	NSC
KELYA	Kelly Services'A'	NNM
KELYB	Kelly Services'B'	NNM
KENT	Kent Financial Svcs	NSC
KEP	Korea Electric Power ADS	NYSE
KEQU	Kewaunee Scientific	NNM
KER	Kerr-Addison Mines	TS
KERA	KeraVision Inc	NNM
KES	Keystone Consol Ind	NYSE
KESI	Kentucky Electric Steel	NNM
KEST	Kestrel Energy	NSC
KEWS	Koger Equity Wrrt	AMEX
KEX	Kirby Corp	AMEX
KEY	KeyCorp	NYSE
KEYPrA	KeyCorp 10% cm Dep Pfd	NYSE
KF	Korea Fund	NYSE
KFBI	Klamath First Bancorp	NNM
KFV	Quest For Value Dual Fd	NYSE
KFVPr	Quest For Value Income Shrs	NYSE
KFX	KFX Inc	AMEX
KGC	Kinross Gold	NYSE
KGM	Kerr Group	NYSE
KGT	Kemper Interm Gvt Tr	NYSE
KHG	Keystone Heritage Group	AMEX
KHI	Kemper High Income	NYSE
KHLR	KahlerRealty	NNM
KICK	Master Glaziers Karate Intl	NSC
KICKW	Master Glaziers Karate Wrrt'A'	NSC
KICKZ	Master Glaziers Karate Wrrt'B'	NSC
KIDD	First Years	NNM
KIDE	4 Kids Entertainment	NNM
KIDQ	New Horizon Kids Quest	NSC
KIDS	Children's Comp Svcs	NNM
KIDWE	Direct Connect Intl Wrrt	NSC
KIF	Korean Investment Fund	NYSE
KII	Keystone Intl	NYSE
KILN	Kirlin Holding	NSC
KIM	Kimco Realty	NYSE
KIMPrA	Kimco Rlty 7.75% Sr'A' Dep Pfd	NYSE
KIMPrB	Kimco Rlty 8.50% Sr'B'Dep Pfd	NYSE
KIMPrC	Kimco Rlty 8.375% Sr'C'Dep	NYSE
KIN	Kinark Corp	AMEX

Ticker	Issue	Exchange
KINN	Kinnard Investments	NNM
KIT	Kit Mfg	AMEX
KITS	Meridian Diagnostics	NNM
KKRO	Koo Koo Roo	NNM
KLAC	KLA Instruments	NNM
KLIC	Kulicke & Soffa Ind	NNM
KLLM	KLLM Transport Sv	NNM
KLM	KLM Royal Dutch Air	NYSE
KLOC	Kushner-Locke	NNM
KLOCW	Kushner-Locke Wrrt	NNM
KLOFY	Kloof Gold Mining ADR	NSC
KLRT	Kleinert's Inc	NNM
KLT	Kansas City Pwr & Lt	NYSE
KLTPrA	Kansas City P&L 3.80% Pfd	NYSE
KLTPrD	Kansas City P&L 4.35% Pfd	NYSE
KLTPrE	Kansas City P&L 4.50% Pfd	NYSE
KLU	Kaiser Aluminum	NYSE
KLUPrD	Kaiser Alum 8.255% 'PRIDES'	NYSE
KM	K mart	NYSE
KMAC	Kushi Macrobiotics	NSC
KMACW	Kushi Macrobiotics Wrrt	NSC
KMAG	Komag Inc	NNM
KMB	Kimberly-Clark	NYSE
KMET	KEMET Corp	NNM
KMG	Kerr-McGee	NYSE
KMGPrD	Kerr Group $1.70 Cv Pfd	NYSE
KML	Carmel Container Sys	AMEX
KMM	Kemper Multi-Mkt Income	NYSE
KMT	Kennametal, Inc	NYSE
KNA	Knogo North America	AMEX
KNAP	Knape & Vogt Mfg	NNM
KNBWY	Kirin Brewery ADS	NSC
KNCI	Kinetic Concepts	NNM
KNE	KN Energy	NYSE
KNET	Kinetiks Com Inc	NSC
KNGT	Knight Transportation	NNM
KNIC	Knickerbocker (L.L.)	NNM
KNIT	Techknits Inc	NSC
KNK	Kankakee Bancorp	AMEX
KNSY	Kensey Nash	NNM
KNT	Kent Electronics	NYSE
KNTK	Kentek Information Sys	NNM
KNVCF	Consolidated Nev Goldfields	NSC
KNWDV	Knickerbocker L L Wrrt	NNM
KO	Coca-Cola Co	NYSE
KOF	Coca-Cola FEMSA ADS	NYSE
KOGC	Kelley Oil & Gas	NNM
KOL	Kollmorgen Corp	NYSE
KOOL	THERMOGENESIS Corp	NSC
KOPN	Kopin Corp	NNM
KOR	Koor Indus Ltd ADS	NYSE
KORP	Charles (JW) Finl Svcs	NSC
KOSS	Koss Corp	NNM
KPC	Kentucky Pwr 8.72% Sr'A'Debs	NYSE
KPCI	Key Production	NNM
KPI	Killearn Properties	AMEX
KPN	Royal PTT Nederland ADS	NYSE
KPP	Kaneb Pipe Line PtnrsL.P.	NYSE
KPU	Kaneb Pipe Ln Ptnrs LP Pref Ut	NYSE
KR	Kroger Co	NYSE

Ticker	Issue	Exchange
KRAN	Krantor Corp	NSC
KRANW	Krantor Corp Wrrt'A'	NSC
KRB	MBNA Corp	NYSE
KRBPrA	MBNA Corp 7.50% Sr'A'Pfd	NYSE
KRE	Capital Re	NYSE
KREG	Koll Real Estate Grp	NNM
KREGP	Koll Real Estate Cv'A'Pfd	NNM
KREN	Kings Road Entmt	NSC
KREPrL	Capital Re LLC'MIPS'	NYSE
KRHCF	Rich Coast Res ltd	NSC
KRI	Knight-Ridder Inc	NYSE
KRON	Kronos Inc	NNM
KRSC	Kaiser Ventures	NNM
KRSI	Kelly Russell Studios	NSC
KRSL	Kreisler Mfg	NSC
KRT	Kranzco Realty Trust	NYSE
KRUG	KRUG International	NNM
KRUGW	KRUG Intl Wrrt	NNM
KRUZ	Europa Cruises	NSC
KRYSQ	Krystal Company	NNM
KSAV	KS Bancorp	NSC
KSBK	KSB Bancorp	NSC
KSF	Quaker State Corp	NYSE
KSM	Kemper Strategic Muni Tr	NYSE
KSS	Kohl's Corp	NYSE
KST	Kemper Strategic Income	AMEX
KSTN	Keystone Financial	NNM
KSU	Kansas City So. Ind	NYSE
KSUPr	Kansas City So. Ind 4% Pfd	NYSE
KSWS	K Swiss Inc 'A'	NNM
KT	Katy Indus	NYSE
KTAX	Kaye Kotts Assoc	NSC
KTAXW	Kaye Kotts Assoc Wrrt	NSC
KTCC	Key Tronic Corp	NNM
KTCO	Kenan Transport	NNM
KTEC	Key Technology	NNM
KTEL	K-Tel International	NNM
KTF	Kemper Muni Income	NYSE
KTIE	KTI Inc	NNM
KTII	K-Tron Intl	NNM
KTZ	Katz Media	AMEX
KU	KU Energy	NYSE
KUB	Kubota Corp ADR	NYSE
KUH	Kuhlman Corp	NYSE
KURZ	Kurzweil Applied Intelligence	NNM
KV.A	K-V Pharmaceutical Cl'A'	AMEX
KV.B	K-V Pharmaceutical Cl'B'	AMEX
KVHI	KVH Industries	NNM
KVN	Kimmins Corp	NYSE
KVU	Kleer-Vu Industries	AMEX
KWD	Kellwood Co	NYSE
KWGDF	KWG Resources	NSC
KWIC	Kennedy-Wilson Inc	NNM
KWN	Kenwin Shops	AMEX
KWND	KENETECH Corp	NNM
KWNDZ	KENETECH Cp 8.25% Cv Dep Pfd	NNM
KWP	King World Prod'ns	NYSE
KYF	Kentucky First Bancorp	AMEX
KYO	Kyocera Corp ADR	NYSE
KYT	Corporate High Yield Fd II	NYSE

Ticker	Issue	Exchange
KYZN	Kyzen Corp 'A'	NSC
KYZNW	Kyzen Corp Wrrt'A'	NSC
KZ	Kysor Indl	NYSE
L	Liberty Financial Cos	NYSE
L	Loblaw Cos	TS
LA	L.A. Gear, Inc	NYSE
LABK	Lafayette American Bk & Tr	NNM
LABL	Multi-Color Corp	NNM
LABN	Lake Ariel Bancorp	NSC
LABS	LabOne Inc	NNM
LABZ	Laboratory Specialists Amer	NSC
LABZW	Laboratory Specialists Wrrt	NSC
LACE	Alpine Lace Brands	NNM
LACI	Latin Amer Casinos	NNM
LACIW	Latin Amer Casinos Wrrt	NNM
LADF	LADD Furniture	NNM
LAF	Lafarge Corp	NYSE
LAFIE	Lafayette Industries	NSC
LAFWE	Lafayette Industries Wrrt	NSC
LAKE	Lakeland Indus	NNM
LAM	Latin America Inv Fd	NYSE
LAMN	La Man Corp	NSC
LAN	Lancer Corp	AMEX
LANC	Lancaster Colony	NNM
LAND	Landair Services	NNM
LANPF	Plaintree Systems	NNM
LANV	LanVision Systems	NNM
LANZ	Lancer Orthodontics	NSC
LAORF	La Teko Resources Ltd	NSC
LAQ	Latin America Equity Fd	NYSE
LARK	Landmark Bancshares	NNM
LARL	Laurel Cap Group	NSC
LAS	Laser Indus Ltd, Ord	AMEX
LASE	Lasersight Inc	NNM
LASX	Lasertechnics Inc	NSC
LATS	L.A. T Sportswear	NNM
LATX	Latex Res Inc	NSC
LATXW	Latex Resources Wrrt	NSC
LAW	Lawter Intl	NYSE
LAWS	Lawson Products	NNM
LAYN	Layne Christensen Co	NNM
LAZR	Laser Storm	NSC
LAZRU	Laser Storm Unit	NSC
LAZRW	Laser Storm Wrrt	NSC
LB	LaBarge Inc	AMEX
LBC	Laboratorio Chile ADS	NYSE
LBCI	Liberty Bancorp Inc	NNM
LBF	Latin America Dollar Inc Fd	NYSE
LBFI	L&B Financial	NSC
LBI	Liberte Investors	NYSE
LBMSY	Learmouth & Burchett Mgt ADS	NNM
LBNA	Liberty Bancorp(OK)	NNM
LBTYA	Tele-Comm Inc 'A' Liberty Media	NNM
LBTYB	Tele-Comm'B'Liberty Media	NNM
LBY	Libbey Inc	NYSE
LC	Liberty Corp	NYSE
LCA	Living Centers of America	NYSE
LCAV	LCA-Vision	NSC
LCBM	Lifecore Biomedical	NNM
LCE	Lone Star Indus	NYSE

Ticker	Issue	Exchange
LCE.WS	Lone Star Indus Wrrt	NYSE
LCI	LCI International	NYSE
LCIPr	LCI Intl 5% Cv Exch Pfd	NYSE
LCLD	Laclede Steel	NNM
LCOS	Lycos Inc	NNM
LCRY	LeCroy Corp	NNM
LCSI	LCS Industries	NNM
LCUT	Lifetime Hoan	NNM
LD	Louis Dreyfus Natural Gas	NYSE
LDAKA	LIDAK Pharmaceuticals'A'	NNM
LDF	Latin American Discovery Fd	NYSE
LDG	Longs Drug Stores	NYSE
LDII	Larson Davis	NSC
LDL	Lydall, Inc	NYSE
LDR	Landauer Inc	AMEX
LDRY	Landry's Seafood Restaurants	NNM
LDW.A	Laidlaw Inc Cl'A'	NYSE
LDW.B	Laidlaw Inc Cl'B'	NYSE
LE	Lands' End	NYSE
LEA	Lear Corp	NYSE
LEAD	Leadville Corp	NSC
LEAF	Interleaf Inc	NNM
LEAK	Leak-X Environmental	NSC
LEAKW	Leak-X Environmental Wrrt	NSC
LEAS	Pride Automotive Gp	NSC
LEASW	Pride Automotive Gp Wrrt	NSC
LEBC	Letchworth Indep Bancshares	NSC
LEBCW	Letchworth Indep Bcshs Wrrt	NSC
LECE	Leasing Edge	NSC
LECEL	Leasing Edge Wrrt'B'	NSC
LECEP	Leasing Edge cm Cv'A'Pfd	NSC
LECEZ	Leasing Edge Wrrt'A'	NSC
LECH	Lechters Inc	NNM
LECO	Lincoln Electric	NNM
LECOA	Lincoln Electric 'A'	NNM
LECT	LecTec Corp	NNM
LEE	Lee Enterprises	NYSE
LEG	Leggett & Platt	NYSE
LEGL	Co-Counsel Inc	NSC
LEGLW	Co Counsel Inc Wrrt	NSC
LEH	Lehman Br Holdings	NYSE
LEI	Lehigh Group	NYSE
LEIX	Lowrance Electronics	NNM
LEN	Lennar Corp	NYSE
LEND	Credit Depot	NSC
LENS	Concord Camera	NNM
LEO	Dreyfus Strategic Municipals	NYSE
LEQ	Lehman Br 8.30%'QUICS'	NYSE
LESL	Leslie's Poolmart	NNM
LET.WS	Lehman Bros Hldg Sel Tech Wrrt	AMEX
LEV	Leviathan Gas PLPtnrs LP	NYSE
LEVL	Level One Communications	NNM
LFA	Littlefield, Adams	AMEX
LFB	Longview Fibre	NYSE
LFBI	Little Falls Bancorp	NNM
LFCT	Leader Financial	NNM
LFED	Leeds Federal Svgs Bk	NNM
LFI	Levitz Furniture	NYSE
LFSB	LFS Bancorp	NNM
LFUS	LittelFuse Inc	NNM

Ticker	Issue	Exchange
LFUSW	Littelfuse Inc Wrrt'A'	NNM
LG	Laclede Gas	NYSE
LGAM	Lexington Global Assets Mgrs	NNM
LGASP	Louisville G&E 5% Pfd	NSC
LGCY	Legacy Software	NSC
LGE	LG&E Energy	NYSE
LGL	Lynch Corp	AMEX
LGN	Logicon Inc	NYSE
LGND	Ligand Pharmaceuticals 'B'	NNM
LGNS	Leggoons Inc	NSC
LGTO	Legato Systems	NNM
LGWX	Logic Works	NNM
LH	Laboratory Corp Amer Hldgs	NYSE
LHP	Lakehead Pipe Line Ptnrs L.P.	NYSE
LH.WS	Laboratory Corp Amer Hldgs Wrrt	NYSE
LHSPF	Lernout & Hauspie Speech Pds	NNM
LI	Lilly Industries'A'	NYSE
LIBHA	Liberty Homes Cl'A'	NNM
LIBHB	Liberty Homes Cl'B'	NNM
LIBT	Liberty Technologies	NNM
LIFB	Life Bancorp	NNM
LIFC	LifeCell Corp	NSC
LIFE	Lifeline Systems	NNM
LIFF	Lifschultz Inds	NSC
LIHRY	Lihir Gold ADS	NNM
LIL	Long Island Light'g	NYSE
LILPrA	Long Island Ltg 7.95% Pfd	NYSE
LILPrB	Long Island Ltg 5% B Pfd	NYSE
LILPrC	Long Island Ltg 7.66% Pfd	NYSE
LILPrE	Long Island Ltg 4.35% E Pfd	NYSE
LILPrI	Long Island Ltg, 5.75% Cv I Pfd	NYSE
LILPrQ	Long Island Ltg 7.05% Pfd	NYSE
LINCA	Linda's Flame Roasted Chicken	NSC
LINCW	Linda's Flame Rstd Ckn Wrrt'A'	NSC
LINCZ	Linda's Flame Rstd Ckn Wrrt'B'	NSC
LIND	Lindberg Corp	NNM
LINK	Interlink Electronics	NNM
LINKW	Interlink Electrs Wrrt	NNM
LINZ	Lindsay Mfg	NNM
LION	Fidelity National	NNM
LIPO	Liposome Co	NNM
LIPOZ	Liposome $1.9375 Cv Dep'A'Pfd	NNM
LIQB	Liqui-Box Corp	NNM
LISB	Long Island Bancorp	NNM
LIT	Litton Indus	NYSE
LITPrB	Litton Indus,$2 B Pfd	NYSE
LIVE	Live Entertainment	NSC
LIVEP	Live Entmt cm Cv'B' Pfd	NSC
LIZ	Liz Claiborne	NYSE
LJPC	La Jolla Pharmaceutical	NNM
LJPCW	La Jolla Pharmaceutical Wrrt	NNM
LKI	Lazare Kaplan Intl	AMEX
LLB	Computrac Inc	AMEX
LLF	Latin America Growth Fd	NYSE
LLTC	Linear Technology Corp	NNM
LLX	Louisiana Land/Exp	NYSE
LLY	Lilly (Eli)	NYSE
LM	Legg Mason Inc	NYSE
LMLAF	Leisureways Marketing Ltd	NSC
LMRK	Landmark Graphics	NNM

Ticker	Issue	Exchange
LMS	Lamson & Sessions	NYSE
LMT	Lockheed Martin	NYSE
LMTS	LaserMaster Technologies	NNM
LNC	Lincoln Natl Corp	NYSE
LNCE	Lance, Inc	NNM
LNCPr	Lincoln Natl $3.00 Cv Pfd	NYSE
LNCR	Lincare Holdings	NNM
LNCT	Lancit Media Productions	NNM
LND	Lincoln Natl Income Fd	NYSE
LNDC	Landec Corp	NNM
LNDL	Lindal Cedar Homes	NNM
LNET	LodgeNet Entertainment	NNM
LNOPF	LanOptics Ltd	NNM
LNTV	LIN Television Corp	NNM
LNV	Lincoln Natl Cv Sec	NYSE
LOAN	Horizon Bancorp(TX)	NSC
LOC	Loctite Corp	NYSE
LODE	Comstock Bk Carson City Nev	NSC
LODG	ShoLodge Inc	NNM
LOEH	Loehmann's Inc	NNM
LOFSY	London & Overseas Freight ADS	NNM
LOG	Rayonier Timberlands Cl'A'	NYSE
LOGC	Logic Devices	NNM
LOGLF	Logal Educational Softwr&Sys	NNM
LOGN	Logansport Financial	NSC
LOHO	Longhorn Steaks	NNM
LOJN	LoJack Corp	NNM
LOMK	Lomak Petroleum	NNM
LONDY	London Intl Group plc ADS	NNM
LONF	London Financial	NSC
LOR	Loral Space Communications	NYSE
LORX	Loronix Info Systems	NNM
LOTO	Lottery Enterprises	NNM
LOW	Lowe's Cos	NYSE
LPAC	Laser-Pac Media	NSC
LPG	Life Partners Group	NYSE
LPGLY	London Pacific Grp ADS	NNM
LPLPr	Entergy Louisiana 12.64% cmPfd	NYSE
LPLPrA	Entergy Louisiana 9.68% cm Pfd	NYSE
LPTHA	LightPath Technologies 'A'	NSC
LPTHU	LightPath Technologies Unit	NSC
LPTHW	LightPath Technol Wrrt 'A'	NSC
LPTHZ	LightPath Technol Wrrt 'B'	NSC
LPX	Louisiana Pacific	NYSE
LQI	La Quinta Inns	NYSE
LQMD	LifeQuest Medical	NNM
LQU	Quilmes Ind(Quinsa) ADS	NYSE
LRCI	Legal Research Center	NSC
LRCX	Lam Research	NNM
LRE	Life Re	NYSE
LRI	LeaRonal Inc	NYSE
LRSI	LifeRate Systems	NSC
LRT	LL&E Royalty Tr UBI	NYSE
LRY	Liberty Property Trust	NYSE
LSB	LSB Industries	NYSE
LSBI	LSB Financial	NNM
LSBPrC	LSB Ind $3.25 Cv Exch Pfd	NYSE
LSBX	Lawrence Savings Bank	NNM
LSC	Shopco Laurel Centre L.P.	AMEX
LSCC	Lattice Semiconductor	NNM

Ticker	Issue	Exchange
LSCO	LESCO Inc	NNM
LSCP	Laserscope	NNM
LSER	Laser Corp	NSC
LSGT	Lasergate Systems	NSC
LSGTW	Lasergate Sys Wrrt	NSC
LSI	LSI Logic	NYSE
LSKI	Liuski International	NNM
LSO	LASMO plc ADS	NYSE
LSOPrA	LASMO plc Sr'A'Pref ADS	NYSE
LSR	Laser Technology	AMEX
LSREF	LaSalle Re Holdings	NNM
LSR.WS	Laser Technology Wrrt	AMEX
LSSI	Leasing Solutions	NNM
LSST	Lone Star Technologies	NNM
LSTR	Landstar System	NNM
LSVI	Little Switzerland	NNM
LTC	LTC Properties	NYSE
LTCH	Litchfield Financial	NNM
LTD	Limited Inc	NYSE
LTEC	Lincoln Telecommun	NNM
LTEK	Life Technologies	NNM
LTG	Catalina Lighting	NYSE
LTI	Lawyers Title	NYSE
LTR	Loews Corp	NYSE
LTRE	Learning Tree Intl	NNM
LTSV	Light Savers USA	NSC
LTT	Liberty Term Trust-1999	NYSE
LTTO	Lotto World	NSC
LTUS	Garden Fresh Restaurant	NNM
LTV	LTV Corp	NYSE
LTV WS.A	LTV Corp Sr'A' Wrrt	NYSE
LTXX	LTX Corp	NNM
LU	Lucent Technologies	NYSE
LUB	Luby's Cafeterias	NYSE
LUC	Lukens Inc	NYSE
LUCK	Lady Luck Gaming'A'	NNM
LUCR	Lucor Inc 'A'	NSC
LUCY	Lucille Farms	NSC
LUCYW	Lucille Farms Wrrt	NSC
LUFK	Lufkin Industries	NNM
LUK	Leucadia National	NYSE
LUKN	Lukens Med	NSC
LUM	Lumex, Inc	AMEX
LUMI	Lumisys Inc	NNM
LUND	Lund International	NNM
LUNN	Lunn Industries	NSC
LUNR	Lunar Corp	NNM
LUR	Luria (L)& Son	NYSE
LUSA	Life USA Holdings	NNM
LUST	Wanderlust Interactive	NSC
LUSTW	Wanderlust Interactive Wrrt	NSC
LUTH	Luther Med Products	NSC
LUV	Southwest Airlines	NYSE
LUX	Luxottica Group ADS	NYSE
LUXY	CinemaStar Luxury Theaters	NSC
LUXYW	Cinemastar Luxry Theaters Wrrt	NSC
LVC	Lillian Vernon	AMEX
LVCI	Laser Vision Centers	NSC
LVDG	Las Vegas Disc Golf & Tennis	NSC
LVEN	Las Vegas Entmt Ntwk	NSC

Ticker	Issue	Exchange
LVENW	Las Vegas Entmt Ntwk Wrrt'A'	NSC
LVENZ	Las Vegas Entmt Ntwk Wrrt'B'	NSC
LVMHY	LVMH Moet Henn Lou Vttn ADS	NNM
LVNI	Laser Video Network	NSC
LVNIW	Laser Video Network Wrrt'A'	NSC
LVNIZ	Laser Video Network Wrrt'B'	NSC
LVNTE	Livent Inc	NNM
LVSB	Lakeview Financial	NNM
LVTD	Las Vegas Mjr League Sports	NSC
LWAY	Lifeway Foods	NSC
LWNGF	Loewen Group	NNM
LWNPr	Loewen Group Cap Ser'A' 'MIPS'	NYSE
LWR	Lawrence Ins Group	AMEX
LXBK	LSB Bancshares(NC)	NNM
LXEI	LXE Inc	NNM
LXK	Lexmark Intl Group'A'	NYSE
LXP	Lexington Corporate Prop	NYSE
LXR	LXR Biotechnology	AMEX
LXU.EC	Luxtec Corp	ECM
LYDPY	Lydenburg Platinum Ltd ADR	NSC
LYN	Lehman Br Oracle'YEELD"96	AMEX
LYO	Lyondell Petrochem	NYSE
LYTS	LSI Industries	NNM
LYX	Atlantic Rich 9% Exch Nts'97	NYSE
LZ	Lubrizol Corp	NYSE
LZB	La-Z Boy Chair	NYSE
MA	May Dept Stores	NYSE
MAA	Mid-Amer Apart Communities	NYSE
MAB	Mid-America Bancorp	AMEX
MABXA	Amer Biogenetic Sciences'A'	NNM
MAC	Macerich Co	NYSE
MACC	MACC Private Equities	NNM
MACD	MacDermid, Inc	NNM
MACE	Mace Security Intl	NNM
MACG	MacGregor Sports & Fitness	NSC
MACGW	MacGregor Sports&Fitness Wrrt	NSC
MACR	Macromedia Inc	NNM
MAD	Madeco S.A. ADS	NYSE
MADB	Madison Bancshares Group	NSC
MADGF	Madge Networks N.V.	NNM
MADI	Madison Group Assoc	NSC
MAENF	Miramar Mining	NNM
MAF	Municipal Advantage Fund	NYSE
MAFB	MAF Bancorp	NNM
MAG	MagneTek Inc	NYSE
MAGI	Magna Group, Inc	NNM
MAGLA	Magna-Lab 'A'	NSC
MAGLL	Magna-Lab Wrrt 'E'	NSC
MAGLU	Magna-Lab Unit	NSC
MAGLW	Magna-Lab Wrrt 'A'	NSC
MAGLZ	Magna-Lab Wrrt 'B'	NSC
MAGN	Magainin Pharmaceuticals	NNM
MAGSF	Magal Security Systems Ltd	NNM
MAH	Hanna (M.A.)Co	NYSE
MAHI	Monarch Avalon	NNM
MAIC	MAIC Holdings	NNM
MAIDY	M.A.I.D. ADS	NNM
MAIL	Mail Boxes Etc	NNM
MAIN	Main St. & Main	NNM
MAIR	Mesaba Holdings	NNM

Ticker	Issue	Exchange
MAJ	Michael Anthony Jewelers	AMEX
MAJR	Major Realty	NSC
MAKL	Markel Corp	NNM
MAKO	Mako Marine Intl	NSC
MAKOU	Mako Marine Intl 'Unit'	NSC
MAL	Malan Realty Investors	NYSE
MALL	Creative Computers	NNM
MALT	Lion Brewery	NNM
MAM	Maxxim Medical	NYSE
MAME	Mobile America	NSC
MAMO	Advanced Mammography Sys	NSC
MAN	Manpower Inc	NYSE
MANA	Manatron Inc	NNM
MANU	Manugistics Group	NNM
MAP	Maine Public Service	AMEX
MAPS	MapInfo Corp	NNM
MAR	Marriott International	NYSE
MARC	M/A/R/C Inc	NNM
MARN	Marion Capital Holdings	NNM
MARPS	Marine Petrol Tr	NSC
MARQA	Marquette Electronics'A'	NNM
MARSA	Marsh Supermkts'A'	NNM
MARSB	Marsh Supermkts'B'	NNM
MARY	St. Mary Land Exploration	NNM
MAS	Masco Corp	NYSE
MASB	MASSBANK Corp	NNM
MASK	Align-Rite Intl	NNM
MASX	MasTec Inc	NNM
MAT	Mattel, Inc	NYSE
MATE	Matewan BancShares	NNM
MATEP	Matewan Bancshrs 7.5% Cv'A'Pfd	NNM
MATH	MathSoft Inc	NNM
MATK	Martek Biosciences	NNM
MATR	Matria Healthcare	NNM
MATT	Matthews Studio Equip Group	NNM
MATW	Matthews Intl 'A'	NNM
MATX	Matrix Pharmaceutical	NNM
MAVK	Maverick Tube	NNM
MAW	Mid-American Waste Sys	NYSE
MAX	Mercury Air Group	AMEX
MAXC	Maxco Inc	NNM
MAXE	Max & Erma's Restaurants	NNM
MAXI	Maxicare Health Plans	NNM
MAXM	Maxim Group	NNM
MAXS	Maxwell Shoe'A'	NNM
MAYS	Mays (JW)	NNM
MB	Molecular Biosystems	NYSE
MBBC	Monterey Bay Bancorp	NNM
MBFA	MBf USA Inc	NSC
MBI	MBIA Inc	NYSE
MBIA	Merchants Bancorp	NNM
MBJI	Marks Bros Jewelers	NNM
MBK	Bank of Tokyo-MitsubishiADS	NYSE
MBLA	Natl Mercantile Bancorp	NNM
MBLE	Mobile Gas Service	NNM
MBLF	MBLA Financial	NNM
MBLM	MobileMedia Corp	NNM
MBMI	Micro Bio-Medics	NNM
MBNY	Merchants NY Bancorp	NNM
MBOC	Middle Bay Oil	NSC

Ticker	Issue	Exchange
MBRK	Meadowbrook Rehab Grp'A'	NNM
MBRW	Minnesota Brewing	NSC
MBVT	Merchants Bancshares (VT)	NNM
MC	Matsushita El Ind ADR	NYSE
MCA	MuniYield CA Insured Fund II	NYSE
MCAF	McAfee Associates	NNM
MCAM	Marcam Corp	NNM
MCBN	Mid-Coast Bancorp	NSC
MCBS	Mid Continent Bancshares	NNM
MCC	Mestek Inc	NYSE
MCCI	MIDCOM Communications	NNM
MCCL	McClain Industries	NNM
MCCO	Monaco Coach	NNM
MCCRK	McCormick & Co	NNM
MCD	McDonald's Corp	NYSE
MCDE	Microcide Pharmaceuticals	NNM
MCDPrE	McDonald's Corp 7.72% Dep Pfd	NYSE
MCDY	Microdyne Corp	NNM
MCE	MCN Corp 8.75%'PRIDES'	NYSE
MCF	Taurus MuniCalif Hldgs	NYSE
MCFE	McFarland Energy	NNM
MCFR	Microframe Inc	NSC
MCHM	MacroChem Corp	NSC
MCHML	Macrochem Corp Wrrt'A'	NSC
MCHMM	Macrochem Corp Wrrt'AA'	NSC
MCHMN	Macrochem Corp Wrrt'X'	NSC
MCHP	Microchip Technology	NNM
MCI	MassMutual Corp Inv	NYSE
MCIC	MCI Communications	NNM
MCK	McKesson Corp	NYSE
MCL	Moore Corp Ltd	NYSE
MCLL	Metrocall Inc	NNM
MCMC	McM Corp	NSC
MCN	MCN Corp	NYSE
MCNPrT	MCN Mich L.P. 9.375% Pfd	NYSE
MCO	Merrill Lyn 6.00%'STRYPES'	NYSE
MCOM	Metricom Inc	NNM
MCON	EMCON	NNM
MCP	Bear Stearns 5.50%MRK'CHIPS'	AMEX
MCR	MFS Charter Income Tr	NYSE
MCRI	Monarch Casino & Resort	NNM
MCRL	Micrel Inc	NNM
MCRN	Micronics Computers	NNM
MCRS	MICROS Systems	NNM
MCS	Marcus Corp	NYSE
MCSI	Mark Solutions	NSC
MCSX	Managed Care Solutions	NNM
MCSY	Medic Computer Systems	NNM
MCT	Mark Centers Trust	NYSE
MCTH	MedCath Inc	NNM
MCTI	Micro Component Tech	NSC
MCTL	Microtel Franchise&Development	NSC
MCUAF	Multi-Corp	NSC
MCX	MC Shipping	AMEX
MCZ	McDonald's Corp 8.35% 'QUIDS'	NYSE
MD	McDonnell Douglas	NYSE
MDA	MAPCO, Inc	NYSE
MDAa.M	Empresas La Moderna, SA	ME
MDB	Professional Bancorp	AMEX
MDBK	Medford Savings Bank	NNM

Ticker	Issue	Exchange
MDC	M.D.C. Hldgs	NYSE
MDCC	Molecular Devices	NNM
MDCD	Meridian Data	NNM
MDCI	Medical Action Industries	NNM
MDCL	MedicalControl Inc	NNM
MDCLW	MedicalControl Wrrt	NNM
MDCO	Marine Drilling	NNM
MDCR	Medcross Inc	NSC
MDD	McDonald & Co Invest	NYSE
MDEPrA	McDermott Inc $2.20 cm Cv A Pfd	NYSE
MDEX	Medex Inc	NNM
MDGP	Medgroup Inc Calif	NSC
MDI	Mid-America Realty Inv	NYSE
MDII	Mechanical Dynamics	NNM
MDIN	Medalist Indus	NNM
MDK	Medicore,Inc	AMEX
MDLD	Midland Financial Group	NNM
MDLI	MDL Information Sys	NNM
MDM	MedPartners/Mullikin	NYSE
MDMC	Medmarco Inc	NSC
MDMCW	Medmarco Inc Wrrt'A'	NSC
MDMCZ	Medmarco Inc Wrrt'B'	NSC
MDN	Meridian Industrial Trust	NYSE
MDN.WS	Meridian Indl Tr Wrrt	AMEX
MDP	Meredith Corp	NYSE
MDQ	MDC Communication Cl'A'	AMEX
MDR	McDermott Intl	NYSE
MDEPrB	McDermott Inc $2.60 cm Pfd	NYSE
MDRX	Medicis Pharmaceutical 'A'	NNM
MDSLF	Medis El Ltd	NSC
MDSN	Madison Gas & Elec	NNM
MDT	Medtronic, Inc	NYSE
MDTC	MDT Corp	NNM
MDU	MDU Resources Group	NYSE
MDV	Medeva ADR	AMEX
MDVL	Medeva plc	LO
MDWV	Medwave Inc	NSC
MDXR	Medar Inc	NNM
MDY	Standard & Poor's MidCap Dep Rc	AMEX
MDYN	Molecular Dynamics	NNM
MEA	Mead Corp	NYSE
MEC	MidAmerican Energy	NYSE
MECK	Mecklermedia Corp	NNM
MECN	Mecon Inc	NNM
MECPr	MidAmer Energy $1.7375 Pfd	NYSE
MECS	Medicus Systems Softwr	NNM
MED	MEDIQ Inc	AMEX
MEDA	Medaphis Corp	NNM
MEDC	Med-Design Corp	NSC
MEDD	Medical Device Technol	NSC
MEDI	MedImmune Inc	NNM
MEDM	Medamicus Inc	NSC
MEDP	MedPlus Ohio	NNM
MEDPr	MEDIQ Inc Cv Pfd	AMEX
MEDQ	MedQuist Inc	NNM
MEDS	Medstone Intl	NNM
MEDW	Mediware Information Sys	NSC
MEDX	Medarex Inc	NNM
MEDXW	Medarex Inc Wrrt	NNM
MEDY	Medical Dynamics	NSC

Ticker	Issue	Exchange
MEE	Merrill Lyn Euro 'MITTS''99	NYSE
MEF	Emerging Mexico Fund	NYSE
MEG.A	Media General Cl'A'	AMEX
MEGO	Mego Financial	NNM
MEGX	Megacards Inc	NSC
MEH	Midwest Express Holdings	NYSE
MEK	Salomon Inc 5% MSFI'ELKS'	AMEX
MEL	Mellon Bank Corp	NYSE
MELPrI	Mellon Bk 9.60% 'I' Pfd	NYSE
MELPrJ	Mellon Bk 8.50% 'J'Pfd	NYSE
MELPrK	Mellon Bk 8.20% 'K' Pfd	NYSE
MEM	MEM Co	AMEX
MEMO	Voice It Worldwide	NSC
MEMXY	Memorex Telex ADS	NNM
MEN	MuniEnhanced Fund	NYSE
MENJ	Menley & James Inc	NSC
MENS	K&G Men's Center	NNM
MENT	Mentor Graphics	NNM
MEOHF	Methanex Corp	NNM
MEPrA	Mission Capital 9.875%'MIPS'	NYSE
MEPrB	Mission Capital 8.50% 'MIPS'	NYSE
MER	Merrill Lynch	NYSE
MERCS	Mercer Intl SBI	NNM
MERI	Meritrust Fed Svgs Bk Morgan	NSC
MERPrA	Merrill Lynch 9% Sr'A'Dep Pfd	NYSE
MERQ	Mercury Interactive	NNM
MERS	Meris Laboratories	NNM
MERX	Merix Corp	NNM
MES	Melville Corp	NYSE
MESA	Mesa Air Group	NNM
MESW	Meta-Software	NNM
MET	Metropolitan Realty	AMEX
META	Metatec Corp	NNM
METB	MetroBanCorp	NSC
METG	META Group	NNM
METHA	Methode Electronics'A'	NNM
METHB	Methode Electronics'B'	NNM
METS	Met-Coil Systems	NSC
MF	Malaysia Fund	NYSE
MFAC	Market Facts	NNM
MFBC	MFB Corp	NNM
MFC	Morrison Fresh Cooking	NYSE
MFCB	Michigan Finl Corp	NNM
MFCO	Microwave Filter	NSC
MFCX	Marshalltown Financial	NNM
MFFC	Milton Federal Financial	NNM
MFI	MacFrugals Bargains Closeouts	NYSE
MFIC	Microfluidics International	NNM
MFLR	Mayflower Cooperative Bank	NNM
MFM	MFS Municipal Inc Tr	NYSE
MFN	Mercury Finance	NYSE
MFO	Mafco Consolidated Group	NYSE
MFRI	MFRI, Inc	NNM
MFSB	Mutual Bancompany	NSC
MFSL	Maryland Fed Bancorp	NNM
MFST	MFS Communications	NNM
MFSTP	MFS Commun 8% Cv Dep'A'Pfd	NNM
MFT	MuniYield FL Insured Fund	NYSE
MFUN	Morgan Funshares	NSC
MFV	MFS Special Value Trust	NYSE

Ticker	Issue	Exchange
MG	Morgan Group	AMEX
MGA	Magna Intl Cl'A'	NYSE
MGAM	Multimedia Games	NSC
MGAS	Marcum Natural Gas Svcs	NNM
MGB	Morgan Stan Global Opt Bd Fd	NYSE
MGC	Morgan Grenfell Smallcap	NYSE
MGCC	Medical Graphics	NNM
MGEN	Micro General	NSC
MGF	MFS Gvt Mkts Income Tr	NYSE
MGG	MGM Grand	NYSE
MGI	MGI Properties	NYSE
MGICF	Magic Software Enterprises	NNM
MGIKQ	Magic Restaurants	NSC
MGIWQ	Magic Restaurants Wrrt	NSC
MGL	Magellan Health Svcs	AMEX
MGMA	Metro Global Media	NSC
MGN	Morgan Products Ltd	NYSE
MGNL	Magna Bancorp	NNM
MGP	Merchants Group	AMEX
MGPR	M.G. Products	NNM
MGRC	McGrath RentCorp	NNM
MGRY	Milgray Electronics	NNM
MGS	MetroGas S.A. Cl'B'ADS	NYSE
MGX	Mossimo Inc	NYSE
MGXI	Micrografx Inc	NNM
MHC	Manufactured Home Communities	NYSE
MHCO	Moore-Handley,Inc	NNM
MHE	Mass Hlth & Edu Tax-Exempt Tr	AMEX
MHF	Municipal High Income Fd	NYSE
MHI	Morrison Health Care	NYSE
MHM	MHM Services	AMEX
MHMY	M.H.Meyerson & Co	NNM
MHMYW	M H Meyerson & Co Wrrt	NSC
MHO	M/I Schottenstein Homes	NYSE
MHP	McGraw-Hill Companies	NYSE
MHY	Managed High Inc Portfolio	NYSE
MI	Marshall Indus	NYSE
MIAM	Mid Am Inc	NNM
MIAMP	Mid Am $1.8125 Cv'A'Pfd	NNM
MIBPrA	Midland Bank A1/A2 UnitADS	NYSE
MIBPrB	Midland Bank B1/B2 Unit ADS	NYSE
MIBPrC	Midland Bank C1/C2 Unit ADS	NYSE
MIC	MuniYield CA Insured Fund	NYSE
MICA	MicroAge Inc	NNM
MICCF	Millicom Intl Cellular S.A.	NNM
MICG	Microfield Graphics	NSC
MICH	Michaels J	NSC
MICM	MICOM Communications	NNM
MICN	Micrion Corp	NNM
MIDC	MidConn Bank	NNM
MIDD	Middleby Corp	NNM
MIDI	Midisoft Corp	NNM
MIE	Merrill Lynch & Co'MITTS'98	NYSE
MIF	MuniInsured Fund	AMEX
MIFC	Mid-Iowa Finl	NSC
MIFGY	Micro Focus Grp ADS	NNM
MIG	Meadowbrook Insurance Grp	NYSE
MIGI	Meridian Insurance Gp	NNM
MIHO	Miles Homes	NNM
MII	Morton International	NYSE

Ticker	Issue	Exchange
MIKE	Michaels Stores	NNM
MIKL	Michael Foods	NNM
MIKN	Mikohn Gaming	NNM
MIKR	Mikron Instr	NSC
MIL	Millipore Corp	NYSE
MILT	Miltope Group	NNM
MIN	MFS Interm Income SBI	NYSE
MIND	Mitcham Indus	NNM
MINI	Mobile Mini	NNM
MINIW	Mobile Mini Wrrt	NSC
MINT	Micro-Integration	NNM
MIR	Mirage Resorts	NYSE
MISS	Mississippi Chemical	NNM
MIST	Avalon Capital	NSC
MIT	Merrill Lynch & Co'MITTS'97	NYSE
MITK	Mitek Systems	NSC
MITSY	Mitsui & Co ADR	NNM
MITY	Mity-Lite Inc	NNM
MIVI	Mississippi View Holding	NSC
MIX	Merrill Lynch & Co'MITTS' 2001	NYSE
MIXX	Medical Innovations	NSC
MIY	MuniYield MI Insured Fund	NYSE
MIZR	Mizar Inc	NNM
MJI	MuniYield NJ Insured Fund	NYSE
MKAU	MK Gold	NNM
MKFCF	Mackenzie Financial	NNM
MKG	Mallinckrodt Group	NYSE
MKGPr	Mallinckrodt Group 4% Pfd	NYSE
MKIE	Mackie Designs	NNM
MKPL	Computer Marketplace	NSC
MKPLW	Computer Marketplace Wrrt'A'	NSC
MKPLZ	Computer Marketplace Wrrt'B'	NSC
MKRL	MK Rail	NNM
MKS	Mikasa Inc	NYSE
MKTAY	Makita Corp	NNM
MKTL	MarketLink Inc	NSC
MLA	Midland Co	AMEX
MLAB	Mesa Laboratories	NNM
MLC	Merrill Lyn Gl Tel'MITTS''98	NYSE
MLE	Martin Lawrence Ltd Editions	NYSE
MLFB	MLF Bancorp	NNM
MLG	Musicland Stores	NYSE
MLHR	Miller (Herman)	NNM
MLI	Mueller Industries	NYSE
MLIC	Manhattan Life Insurance	NNM
MLIN	Micro Linear	NNM
MLK	Matlack Systems	NYSE
MLM	Martin Marietta Materials	NYSE
MLMI	Microleague Multimedia	NSC
MLMIW	Microleague Multimedia Wrrt	NSC
MLNM	Millennium Pharmaceuticals	NNM
MLOG	Microlog Corp	NNM
MLR	Miller Industries	NYSE
MLRC	Mallon Resources	NNM
MLS	Mills Corp	NYSE
MLT	Mitel Corp	NYSE
MLTN	Molten Metal Technology	NNM
MLWL	Mail-Well Inc	NNM
MLXR	MLX Corp	NNM
MM	Mutual Risk Management	NYSE

Ticker	Issue	Exchange
MMAN	Minuteman Int'l	NNM
MMBLF	MacMillan-Bloedel	NNM
MMC	Marsh & McLennan	NYSE
MMCI	MultiMedia Concepts Intl	NSC
MMCIW	MultiMedia Concepts Intl Wrrt	NSC
MMD	Moore Medical Corp	AMEX
MME	Mid Atlantic Medical Svcs	NYSE
MMG	Metromedia Intl Grp	AMEX
MMI	MMI Companies	NYSE
MML	Merrill Lyn 6.50%'STRYPES'	NYSE
MMM	Minnesota Min'g/Mfg	NYSE
MMO	Monarch Mach Tool	NYSE
MMPI	Marquest Medical Products	NSC
MMRI	Macheezmo Mouse Restaurants	NNM
MMRX	Mednet MPC	NSC
MMSI	Merit Medical Systems	NNM
MMT	MFS Multimkt Income	NYSE
MMTCY	Memtec Ltd ADS	NNM
MMTS	Multi-Media Tutorial	NSC
MMTSW	Multi-Media Tutorial Wrrt	NSC
MMU	Managed Muni Portfolio	NYSE
MNA	Minnesota Muni Term Trust	NYSE
MNB	Minnesota Muni Term Tr-II	AMEX
MNBB	MNB Bancshares	NSC
MNBK	Marine Nat'l Bank	NSC
MNBKW	Marine Natl Bk Irvine CA Wrrt	NNM
MND A	Mitchell Energy/Dev'A'	NYSE
MND B	Mitchell Energy/Dev'B'	NYSE
MNES	Mine Safety Appl	NNM
MNI	McClatchy Newspapers'A'	NYSE
MNI	Meridian Technologies	TS
MNMD	MiniMed Inc	NNM
MNP	Municipal Partners Fund	NYSE
MNPI	Microcom Inc	NNM
MNR	Manor Care	NYSE
MNRCY	Minorco ADR	NSC
MNRO	Monro Muffler Brake	NNM
MNRTA	Monmouth R.E. Inv Cl'A'	NNM
MNS	MacNeal-Schwendler	AMEX
MNT	Montedison S p A ADS	NYSE
MNTPr	Montedison Bearer Svg Pfd ADS	NYSE
MNTR	Mentor Corp	NNM
MNTX	Minntech Corp	NNM
MNY	Taurus MuniNewYork Hldgs	NYSE
MO	Philip Morris Cos	NYSE
MOB	Mobil Corp	NYSE
MOC	Mid Ocean Ltd	NYSE
MOCO	Modern Controls	NNM
MODA	ModaCAD Inc	NSC
MODAW	ModaCAD Inc Wrrt	NSC
MODI	Modine Mfg	NNM
MODM	Modern Medl Modalities	NSC
MODMW	Modern Med Modalities Wrrt'A'	NSC
MODMZ	Modern Med Modalities Wrrt'B'	NSC
MODT	Modtech Inc	NNM
MOFN	MovieFone Cl'A'	NNM
MOG.A	Moog Cl'A'	AMEX
MOG.B	Moog, Inc Cl'B'	AMEX
MOGN	MGI PHARMA, Inc	NNM
MOHK	Mohawk Industries	NNM

Ticker	Issue	Exchange
MOIL	Maynard Oil	NNM
MOL	Microtel Intl	AMEX
MOL.A	Molson Cos Cl'A'	TS
MOL.B	Molson Cos Cl'B'	TS
MOLX	Molex Inc	NNM
MOLXA	Molex Inc'A'	NNM
MOND	Robert Mondavi 'A'	NNM
MONE	Money Store	NNM
MONFA	Monaco Finance'A'	NNM
MONM	Monmouth Capital	NSC
MOOV	Moovies Inc	NNM
MOR	Morgan Keegan Inc	NYSE
MORG	Morgan Finl (Del)	NSC
MORP	Moore Products	NNM
MOSI	Mosinee Paper	NNM
MOT	Motorola, Inc	NYSE
MOTO	Moto Photo	NSC
MOTR	Motor Club of Amer	NNM
MOVA	Movado Group	NNM
MOVE	Cinema Ride Inc	NSC
MOVEW	Cinema Ride Wrrt	NSC
MOVI	Movie Gallery	NNM
MOXB	Moxham Bank	NSC
MOXY	McMoRan Oil & Gas	NNM
MOYC	Moyco Technologies	NNM
MPA	MuniYield Pennsylvania Fund	NYSE
MPAA	Motorcar Parts & Accessories	NNM
MPAC	Impact Systems	NNM
MPC	Magellan Petroleum	PC
MPDI	Microwave Power Devices	NNM
MPFC	Mountain Parks Fin'l	NNM
MPH	Meridian Point Rlty VIII	AMEX
MPHPr	Meridian Point Rlty VIII Pfd	AMEX
MPI	Milestone Properties	NYSE
MPIPrA	Milestone Properties Cv $0.78Pfd	NYSE
MPIX	Microelectronic Packaging	NNM
MPL	Minnesota Pwr & Lt	NYSE
MPLPr	MP&L Cap I 8.05% 'QUIPS'	NYSE
MPLPrA	Minn Pwr & Lt 5% cm Pfd	AMEX
MPM	Magnum Petroleum	AMEX
MPM.ECWS	Magnum Petroleum Wrrt	AMEX
MPMLE	MPM Technologies	NSC
MPMPrEC	Magnum Pete $1.10 Cv'C'Pfd	AMEX
MPNPrA	Monongahela Pwr 4.4% Pfd	AMEX
MPNPrC	Monongah Power 4.50%cm C Pfd	AMEX
MPPrA	Mississippi Pwr 7.25% Dep Pfd	NYSE
MPPrB	Mississippi Pwr 6.65% Dep Pfd	NYSE
MPPrC	Mississippi Pwr 6.32% Dep Pfd	NYSE
MPR	Met-Pro Corp	AMEX
MPS	Medical Polymers Tech	VS
MPSI	MPSI Systems	NSC
MPT	Municipal Partners Fund II	NYSE
MPTBS	Meridian Point Rlty Tr 83	NNM
MPTV	MPTV Inc	NSC
MPV	MassMutual Part'n Inv	NYSE
MPVIF	Mountain Province Mining	NSC
MQT	MuniYield Quality Fund II	NYSE
MQY	MuniYield Quality Fund	NYSE
MR	Morgan's Foods	AMEX
MRBK	Mercantile Bankshares	NNM

Ticker	Issue	Exchange
MRCF	Martin Color-Fi	NNM
MRCO	Meridian Natl	NSC
MRCOL	Meridian Natl Wrrt'A'	NSC
MRCOP	Meridian Natl $3.75 Cv'B'Pfd	NSC
MRCOZ	Meridian Natl Wrrt	NSC
MRCY	Mercury General	NNM
MRE	Medco Research	AMEX
MRET	Merit Holding	NNM
MRF	Mentor Income Fund	NYSE
MRG	Morton's Restaurant Group	NYSE
MRGO	Margo Nursery Farms	NSC
MRI.A	McRae Indus'A'	AMEX
MRI.B	McRae Indus Cv 'B'	AMEX
MRII	Medical Resources	NNM
MRIS	Marshall & Ilsley	NNM
MRIX	Midland Resources	NSC
MRIXZ	Midland Res Inc Wrrt	NSC
MRJY	Mr Jay Fashions Intl	NSC
MRK	Merck & Co	NYSE
MRKR	Marker Intl	NNM
MRLL	Merrill Corp	NNM
MRM	Merrimac Industries	AMEX
MRN	Morrison Knudsen	NYSE
MRNCZ	Marina Ltd Partnership	NSC
MRNR	Mariner Health Group	NNM
MRO	USX-Marathon Grp	NYSE
MROC	Monroc Inc	NNM
MRR	Mid-Atlantic Realty Trust	AMEX
MRRW	Morrow Snowboards	NNM
MRSA	Marisa Christina	NNM
MRSI	MRS Technology	NNM
MRTN	Marten Transport	NNM
MRV	Marvel Entertainment Grp	NYSE
MRVC	MRV Communications	NNM
MRY	Merry Land & Invest	NYSE
MRYPr	Merry Land & Inv Sr'A'Cv Pfd	NYSE
MRYPrC	Merry Land & Inv Sr'C'Cv Pfd	NYSE
MS	Morgan Stanley Group	NYSE
MSA	Medusa Corp	NYSE
MSADY	Mid-States plc ADS	NNM
MSB	Mesabi Tr Ctfs SBI	NYSE
MSBB	MSB Bancorp	NNM
MSBC	MainStreet BankGroup	NNM
MSBF	MSB Financial	NSC
MSBK	Mutual Savings Bank	NNM
MSC	Material Sciences	NYSE
MSCA	M.S. Carriers	NNM
MSCC	Microsemi Corp	NNM
MSCM	MOSCOM Corp	NNM
MSD	Morgan Stanley Emer'g Mkt Debt	NYSE
MSDX	Mason-Dixon Bancshares	NNM
MSE	Morgan Stan Fin 8.40% Cp Uts	NYSE
MSEA	Metropolitan Bancorp	NNM
MSEL	Merisel Inc	NNM
MSEX	Middlesex Water	NNM
MSF	Morgan Stanley Emerging Mkt	NYSE
MSFI	MS Financial	NNM
MSFT	Microsoft Corp	NNM
MSI	Movie Star Inc	AMEX
MSIX	Mining Svcs Intl	NSC

Ticker	Issue	Exchange
MSK	Grupo Indl Maseca ADS	NYSE
MSL	MidSouth Bancorp	AMEX
MSLD	Masland Corp	NNM
MSLPr	MidSouth Bancorp Sr'A'Cv Pfd	AMEX
MSM	MSC Industrial Direct'A'	NYSE
MSN	Emerson Radio	AMEX
MSNS	MediSense Inc	NNM
MSON	Misonix Inc	NSC
MSONW	Misonix Inc Wrrt	NSC
MSP	Morgan Stan Fin 8.20% Cp Uts	NYSE
MSPG	MindSpring Enterprises	NNM
MSPO	Meridian Sports	NNM
MSPr	Morgan Stanley 9.36% Pfd	NYSE
MSPrB	Morgan Stanley 8.88% Dep Pfd	NYSE
MSPrC	Morgan Stanley 8.75% Dep Pfd	NYSE
MSPrD	Morgan Stanley 7.375% Dep Pfd	NYSE
MSR	MSR Exploration	AMEX
MSS	Measurement Specialties	AMEX
MST	Mercantile Stores	NYSE
MSTG	Mustang Software	NNM
MSTR	Morningstar Group	NNM
MSU	Morgan Stan Fin 7.82% Cp Uts	NYSE
MSV	Morgan Stan Fin 9% Cp Uts	NYSE
MSW	Mission West Prop	AMEX
MSX	MascoTech, Inc	NYSE
MSXPr	MascoTech Inc Cv Pfd	NYSE
MSY	Morgan Stanley Hi Yld Fd	NYSE
MSZ	Morgan Stan Fin 7.80% Cp Uts	NYSE
MT	Meditrust SBI	NYSE
MTBN	Mountbatten Inc	NNM
MTC	Monsanto Co	NYSE
MTCC	Magnetic Technologies	NNM
MTCI	Management Technologies	NSC
MTEL	Mobile Telecommun Tech	NNM
MTG	MGIC Investment	NYSE
MTI	MuniYield Insured Fund II	NYSE
MTIC	MTI Technology	NNM
MTIK	Miller Building Sys	NNM
MTIN	Martin Industries	NNM
MTL	Mercantile Bancorp	NYSE
MTLC	Metalclad Corp	NSC
MTLG	Metrologic Instruments	NNM
MTLI	MTL Inc	NNM
MTLM	Metal Management	NNM
MTLS	MetaTools Inc	NNM
MTMC	Micros To Mainframes	NNM
MTMI	Microtek Medical	NNM
MTP	Montana Power	NYSE
MTR	Mesa Royalty Tr UBI	NYSE
MTRA	Metra Biosystems	NNM
MTRN	Metrotrans Corp	NNM
MTRO	Metro Tel Corp	NSC
MTRX	Matrix Service	NNM
MTS	Montgomery St Inc Sec	NYSE
MTSC	MTS Systems	NNM
MTSI	MicroTouch Systems	NNM
MTSN	Mattson Technology	NNM
MTST	Microtest Inc	NNM
MTTPrC	Metropol Ed 3.90% cm Pfd	NYSE
MTTPrZ	Met-Ed Capital L.P.'MIPS'	NYSE

Ticker	Issue	Exchange
MTU	Managed Muni Portfolio II	NYSE
MTW	Manitowoc Co	NYSE
MTWN	Mark Twain Bancshrs	NNM
MTWO	Melamine Chemicals	NNM
MTX	Minerals Technologies	NYSE
MTY	Marlton Technologies	AMEX
MU	Micron Technology	NYSE
MUA	Muniassets Fund	NYSE
MUEI	Micron Electronics	NNM
MUEL	Mueller (Paul) Co	NNM
MUKPrA	MEPC Intl Cap 9.125%'QUIPS'	NYSE
MUL	Multicare Cos	NYSE
MUN	Munsingwear Inc	NYSE
MUO	Pioneer Interest Shs	NYSE
MUR	Murphy Oil	NYSE
MURXF	Intl Murex Technologies	NNM
MUY	Lehman Br Micron'YEELD''97	AMEX
MVAC	MotorVac Technologies	NSC
MVBI	Mississippi Valley Bancshares	NNM
MVC	MuniVest CA Insured Fund	NYSE
MVCO	Meadow Valley	NNM
MVCOW	Meadow Valley Wrrt	NNM
MVF	MuniVest Fund	AMEX
MVII	Mark VII	NNM
MVJ	MuniVest NJ Fund	NYSE
MVL.WS	Schuller Corp Wrrts	NYSE
MVM	MuniVest MI Insured Fund	NYSE
MVP	MuniVest PA Insured Fund	NYSE
MVS	MuniVest Florida Fund	NYSE
MVSI	MVSI Inc	NSC
MVSIW	MVSI Inc Wrrt'A'	NSC
MVT	MuniVest Fund II	NYSE
MVY	MuniVest NY Insured Fund	NYSE
MWAR	Microwave Systems	NNM
MWAV	M-Wave Inc	NNM
MWBI	Midwest Bancshares Del	NSC
MWDS	Med/Waste Inc	NSC
MWDSW	Med/Waste Inc Wrrt'A'	NSC
MWFD	Midwest Fed Finl	NSC
MWGP	Midwest Grain Products	NNM
MWHS	Micro Warehouse	NNM
MWK	Milwaukee Land	AMEX
MWRK	Mothers Work	NNM
MWSSE	Mid-West Spring Mfg	NSC
MWT	McWhorter Technologies	NYSE
MX	Measurex Corp	NYSE
MXA	Minnesota Muni Inc Portfolio	AMEX
MXC	MATEC Corp	AMEX
MXE	Mexico Eqty & Income Fd	NYSE
MXF	Mexico Fund	NYSE
MXICY	Macronix Intl ADR	NNM
MXIM	Maxim Integrated Prod	NNM
MXIS	Maxis Inc	NNM
MXM	MAXXAM Inc	AMEX
MXP	Mesa Inc	NYSE
MXSBP	Maxus Energy $4 Cv Pfd	NNM
MXSPrA	Maxus Energy $2.50 Pfd	NYSE
MXSV	MaxServ Inc	NSC
MXT	Morgan StanGp 6.00%Tele'PERQS'	AMEX
MXWL	Maxwell Labs	NNM

Ticker	Issue	Exchange
MYC	MuniYield California Fund	NYSE
MYCO	Mycogen Corp	NNM
MYD	MuniYield Fund	NYSE
MYE	Myers Indus	AMEX
MYF	MuniYield Florida Fund	NYSE
MYG	Maytag Corp	NYSE
MYGN	Myriad Genetics	NNM
MYI	MuniYield Insured Fund	NYSE
MYJ	MuniYield New Jersey Fund	NYSE
MYL	Mylan Labs	NYSE
MYLX	Mylex Corp	NNM
MYM	MuniYield Michigan Fund	NYSE
MYN	MuniYield NY Insured Fund	NYSE
MYR	MYR Group	NYSE
MYS	Maderas y Sinteticos ADS	NYSE
MYSW	MySoftware Co	NNM
MYT	MuniYield NY Insured Fund II	NYSE
MYY	MuniYield NY Insured Fund III	NYSE
MZA	MuniYield Arizona Fund	AMEX
N	Inco Ltd	NYSE
NA	Nabisco Holdings 'A'	NYSE
NA	Natl Bk of Canada	MS
NAB	Natl Australia Bk ADR	NYSE
NABC	NAB Asset Corp	NSC
NABI	NABI Inc	NNM
NAC	North American Mtge	NYSE
NADX	Natl Dentex	NNM
NAE	NorAm Energy	NYSE
NAEPrA	Noram Energy $3 Cv Ex A Pfd	NYSE
NAF	New Age Media Fund	NYSE
NAFC	Nash Finch Co	NNM
NAI	Natural Alternatives Intl	AMEX
NAIG	Natl Insurance Group	NNM
NAK	Natl Auto Credit	NYSE
NALC	Natl Lodging	NNM
NALF	NAL Financial Group	NNM
NAN	Nantucket Indus	AMEX
NANO	Nanometrics Inc	NNM
NASB	North Amer Svgs Bk	NSC
NAT WS	Nordic Amer Tanker Ship Wrrt	AMEX
NATD	Natl Diagnostics	NSC
NATDW	National Diagnostics Wrrt	NSC
NATH	Nathan's Famous	NNM
NATI	Natl Instruments	NNM
NATK	North Amer Technologies Group	NSC
NATL	NAI Technologies	NNM
NATP	Natl Power plc	LO
NATR	Nature's Sunshine Prod	NNM
NATS	National Secs	NSC
NATW	Natural Wonders	NNM
NAUT	Nautica Enterprises	NNM
NAV	Navistar Intl	NYSE
NAVG	Navigators Group	NNM
NAVPrD	Navistar Intl Cv Jr D Pref	NYSE
NAVPrG	Navistar Intl $6 cm Cv Pfd	NYSE
NAVR	Navarre Corp	NNM
NAZ	Nuveen AZ Prem Inc Muni Fd	NYSE
NB	NationsBank Corp	NYSE
NBAK	Natl Bancorp(AK)	NNM
NBIX	Neurocrine Biosciences	NNM

Ticker	Issue	Exchange
NBL	Noble Affiliates	NYSE
NBM	Nations Bal Target Mat Fd	NYSE
NBOC	Northern Bk Comm Ore	NSC
NBP	Northern Border Ptnrs L.P.	NYSE
NBR	Nabors Industries	AMEX
NBSC	New Brunswick Scient	NNM
NBSI	North Bancshares	NNM
NBT	Natl Bancshares Texas	AMEX
NBTB	NBT Bancorp	NNM
NBTY	NBTY Inc	NNM
NBX	Jefferson-Pilot 7.25% 'ACES'	NYSE
NC	NACCO Indus Inc Cl'A'	NYSE
NCA	Nuveen CA Muni Val Fd	NYSE
NCBC	Natl Commerce Bancorp	NNM
NCBE	Natl City Bancshares	NNM
NCBM	Natl City Bancorp'n	NNM
NCC	Natl City Corp	NYSE
NCCI	Nashville Country Club	NSC
NCCIW	Nashville Country Club Wrrt	NSC
NCDIE	Network Computing Devices	NNM
NCEB	North Coast Energy	NSC
NCEBP	North Coast Energy Cv'B'Pfd	NSC
NCEBW	North Coast Energy Wrrt	NSC
NCG	North Carolina Nat Gas	NYSE
NCH	NCH Corp	NYSE
NCL	Nuveen Ins CA Prem Inc Muni 2	NYSE
NCLIP	North Coast Life Ins Cv'A'Pfd	NSC
NCMC	Natl Capital Mgmt	NNM
NCO	Nuveen CA Muni Mkt Oppt	NYSE
NCOM	News Communications	NSC
NCON	Encon Systems	NSC
NCP	Nuveen CA Perf Plus Muni	NYSE
NCSS	NCS HealthCare 'A'	NNM
NCTI	Noise Cancellation Tech	NNM
NCU	Nuveen CA Prem Inc Muni	AMEX
NDC	Natl Data	NYSE
NDN	99(Cents) Only Stores	NYSE
NDSN	Nordson Corp	NNM
NE	Noble Drilling Corp	NYSE
NEB	New England Bus Svc	NYSE
NEC	Natl Education	NYSE
NECB	New England Comm Bancorp'A'	NNM
NEDI	Nobel Ed Dynamics	NSC
NEF	Scudder New Europe Fund	NYSE
NEGX	Natl Energy Group'A'	NNM
NEIB	Northeast Indiana Banc	NNM
NEIC	North East Insurance	NSC
NELL	Nellcor Puritan Bennett	NNM
NEM	Newmont Mining	NYSE
NEMA	Nematron Corp	NSC
NEOG	Neogen Corp	NNM
NEOP	Neoprobe Corp	NNM
NEOPW	Neoprobe Corp Wrrt'E'	NNM
NEOS	NeoStar Retail Group	NNM
NEPr	Noble Drilling $1.50 Cv Pfd	NYSE
NERAY	Nera AS ADS	NNM
NERX	NeoRx Corp	NNM
NERXP	NeoRx $2.4375 Cv Exch Pfd	NSC
NERXW	Neorx Corp Wrrt	NNM
NES	New England El Sys	NYSE

Ticker	Issue	Exchange
NESC	National Environmental Svc	NSC
NET	North Europn Oil Rty Tr	NYSE
NETC	NETCOM On-Line Comm Svcs	NNM
NETF	NetFRAME Systems	NNM
NETG	Network General	NNM
NETK	Network Express	NNM
NETM	NetManage Inc	NNM
NETS	Network Event Theater	NSC
NETSW	Network Event Theater Wrrt	NSC
NETT	Netter Digital Entertainment	NSC
NETTW	Netter Digital Entm't Wrrt	NSC
NETVA	NetVantage Inc 'A'	NSC
NETVU	NetVantage Inc Unit	NSC
NETVW	NetVantage Inc Wrrt'A'	NSC
NETVZ	NetVantage Inc Wrrt'B'	NSC
NEV	Nuevo Energy	NYSE
NEW	New England Inv Cos L.P.	NYSE
NEWB	Newberry Bancorp	NSC
NEWC	Newcor Inc	NNM
NEWI	New West Eyeworks	NSC
NEWP	Newport Corp	NNM
NEWRZ	New England Rlty Assoc L.P.	NSC
NEXT	NextHealth Inc	NNM
NFB	North Fork Bancorp	NYSE
NFC	NFC plc ADS	AMEX
NFG	Natl Fuel Gas	NYSE
NFL	Nuveen Ins FL Prem Inc Muni	NYSE
NFLD	Northfield Laboratories	NNM
NFLI	Nutrition For Life Intl	NNM
NFLIW	Nutrition For Life Intl Wrrt	NNM
NFOR	NFO Research	NNM
NFSL	Newnan Svgs Bank FSB	NNM
NFX	Newfield Exploration	NYSE
NGC	Newmont Gold	NYSE
NGCOW	National Gypsum Wrrt	NNM
NGE	New York State E&G	NYSE
NGEPr	N.Y. State E&G, 3.75% Pfd	NYSE
NGEPrD	N.Y. State E&G Adj Rt B Pfd	NYSE
NGEPrE	N.Y. State E&G 7.40% Pfd	NYSE
NGF	Nations Gvt Inc Term Tr 2004	NYSE
NGI	Nations Gvt Inc Term Tr 2003	NYSE
NGL	NGC Corp	NYSE
NGT	Eastern AmerNatlGasTr'SPERs'	NYSE
NGX	Northgate Explor	NYSE
NHC	Natl Healthcare L.P.	AMEX
NHCI	Natl Home Centers	NNM
NHES	Natl Health Enhancement Sys	NSC
NHHC	Natl Home Health Care	NNM
NHI	Natl Health Investors	NYSE
NHIPr	Natl Hlth Inv 8.50%Cv Pfd	NYSE
NHL	Newhall Land/Farming	NYSE
NHP	Nationwide Health Prop	NYSE
NHPI	NHP Inc	NNM
NHSL	NHS Financial	NNM
NHTB	New Hampshire Thrift	NNM
NHTCW	Natural Health Trends Wrrt'A'	NSC
NHTCZ	Natural Health Trends Wrrt'B'	NSC
NHWK	Harris Computer Systems	NNM
NHY	Norsk Hydro A.S. ADS	NYSE
NI	NIPSCO Industries	NYSE

Ticker	Issue	Exchange
NIAG	Niagara Corp	NNM
NIAGW	Niagara Corp Wrrt	NNM
NIB	New Iberia Bancorp	AMEX
NIC	NIPSCO Cap Mkt 7.75% Debt Sec	NYSE
NICEY	NICE-Systems ADR	NNM
NICH	Nitches Inc	NNM
NIF	Nuveen Prem Insured Muni Inc	NYSE
NIIS	New Image Industries	NNM
NIM	Nuveen Select Maturities Muni	NYSE
NIN	Nine West Group	NYSE
NINE	Number Nine Visual Tech	NNM
NIO	Nuveen Ins Muni Oppt Fd	NYSE
NIPNY	NEC Corp ADR	NNM
NIPr	North'n Ind Pub Sv,4 1/4%cmPfd	AMEX
NIPrA	North'n Ind Pub Sv Adj Rt A Pfd	NYSE
NIRTS	Natl Inc Rlty Tr SBI	NNM
NIS	NOVA Corp	NYSE
NJR	New Jersey Resources	NYSE
NJST	New Jersey Steel	NNM
NKE	NIKE, Inc Cl'B'	NYSE
NKID	Noodle Kidoodle	NNM
NKOT	Nu-kote Holding'A'	NNM
NKPR	Innkeepers USA Trust	NNM
NL	NL Industries, Inc	NYSE
NLC	Nalco Chemical	NYSE
NLCS	Natl Computer Sys	NNM
NLG	Natl Gas & Oil	AMEX
NLMC	North Lily Mining	NSC
NLP	Natl Realty L.P.	AMEX
NM	Natl Media Corp	NYSE
NMA	Nuveen Muni Advantage Fd	NYSE
NMBS	Nimbus CD Intl	NNM
NMBT	New Milford Bk & Tr Conn	NSC
NMC	Numac Energy	AMEX
NMFS	Natl Medical Finl Svcs	NNM
NMG	Neiman-Marcus Group	NYSE
NMI	Nuveen Muni Income Fd	NYSE
NMK	Niagara Mohawk Pwr	NYSE
NMKPr	Niagara Moh Pwr Adj Rt A Pfd	NYSE
NMKPrA	Niag Moh Pwr 3.40% Pfd	NYSE
NMKPrB	Niag Moh Pwr 3.60% Pfd	NYSE
NMKPrC	Niag Moh Pwr 3.90% Pfd	NYSE
NMKPrD	Niag Moh Pwr 4.10% Pfd	NYSE
NMKPrE	Niag Moh Pwr 4.85% Pfd	NYSE
NMKPrG	Niag Moh Pwr 5.25% Pfd	NYSE
NMKPrH	Niag Moh Pwr 6.10% Pfd	NYSE
NMKPrI	Niag Moh Pwr 7.72% Pfd	NYSE
NMKPrK	Niagara Mohawk Pwr Adj C Pfd	NYSE
NMKPrM	Niagara Moh Pwr 9.50% Pfd	NYSE
NMO	Nuveen Muni Mkt Oppt	NYSE
NMP	Nuveen MI Prem Inc Muni	NYSE
NMPS	Matritech Inc	NSC
NMRR	NMR of America	NNM
NMRX	Numerex Corp	NNM
NMSB	NewMil Bancorp	NNM
NMSCA	Nutrition Mgmt Svcs'A'	NSC
NMSCW	Nutrition Mgmt Svcs Wrrt	NSC
NMSS	Natural Microsystems	NNM
NMT	Nuveen MA Prem Inc Muni Fd	NYSE
NMTX	Novametrix Med Sys	NNM

Ticker	Issue	Exchange
NMTXW	Novametrix Med Sys Wrrt'A'	NNM
NMTXZ	Novametrix Med Sys Wrrt'B'	NNM
NMY	Nuveen MD Prem Inc Muni Fd	NYSE
NN	Newbridge Networks	NYSE
NNBR	NN Ball & Roller	NNM
NNC	Nuveen NC Prem Inc Muni	NYSE
NNF	Nuveen Ins NY Prem Inc Muni	NYSE
NNJ	Nuveen NJ Prem Inc Muni	NYSE
NNN	Commercial Net Lease Rlty	NYSE
NNP	Nuveen NY Perform Plus Muni	NYSE
NNRGA	Nevada Energy	NSC
NNY	Nuveen NY Muni Val Fd	NYSE
NOB	Norwest Corp	NYSE
NOBE	Nordstrom, Inc	NNM
NOBH	Nobility Homes	NNM
NOBLF	Nobel Insurance	NNM
NOC	Northrop Grumman	NYSE
NOEL	Noel Group	NNM
NOIZ	Micronetics Wireless	NSC
NOK.A	Nokia Corp ADS	NYSE
NOLD	Noland Co	NNM
NOM	Nuveen MO Prem Inc Muni	AMEX
NOPPrA	Newscp Overseas Ltd Pref	NYSE
NOPPrB	Newscp Overseas Ltd Adj Pref	NYSE
NOR	Noranda Inc	TS
NORPY	Nord Pacific Ltd ADR	NNM
NORRF	Norris Communications	NSC
NOSH	Hain Food Group	NNM
NOV	NovaCare	NYSE
NOVI	Novitron Intl	NNM
NOVL	Novell Inc	NNM
NOVN	Noven Pharmaceuticals	NNM
NOVT	Novoste Corp	NNM
NOW	MAI Systems	AMEX
NOX	Novavax Inc	AMEX
NOXO	Noxso Corp	NSC
NP	Natl Power PLC ADS	NYSE
NP.PP	Natl Power PLC Interim ADS	NYSE
NPAF	Natl Picture & Frame Co	NNM
NPBC	Natl Penn Bancshares	NNM
NPC	Nuveen Ins CA Prem Inc Muni	NYSE
NPCI	NPC Intl	NNM
NPD	Natl Patent Devel	AMEX
NPE	Nuveen Ins Prem Inc Muni	NYSE
NPET	Nicollet Process Engr	NSC
NPF	Nuveen Prem Muni Income	NYSE
NPG	Nuveen GA Prem Inc Muni	AMEX
NPI	Nuveen Prem Income Muni	NYSE
NPIX	Network Peripherals	NNM
NPK	Natl Presto Indus	NYSE
NPM	Nuveen Prem Income Muni 2	NYSE
NPP	Nuveen Perform Plus Muni	NYSE
NPPI	Norwood Promotional Prd	NNM
NPR	New Plan Rlty Tr SBI	NYSE
NPRM	Neopharm Inc	NSC
NPRMW	Neopharm Inc Wrrt	NSC
NPRO	NaPro BioTherapeutics	NSC
NPROW	Napro Biotherapeutics Wrrts	NSC
NPS	Northwestern Pub Svc	NYSE
NPSC	New Paradigm Sftwr	NSC

Ticker	Issue	Exchange
NPSCW	New Paradigm Software Wrrt	NSC
NPSP	NPS Pharmaceuticals	NNM
NPSPrA	NWPS Cap Fin 8.125% Tr Sec 1	NYSE
NPT	Nuveen Prem Income Muni 4	NYSE
NPTH	Neopath Inc	NNM
NPV	Nuveen VA Prem Inc Muni Fd	NYSE
NPW	Nuveen WA Prem Inc Muni Fd	AMEX
NPX	Nuveen Ins Prem Inc Muni 2	NYSE
NPY	Nuveen PA Prem Inc Muni 2	NYSE
NQC	Nuveen CA Inv Qual Muni	NYSE
NQF	Nuveen FL Inv Qual Muni	NYSE
NQI	Nuveen Ins Quality Muni	NYSE
NQJ	Nuveen NJ Inv Qual Muni	NYSE
NQM	Nuveen Inv Quality Muni	NYSE
NQN	Nuveen NY Inv Qual Muni	NYSE
NQP	Nuveen PA Inv Qual Muni	NYSE
NQS	Nuveen Select Qual Muni	NYSE
NQU	Nuveen Qual Income Muni Fd	NYSE
NR	Newpark Resources	NYSE
NRC	NAC Re Corp	NYSE
NRD	Nord Resources	NYSE
NRE	Natl Re Corp	NYSE
NRES	Nichols Research	NNM
NRGN	Neurogen Corp	NNM
NRID	Natl Registry	NSC
NRIM	Northrim Bank	NNM
NRL	Norrell Corp	NYSE
NRLD	Norland Medical Systems	NNM
NRMI	Natl Record Mart	NNM
NRND	Norand Corp	NNM
NROM	Noble Romans	NSC
NRRD	Norstan, Inc	NNM
NRT	Nortel Inversora 10%'MEDS'	NYSE
NRTI	Nooney Realty Trust	NNM
NRTY	Norton McNaughton	NNM
NRVH	Natl R.V.Holdings	NNM
NS	Natl Steel 'B'	NYSE
NSA	New South Africa Fund	NYSE
NSAI	NSA International	NNM
NSANY	Nissan Motor Co ADR	NSC
NSATF	NII Norsat Intl	NSC
NSBK	North Side Savings Bank	NNM
NSC	Norfolk Southern	NYSE
NSCC	NSC Corp	NNM
NSCF	Northstar Computer Forms	NNM
NSCI	Natl Surgery Centers	NNM
NSCP	Netscape Communications	NNM
NSD	Natl-Standard	NYSE
NSDB	NSD Bancorp	NNM
NSEC	Natl Security Group	NNM
NSFC	Northern States Finl	NSC
NSH	Nashua Corp	NYSE
NSI	Natl Service Indus	NYSE
NSIT	Insight Enterprises	NNM
NSIX	Neuromedical Systems	NNM
NSLB	NS&L Bancorp	NSC
NSM	Natl Semiconductor	NYSE
NSP	Northern States Pwr	NYSE
NSPPrA	No'n St Pwr Minn,$3.60 Pfd	NYSE
NSPPrB	No'n St Pwr Minn,$4.08 Pfd	NYSE

Ticker	Issue	Exchange
NSPPrC	No'n St Pwr Minn,$4.10 Pfd	NYSE
NSPPrD	No'n St Pwr Minn,$4.11 Pfd	NYSE
NSPPrE	No'n St Pwr Minn,$4.16 Pfd	NYSE
NSPPrG	No'n St Pwr Minn,$4.56 Pfd	NYSE
NSPPrH	No'n St Pwr Minn,$6.80 Pfd	NYSE
NSPPrI	No'n St Pwr Minn,$7.00 Pfd	NYSE
NSRPr	NorfolkSo'nRy$2.60cmPfd	NYSE
NSRU	North Star Universal	NNM
NSS	NS Group	NYSE
NSSB	Norwich Financial	NNM
NSSC	Napco Security Sys	NNM
NSSX	Natl Sanitary Supply	NNM
NSSY	Norwalk Savings Society	NNM
NSTA	Anesta Corp	NNM
NSTK	Nastech Pharmaceutical	NSC
NSTKW	Nastech Pharmaceutical Wrrt	NSC
NSTRE	Northstar Health Svcs	NNM
NSYS	Nortech Systems	NNM
NT	Northern Telecom Ltd	NYSE
NTAIF	Nam Tai Electronics	NNM
NTAP	Network Appliance	NNM
NTBM	Nu-Tech Bio-Med	NSC
NTC	Nuveen CT Prem Inc Muni	NYSE
NTEC	Neose Technologies	NNM
NTI	Northern Technol Intl	AMEX
NTII	Neurobiological Tech	NNM
NTK	Nortek Inc	NYSE
NTMG	Nutmeg Fedl Svgs & Loan	NSC
NTN	NTN Communications	AMEX
NTNC	NTN Cda	NSC
NTRS	Northern Trust	NNM
NTRX	Netrix Corp	NNM
NTSC	Natl Technical Sys	NNM
NTSI	National Tire Svcs	NSC
NTSR	NetStar Inc	NNM
NTT	Nippon Tel & Tel ADS	NYSE
NTWK	Network Long Distance	NSC
NTX	Nuveen TX Qual Income Muni	NYSE
NTZ	Industrie Natuzzi ADS	NYSE
NU	Northeast Utilities	NYSE
NUC	Nuveen CA Qual Income Muni	NYSE
NUCM	Nuclear Metals	NNM
NUCO	NuCo2 Inc	NNM
NUE	Nucor Corp	NYSE
NUF	Nuveen FL Qual Income Muni	NYSE
NUHC	Nu Horizons Electronics	NNM
NUI	NUI Corp	NYSE
NUKO	Nuko Information Sys	NNM
NUM	Nuveen MI Qual Income Muni	NYSE
NUMD	NuMED Home Hlth Care	NSC
NUMDW	NuMED Home Health Care Wrrt	NSC
NUMR	NUMAR Corp	NNM
NUN	Nuveen NY Qual Income Muni	NYSE
NUO	Nuveen OH Qual Income Muni	NYSE
NURS	International Nursing Svcs	NSC
NURSW	International Nursing Wrrt	NSC
NURTF	Nur Advanced Technologies	NNM
NUT	Mauna Loa Macadamia'A'	NYSE
NUV	Nuveen Muni Value Fd	NYSE
NUWTW	Northeast Utils Wrrt	NSC

Ticker	Issue	Exchange
NVA	NOVA Corp(Cda)	NYSE
NVAL	Natl Vision Associates	NNM
NVC	Nuveen CA Select Qual Muni	NYSE
NVDM	Novadigm Inc	NNM
NVIC	N-Viro International	NSC
NVLS	Novellus Systems	NNM
NVN	Nuveen NY Select Qual Muni	NYSE
NVO	Novo-Nordisk A/S ADR	NYSE
NVP	Nevada Power	NYSE
NVR	NVR Inc	AMEX
NVR.WS	NVR Inc Wrrt	AMEX
NVSN	n-Vision Inc	NSC
NVSNW	n-Vision Inc Wrrt	NSC
NVTK	Novatek Intl	NSC
NVTKU	Novatek Intl Unit	NSC
NVTKW	Novatek Intl Wrrt	NSC
NVUE	nVIEW Corp	NNM
NVX	North American Vaccine	AMEX
NW	Natl Westminster ADS	NYSE
NWAC	Northwest Airlines'A'	NNM
NWCA	NewCare Health	NSC
NWCG	New World Communic Grp'A'	NNM
NWCI	New World Coffee	NNM
NWEQ	Northwest Equity Corp	NSC
NWIR	Natl Wireless Hldgs	NSC
NWK	Network Equip Tech	NYSE
NWL	Newell Co	NYSE
NWLIA	Natl Western Life Ins'A'	NNM
NWNG	Northwest Natural Gas	NNM
NWPCE	New World Power	NNM
NWPX	Northwest Pipe	NNM
NWPrA	Natl Westminster Pref'A' ADS	NYSE
NWPrB	Natl Westminster Pref'B'ADS	NYSE
NWS	News Corp Ltd ADS	NYSE
NWSB	Northwest Savings Bank	NNM
NWSLF	Nowsco WellService	NNM
NWSPr	News Corp Ltd Pfd ADS	NYSE
NWSS	Network Six	NNM
NWSW	Northwestern Steel & Wire	NNM
NWTL	Northwest Teleprod'ns	NNM
NWXPrA	Natl Westminster Bk Ex Cap Sec	NYSE
NX	Quanex Corp	NYSE
NXA	Norex America	AMEX
NXC	Nuveen Ins CA Sel Tax-Free Inc	NYSE
NXCO	Neurex Corp	NNM
NXN	Nuveen Ins NY Sel Tax-Free Inc	NYSE
NXP	Nuveen Select Tax-Free Inc	NYSE
NXQ	Nuveen Select Tax-Free Inc 2	NYSE
NXR	Nuveen Select Tax-Free Inc 3	NYSE
NXTR	NeXstar Pharmaceuticals	NNM
NXULF	Nexus Telecomm Sys Wrrt	NSC
NXUSF	Nexus Telecommns Sys Ltd	NSC
NXUWF	Nexus Telecommuns Sys Wrrt'A'	NSC
NXUZF	Nexus Telecommuns Sys Wrrt'B'	NSC
NYB	New York Bancorp	NYSE
NYCO	NYCOR, Inc	NNM
NYCOA	NYCOR Inc'A'	NNM
NYD	Nycomed ASA ADS	NYSE
NYER	Nyer Med Group	NSC
NYM	NYMAGIC, Inc	NYSE

Ticker	Issue	Exchange
NYN	NYNEX Corp	NYSE
NYNCY	NYNEX CableCommsGrpADS Unit	NNM
NYT.A	New York Times Cl'A'	AMEX
NYTS	Nytest Environmental	NSC
NZ	New Mexico/Ariz Land	AMEX
NZT	Telecom Corp New Zealand ADS	NYSE
NZYM	Synthetech Inc	NSC
O	Realty Income	NYSE
OAK	Oak Indus	NYSE
OAKC	Oakhurst Co	NSC
OAKF	Oak Hill Financial	NNM
OAKS	River Oaks Furniture	NNM
OAKT	Oak Technology	NNM
OAR	Ohio Art	AMEX
OAS	Oasis Residential	NYSE
OASI	Old America Stores	NNM
OASPrA	Oasis Residential $2.25'A' Pfd	NYSE
OAT	Quaker Oats	NYSE
OAU	Original Sixteen To One Mine	PC
OBCI	Ocean Bio-Chem	NSC
OBT	Oriental Bank & Trust	NYSE
OC	Orion Capital	NYSE
OCAD	OrCAD Inc	NNM
OCAI	Orthodontic Centers of Amer	NNM
OCAL	Ocal Inc	NNM
OCAS	Ohio Casualty	NNM
OCC	Oppenheimer Cap L.P.	NYSE
OCCF	Optical Cable	NNM
OCE.B	Ocelot Energy'B'	TS
OCENY	Oce-van der Grinten ADR	NNM
OCF	Owens-Corning	NYSE
OCGT	OCG Technology	NSC
OCIS	Oacis Healthcare Hldgs	NNM
OCLI	Optical Coating Lab	NNM
OCQ	Oneida Ltd	NYSE
OCR	Omnicare, Inc	NYSE
OCTL	Octel Communications	NNM
ODC	Oil Dri Amer Cl'A'	NYSE
ODETA	Odetics,Inc'A'	NNM
ODETB	Odetics,Inc'B'	NNM
ODFL	Old Dominion Freight Line	NNM
ODP	Office Depot	NYSE
ODSI	Optical Data Systems	NNM
ODWA	Odwalla Inc	NNM
OE	Orbital Engine ADS	NYSE
OEA	OEA Inc	NYSE
OEC	Ohio Edison	NYSE
OECPrA	Ohio Edison 3.90% Pfd	NYSE
OECPrB	Ohio Edison, 4.40% Pfd	NYSE
OECPrC	Ohio Edison 4.44% Pfd	NYSE
OECPrM	Ohio Edison 7.75% Cl'A'Pfd	NYSE
OECPrT	Ohio Edison Fin Tr 9.00% Pfd	NYSE
OERCPrD	Ohio Edison 4.56% Pfd	NYSE
OFCP	Ottawa Financial	NNM
OFIS	U.S. Office Products	NNM
OFIXF	Orthofix International	NNM
OG	Ogden Corp	NYSE
OGE	Oklahoma Gas & Elec	NYSE
OGEPrA	Okla Gas & Elec,4% Pfd	NYSE
OGLE	Oglebay Norton	NNM

Ticker	Issue	Exchange
OGNB	Orange Natl Bancorp	NNM
OGPr	Ogden Corp $1.875 cm Cv Pfd	NYSE
OGSI	Ongard Sys	NSC
OGT	Oppenheimer Multi-Gvt Tr	NYSE
OH	Oakwood Homes	NYSE
OHC.A	Oriole HomesCv'A'	AMEX
OHC.B	Oriole Homes 'B'	AMEX
OHG	Banco O'Higgins ADS	NYSE
OHI	Omega Healthcare Investors	NYSE
OHM	OHM Corp	NYSE
OHSC	Oak Hill Sportswear	NNM
OHSI	Omega Health Systems	NSC
OHSL	OHSL Financial	NNM
OI	Owens-Illinois	NYSE
OIA	Municipal Income Opp Tr	NYSE
OIB	Municipal Income Opp Tr II	NYSE
OIC	Municipal Income Opp Tr III	NYSE
OICO	O.I. Corp	NNM
OIF	Amer Opportunity Income	NYSE
OII	Oceaneering Intl	NYSE
OIL	Triton Energy	NYSE
OISI	Ophthalmic Imaging Sys	NSC
OJ	Orange-Co	NYSE
OKE	ONEOK Inc	NYSE
OKEN	Old Kent Finl	NNM
OKP	O'okiep Copper ADR	AMEX
OKSB	Southwest Bancorp	NNM
OKSBP	Southwest Bcp 9.2% cm 'A'Pfd	NNM
OLCMF	Olicom A/S	NNM
OLDB	Old Natl Bancorp(Ind)	NNM
OLGC	OrthoLogic Corp	NNM
OLGR	Oilgear Co	NNM
OLK	Salomon Inc 7.25% ORCL'ELKS'	AMEX
OLM	Olympic Financial Ltd	NYSE
OLN	Olin Corp	NYSE
OLOG	Offshore Logistics	NNM
OLP	One Liberty Properties	AMEX
OLPPr	One Liberty Prop $1.60 Cv Pfd	AMEX
OLS	Olsten Corp	NYSE
OLSAY	OLS Asia Hlds ADS	NNM
OLSWF	OLS Asia Hlds ADS Wrrt	NNM
OLS.WS	Olsten Corp Wrrt	NYSE
OLYMP	Olympic Finl Cv Exch Pfd	NNM
OM	Outboard Marine	NYSE
OMC	Omnicom Group	NYSE
OMED	Oxboro Med Intl	NSC
OMEF	Omega Financial	NNM
OMEG	Omega Environmental	NNM
OMG	Omni MultiMedia Group	AMEX
OMGI	OM Group	NNM
OMGR	Omni Insurance Group	NNM
OMI	Owens & Minor	NYSE
OMKT	Open Market	NNM
OMM	OMI Corp	NYSE
OMPT	Omnipoint Corp	NNM
OMS	Oppenheimer Multi-Sector	NYSE
OMX	OfficeMax Inc	NYSE
ONA	Oneita Industries	NYSE
ONBK	ONBANCorp Inc	NNM
ONBKP	ONBANCorp 6.75% Cv 'B' Pfd	NNM

Ticker	Issue	Exchange
ONC	ONCOR Inc	AMEX
ONCS	Oncogene Science	NNM
ONE	Banc One Corp	NYSE
ONE	Current Technology	VS
ONM	OncorMed Inc	AMEX
ONPR	One Price Clothing Strs	NNM
ONSI	Orion Network Systems	NNM
ONTC	ON Technology	NNM
ONTK	OnTrak Systems	NNM
ONXX	ONYX Pharmaceuticals	NNM
ONYX	Onyx Acceptance	NNM
OO	Oakley Inc	NYSE
OPAL	Opal Inc	NNM
OPEN	Open Environment	NNM
OPJ	Ohio Power 8.16% Jr Sub Debs	NYSE
OPMX	Otimax Industries	NSC
OPMXZ	Optimax Inds Wrrt'BB'	NSC
OPPCF	Optima Petroleum	NNM
OPRPr	Santander Overseas Bk'A' Pfd	NYSE
OPRPrB	Santander Overseas Bk 'B'Pfd	NYSE
OPRPrC	Santander Overseas Bk'C'Pfd	NYSE
OPRPrD	Santander Overseas Bk 'D'Pfd	NYSE
OPSC	Optical Security Group	NSC
OPSI	Optical Sensors	NNM
OPTC	Optelecom Inc	NSC
OPTI	OPTi Inc	NNM
OPTN	OPTION CARE	NNM
OPTQ	Ocean Optique Dstr	NSC
OPTS	Opta Food Ingredients	NNM
OPTT	Optek Technology	NSC
OPTX	Optex Biomedical	NSC
OPVN	OpenVision Technologies	NNM
ORBI	Orbital Sciences Corp	NNM
ORBKF	Orbotech Ltd Ord	NNM
ORBT	Orbit International	NNM
ORCI	Opinion Research	NNM
ORCL	Oracle Corp	NNM
OREM	Oregon Metallurgical	NNM
OREX	Isolyser Co	NNM
ORG	Organogenesis Inc	AMEX
ORGK	Organik Technologies	NSC
ORGKL	Organik Tech Wrrt	NSC
ORGKW	Organik Technologies Wrrt'A'	NSC
ORGKZ	Organik Technologies Wrrt'B'	NSC
ORH	Orchard Supply Hardware Strs	NYSE
ORI	Old Republic Intl	NYSE
ORIPrH	Old Republic Int 8.75% Pfd'H'	NYSE
ORLY	O'Reilly Automotive	NNM
ORN	OrNda Healthcorp	NYSE
ORNGY	Orange PLC ADR	NNM
OROA	OroAmerica Inc	NNM
ORPH	Orphan Med Inc	NNM
ORRA	Orbit Semiconductor	NNM
ORTC	Ortec Intl	NSC
ORTC	Ortec Intl Wrrt'B'	NSC
ORTCW	Ortec Intl Wrrt'A'	NSC
ORTL	Ortel Corp	NNM
ORU	Orange/Rockland Util	NYSE
ORVX	OraVax Inc	NNM
ORX	Oryx Energy Co	NYSE

Ticker	Issue	Exchange
ORYX	Oryx Technology	NSC
ORYXW	Oryx Technology Wrrt	NSC
OS	Oregon Steel Mills	NYSE
OSBC	Old Second Bancorp	NNM
OSBF	OSB Finl Corp	NNM
OSBN	Osborn Communications	NNM
OSG	Overseas Shiphldg	NYSE
OSH	Oshman's Sporting Gds	AMEX
OSH.A	Oshawa Grp Cl'A'	TS
OSHSF	Oshap Technologies Ltd	NNM
OSIA	Outdoor Systems	NNM
OSII	Objective Sys Integrators	NNM
OSKY	Mahaska Investment	NNM
OSL	O'Sullivan Corp	AMEX
OSM	Osmonics, Inc	NYSE
OSSI	Outback Steakhouse	NNM
OST	Austria Fund	NYSE
OSTE	Osteotech Inc	NNM
OSTX	Ostex Intl	NNM
OSU	O'Sullivan Industries Hldg	NYSE
OSYS	OccuSystems Inc	NNM
OTCM	Royce Micro-Cap Tr	NNM
OTEXF	Open Text	NNM
OTRKB	Oshkosh Truck'B'	NNM
OTRX	OTR Express	NNM
OTTR	Otter Tail Power	NNM
OUSA	OMNI U.S.A.	NSC
OUTL	Outlook Group	NNM
OVBC	Ohio Valley Banc Corp	NNM
OVEN	Italian Oven	NNM
OVID	Ovid Technologies	NNM
OVON	OIS Optical Imaging Sys	NSC
OVWV	One Valley Bancorp	NNM
OWN	Owen Healthcare	NYSE
OWOS	Owosso Corp	NNM
OXE	OEC Medical Sys	NYSE
OXFD	Oxford Resources Cl'A'	NNM
OXGN	OXiGENE Inc	NSC
OXGNW	OXiGENE Inc Wrrt	NSC
OXHP	Oxford Health Plans	NNM
OXIS	OXIS International	NNM
OXM	Oxford Indus	NYSE
OXY	Occidental Petrol'm	NYSE
OXYPrA	Occidental Petr $3 Cv Pfd	NYSE
OZEMY	OzEmail Ltd ADR	NNM
OZON	Cyclopss Corp	NSC
P	Phillips Petroleum	NYSE
PA	PIMCO Advisors'A'	NYSE
PAASF	Pan Amer Silver	NSC
PAC	Pacific Telesis Group	NYSE
PACE	Ampace Corp	NNM
PACK	Gibraltar Packaging Group	NNM
PACPrT	Pac Telesis Fin I 7.56%'TOPrS'	NYSE
PAG	Pacific Gulf Properties	AMEX
PAGE	Paging Network	NNM
PAGI	Penn-America Group	NNM
PAGZ	Pages Inc	NNM
PAH	Patriot Amer Hospitality	NYSE
PAI	Pacific Am'n Inc Shrs	NYSE
PAID	Pacific Animated Imaging	NSC

Ticker	Issue	Exchange
PAIR	PairGain Technologies	NNM
PALM	PALFED Inc	NNM
PAM	Pamida Holdings	AMEX
PAMC	Provident American Corp	NSC
PAMX	Pancho's Mexican Buffet	NNM
PANA	Panaco Inc	NNM
PANL	Universal Display	NSC
PANLW	Universal Display Wrrt	NSC
PANRA	Panhandle Rty	NSC
PANX	Panax Pharmaceutical	NSC
PANXU	Panax Pharmaceutical Unit	NSC
PANXW	Panax Pharmaceutical Wrrt	NSC
PAO	Paragon Group	NYSE
PAP	Asia Pulp & Paper ADS	NYSE
PAPA	Back Bay Restaurant Grp	NNM
PAR	Coastcast Corp	NYSE
PARA	Paramount Financial	NSC
PARAW	Paramount Financial Wrrt	NSC
PARF	Paradise Inc	NSC
PARK	Premier Parks	NNM
PARL	Parlux Fragrances	NNM
PARQ	ParcPlace-Digitalk	NNM
PARR	Bullet Sports Intl	NSC
PARS	Pharmos Corp	NSC
PATK	Patrick Indus	NNM
PAUH	Paul Harris Stores	NNM
PAWN	First Cash	NNM
PAWNW	First Cash Wrrt	NSC
PAY	SPS Transaction Services	NYSE
PAYC	Payco American Corp	NNM
PAYX	Paychex,Inc	NNM
PB	Panamerican Beverages'A'	NYSE
PBBSF	Pacific Basin Bulk	NNM
PBBWF	Pacific Basin Blk Shipng Wrrt	NNM
PBCI	Pamrapo Bancorp	NNM
PBCT	People's Bank	NNM
PBCTP	People's Bank 8.5% Cv 'A' Pfd	NNM
PBFI	Paris Corp	NNM
PBI	Pitney Bowes	NYSE
PBIO	PerSeptive Biosystems	NNM
PBIOZ	PerSeptive Biosystems Wrrt	NSC
PBIPr	Pitney Bowes $2.12 Cv Pref	NYSE
PBIX	Patriot Bank	NNM
PBK	PONCEBANK	NYSE
PBKC	Premier Bankshares	NNM
PBKS	Provident Bankshares	NNM
PBNB	Peoples Svgs Finl	NNM
PBS	Pilgrim Amer Bk & Thrift	NYSE
PBSF	Pacific Bank N.A.	NNM
PBT	Permian Basin Rty Tr	NYSE
PBTC	Peoples Banctrust	NSC
PBY	Pep Boys-Man,Mo,Ja	NYSE
PBYP	Play-By-Play Toys&Novelties	NNM
PC	PriCellular Corp'A'	AMEX
PCA	Putnam Cal Inv Grade Muni	AMEX
PCAI	PCA Intl	NNM
PCAM	Physician Corp of Amer	NNM
PCAR	PACCAR Inc	NNM
PCBC	Perry County Financial	NSC
PCC	PMC Commercial Tr	AMEX

Ticker	Issue	Exchange
PCCG	PCC Group	NSC
PCCI	Pacific Crest Capital	NNM
PCCW	Price/Costco Inc	NNM
PCDI	PCD Inc	NNM
PCES	PACE Health Mgmt	NSC
PCF	Putnam Hi Income Cv/Bd Fd	NYSE
PCG	Pacific Gas & Elec	NYSE
PCGPrA	Pacific Gas & El 6% Pfd	AMEX
PCGPrB	Pacific Gas & El 5 1/2% Pfd	AMEX
PCGPrC	Pacific Gas & El 5% Pfd	AMEX
PCGPrCA	PG&E Cap I 7.90%'QUIPS'	AMEX
PCGPrD	Pacific Gas & El 5% Pfd	AMEX
PCGPrE	Pac G&E 5%cmRed1stA Pfd	AMEX
PCGPrG	Pacific Gas & El 4.80% Pfd	AMEX
PCGPrH	Pacific Gas & El 4.50% Pfd	AMEX
PCGPrI	Pacific Gas & El 4.36% Pfd	AMEX
PCGPrQ	Pacific Gas & El 7.44% Pfd	AMEX
PCGPrU	Pacific Gas & El 7.04% Pfd	AMEX
PCGPrX	Pacific Gas & El 6.875% Pfd	AMEX
PCGPrY	Pacific Gas & El 6.57% Pfd	AMEX
PCGPrZ	Pacific Gas & El 6.30% Pfd	AMEX
PCH	Potlatch Corp	NYSE
PCHM	PharmChem Laboratories	NNM
PCIS	PCI Services	NNM
PCL	Plum Creek Timber L.P.	NYSE
PCLE	Pinnacle Systems	NNM
PCLP	PaperClip Imaging Software	NSC
PCLPW	Paperclip Imaging Softw'r Wrrt	NSC
PCM	PIMCO Comml Mtg Sec Tr	NYSE
PCMS	P-COM Inc	NNM
PCNA	Publishing Co North Amer	NNM
PCNI	Physician Computer Ntwk	NNM
PCOL	Protocol Systems	NNM
PCOM	Photocomm Inc	NSC
PCOP	Pharmacopeia Inc	NNM
PCP	PanCanadian Petroleum	TS
PCP	Precision Castparts	NYSE
PCQ	PacifiCorp 8.375% 'QUIDS'	NYSE
PCR	Pacific Amber Resources	VS
PCR	Perini Corp	AMEX
PCRPr	Perini Corp Dep Cv Exch Pfd	AMEX
PCRV	PowerCerv Corp	NNM
PCS	Payless Cashways	NYSE
PCSN	Precision Standard	NNM
PCSS	PC Service Source	NNM
PCT	Property Cap Tr	AMEX
PCTH	PCT Holdings	NSC
PCTL	PictureTel Corp	NNM
PCTV	People's Choice TV	NNM
PCTY	Party City	NNM
PCU	Southern Peru Copper	NYSE
PCV	Putnam Cv Opp Inc Tr	NYSE
PCW	PortaCom Wireless	VS
PCX	PacifiCorp 8.55%'QUIDS'	NYSE
PCYC	Pharmacyclics Inc	NNM
PCZ	Petro-Canada Variable Vtg	NYSE
PCZ PP	Petro-Canada Installm't Vtg	NYSE
PD	Phelps Dodge	NYSE
PDB	Piedmont Bancorp	AMEX
PDC	Presley Cos 'A'	NYSE

Ticker	Issue	Exchange
PDCO	Patterson Dental	NNM
PDEX	Pro-Dex Inc	NSC
PDF	John Hancock Patr Prem Dv Fd	NYSE
PDG	Placer Dome Inc	NYSE
PDGE	PDG Environmental	NSC
PDGS	PDG Remediation	NSC
PDGSW	PDG Remediation Wrrt	NSC
PDI	Putnam Dividend Income	NYSE
PDKL	PDK Labs	NSC
PDKLM	PDK Labs Wrrt'C'	NSC
PCGPr Y	Pacific Gas & El 6.57% Pfd	AMEX
PDKLP	PDK Labs $0.49 Cv'A'Pfd	NSC
PDL.A	Presidential Rlty Cl'A'	AMEX
PDL.B	Presidential Rlty Cl'B'	AMEX
PDLCF	North Amer Palladium	NSC
PDLI	Protein Design Labs	NNM
PDLPY	Pacific Dunlop Ltd ADR	NNM
PDM	Pitt-DesMoines Inc	AMEX
PDMC	Princeton Dental Mgmt	NSC
PDMCW	Princeton Dental Mgmt Wrrt	NSC
PDP	Parker & Parsley Petrol	NYSE
PDQ	Prime Hospitality	NYSE
PDSF	PDS Financial	NNM
PDT	John Hancock Patr Prem Dv II	NYSE
PDTI	PDT Inc	NNM
PE	PECO Energy	NYSE
PEAK	Peak Technologies Grp	NNM
PEBK	Peoples Bank (NC)	NNM
PEBO	Peoples Bancorp	NNM
PECPrZ	Penelec Capital L.P. 'MIPS'	NYSE
PEDX	Pediatrix Medical Group	NNM
PEEK	Peekskill Financial	NNM
PEG	Public Svc Enterpr	NYSE
PEGPrA	Pub Sv E&G 4.08% Pfd	NYSE
PEGPrC	Pub Sv E&G 4.30% Pfd	NYSE
PEGPrD	Pub Sv E&G 5.05% Pfd	NYSE
PEGPrE	Pub Sv E&G 5.28% Pfd	NYSE
PEGPrG	Pub Sv E&G 6.80% Pfd	NYSE
PEGPrI	Public Sv E&G 7.40% cm Pfd	NYSE
PEGPrJ	Pub Sv E&G 7.52% Pfd	NYSE
PEGPrV	Pub Sv E&G 7.44% Pfd	NYSE
PEGPrW	Pub Sv E&G 5.97% Pfd	NYSE
PEGPrX	Public Svc E&G Cap 8.00%'MIPS'	NYSE
PEGPrY	Pub Sv E&G 6.75% Pfd	NYSE
PEGPrZ	Public Svc E&G Cap 9.375% 'MIPS'	NYSE
PEI	Penna RE Inv Tr SBI	AMEX
PEL	PanEnergy Corp	NYSE
PELRY	Pelsart Resources ADR	NSC
PELT	Princeton American	NSC
PENC	Pen Interconnect	NNM
PENCW	Pen Interconnect Wrrt	NNM
PENG	Prima Energy	NNM
PENN	Penn National Gaming	NNM
PENW	PENWEST Ltd	NNM
PEO	Petroleum & Resources	NYSE
PEP	PepsiCo Inc	NYSE
PEPrA	PECO Energy,$3.80 Pfd	NYSE
PEPrB	PECO Energy, $4.30 Pfd	NYSE
PEPrC	PECO Energy,$4.40 Pfd	NYSE
PEPrD	PECO Energy,$4.68 Pfd	NYSE

Ticker	Issue	Exchange
PEPrF	PECO Energy Dep Pfd	NYSE
PEPrY	PECO En Cap Tr I 8.72%'TOPrS'	NYSE
PEPrZ	PECO Energy L.P. MIPS'A'	NYSE
PEQ	Potomac Edison 8.00% 'QUIDS'	NYSE
PERC	Perclose Inc	NNM
PERF	PerfectData Corp	NSC
PERI	Periphonics Corp	NNM
PERLF	Perle Systems	NSC
PERM	Permanent Bancorp	NNM
PESC	Pool Energy Services	NNM
PESI	Perma Fix Enviro Svcs	NSC
PESIW	Perma-Fix Envir'l Svcs Wrrt	NSC
PESIZ	Perma-Fix Envir'l Svcs Wrrt'B'	NSC
PET	Pacific Enterprises	NYSE
PETC	Petco Animal Supplies	NNM
PETD	Petroleum Development	NNM
PETE	Primary Bank	NNM
PETM	PETsMART Inc	NNM
PETPrA	Pacific Ent $4.36 Pfd	AMEX
PETPrB	Pacific Ent $4.40 Pfd	AMEX
PETPrC	Pacific Ent $4.50 Pfd	AMEX
PETPrD	Pacific Ent $4.75 Pfd	AMEX
PETR	PetroCorp	NNM
PEV	Philip Environmental	NYSE
PEZVF	Prime Equities Intl	NSC
PF	Amer First Prep Fd 2 L.P.	AMEX
PFACP	Pro-Fac Co-op 'A' Pfd	NNM
PFBI	Premier Finl Bancorp	NNM
PFD	Preferred Income Fund	NYSE
PFDC	Peoples Bancorp(IN)	NNM
PFE	Pfizer, Inc	NYSE
PFFB	PFF Bancorp	NNM
PFG	PennCorp Financial Group	NYSE
PFGC	Performance Food Group	NNM
PFGPr	PennCorp Finl $3.375 Pfd	NYSE
PFINA	P&F Indus'A'	NNM
PFINP	P & F Ind $1 Pfd	NSC
PFKY	Peoples First	NNM
PFM	Preferred Income Mgmt Fund	NYSE
PFNC	Progress Finl	NNM
PFNT	Preferred Networks	NNM
PFO	Preferred Income Oppt Fd	NYSE
PFP	Premier Farnell PLC ADS	NYSE
PFPPr	Premier Farnell $1.35 Pref ADS	NYSE
PFR	Perkins Family Rest L.P.	NYSE
PFS	Pioneer Financial Svcs	NYSE
PFSB	PennFed Financial Svcs	NNM
PFSL	Pocahontas Fed Svg& L A Ark	NSC
PFWA	Pet Food Warehouse	NNM
PG	Procter & Gamble	NYSE
PGA	Personnel Group of America	NYSE
PGB	Portland Genl Elec 8.25% 'QUIDS'	NYSE
PGCPr	Phillips Gas 9.32% Pfd	NYSE
PGD	John Hancock Patr Gl Div Fd	NYSE
PGDA	Piercing Pagoda	NNM
PGF	Portugal Fund	NYSE
PGH	Polymer Group	NYSE
PGI	Ply Gem Industries, Inc	NYSE
PGL	Peoples Energy	NYSE
PGLD	Phoenix Gold Intl	NNM

Ticker	Issue	Exchange
PGM	Putnam Inv Grade Muni Tr	NYSE
PGMS	Stillwater Mining	NNM
PGN	Portland Genl Corp	NYSE
PGNS	PathoGenesis Corp	NNM
PGP	Pacific Gateway Prop	AMEX
PGR	Progressive Corp,Ohio	NYSE
PGS	Public Svc No Car	NYSE
PGSAY	Petroleum Geo-Svcs A/S ADS	NNM
PGT	Putnam Interm Gvt Income	NYSE
PGTZ	Praegitzer Industries	NNM
PGU	Pegasus Gold	AMEX
PGWCZ	P G Energy $2.25 Dep Pfd	NSC
PH	Parker-Hannifin	NYSE
PHAM	Phamis Inc	NNM
PHB	Pioneer Hi-Bred Intl	NYSE
PHBK	Peoples Heritage Finl Gr	NNM
PHC	Pratt Hotel Corp	AMEX
PHCO	Peoples Holding	NNM
PHD.EC	Chesapeake Bio Labs'A'	ECM
PHEL	Petroleum Helicopters (Vtg)	NSC
PHELK	Petroleum Helicopters	NSC
PHF	USF&G Pacholder Fd	AMEX
PHFC	Pittsburgh Home Finl	NNM
PHFPrA	USF&G $4.10cm Cv Exch A Pfd	NYSE
PHG	Philips ElectronicsNV	NYSE
PHH	PHH Corp	NYSE
PHHM	Palm Harbor Homes	NNM
PHI	Philippine Long D Tel ADS	NYSE
PHII	Planet Hollywood Intl'A'	NNM
PHIPrA	Philippine L-D Tel Pfd GDS	NYSE
PHKWE	Powerhouse Resources	NSC
PHLY	Philadelphia Consol Hldg	NNM
PHM	Pulte Corp	NYSE
PHMX	PhyMatrix Corp	NNM
PHNXY	Phoenix Shannon plc ADR	NNM
PHOC	Photo Control	NNM
PHSE	Pharmhouse Corp	NSC
PHSS	Physician Support Systems	NNM
PHSV	Physicians Health Svcs'A'	NNM
PHSYA	PacifiCare Health Sys'A'	NNM
PHSYB	PacifiCare Health Sys'B'	NNM
PHT	Managed High Yield Fd	NYSE
PHTN	Photon Dynamics	NNM
PHX	Phoenix Network	AMEX
PHY	Prospect Street Hi Income	NYSE
PHYC	PhyCor Inc	NNM
PHYN	Physician Reliance Network	NNM
PHYS	Physio-Control Intl	NNM
PHYX	Physiometrix Inc	NNM
PI	Premdor Inc	NYSE
PIA	Municipal Prem Income Tr	NYSE
PIAM	PIA Merchandising Svcs	NNM
PIC	Piccadilly Cafeterias	NYSE
PICM	Picom Insurance	NNM
PICOA	Physicians Insur Ohio	NNM
PIF	Insured Muni Income Fd	NYSE
PIFI	Piemonte Foods	NNM
PIHC	PHC Inc'A'	NSC
PIHCW	PHC Inc Wrrt	NSC
PII	Polaris Industries	NYSE

Ticker	Issue	Exchange
PILL	ProxyMed Inc	NSC
PIM	Putnam Master Interm Income	NYSE
PINN	Pinnacle Banc Group	NSC
PINPrB	PSI Energy,4.16%cmPfd vtg	NYSE
PINPrC	PSI Energy, 4.32% Pfd	NYSE
PINPrD	PSI Energy, 7.15% PFd	NYSE
PINPrJ	PSI Energy 6.875% Pfd	NYSE
PINPrK	PSI Energy 7.44% Pfd	NYSE
PIO	Pioneer Electron ADR	NYSE
PIOG	Pioneer Group	NNM
PIONA	Pioneer Cos 'A'	NNM
PIOS	Pioneer Std Electr	NNM
PIPE	Consolidated Stainless	NNM
PIR	Pier 1 Imports	NYSE
PITC	Pittencrieff Communic	NNM
PIXR	Pixar	NNM
PIXT	PixTech Inc	NNM
PJC	Piper Jaffray Cos Inc	NYSE
PJTV	Projectavision Inc	NSC
PJTVP	Projectavision $0.40 Cv'B'Pfd	NSC
PJTVW	Projectavision Inc Wrrt	NSC
PK	Central Parking	NYSE
PKD	Parker Drilling	NYSE
PKE	Park Electrochemical	NYSE
PKF	Pakistan Investment Fd	NYSE
PKN	Perkin-Elmer	NYSE
PKOH	Park-Ohio Indus	NNM
PKPS	Poughkeepsie Svgs Bank	NNM
PKTN	Pinkerton's Inc	NNM
PKVL	Pikeville National	NNM
PKWY	Parkway Co	NNM
PKX	Pohang Iron & Steel ADS	NYSE
PL	Protective Life Corp	NYSE
PLA	Playboy Enterprises Cl'B'	NYSE
PLAA	Playboy Enterprises'A'(vtg)	NYSE
PLAB	Photronics, Inc	NNM
PLAN	Open Plan Systems	NNM
PLAT	PLATINUM technology	NNM
PLAY	Players International	NNM
PLC	PLC Systems	AMEX
PLCC	Paulson Cap	NSC
PLCM	Polycom Inc	NNM
PLCO	Play Co Toys & Entmt	NSC
PLCOW	Play Co Toys & Entmt Wrrt	NSC
PLDIF	Petersburg Long Distance	NNM
PLE	Pinnacle Bank	AMEX
PLEN	Plenum Publishing	NNM
PLFC	Pulaski Furniture	NNM
PLFE	Presidential Life	NNM
PLG	PolyGram N.V.	NYSE
PLI	PolyVision Corp	AMEX
PLIT	Petrolite Corp	NNM
PLK	Salomon Inc 6.125% PRI 'ELKS'	AMEX
PLL	Pall Corp	NYSE
PLLL	Parallel Petroleum	NNM
PLM	PLM International	AMEX
PLNR	Planar Systems	NNM
PLNSY	Planning Sciences ADS	NNM
PLPrM	PLC Capital LLC 'A' 'MIPS'	NYSE
PLR.A	Plymouth Rubber'A'vtg	AMEX

Ticker	Issue	Exchange
PLR.B	Plymouth Rubber Cl'B'	AMEX
PLSIA	Premier Laser Systems'A'	NNM
PLSIW	Premier Laser Systems Wrrt'A'	NNM
PLSIZ	Premier Laser Systems Wrrt'B'	NNM
PLT	Plantronics Inc	NYSE
PLX	Plains Resources	AMEX
PLXS	Plexus Corp	NNM
PLY	Polyphase Corp	AMEX
PM	PolyMedica Industries	AMEX
PMA	PMI Group	NYSE
PMAT	Plasma & Materials Technologies	NNM
PMC	PMC Capital	AMEX
PMD	Psychemedics Corp	AMEX
PMDTF	Park Meditech	NSC
PME	Allstate Cp 6.76% Exch Nts '98	NYSE
PMFG	Peerless Mfg	NNM
PMFI	Perpetual Midwest Financial	NNM
PMG	Putnam Inv Grade Muni Tr II	NYSE
PMH	Putnam Tax-Free Hlth Care Fd	NYSE
PMI	Premark Intl	NYSE
PMK	Primark Corp	NYSE
PML	Putnam Inv Grade Muni Tr III	AMEX
PMM	Putnam Managed Muni Income	NYSE
PMN	Putnam NY Inv Grade Muni	AMEX
PMNR	Porter McLeod Natl Retail	NSC
PMO	Putnam Muni Opport Tr	NYSE
PMORW	Phar-Mor Wrrt	NNM
PMP	Prime Motor Inns L.P.	NYSE
PMRP	PMR Corp	NNM
PMRX	Pharmaceutical Mktg Svcs	NNM
PMRY	Pomeroy Computer Resources	NNM
PMS	Policy Mgmt Systems	NYSE
PMSI	Prime Medical Services	NNM
PMT	Putnam Master Income Tr	NYSE
PMTC	Parametric Technology	NNM
PMTI	Palomar Med Tech	NSC
PMTS	PMT Services	NNM
PNBC	Princeton Natl Bancorp	NNM
PNBK	Patriot Natl Bk	NSC
PNC	PNC Bank Corp	NYSE
PNCL	Pinnacle Micro	NNM
PNCPrC	PNC Bank Cp $1.60 Cv C Pfd	NYSE
PNCPrD	PNC Bank Cp $1.80 Cv D Pfd	NYSE
PNDA	Panda Project	NNM
PNDL	Pentland Group plc	LO
PNDR	Ponder Industries	NSC
PNET	ProNet Inc	NNM
PNF	Penn Traffic	NYSE
PNFI	Pinnacle Financial Svcs	NNM
PNM	Public Svc New Mexico	NYSE
PNN	Penn Engr & Mfg	AMEX
PNN.A	Penn Engr & Mfg'A'	AMEX
PNNW	Pennichuck Corp	NSC
PNR	Pentair, Inc	NYSE
PNRG	PrimeEnergy Corp	NSC
PNRL	Penril DataComm Ntwks	NNM
PNT	Penna Enterprises	NYSE
PNTB	Peninsula Trust Bank	NSC
PNTC	Panatech Res & Dev	NNM
PNTGF	Petromet Resources	NNM

Ticker	Issue	Exchange
PNTK	Pentech International	NNM
PNTL	Phonetel Technologies	NSC
PNU	Pharmacia & Upjohn	NYSE
PNW	Pinnacle West Capital	NYSE
PNY	Piedmont Natl Gas	NYSE
POBR	Poe & Brown	NNM
POBS	Portsmouth Bank Shares	NNM
POCC	Penn Octane	NSC
POCI	Precision Optics Mass	NSC
POG	Patina Oil & Gas	NYSE
POGPr	Patina Oil & Gas 7.125% Pfd	NYSE
POG.WS	Patina Oil & Gas Wrrt	NYSE
POLK	Polk Audio	NNM
POLRW	Polar Express Wrrt'B'	NSC
POLXF	Polydex Pharmaceuticals	NSC
POLY	Planet Polymer Technologies	NSC
POM	Potomac Electric Pwr	NYSE
POMPr	Potomac Elec Pwr $2.44 Cv Pfd	NYSE
POMPrA	Potomac El Pwr$3.89'91 Pfd	NYSE
POMPrH	Potomac Elec Pwr $3.37cm'87 Pfd	NYSE
POOL	SCP Pool	NNM
POP	Pope & Talbot	NYSE
POPEZ	Pope Resources L.P.	NNM
POR	Portec Inc	NYSE
PORL	Peninsular/Oriental Steam Nav	LO
PORT	Bayport Restaurant Group	NNM
POS	Catalina Marketing	NYSE
POSI	Positron Corp	NNM
POSIW	Positron Corp Wrrt	NNM
POSS	Possis Medical	NNM
POST	Intl Post Ltd	NNM
POT	Potash Corp Saskatchewan	NYSE
POWL	Powell Indus	NNM
POWR	Environmental Power	NSC
POYO	Pollo Tropical	NNM
PPAR	Paging Partners	NSC
PPARW	Paging Partners Wrrt	NSC
PPD	Pre-Paid Legal Svcs	AMEX
PPDI	Pharmaceutical Product Devlpmt	NNM
PPF	John Hancock Patr Pfd Div Fd	NYSE
PPG	PPG Indus	NYSE
PPH	PHP Healthcare	NYSE
PPI	Pico Products	AMEX
PPL	PP&L Resources	NYSE
PPLPrA	Penn Pwr & Lt 4.40% Pfd	NYSE
PPLPrB	Penn Pwr & Lt 4.50% Pfd	NYSE
PPLS	Peoples Bank Indianapolis	NNM
PPM	Investment Grade Muni Inc	NYSE
PPO	Pepsi-Cola Puerto Rico Bott'B'	NYSE
PPP	Pogo Producing	NYSE
PPR	Pilgrim America Prime Rt	NYSE
PPS	Post Properties	NYSE
PPT	Putnam Premier Income Tr	NYSE
PPTI	Protein Polymer Technologies	NSC
PPTIW	Protein Polymer Technol Wrrt	NSC
PPTV	PPT Vision	NNM
PPW	PacifiCorp	NYSE
PPWPr	PacifiCorp 5% Pfd	AMEX
PPWPrE	PacifiCorp $1.98 cm Pfd	NYSE
PQB	Quebecor Cl'A'	AMEX

Ticker	Issue	Exchange
PQT	PC Quote	AMEX
PR	Price Communications	AMEX
PRBK	Provident Bancorp	NNM
PRCA	Packaging Research	NSC
PRCAW	Packaging Research Wrrt	NSC
PRCC	Pollution Resh & Ctl CA	NSC
PRCEC	Pearce Sys Intl	NSC
PRCN	Percon Inc	NNM
PRCP	Perceptron Inc	NNM
PRCT	Procept Inc	NNM
PRCY	ProCyte Corp	NNM
PRD	Polaroid Corp	NYSE
PRDE	Pride Petroleum Svcs	NNM
PRDM	Paradigm Technology	NNM
PREM	Premier Financial Svcs	NNM
PREN	Price Enterprises	NNM
PREZ	President Casinos	NNM
PRF	Pride Co $2.60cm Cv L.P.	NYSE
PRFM	Perfumania Inc	NNM
PRFN	Prestige Financial	NNM
PRFT	Proffitts Inc	NNM
PRG	Physicians Resource Group	NYSE
PRGO	Perrigo Co	NNM
PRGPrB	Pub Sv E&G 4.18% Pfd	NYSE
PRGR	ProGroup Inc	NSC
PRGS	Progress Software	NNM
PRGX	Profit Recovery Grp Intl	NNM
PRH	Promus Hotel	NYSE
PRHB	Pacific Rehab/Sports Medicine	NNM
PRIA	PRI Automation	NNM
PRIM	Pac Rim Holding	NNM
PRK	Park National Corp	AMEX
PRKR	ParkerVision Inc	NNM
PRL	Paul Revere	NYSE
PRLN	Paracelsian Inc	NSC
PRLNW	Paracelsian Inc Wrrt	NSC
PRLO	PROLOGIC Mgmt Sys	NSC
PRLOW	PROLOGIC Mgmt Sys Wrrt	NSC
PRLX	Parlex Corp	NNM
PRMA	Primadonna Resorts	NNM
PRME	Prime Retail	NNM
PRMEP	Prime Retail 8.5%Ptc Cv'B'Pfd	NNM
PRMO	Premenos Technology	NNM
PRMS	Premisys Communications	NNM
PRN	Puerto Rican Cement	NYSE
PRNI	Premiere Radio Networks	NNM
PRNIA	Premiere Radio Networks 'A'	NNM
PRNS	Prins Recycling	NNM
PRO.EC	Professional Dental Tech	ECM
PROA	Polymer Resh America	NSC
PROG	Programmer's Paradise	NNM
PROI	CFI ProServices	NNM
PROP	Production Operators	NNM
PROS	Prospect Group	NNM
PROX	Proxim Inc	NNM
PRRR	Pioneer Railcorp	NSC
PRSMC	Prism Group	NSC
PRST	Presstek Inc	NNM
PRSW	Pure Software	NNM
PRW	Quebecor Printing	NYSE

Ticker	Issue	Exchange
PRX	Pharmaceutical Resources	NYSE
PRXL	PAREXEL Intl	NNM
PRXM	Proxima Corp	NNM
PRY	Pittway Corp	AMEX
PRY.A	Pittway Corp'A'	AMEX
PRZ	Prism Entertainment	AMEX
PRZM	Prism Solutions	NNM
PS	Proler Intl	NYSE
PSA	Public Storage	NYSE
PSAB	Prime Bancorp	NNM
PSAI	Pediatric Services of Amer	NNM
PSAPrA	Public Storage 10% cm'A'Pfd	NYSE
PSAPrB	Public Storage 9.20%cm'B'Pfd	NYSE
PSAPrC	Public Storage Adj Rt'C'Pfd	NYSE
PSAPrD	Public Storage 9.50%'D'Pfd	NYSE
PSAPrE	Public Storage 10%'E'Pfd	NYSE
PSAPrF	Public Storage 9.75% 'F' Pfd	NYSE
PSAPrG	Public Storage 8.875% Dep Pfd	NYSE
PSAPrH	Public Storage 8.45%'H'Dep Pfd	NYSE
PSAPrX	Public Storage 8.25%Cv Pfd	NYSE
PSBK	Progressive Bank	NNM
PSC	Phila Suburban	NYSE
PSCM	Professional Sports Care Mgmt	NNM
PSCO	ProtoSource Corp	NSC
PSCOU	ProtoSource Corp Unit	NSC
PSCOW	ProtoSource Corp Wrrt	NSC
PSCX	PSC Inc	NNM
PSD	Puget Sound P&L	NYSE
PSDI	Project Software & Dvlp	NNM
PSDPr	Puget Sound P&L 7.875% Pfd	NYSE
PSDPrB	Puget Sound P&L Adj Rt'B'Pfd	NYSE
PSFT	PeopleSoft Inc	NNM
PSG	PS Group Inc	NYSE
PSGCU	Palm Springs Golf 'Unit'	NSC
PSGVF	Pacific Sentinel Gold	NSC
PSI	Porta Systems	AMEX
PSIX	PSINet Inc	NNM
PSL	Public Storage Prop'A' X	AMEX
PSM	Public Storage Prop'A' XI	AMEX
PSN	Public Storage Prop'A' XII	AMEX
PSO	Penobscot Shoe	AMEX
PSON	Paul-Son Gaming	NNM
PSP	Public Storage Prop'A' XIV	AMEX
PSQ	Public Storage Prop'A' XV	AMEX
PSQL	Platinum Software	NNM
PSR	Public SvcColorado	NYSE
PSRC	PrimeSource Corp	NNM
PSRPr	Pub Sv of Colo.,4 1/4% Pfd	AMEX
PSRPrA	Pub Sv Colo.,7.15% Pfd	NYSE
PSRPrB	Pub Sv Colo, 8.40% Pfd	NYSE
PSS	Payless ShoeSource	NYSE
PSSB	Palm Springs Svgs Bk	NSC
PSSI	Physician Sales & Service	NNM
PSTA	Monterey Pasta	NNM
PSTB	Perpetual State Bank	NSC
PSTV	PST Vans	NNM
PSU	Public Storage Prop'A' XVI	AMEX
PSUN	Pacific Sunwear of Calif	NNM
PSV	Public Storage Prop'A' XVII	AMEX
PSW	Public Storage Prop'A' XVIII	AMEX

Ticker	Issue	Exchange
PSX	Pacific Scientific	NYSE
PSY	Public Storage Prop'A' XIX	AMEX
PSYS	Precision Systems	NSC
PSZ	Public Storage Prop'A' XX	AMEX
PT	Portugal Telecom ADS	NYSE
PTAC	Penn Treaty American	NNM
PTB	Paragon Trade Brands	NYSE
PTC	PAR Technology	NYSE
PTCH	Pacer Technology	NSC
PTEC	Phoenix Technologies	NNM
PTEK	Premiere Technologies	NNM
PTEL	Peoples Telephone Co	NNM
PTEN	Patterson Energy	NNM
PTET	Platinum Entertainment	NNM
PTI	First USA Paymentech	NYSE
PTII	PTI Holding	NSC
PTIIW	PTI Hldg Wrrt	NSC
PTIS	Plasma Therm	NSC
PTIX	Performance Technologies	NNM
PTLX	Patlex Corp(New)	NNM
PTM	Putnam Managed Hi Yield Tr	NYSE
PTMC	Polish Tels & Microwave Corp	NSC
PTMCW	Polish Tels & Microwave Wrrt	NSC
PTNX	Printronix Inc	NNM
PTON	Proteon Inc	NNM
PTR	Security Cap Pacific Tr	NYSE
PTREF	PartnerRe Ltd	NNM
PTRN	Photran Corp	NNM
PTRO	Petrominerals Corp	NSC
PTRPrA	Security Cap Pac Cv'A'Pfd	NYSE
PTRPrB	Security Cap Pac Tr Sr'B'Pfd	NYSE
PTRS	Potters Financial	NSC
PTRUQ	Petro Union	NSC
PTSI	P.A.M. Transportation Svcs	NNM
PTX	Pillowtex Corp	NYSE
PTZ	Pulitzer Publishing	NYSE
PUBO	Pubco Corp	NSC
PUBSF	Elephant & Castle Group	NSC
PUDG	Pudgie's Chicken	NSC
PUDGW	Pudgies Chicken Wrrt	NSC
PUL	Publicker Indus	NYSE
PULB	Pulaski Bank A Svgs Bk MO	NSC
PULS	Pulse Bancorp	NNM
PURS	Purus Inc	NSC
PURT	PureTec Corp	NSC
PURW	Pure World Inc	NNM
PUTT	Brassie Golf Corp	NSC
PVCC	PVC Container	NSC
PVD	Administradora de Fondos ADS	NYSE
PVFC	PVF Capital	NSC
PVH	Phillips-Van Heusen	NYSE
PVIR	Penn Virginia	NNM
PVN	Providian Corp	NYSE
PVNPrM	Providian LLC'MIPS'	NYSE
PVSA	Parkvale Financial	NNM
PVT	Provident Companies	NYSE
PVTPr	Provident Companies Dep Pfd	NYSE
PVY	Providence Energy	AMEX
PW	Pitts & W Va RR SBI	AMEX
PWBC	PennFirst Bancorp	NNM

Ticker	Issue	Exchange
PWG	PowerGen PLC ADS	NYSE
PWG.PP	PowerGen PLC Interim ADS	NYSE
PWIR	Palmer Wireless 'A'	NNM
PWJ	Paine Webber Group	NYSE
PWN	Cash Amer Intl	NYSE
PWRR	Providence & Worcester RR	NNM
PX	Praxair Inc	NYSE
PXE.U	Pacific Res & Engineering Unit	AMEX
PXN	Paxson Communications 'A'	AMEX
PXR	Paxar Corp	NYSE
PXRE	PXRE Corp	NNM
PXXI	Prophet 21 Inc	NNM
PY	Pechiney ADS	NYSE
PYA	Partners Preferred Yld'A'	AMEX
PYB	Partners Preferred Yld'A' II	AMEX
PYC	Partners Preferred Yld'A' III	AMEX
PYM	Putnam Hi Yield Muni	NYSE
PYR.EC	Pyrocap International	ECM
PYX	Playtex Products	NYSE
PZA	Provena Foods	AMEX
PZB	Pittston Brinks Grp	NYSE
PZL	Pennzoil Co.	NYSE
PZM	Pittston Minerals Group	NYSE
PZX	Pittston Burlington Group	NYSE
PZZA	Papa John's Intl	NNM
PZZI	Pizza Inn	NSC
QBAL	Jillians Entertainment	NSC
QCBC	Quaker City Bancorp	NNM
QCFB	QCF Bancorp	NNM
QCHI	Quad City Hldgs	NSC
QCHM	Quaker Chemical	NNM
QCOM	QUALCOMM Inc	NNM
QCSB	Queens County Bancorp	NNM
QDEK	Quarterdeck Corp	NNM
QDEL	Quidel Corp	NNM
QDELW	Quidel Corp Wrrt	NNM
QDIN	Quality Dining	NNM
QDRMY	Banca QuadrumADS	NNM
QDRX	Quadrax Corp	NSC
QDRXZ	Quadrax Corp Wrrt'C'	NSC
QEKG	Q-Med Inc	NSC
QFAB	Quaker Fabric	NNM
QFCI	Quality Food Centers	NNM
QHGI	Quorum Health Group	NNM
QHRI	Quantum Hlth Resources	NNM
QIXXF	Quest Intl Res	NSC
QKTN	Quickturn Design Sys	NNM
QLGC	Qlogic Corp	NNM
QLSI	Quantum Learning Sys	NSC
QLTIF	QLT Phototherapeutics	NNM
QMED	Quest Medical	NNM
QMRK	QualMark Corp	NSC
QNTM	Quantum Corp	NNM
QPQQ	QPQ Corp	NSC
QPQQW	QPQ Corp Wrrt	NSC
QRSI	QuickResponse Services	NNM
QSII	Quality Systems	NNM
QSNDF	QSound Labs	NSC
QSRTF	QSR Ltd	NSC
QSYS	Quad Systems Corp	NNM

Ticker	Issue	Exchange
QTEC	QuesTech Inc	NSC
QTEL	Quintel Entertainment	NNM
QTR	Queenstake Resources	TS
QTRN	Quintiles Transnational	NNM
QUAL	Quality Semiconductor	NNM
QUES	Questa Oil & Gas	NSC
QUIK	Quiksilver, Inc	NNM
QUIP	Quipp Inc	NNM
QUIX	Quixote Corp	NNM
QUIZ	Quizno's Corp	NSC
QUST	Questron Technology	NSC
QZARF	Q-Zar Inc	NNM
R	Ryder System	NYSE
RA	Reckson Associates Realty	NYSE
RAA	Blackrock CA Inv Qual Muni	AMEX
RACE	Data Race	NNM
RACF	RAC Fin'l Grp	NNM
RACO	Racotek Inc	NNM
RAD	Rite Aid	NYSE
RADAF	Radica Games	NNM
RADIF	Rada Electronics Industries	NNM
RAGS	Rag Shops	NNM
RAH	Ralcorp Holdings	NYSE
RAIL	RailAmerica Inc	NSC
RAILZ	RailAmerica Inc Wrrt'B'	NSC
RAIN	Rainforest Cafe	NNM
RAKO	Rawson-Koenig	NSC
RAL	Ralston-Purina Group	NYSE
RAM	Royal Appliance Mfg	NYSE
RAND	Rand Cap	NSC
RANKY	Rank Organisation ADR	NSC
RAPT	Raptor Systems	NNM
RARB	Raritan Bancorp	NNM
RARE	Bugaboo Creek Steak House	NNM
RATL	Rational Software	NNM
RAUT	Republic Automotive	NNM
RAVN	Raven Indus	NNM
RAWA	Rent-A-Wreck Amer Inc	NSC
RAWL	Rawlings Sporting Goods	NNM
RAY	Raytech Corp	NYSE
RAYM	Raymond Corp	NNM
RAYS	Sunglass Hut Intl	NNM
RAZR	Amer Safety Razor	NNM
RB	Reading & Bates	NYSE
RBBR	R-B Rubber Products	NSC
RBC	Regal Beloit	AMEX
RBCO	Ryan Beck & Co	NNM
RBD	Rubbermaid, Inc	NYSE
RBDS	Roberds Inc	NNM
RBIN	R & B Inc	NNM
RBK	Reebok Intl	NYSE
RBKV	Resource Bank	NSC
RBNC	Republic Bancorp	NNM
RBNKE	Regent Bancshares	NSC
RBNKP	Regent Bancshrs 10% Cv'A'Pfd	NSC
RBNWE	Regent Bancshares Wrrt	NSC
RBPAA	Royal Bancshares(PA)'A'	NNM
RBPr	Reading & Bates $1.625 Cv Pfd	NYSE
RBSPr	Royal Bk Scotland Pfd ADS	NYSE
RBSPrB	Royal Bk Scotland Pfd'B'ADS	NYSE

Ticker	Issue	Exchange
RBSPrC	Royal Bk Scotland Pfd'C'ADS	NYSE
RBSPrD	Royal Bk Scotland Pfd'D' ADS	NYSE
RBSPrX	Royal Bk Scotland Ex Cap Sec	NYSE
RC	Grupo Radio Centro ADS	NYSE
RCA	Retirement Care Assoc	NYSE
RCCC	Rural Cellular 'A'	NNM
RCGI	Renal Care Group	NNM
RCHF	Richfood Hldgs	NNM
RCHI	Risk Capital Holdings	NNM
RCHY	Richey Electronics	NNM
RCI	ROC Communities	NYSE
RCI.A	Rogers Commun Cl'A'	TS
RCII	Renters Choice	NNM
RCKY	Rocky Shoes & Boots	NNM
RCL	Royal Caribbean Cruises	NYSE
RCM	ARCO Chemical	NYSE
RCMT	RCM Technologies	NSC
RCMTZ	RCM Technologies Wrrt'C'	NSC
RCN	Rogers Cantel MobComm'B'	NYSE
RCORF	Quality Dino Entmt	NNM
RCOT	Recoton Corp	NNM
RCP	Rockefeller Ctr Prop	NYSE
RCS	RCM Strategic Global Gvt Fund	NYSE
RCSB	RCSB Financial	NNM
RCSBP	RCSB Finl 7% Perp Cv 'B' Pfd	NNM
RD	Royal Dutch Petrol	NYSE
RDA	Reader's Digest Assn'A'	NYSE
RDB	Reader's Digest Assn'B'	NYSE
RDC	Rowan Cos	NYSE
RDGCA	Reading Co Cl'A'	NNM
RDHS	Logan's Roadhouse	NNM
RDIC	ReadiCare, Inc	NNM
RDIOA	Multi-Mkt Radio'A'	NNM
RDIOW	Multi-Mkt Radio Wrrt'A'	NNM
RDIOZ	Multi-Mkt Radio Wrrt'B'	NNM
RDK	Ruddick Corp	NYSE
RDL	Redlaw Industries	AMEX
RDLWS	Redlaw Ind 2001 Wrrts	AMEX
RDM	Roadmaster Industries	NYSE
RDMN	Redman Industries	NNM
RDRT	Read-Rite Corp	NNM
RDUS	Radius Inc	NNM
RE	Everest Reinsurance Hldgs	NYSE
REA	Amer Real Estate Investment	AMEX
REAL	Reliability Inc	NNM
REB	Redwood Empire Bancorp	AMEX
REBPr	Redwood Empire Bcp 7.80%Cv Pfd	AMEX
RECY	Recycling Industries	NSC
RED	Red Lion Inns L.P.	AMEX
REDB	Red Brick Systems	NNM
REDF	RedFed Bancorp	NNM
REDI	Reddi Brake Supply	NNM
REED	Reeds Jewelers	NNM
REF	REFAC Technology Develop	AMEX
REFR	Research Frontiers	NSC
REG	Regency Realty	NYSE
REGA	Regional Acceptance	NNM
REGL	Regal Cinemas	NNM
REGN	Regeneron Pharmaceuticals	NNM
REHB	Rehabilicare Inc	NNM

Ticker	Issue	Exchange
REIN	Recovery Engineering	NNM
REL	Reliance Group Hldgs	NYSE
RELEF	Ariely Advertising Ltd	NNM
RELI	Reliance Bancshares	NSC
RELL	Richardson Electr	NNM
RELY	Reliance Bancorp	NNM
REMC	REMEC Inc	NNM
REMI	Resource Bancshares Mtg Gp	NNM
REN	Rollins Environ Sv	NYSE
RENN	Renaissance Cap Growth & Inc Fd	NNM
RENO	Reno Air	NNM
RENS	Renaissance Solutions	NNM
RENT	Rentrak Corp	NNM
REO	Rea Gold	AMEX
REP	Repsol S.A. ADS	NYSE
REPB	Republic Bancshares	NNM
REPS	Republic Engineered Steels	NNM
REPT	Reptron Electronics	NNM
RES	RPC Inc	NYSE
RESC	Roanoke Electric Steel	NNM
RESI	Republic Environmental Systems	NNM
RESM	ResMed Inc	NNM
RESP	Respironics Inc	NNM
RESR	Research Inc	NNM
REST	Restor Industries	NSC
RESY	Reconditioned Sys	NSC
RESYZ	Reconditioned Sys Wrrt'B'	NSC
RET	Price REIT	NYSE
RETX	Retix	NNM
REV	Revlon Inc'A'	NYSE
REXI	Resource America'A'	NNM
REXL	Rexhall Indus	NNM
REXMY	Rexam Plc ADR	NSC
REXW	Rexworks Inc	NNM
REY	Reynolds & Reynolds'A'	NYSE
RFA	Blackrock FL Inv Qual Muni	AMEX
RFBC	River Forest Bancorp	NNM
RFED	Roosevelt Finl	NNM
RFEDP	Roosevelt Finl 6.5% Cv 'B' Pfd	NNM
RFI	Cohen & Steers Total Rt Rty Fd	NYSE
RFMC	RF Management	NSC
RFMCW	R.F. Management Wrrt'A'	NSC
RFMCZ	R.F. Management Wrrt'B'	NSC
RFMI	RF Monolithics	NNM
RFP	RF Power Products	AMEX
RFSI	RFS Hotel Investors	NNM
RFTN	Reflectone Inc	NNM
RG	Rogers CommunCl'B'	NYSE
RGA	Reinsurance Group of Amer	NYSE
RGB	Barry (R.G.)	NYSE
RGBK	Regions Financial	NNM
RGC	Republic Group	NYSE
RGCO	Roanoke Gas	NNM
RGEN	Repligen Corp	NNM
RGI.EC	Randers Group	ECM
RGIS	Regis Corp	NNM
RGLD	Royal Gold Inc	NSC
RGNT	Regent Assisted Living	NNM
RGO	Ranger Oil Ltd	NYSE
RGR	Sturm Ruger	NYSE

Ticker	Issue	Exchange
RGS	Rochester Gas & El	NYSE
RHBC	RehabCare Group	NNM
RHC	Rio Hotel & Casino	NYSE
RHCI	Ramsay Health Care	NNM
RHCSU	Red Hot Concepts Unit	NSC
RHD	Rhodes Inc	NYSE
RHEM	Rheometrics Scientific	NNM
RHG	Renaissance Hotel Group N.V.	NYSE
RHH	Robertson-Ceco Corp	NYSE
RHI	Robert Half Intl	NYSE
RHOM	Rottlund Co	NNM
RHPS	Phillips (R.H.) Inc	NSC
RHPSW	Phillips(R.H.)Inc Wrrt	NSC
RHR	Rohr Inc	NYSE
RHS	Regency Health Services	NYSE
RHT	Richton Intl	AMEX
RI	Ruby Tuesday	NYSE
RIBI	Ribi ImmunoChem Res	NNM
RICE	Amer Rice	NSC
RICK	Rick's Cabaret Intl	NSC
RICKW	Rick's Cabaret Intl Wrrt	NSC
RIDE	Ride Inc	NNM
RIDL	Riddell Sports	NNM
RIF	Cohen & Steers Rlty Inc Fd	AMEX
RIG	Sonat Offshore Drilling	NYSE
RIGS	Riggs Natl Corp	NNM
RIMG	Rimage Corp	NNM
RING	Ringer Corp	NNM
RINT	Reality Interactive	NSC
RINTU	Reality Interactive Unit	NSC
RINTW	Reality Interactive Wrrt	NSC
RISC	RISCORP Inc 'A'	NNM
RIT	RightCHOICE Managed Care'A'	NYSE
RIV	Riviera Holdings	AMEX
RIVL	Rival Co	NNM
RJF	Raymond James Finl	NYSE
RJL	Rigel Energy	AMEX
RKTN	Rock-Tenn 'A'	NNM
RL	Red Lion Hotels	NYSE
RLAB	Royce Laboratories	NSC
RLC	Rollins Truck Leasing	NYSE
RLCO	Realco Inc	NNM
RLCOW	Realco Inc Wrrt	NNM
RLI	RLI Corp	NYSE
RLIFA	Reliable Life Ins	NSC
RLIN	Royale Invts Inc	NSC
RLLY	Rally's Hamburgers	NNM
RLM	Reynolds Metals	NYSE
RLMPrD	Reynolds Metals 7%'PRIDES'	NYSE
RLR	ReliaStar Financial	NYSE
RLRPr	ReliaStar Finl 10% Dep Pfd	NYSE
RLRPrA	ReliaStar Fin I 8.20%'TOPrS'	NYSE
RLV	Reliv' International	AMEX
RM	RYMAC Mtge Invest	AMEX
RMA	Rauma Oy ADS	NYSE
RMC	Amer Restaurant Ptnrs'A'	AMEX
RMCF	Rocky Mtn Choc Factory	NNM
RMCI	Right Mgmt Consultants	NNM
RMDY	Remedy Corp	NNM
RMED	Research Medical	NNM

Ticker	Issue	Exchange
RMI	Rotonics Manufacturing	AMEX
RML	Russell Corp	NYSE
RMPO	Ramapo Financial	NNM
RMR	Resource Mortgage Capital	NYSE
RMRPO	Resource Mtg Cap cm Cv'B'Pfd	NNM
RMRPP	Resource Mtg Cap 9.75% Cv 'A' Pfd	NNM
RMTR	Ramtron Int'l	NNM
RN	RJR Nabisco Holdings(New)	NYSE
RNB	Republic New York	NYSE
RNBO	Rainbow Technologies	NNM
RNBPrC	Republic NY $1.9375 cm Pfd	NYSE
RNBPrD	Republic NY Adj Rt Dep Pfd	NYSE
RNBPrE	Republic NY $1.8125 cm Pfd	NYSE
RNC	Rockwood Nat'l	PC
RNCO	Alrenco Inc	NNM
RNIC	Robinson Nugent	NNM
RNJ	Blackrock NJ Inv Qual Muni	AMEX
RNPrB	RJR Nabisco Sr'B'Dep Pfd	NYSE
RNPrC	RJR Nabisco Sr'C'PERCS	NYSE
RNPrT	RJR Nabisco 10% 'TOPrS'	NYSE
RNREF	RenaissanceRe Holdings	NNM
RNTK	Rentech Inc	NSC
RNY	Blackrock NY Inv Qual Muni	AMEX
ROAD	Roadway Express	NNM
ROBN	Robbins & Myers	NNM
ROBOF	Eshed Robotec 1982 Ltd	NSC
ROBV	Robotic Vision Sys	NNM
ROC	R.O.C. Taiwan Fund SBI	NYSE
ROCF	Rockford Industries	NNM
ROCK	Gibralter Steel	NNM
ROCM	Rochester Medical	NNM
ROG	Rogers Corp	AMEX
ROH	Rohm & Haas	NYSE
ROIX	Response Oncology	NNM
ROK	Rockwell Intl	NYSE
ROKPr	Rockwell Intl $4.75 Cv Pfd	NYSE
ROKPrB	Rockwell Intl $1.35 Cv Pfd	NYSE
ROL	Rollins Inc	NYSE
ROM	Rio Algom Ltd	AMEX
ROMC	Romac Intl	NNM
ROMT	Rom Tech	NSC
RON	Cooper Cameron	NYSE
RONC	Ronson Corp	NSC
RONCP	Ronson Corp 12% Cv Pfd	NSC
ROPR	Roper Industries	NNM
ROSE	T R Financial	NNM
ROSS	Ross Systems	NNM
ROST	Ross Stores	NNM
ROTC	Rotech Medical	NNM
ROTO	Roto-Rooter Inc	NNM
ROU	Rouge Steel 'A'	NYSE
ROW	Rowe Furniture	NYSE
ROYL	Royale Energy	NSC
RP	Rhone-Poulenc ADR	NYSE
RPAPF	Repap Enterprises	NNM
RPCLF	Revenue Properties Ltd	NNM
RPCX	Roberts Pharmaceutical	NNM
RPIA	Resurgence Properties	NSC
RPII	Rotary Power Intl	NSC
RPOPrA	Rhone-Poul Overseas 8.125%Pref	NYSE

Ticker	Issue	Exchange
RPOW	RPM, Inc	NNM
RPR	Rhone-Poulenc Rorer	NYSE
RPT	Ramco-Gershenson Prop Tr	NYSE
RR	Rodman&Renshaw Cap	NYSE
RRF	Realty Refund SBI	NYSE
RRI	Red Roof Inns	NYSE
RRR	Renaissance Commun	NYSE
RS	Reliance Steel & Aluminum	NYSE
RSC	Rex Stores	NYSE
RSCR	Res-Care Inc	NNM
RSE	Rouse Co	NYSE
RSEPrA	Rouse Co Sr'A'Cv Pfd	NYSE
RSEPrZ	Rouse Capital 9.25%'QUIPS'	NYSE
RSFC	Republic Security Finl	NNM
RSFCO	Republic Sec Finl Cv'C'Pfd	NNM
RSFCP	Republic Sec Finl 7.5% Cv 'A' Pfd	NNM
RSGI	Riverside Group, Inc	NNM
RSIS	RSI Systems	NSC
RSND	Resound Corp	NNM
RSP	Southern Pacific Rail	NYSE
RSR	Riser Foods Cl'A'	AMEX
RSTAF	Sunresorts Ltd NV 'A'	NSC
RSTO	Rose's Stores	NNM
RSTOW	Rose's Stores Wrrt	NNM
RSYS	RadiSys Corp	NNM
RTEC	Ross Technology	NNM
RTEL	Raytel Medical	NNM
RTEX	RailTex Inc	NNM
RTI	RMI Titanium	NYSE
RTIC	RT Inds Inc	NSC
RTII	RTI, Inc	NSC
RTN	Raytheon Co	NYSE
RTRSY	Reuters Hldgs ADS	NNM
RTST	Right Start	NNM
RTTL	Rattlesnake Hldg Co	NSC
RTWI	RTW Inc	NNM
RTZ	RTZ Corp plc ADS	NYSE
RUBB	Great Amer BackRub	NSC
RUK	Reed Intl P.L.C. ADS	NYSE
RUNI	Reunion Industries	NSC
RUOK	Response USA	NSC
RUOKW	Response USA Wrrt'A'	NSC
RUOKZ	Response USA Wrrt'B'	NSC
RURL	Rural/Metro Corp	NNM
RUS	Russ Berrie & Co	NYSE
RUSAF	Russell Metals Cv'A'	NNM
RVEE	Holiday RV Superstores	NNM
RVFD	Riviana Foods	NNM
RVR	Cruise America	AMEX
RVSB	Riverview Svgs Bk FSB Camas	NSC
RVT	Royce Value Trust	NYSE
RWAY	Rent-Way	NNM
RWIN	Republic Industries	NNM
RWTI	Redwood Trust	NNM
RWTIW	Redwood Trust Wrrt	NNM
RXL	Rexel Inc	NYSE
RXM	RX Medical Services	AMEX
RXN	Rexene Corp	NYSE
RXR	Revco D.S.	NYSE
RXSD	Rexall Sundown	NNM

Ticker	Issue	Exchange
RXT	Renal Treatment Ctrs	NYSE
RY	Royal Bank Canada	MS
RYAN	Ryan's Family Stk Hse	NNM
RYC	Raychem Corp	NYSE
RYFL	Family Steak Houses Fla	NNM
RYG	Royal Plastics Group	NYSE
RYK	Rykoff-Sexton Inc	NYSE
RYL	Ryland Group	NYSE
RYN	Rayonier Inc	NYSE
RYO	Royal Oak Mines	AMEX
RYR	Rymer Foods	NYSE
RZYM	Ribozyme Pharmaceuticals	NNM
S	Sears,Roebuck	NYSE
SA	Stage II Apparel	AMEX
SAB	Saba Petroleum	AMEX
SABB	Santa Barbara Bancorp	NNM
SABC	South Alabama Bancorp	NSC
SABI	Swiss Army Brands	NNM
SACPr	So.Carolina E&G 5%cmPfd	NYSE
SADL	Sadlier (William H.)	NSC
SAESY	SAES Getters S.p.A ADS	NNM
SAF	Scudder New Asia Fd	NYSE
SAFC	SAFECO Corp	NNM
SAFE	SafetyTek Corp	NNM
SAFM	Sanderson Farms	NNM
SAFT	Safety 1st Inc	NNM
SAGCW	Saint Andrews Golf Wrrt	NSC
SAGE	Sagebrush Inc	NNM
SAI	SunAmerica Inc	NYSE
SAIPrB	SunAmerica 9 1/4% cm'B'Pfd	NYSE
SAIPrE	SunAmerica Dep'E'Pfd	NYSE
SAIPrT	SunAmer Cap 9.95% 'TOPrS'	NYSE
SAIPrV	SunAmer Cap II 8.35%'TOPrS'	NYSE
SAJ	St. Joseph Lt & Pwr	NYSE
SALD	Fresh Choice	NNM
SALT	Salton/Maxim Housewares	NNM
SALV	Saliva Diagnostic Systems	NSC
SALVW	Saliva Diagnostic Sys Wrrt	NSC
SAM	Boston Beer 'A'	NYSE
SAMC	Samsonite Corp	NNM
SAML	Sam & Libby Inc	NNM
SAN	San Carlos Milling	AMEX
SAND	Sandata Inc	NSC
SANG	SangStat Medical	NNM
SANM	Sanmina Corp	NNM
SANO	Sano Corp	NNM
SANYY	SANYO Electric Ltd ADS	NSC
SAPE	Sapient Corp	NNM
SAR	Santa Anita Rlty(UNIT)	NYSE
SASOY	Sasol Ltd ADR	NSC
SASR	Sandy Spring Bancorp	NNM
SATC	SatCon Technology	NNM
SATH	Shop at Home	NSC
SAVB	Savannah Bancorp	NSC
SAVLY	Saville Systems ADS	NNM
SAVO	Schultz Sav-O Stores	NNM
SAVPrB	Savannah El & Pwr 6.64% Pfd	NYSE
SAWS	Sawtek Inc	NNM
SAYT	Sayett Group	NSC
SB	Salomon Inc	NYSE

Ticker	Issue	Exchange
SBA	Sbarro Inc	NYSE
SBC	SBC Communications	NYSE
SBCFA	Seacoast Banking FL'A'	NNM
SBCN	Suburban Bancorp Inc	NNM
SBCO	Southside Bancshares	NSC
SBEI	SBE Inc	NNM
SBF	Salomon Bros Fund	NYSE
SBFL	Savings Bk of Finger Lakes	NSC
SBG	Salomon Bros 2008 WW Dlr Gvt	NYSE
SBGI	Sinclair Broadcast Group'A'	NNM
SBH	SmithKline Beecham ADS	NYSE
SBI	Smith Barney Inter Muni Fd	AMEX
SBIB	Sterling Bancshares	NNM
SBIGE	Seibels Bruce Group	NNM
SBIO	Synbiotics Corp	NNM
SBIT	Summit Bancshares	NNM
SBK	Signet Banking	NYSE
SBL	Symbol Technologies	NYSE
SBLI	Staff Builders 'A'	NNM
SBM	SBM Industries	AMEX
SBN	Sunbelt Nursery Group	AMEX
SBNK	Suburban Bancshares	NSC
SBO	Showboat, Inc	NYSE
SBOS	Boston Bancorp	NNM
SBPrC	Salomon Inc 9.50% Dep Pfd	NYSE
SBPrD	Salomon Inc 8.08% Dep Pfd	NYSE
SBPrE	Salomon Inc 8.40% Dep Pfd	NYSE
SBR	Sabine Royalty Tr UBI	NYSE
SBRD	Seaboard Oil	NSC
SBS	Salem Corp	AMEX
SBSE	SBS Technologies	NNM
SBT	Smith Barney Muni Fund	AMEX
SBTVF	Scandinavian Broadcstg Sys	NNM
SBUF	Stacey's Buffet	NNM
SBUFW	Staceys Buffet Wrrt	NNM
SBUX	Starbucks Corp	NNM
SBW	Salomon Bros W W Income Fd	NYSE
SBYT	Spectrum HoloByte	NNM
SC	Shell Transp/Trad ADR	NYSE
SCAL	Health o meter Products	NNM
SCAN	Alliance Imaging	NSC
SCBI	SCB Computer Technology	NNM
SCC	Sears Canada	TS
SCCB	South Carolina Cmnty Banc	NSC
SCE.Q	So Cal Edison 8.375%'QUIDS'	AMEX
SCEPrB	South'n Cal Ed 4.08% Pfd	AMEX
SCEPrC	South'n Cal Ed 4.24% Pfd	AMEX
SCEPrD	So'n Cal Ed 4.32% cm Pfd	AMEX
SCEPrE	South'n Cal Ed 4.78% Pfd	AMEX
SCEPrG	South'n Cal Ed 5.80% Pfd	AMEX
SCEPrP	South'n Cal Ed 7.36% Pfd	AMEX
SCF	Scandinavia Co	AMEX
SCFM	Scanforms Inc	NSC
SCG	SCANA Corp	NYSE
SCH	Schwab(Chas)Corp	NYSE
SCHL	Scholastic Corp	NNM
SCHN	Schnitzer Steel Ind'A'	NNM
SCHR	Scherer Healthcare	NNM
SCIO	Scios Inc	NNM
SCIOZ	Scios Inc Wrrt'D'	NNM

Ticker	Issue	Exchange
SCIS	SCI Systems	NNM
SCIXF	Scitex Corp, Ord	NNM
SCK	SC Bancorp	AMEX
SCKT	Socket Communications	NSC
SCKTW	Socket Communications Wrrt	NSC
SCL	Stepan Co	NYSE
SCLN	SciClone Pharmaceuticals	NNM
SCLPr	Stepan Co 5.50% Cv Pfd	NYSE
SCN	Security Capital Ind Tr	NYSE
SCNG	Scan Graphics	NSC
SCNPrA	Security Cap Ind Tr 9.40% Pfd	NYSE
SCNPrB	Security Cap Ind Tr 7% Cv Pfd	NYSE
SCOC	Santa Cruz Operation	NNM
SCON	Superconductor Technologies	NNM
SCOP	Scopus Technology	NNM
SCOR	Syncor Int'l	NNM
SCOT	Scott/Stringfellow Finl	NNM
SCP	Scope Indus	AMEX
SCR B	Sea Containers Ltd Cl'B'	NYSE
SCRA	Sea Containers Ltd Cl'A'	NYSE
SCRPr	Sea Cont Ltd$1.46 1/4cmPfd	NYSE
SCRPrC	Sea Cont Ltd $2.10'82 Pfd	NYSE
SCRPrD	Sea Cont Ltd $4.125cm Cv Pfd	NYSE
SCRPrE	Sea Cont Ltd $4cm Cv Pfd	NYSE
SCSC	ScanSource Inc	NNM
SCSCW	Scansource Inc Wrrt	NSC
SCSL	Suncoast S & L Assn FSA	NNM
SCSLP	Suncoast S&L 8% Cv Pfd	NNM
SCSWF	Stolt Comex Seaway	NNM
SCT	Scotsman Industries	NYSE
SCTC	Systems & Computer Tech	NNM
SCTI	SC&T Intl	NSC
SCTIW	SC&T Intl Wrrt	NSC
SCTR	Specialty Teleconstructors	NNM
SCTRW	Specialty Telecnstrctrs Wrrt	NNM
SCUR	Secure Computing	NNM
SCV.A	Scania AB'A'ADS	NYSE
SCV.B	Scania AB'B'ADS	NYSE
SCVL	Shoe Carnival	NNM
SCW	Southern Cal Water	NYSE
SCX	Starrett (L.S.)'A'	NYSE
SCY	Sports Club	AMEX
SD	Sphere Drake Holdings	NYSE
SDEV	Software Developers	NSC
SDG	Sofamor/Danek Group	NYSE
SDII	Special Devices	NNM
SDK	Grupo Sidek S.A. 'L' ADS	NYSE
SDK.B	Grupo Sidek S.A.'B' ADS	NYSE
SDLI	SDL Inc	NNM
SDNB	SDNB Financial	NNM
SDOPrA	San Diego G&E 5% Pfd	AMEX
SDOPrB	San Diego G&E 4.50% Pfd	AMEX
SDOPrC	San Diego G&E 4.40% Pfd	AMEX
SDOPrH	San Diego Gas & El $1.82 Pref	AMEX
SDP	Sunsource L.P.'A'	NYSE
SDP.B	Sunsource L.P.'B'	NYSE
SDRC	Structural Dynamics Res	NNM
SDSK	Softdesk Inc	NNM
SDTI	Security Dynamics Technologies	NNM
SDW	Southdown, Inc	NYSE

Ticker	Issue	Exchange
SDWPrD	Southdown $2.875cm Cv'D' Pfd	NYSE
SDYN	Staodyn, Inc	NSC
SDYNZ	Staodyn Inc Wrrt'II'	NSC
SE	Sterling Commerce	NYSE
SEA	Storage Trust Realty	NYSE
SEAM	Seaman Furniture	NNM
SEB	Seaboard Corp	AMEX
SEC	Sterling Electronics	NYSE
SECD	Second Bancorp	NNM
SECDP	Second Bncp $1.50 Cv Pfd'A'	NNM
SECM	Secom General	NNM
SECP	Security Capital	NNM
SECX	Southern Electronics	NNM
SEE	Sealed Air	NYSE
SEEDB	DEKALB Genetics'B'	NNM
SEEQ	SEEQ Technology	NNM
SEER	Seer Tech	NNM
SEG	Seagate Technology	NYSE
SEGU	Segue Software	NNM
SEH	Spartech Corp	NYSE
SEHI	Southern Energy Homes	NNM
SEI	Seitel Inc	NYSE
SEIC	SEI Corp	NNM
SEK	Salomon Inc 7.625% SNPL'ELKS'	AMEX
SEL	Seligman Select Muni Fund	NYSE
SELB	Sel-Leb Marketing	NSC
SELBW	Sel-Leb Marketing Wrrt	NSC
SEMCF	Semi-Tech Corp'A'	NNM
SEMI	All Amer Semiconductor	NNM
SEMX	Semiconductor Pkg Materials	NNM
SENEA	Seneca Foods Cl'A'	NNM
SENEB	Seneca Foods Cl'B'	NNM
SENS	Sentex Sensing Technologies	NSC
SEPC	Seiler Pollution Ctl Sys	NSC
SEPPr	AB Svensk Exp Cap Sec	NYSE
SEPR	Sepracor Inc	NNM
SEQS	Sequoia Systems	NNM
SEQU	SEQUUS Pharmaceuticals	NNM
SER	Servico Inc	AMEX
SERA	Sierra Semiconductor	NNM
SERO	Serologicals Inc	NNM
SESI	Superior Energy Svcs	NNM
SESIW	Superior Energy Svcs Wrrt	NNM
SESIZ	Superior Energy Svcs Wrrt'B'	NNM
SEVL	7th Level Inc	NNM
SEVN	Sevenson Enviro Svcs	NNM
SEW	Singer Co N.V.	NYSE
SEWY	Seaway Food Town	NNM
SF	Stifel Financial	NYSE
SFA	Scientific-Atlanta	NYSE
SFAM	Speedfam Intl	NNM
SFB	Standard Fedl Bancorp'n	NYSE
SFBM	Security Bancorp	NNM
SFCO	Safety Fund	NSC
SFD	Smith's Food & Drug'B'	NYSE
SFDS	Smithfield Foods	NNM
SFE	Safeguard Scientifics	NYSE
SFED	SFS Bancorp	NNM
SFEF	Santa Fe Financial	NSC
SFF	Santa Fe Energy Tr 'SPERs'	NYSE

Ticker	Issue	Exchange
SFFB	Southern Finl Bancorp	NNM
SFFC	StateFed Financial	NSC
SFGD	Safeguard Health Enterpr	NNM
SFI	Savannah Foods & Ind	NYSE
SFIN	Statewide Financial	NNM
SFL	Santa Fe Pac Pipeline	NYSE
SFLD	Seafield Capital Corp	NNM
SFLX	Smartflex Systems	NNM
SFN	Grupo Financiero Serfin ADS	NYSE
SFNB	Security First Network Bank	NNM
SFNCA	Simmons First Natl	NNM
SFR	Santa Fe Energy Res	NYSE
SFRPr	Santa Fe Energy Res 7% Pfd	NYSE
SFRPrA	Santa Fe Ener Res 8.25%'DECS'	NYSE
SFS	Super Food Services	NYSE
SFSB	Suburbfed Finl	NSC
SFSK	Safeskin Corp	NNM
SFSW	State Financial Svcs'A'	NNM
SFTW	Software Professionals	NNM
SFUN	Standard Fdg Corp	NSC
SFWR	Software 2000	NNM
SFXBA	SFX Broadcasting'A'	NNM
SFY	Swift Energy	NYSE
SG	Goldwyn, Samuel Co	AMEX
SGA	Saga Communications'A'	AMEX
SGASZ	Star Gas Ptnrs L.P.	NNM
SGC	Superior Surgical	AMEX
SGD	Scott's Liquid Gold	NYSE
SGF	Singapore Fund	NYSE
SGH	Sterling House	AMEX
SGHT	StarSight Telecast	NNM
SGI	Silicon Graphics	NYSE
SGIH	Scientific Games Hldgs	NNM
SGK	Schawk Inc'A'	NYSE
SGL	Strategic Global Income Fd	NYSE
SGM	Santa Fe Gaming	AMEX
SGMA	Sigmatron International	NNM
SGMPr	Santa Fe Gaming 8% Ex Pfd	AMEX
SGO	Seagull Energy	NYSE
SGOLY	St. Helena Gold Mines ADR	NSC
SGP	Schering-Plough	NYSE
SGT.EC	Soligen Technologies	ECM
SGTI	Surgical Technologies	NNM
SGVB	SGV Bancorp	NNM
SGY	Stone Energy	NYSE
SH	Shandong Huaneng Pwr ADS	NYSE
SHAW	Shaw Group	NNM
SHBZ	ShowBiz Pizza Time	NNM
SHC	Schult Homes Corp	AMEX
SHC	Shell Canada'A'vtg	TS
SHCID	Salick Health Care(New)	NNM
SHCR	Sheridan Healthcare	NNM
SHD	Sherwood Group	NYSE
SHE.EC	Sheffield Exploration	ECM
SHED	SMT Health Svcs	NNM
SHEDW	SMT Health Svcs Wrrt	NNM
SHEL	Sheldahl, Inc	NNM
SHEN	First Shenango Bancorp	NNM
SHF	Schroder Asian Growth Fd	NYSE
SHFC	Seven Hills Finl	NSC

Ticker	Issue	Exchange
SHFL	Shuffle Master	NNM
SHG	Sun Healthcare Group	NYSE
SHI	Shanghai Petrochemical ADS	NYSE
SHLL	Shells Seafood Restaurants	NSC
SHLLW	Shells Seafood Rest Wrrt	NSC
SHLM	Schulman (A.)	NNM
SHLO	Shiloh Industries	NNM
SHLR	Schuler Homes	NNM
SHM	Sheffield Medl Tech	AMEX
SHMN	Shaman Pharmaceuticals	NNM
SHN	Shoney's Inc	NYSE
SHO	Starrett Corp	AMEX
SHOO	Madden (Steven) Ltd	NSC
SHOOZ	Madden(Steven) Wrrt'B'	NSC
SHOR	Shorewood Packaging	NNM
SHOW	Showscan Entertainment	NNM
SHP	Stop & Shop Cos	NYSE
SHPI	Specialized Health Prods Intl	NSC
SHR	Scherer (R.P.)	NYSE
SHRP	Sharper Image	NNM
SHSC	Sierra Home Svc Cos	NSC
SHU	Shurgard Storage Centers	NYSE
SHVA	Shiva Corp	NNM
SHW	Sherwin-Williams	NYSE
SHX	Shaw Indus	NYSE
SI	ACM Gvt Spectrum Fund	NYSE
SIA	Signal Apparel	NYSE
SIAL	Sigma-Aldrich	NNM
SIBI	SIBIA Neurosciences	NNM
SIDT	SI Diamond Technology	NSC
SIDY	Science Dynamics	NSC
SIE	Sierra Health Services	NYSE
SIER	Sierra On-Line	NNM
SIF	SIFCO Indus	AMEX
SIFI	Starlog Franchise	NSC
SIG	SIGCORP, Inc	NYSE
SIGA	Sigma Circuits	NNM
SIGGY	Signet Group ADR	NNM
SIGGZ	Signet Grp $1.06 Cv Pfd	NNM
SIGI	Selective Insurance Gr	NNM
SIGM	Sigma Designs	NNM
SIGN	Plasti-Line	NNM
SIH	Sun Intl Hotels Ord	NYSE
SIHS	S.I. Handling Sys	NNM
SII	Smith Intl	NYSE
SIII	S3 Inc	NNM
SILCF	Silicon Ltd	NSC
SILI	Siliconix Inc	NNM
SILVW	Sunshine Mng & Refining Wrrt	NNM
SILZF	Silicon Ltd Wrrt	NSC
SIM	Grupo Simec ADS	AMEX
SIMA	Sonics & Materials	NNM
SIMAW	Sonics & Materials Wrrt	NNM
SIMC	Spacetec IMC	NNM
SIMN	Simon Transportation Svcs'A'	NNM
SIMS	SIMS Communications	NSC
SIMSU	SIMS Communications Unit	NSC
SIMSW	Sims Communications Wrrt'A'	NSC
SIMSZ	Sims Communications Wrrt'B'	NSC
SIMWF	Simware Inc	NNM

Ticker	Issue	Exchange
SIPX	SIPEX Corp	NNM
SIR	Struthers Industries	AMEX
SIRC	Sirco Intl	NSC
SIRN	Sirena Apparel Group	NNM
SIS	Paine Webber Gp Stk Index Sec	AMEX
SISB	Springfield Instit'n for Svgs	NNM
SISGF	ISG Intl Software Group	NNM
SISI	S I Technologies	NSC
SISK	Siskon Gold 'A'	NNM
SITL	SITEL Corp	NNM
SIVB	Silicon Valley Bancshrs	NNM
SIVZV	Sunshine Mining & Refining Wrrt	NNM
SIXX	Sixx Hldgs	NSC
SIZ	Sizeler Property Inv	NYSE
SJI	South Jersey Indus	NYSE
SJK	St. John Knits	NYSE
SJM.A	Smucker (J.M.) Cl'A'	NYSE
SJM.B	Smucker (J.M.) Cl'B'	NYSE
SJNB	SJNB Finl	NNM
SJP	St. Joe Paper	NYSE
SJSB	SJS Bancorp	NSC
SJT	San Juan Basin Rty Tr	NYSE
SJW	SJW Corp	AMEX
SK	Safety-Kleen	NYSE
SKATA	Skysat Commun Network'A'	NSC
SKATW	Skysat Communicns Ntwk Wrrt'A'	NSC
SKATZ	Skysat Communicns Ntwk Wrrt'B'	NSC
SKCB	Skylands Cmnty Bk NJ	NSC
SKCH	Skyline Chili	NSC
SKDR	Skydoor Media & Entmt	NSC
SKEY	Softkey International	NNM
SKEYW	Softkey Intl Wrrt	NNM
SKFB	S & K Famous Brands	NNM
SKFRY	SKF AB ADR	NNM
SKII	S-K-I Ltd	NNM
SKINY	Pharma Patch plc	NSC
SKO	Shopko Stores	NYSE
SKRI	Striker Industries	NSC
SKRSU	Skouras Pictures Unit	NSC
SKS	Saks Holdings	NYSE
SKT	Tanger Factory Outlet Ctrs	NYSE
SKTPrA	Tanger Fac Outlt Cv Dep Pfd	NYSE
SKTV	Silver King Communic	NNM
SKY	Skyline Corp	NYSE
SKYC	Amer Mobile Satellite	NNM
SKYGF	Sky Games Intl	NSC
SKYL	Skyline Multimedia Entmt	NSC
SKYLW	Skyline Multimedia Entmt Wrrt'A'	NSC
SKYLZ	Skyline Multimedia Entmt Wrrt'B'	NSC
SKYP	Skylands Park Mgmt	NSC
SKYPW	Skylands Pk Mgmt Wrrt	NSC
SKYS	Sky Scientific	NSC
SKYW	SkyWest Inc	NNM
SL	SL Industries	NYSE
SLA	Amer Select Portfolio	NYSE
SLAB	Sage Labs	NNM
SLAM	Suburban Lodges America	NNM
SLB	Schlumberger Ltd	NYSE
SLCM	Southland Corp	NNM
SLE	Sara Lee Corp	NYSE

Ticker	Issue	Exchange
SLFC	Shoreline Financial	NNM
SLFX	Selfix Inc	NNM
SLIC	Semiconductor Laser Intl	NSC
SLICW	Semiconductor Laser Wrrt	NSC
SLM	Student Loan Mktg	NYSE
SLMD	SpaceLabs Medical	NNM
SLMPrA	Student Ln Mktg Adj Rt A Pfd	NYSE
SLNK	SpectraLink Corp	NNM
SLO	Sloan's Supermarkets	AMEX
SLOT	Anchor Gaming	NNM
SLP	Sun Energy Ptnrs L.P.	NYSE
SLR	Solectron Corp	NYSE
SLS	Selas Corp of Amer	AMEX
SLT	Salant Corp	NYSE
SLTI	Surgical Laser Tech	NNM
SLT.WS	Salant Corp Wrrt	AMEX
SLV	Silverado Foods	AMEX
SLVC	Selvac Corp	NSC
SLVN	Sylvan Learning Systems	NNM
SLVR	Silver Diner Dvlpmt	NNM
SMAN	Standard Management	NNM
SMANP	Standard Mgmt 11% Cv 'S' Pfd	NSC
SMBC	Southern Missouri Bancorp	NNM
SMC.A	Smith (A.O.) Cl'A'	AMEX
SMCC	SMC Corp	NNM
SMCO	Simpson Manufacturing	NNM
SMCS	Star Multi Care Svcs	NNM
SMD	Sunrise Medical	NYSE
SME	Service Merchandise	NYSE
SMED	Shared Medical Sys	NNM
SMF	Smart & Final Inc	NYSE
SMFC	Sho-Me Financial	NNM
SMFR	Summit Family Restaurants	NNM
SMG	Scotts Co 'A'	NYSE
SMGS	Southeastern Mich Gas Ent	NNM
SMI	Springs Industries'A'	NYSE
SMID	Smith-Midland	NSC
SMIDW	Smith-Midland Wrrt	NSC
SMIN	Southern Mineral	NSC
SMIT	Schmitt Industries	NSC
SMO	Santa Monica Bank	AMEX
SMOD	SMART Modular Tech	NNM
SMP	Standard Motor Prod	NYSE
SMPS	Simpson Indus	NNM
SMQ	Source One Mtg 9.375%'QUICS'	NYSE
SMQCF	Sunport Med	NSC
SMRT	Stein Mart	NNM
SMSC	Standard Microsystems	NNM
SMSI	Smith Micro Software	NNM
SMT	Summit Properties	NYSE
SMTC	Semtech Corp	NNM
SMTG	Somatogen Inc	NNM
SMTH	Smith Environmental Tech	NNM
SMTL	Semitool Inc	NNM
SMTS	Somanetics Corp	NSC
SMTSZ	Somanetics Corp Wrrt'B'	NSC
SMU	Simula Inc	NYSE
SN	Sun Coast Indus	NYSE
SNA	Snap-On Inc	NYSE
SNAP	Synaptic Pharmaceutical	NNM

Ticker	Issue	Exchange
SNAX	Lincoln Snacks	NSC
SNB	Southern National	NYSE
SNDCF	Sand Technology Sys'A'	NNM
SNDK	SanDisk Corp	NNM
SNDS	Sands Regent	NNM
SNDT	SunGard Data Systems	NNM
SNE	Sony Corp ADR	NYSE
SNF	Spain Fund	NYSE
SNFCA	Security Natl Finl 'A'	NNM
SNG	Southern New Eng Telecom	NYSE
SNI	Sun City Indus	AMEX
SNIC	Sonic Solutions	NNM
SNIFF	Amer Sensors	NNM
SNKIE	Swank Inc	NSC
SNM	Sinter Metals 'A'	NYSE
SNOW	Sled Dogs Co	NSC
SNPS	Synopsys Inc	NNM
SNR	Sunair Electronics	AMEX
SNRZ	Sunrise Assisted Living	NNM
SNS	Sundstrand Corp	NYSE
SNSTA	Sonesta Intl Hotels	NNM
SNT	Sonat, Inc	NYSE
SNTC	Synetic Inc	NNM
SNTKY	Senetek Plc ADS	NSC
SNTL	Superior Natl Insurance Grp	NNM
SNTV	Sun Television & Appliances	NNM
SNTWF	Senetek Plc Wrrt'A'	NSC
SNTZF	Senetek Plc Wrrt'B'	NSC
SNUS	SONUS Pharmaceuticals	NNM
SNV	Synovus Financial	NYSE
SNY	Snyder Oil Corp	NYSE
SNYPrA	Snyder Oil cm Dep Ex Pfd	NYSE
SO	Southern Co	NYSE
SOA	Southern Africa Fund	NYSE
SOBI	Sobieski Bancorp	NSC
SOC	Sunbeam Corp	NYSE
SOCR	Scan-Optics	NNM
SODK	Sodak Gaming	NNM
SOF	Softnet Systems	AMEX
SOFA	Krause's Furniture	NSC
SOFT	SofTech Inc	NNM
SOI	S.O.I. Industries(New)	AMEX
SOL	Sola International	NYSE
SOLP	Solomon-Page Group Ltd	NSC
SOLPW	Solomon-Page Grp Wrrt	NSC
SOLR	Solar-Mates	NSC
SOLRU	Solar-Mates Inc Unit	NSC
SOLRW	Solar-Mates Wrrt	NSC
SOLV	Solv-Ex Corp	NSC
SOMA	Somatix Therapy	NNM
SOMPrA	Source One Mtg 8.42%'A'Pfd	NYSE
SOMR	Somerset Group	NNM
SON	Sonoco Products	NYSE
SONC	Sonic Corp	NNM
SONPrA	Sonoco Prd $2.25 Sr'A'Cv Pfd	NYSE
SOPN	First Savings Bancorp	NNM
SOR	Source Capital	NYSE
SORC	Source Co	NSC
SORPr	Source Capital $2.40 Pfd	NYSE
SOS	Storage Computer	AMEX

Ticker	Issue	Exchange
SOSA	Somerset Savings Bank	NNM
SOSS	SOS Staffing Svcs	NNM
SOTA	State Of The Art	NNM
SOTR	SouthTrust Corp	NNM
SOUPr	South'n Cal Gas cm6%PfdA vtg	PC
SOV	Styles on Video	AMEX
SP	Spelling Entertainment Grp	NYSE
SPA	Sparton Corp	NYSE
SPAB	SPACEHAB Inc	NNM
SPAN	Span-America Med Sys	NNM
SPAR	Spartan Motors	NNM
SPAZ	Spatializer Audio Labs	NSC
SPBC	St. Paul Bancorp	NNM
SPBI	Specialty Paperboard	NNM
SPC	St. Paul Cos	NYSE
SPCH	Sport Chalet	NNM
SPCO	Software Publishing	NNM
SPCPrM	St. Paul Cos LLC 6%Cv'MIPS'	NYSE
SPCT	Spectrian Corp	NNM
SPD	Standard Products	NYSE
SPEC	Spectrum Control	NNM
SPEH	May & Speh Inc	NNM
SPEI	Savoy Pictures Entertainment	NNM
SPEK	Spec's Music	NNM
SPEQ	Specialty Equipment	NNM
SPF	Standard Pacific	NYSE
SPFO	Sparta Foods	NSC
SPG	Simon Property Group	NYSE
SPGLA	Spiegel Cl'A'	NNM
SPGNA	Sepragen Corp'A'	NSC
SPGNU	Sepragen Corp Unit	NSC
SPGNW	Sepragen Corp Wrrt'A'	NSC
SPGNZ	Sepragen Corp Wrrt'B'	NSC
SPH	Suburban Propane Ptnrs L.P.	NYSE
SPHI	Studio Plus Hotels	NNM
SPIR	Spire Corp	NNM
SPJ	Austria (Republic) SIGNs	NYSE
SPK	Spieker Properties	NYSE
SPKPrB	Spieker Prop 9.45%'B' Pfd	NYSE
SPLK	Spanlink Communications	NSC
SPLS	Staples Inc	NNM
SPM.A	Saga Petroleum ADS'A'	NYSE
SPM.B	Saga Petroleum ADS'B'	NYSE
SPMT	Sportmart Inc	NNM
SPMTA	Sportmart Inc'A'	NNM
SPNC	Spectranetics Corp	NNM
SPNI	Spinnaker Industries	NSC
SPNSF	Sapiens Intl N.V.	NNM
SPOR	Sport-Haley	NNM
SPOT	PanAmSat Corp	NNM
SPPR	Supertel Hospitality	NNM
SPPTY	Southern Pac Petrol NL	NSC
SPR	Sterling Capital	AMEX
SPS	Southwestern PubSv	NYSE
SPSG	Sparta Surgical	NSC
SPSGU	Sparta Surgical Unit	NSC
SPSGW	Sparta Surgical Wrrt	NSC
SPSI	SpectraScience Inc	NSC
SPSS	SPSS Inc	NNM
SPTA	Sparta Pharmaceuticals	NSC

Ticker	Issue	Exchange
SPTAW	Sparta Pharmaceuticals Wrrt'A'	NSC
SPTAZ	Sparta Pharmaceuticals Wrrt'B'	NSC
SPTR	SpecTran Corp	NNM
SPTS	Sports Media	NSC
SPTSL	Sports Media Wrrt'C'	NSC
SPTSZ	Sports Media Wrrt'B'	NSC
SPW	SPX Corp	NYSE
SPWY	Penske Motorsports	NNM
SPY	Standard & Poor's Dep Receipts	AMEX
SPYG	Spyglass Inc	NNM
SPYN	Spine-Tech Inc	NNM
SPZN	Speizman Ind	NNM
SPrA	Sears, Roebuck 8.88% Dep Pfd	NYSE
SQA.A	Sequa Corp Cl'A'	NYSE
SQA.B	Sequa Corp'B'	NYSE
SQAI	Square Industries	NNM
SQAPr	Sequa $5cm Cv Pfd	NYSE
SQAX	SQA Inc	NNM
SQF	Seligman Quality Muni Fd	NYSE
SQM	Sociedad Quimica Y Minera ADS	NYSE
SQNA	Sequana Therapeutics	NNM
SQNT	Sequent Computer Sys	NNM
SR	Standard Register	NYSE
SRA	Stratus Computer	NYSE
SRBC	Sunrise Bancorp	NNM
SRC	Security-Connecticut Corp	NYSE
SRCE	First Source Corp	NNM
SRCM	Source Media	NNM
SRCO	Sealright Co	NNM
SRGC	Specialty Retail Group	NSC
SRGN	Seragen Inc	NNM
SRI	Serenpet Inc	AMEX
SRL	Sceptre Resources	AMEX
SRM	Sensormatic Elect	NYSE
SRMI	SWISSRAY Intl	NSC
SRN	Southern Banc(AL)	AMEX
SROM	Sirrom Capital	NNM
SRP	Sierra Pacific Resources	NYSE
SRR	Stride Rite	NYSE
SRTR	Senior Tour Players Dvlmt	NSC
SRTRW	Senior Tour Players Dev Wrrt	NSC
SRV	Service Corp Intl	NYSE
SRVC	SunRiver Corp	NSC
SRVCW	SunRiver Corp Wrrt	NSC
SRVPrT	SCI Fin $3.125'TECONS'	NYSE
SRW	Smith(Charles E.)Res Rlty	NYSE
SRY	Surety Capital	AMEX
SSAX	System Software	NNM
SSB	Scotland Bancorp	AMEX
SSBK	Strongsville Svgs Bk Ohio	NSC
SSC	Sunshine Mining & Refining	NYSE
SSCI	Sports Sciences	NSC
SSCIW	Sports Sciences Wrrt	NSC
SSET	SSE Telecom	NNM
SSHI	Sunstone Hotel Investors	NNM
SSLI	Southern Sec Life Ins	NSC
SSM	Stone Street Bancorp	AMEX
SSOL	SmartServ Online	NSC
SSOLW	SmartServ Online Wrrt	NSC
SSP	Scripps(E.W.)'A'	NYSE

Ticker	Issue	Exchange
SSPC	Seda Speciality Packaging	NNM
SSPE	Software Spectrum	NNM
SSPIF	Spectrum Signal Processing	NNM
SSPW	Sun Sportswear	NNM
SSS	Sovran Self Storage	NYSE
SSSS	Stewart & Stevenson	NNM
SST	Shelter Components Corp	AMEX
SSTI	Silicon Storage Tech	NNM
SSW	Sterling Software	NYSE
SSYS	Stratasys Inc	NSC
ST	SPS Technologies	NYSE
STA	Starter Corp	NYSE
STAA	STAAR Surgical	NNM
STAC	Stac Inc	NNM
STAK	Austins Steaks & Saloon	NSC
STAN	Standish Care	NSC
STAR	Lone Star Steakhouse/Saloon	NNM
STAT	i-STAT	NNM
STAY	Extended Stay Amer	NNM
STB	Star Banc Corp	NYSE
STBA	S&T Bancorp	NNM
STBC	State Bancorp NY	NSC
STBI	STB Systems	NNM
STBS	Sierra Tahoe Bancorp	NNM
STC	Stewart Information Sv	NYSE
STCCF	Smartel Communications	NSC
STCH	Shared Tech Fairchild	NNM
STCI	Station Casinos	NNM
STCIP	Station Casinos $3.50 Cv Pfd	NNM
STCL	Shared Tech Cellular	NSC
STCR	Starcraft Corp	NNM
STD	Banco Santander ADS	NYSE
STE	STET-Societa Fin Tel Ord ADS	NYSE
STE.A	Stelco Inc'A'	TS
STE.A	STET-Societa Fin Tele Svg ADS	NYSE
STEC	Serv-Tech Inc	NNM
STEI	Stewart Enterprises'A'	NNM
STEK	Steck-Vaughn Publishing	NNM
STEL	SA Telecommunications	NSC
STER	Sterling Healthcare Group	NNM
STFC	State Auto Financial	NNM
STFR	St. Francis Capital	NNM
STG	Storage Properties Inc	AMEX
STGA	Saratoga Brands	NSC
STH	Stanhome Inc	NYSE
STI	SunTrust Banks	NYSE
STII	Stanford Telecommun	NNM
STIM	Stimsonite Corp	NNM
STIQ	Survival Technology	NNM
STIZ	Scientific Technologies	NNM
STJM	St. Jude Medical	NNM
STK	Storage Technology	NYSE
STKLF	Stake Technology Ltd	NSC
STKR	Stocker & Yale	NSC
STKY	Stokely USA	NNM
STL	Sterling Bancorp	NYSE
STLBY	Stolt-Nielsen S.A. ADS	NNM
STLC	StreamLogic Corp	NNM
STLTF	Stolt-Nielsen S.A.	NNM
STLY	Stanley Furniture	NNM

Ticker	Issue	Exchange
STM	SGS-THOMSON N.V.	NYSE
STMD	Stormedia 'A'	NNM
STMI	STM Wireless	NNM
STMX	SyStemix Inc	NNM
STND	Standard Financial	NNM
STNT	Stant Corp	NNM
STO	Stone Container	NYSE
STON	GreenStone Indus	NNM
STONW	GreenStone Inds Wrrt	NNM
STOPrE	Stone Container Cv Ex Pfd	NYSE
STOSY	Santos Ltd ADR	NSC
STR	Questar Corp	NYSE
STRB	Strober Organization	NNM
STRD	Strategic Distribution	NNM
STRL	STERIS Corp	NNM
STRM	StrataCom Inc	NNM
STRO	Strouds Inc	NNM
STRR	Star Technologies	NNM
STRT	Strattec Security	NNM
STRWA	Strawbridge/Clothier'A'	NNM
STRY	Stryker Corp	NNM
STRb.M	Grupo Situr'B'	ME
STS	Supreme Industries'A'	AMEX
STS.WS	Supreme Indus Wrrt	AMEX
STSA	Sterling Finl (WA)	NNM
STSAP	Sterling Finl $1.8125 Cv Pfd	NNM
STT	State Str Boston	NYSE
STTX	Steel Technologies	NNM
STTZF	Sutton Resources	NNM
STU	Student Loan Corp	NYSE
STUA	Stuart Entertainment	NNM
STVI	STV Group	NNM
STW	Standard Commercial	NYSE
STX	Sterling Chemicals	NYSE
STZ	Signal Technology	AMEX
SU	Suncor Inc	AMEX
SUA	Summit Tax Exempt Bond	AMEX
SUB	Summit Bancorp	NYSE
SUBI	Sun Bancorp	NNM
SUBK	Suffolk Bancorp	NNM
SUBM	SubMicron Systems	NNM
SUBPrB	Summit Bcp Adj B Pfd	NYSE
SUBS	Miami Subs	NNM
SUDS	Sudbury Inc	NNM
SUG	Southern Union	NYSE
SUGN	SUGEN Inc	NNM
SUGPrA	So Union Financing 9.48%'TOPrS'	NYSE
SUGR	Summagraphics	NNM
SUI	Sun Communities	NYSE
SUIT	Men's Wearhouse	NNM
SUL	Sulcus Computer	AMEX
SULL	Sullivan Dental Products	NNM
SUMA	Summa Four	NNM
SUMC	Summit Care	NNM
SUMI	Sumitomo Bank (CA)	NNM
SUMIZ	Sumitomo Bank CA Dep 'A' Pfd	NNM
SUMM	Summit Financial	NSC
SUMT	Summit Medical System	NNM
SUMX	Summa Industries	NNM
SUN	Sun Co	NYSE

Ticker	Issue	Exchange
SUND	Sound Advice	NNM
SUNH	Sundance Homes	NNM
SUNL	Sunrise Resources	NNM
SUNP	SunPharm Corp	NSC
SUNPW	Sunpharm Corp Wrrt	NSC
SUNPrD	Sun Co'A'Dep'TARGETS'	NYSE
SUNQ	Sunquest Information Sys	NNM
SUNR	Sunrise Preschools	NSC
SUNRP	Sunrise Preschools Cv 'C' Pfd	NSC
SUNS	SunStar Healthcare	NSC
SUNW	Sun Microsystems	NNM
SUP	Superior Indus Intl	NYSE
SUPG	SuperGen Inc	NNM
SUPGW	SuperGen Inc Wrrt	NNM
SUPI	Supreme International	NNM
SUPR	Superior Services	NNM
SUPVA	Super Vision Intl'A'	NSC
SUPVW	Super Vision Intl Wrrt'A'	NSC
SUPVZ	Super Vision Intl Wrrt'B'	NSC
SUPX	Supertex Inc	NNM
SUS	Storage USA	NYSE
SUSQ	Susquehanna Bancshares	NNM
SUSTE	Sunstates Corp	NSC
SUSTP	Sunstates $3.75 cm Pfd	NSC
SVCPr	Stokely-Van Camp 5% Pref	NYSE
SVECF	ScanVec Co	NNM
SVG.A	Stevens Intl Cl'A'	AMEX
SVG.B	Stevens Intl Cl'B'	AMEX
SVGI	Silicon Valley Group	NNM
SVM	ServiceMaster L.P.	NYSE
SVN	SpectraVision Inc 'B'	AMEX
SVNG	Seventh Generation	NSC
SVRI	Silicon Valley Research	NNM
SVRN	Sovereign Bancorp	NNM
SVRNP	Sovereign Bancorp 6.25% Cv Pfd	NNM
SVT	Servotronics, Inc	AMEX
SVU	Supervalu Inc	NYSE
SW	Stone & Webster	NYSE
SWBA	Southwest Banks	NNM
SWBC	Sterling West Bancorp(CA)	NNM
SWBI	Southwest Bancshares	NNM
SWCB	Sandwich Co-operative Bank	NNM
SWEBF	SoftQuad Intl	NNM
SWFT	Swift Transportation	NNM
SWG	Swing-N-Slide Corp	AMEX
SWH	Spaghetti Warehouse	NYSE
SWI	Scudder World Inc Oppt Fd	NYSE
SWK	Stanley Works	NYSE
SWKOY	Sawako Corp ADR	NNM
SWM	Schweitzer-Mauduit Intl	NYSE
SWMAY	Swedish Match AB ADR	NNM
SWMCF	Sanctuary Woods Multimedia	NNM
SWN	Southwestern Energy	NYSE
SWP	South West Prop Tr	NYSE
SWPA	Southwest National	NNM
SWRT	Software Artistry	NNM
SWSH	Swisher International	NNM
SWSHW	Swisher Intl Wrrt	NNM
SWST	Southwest Securities Grp	NNM
SWTX	Southwall Technologies	NNM

Ticker	Issue	Exchange
SWVA	Steel of West Virginia	NNM
SWWC	Southwest Water Co	NNM
SWWT	Sweetwater Inc	NSC
SWX	Southwest Gas	NYSE
SWXPrA	So West Gas Cap I 9.125%'TOPrS'	NYSE
SWY	Safeway Inc	NYSE
SWY.WS	Safeway Inc Wrrts	NYSE
SWZ	Swiss Helvetia Fund	NYSE
SWZA	Suiza Foods	NNM
SXI	Standex Intl	NYSE
SXT	Lehman Br G1 Tele'SUNS' 2000	AMEX
SY	Shelby Williams Ind	NYSE
SYB	Sybron Intl	NYSE
SYBA	S Y Bancorp	NSC
SYBS	Sybase Inc	NNM
SYCM	Sybron Chemicals	NNM
SYGRU	Synagro Tech Unit	NSC
SYGRW	Synagro Technologies Wrrt	NSC
SYKE	Sykes Enterprises	NNM
SYLN	Sylvan Inc	NNM
SYM	Syms Corp	NYSE
SYMBA	Symbollon Corp	NSC
SYMBW	Symbollon Corp Wrrt'A'	NSC
SYMBZ	Symbollon Corp Wrrt'B'	NSC
SYMC	Symantec Corp	NNM
SYMM	Symmetricom Inc	NNM
SYMT	Symetrics Industries	NNM
SYMX	Symix Systems	NNM
SYNC	Synalloy Corp	NNM
SYNH	Synergistic Hldg	NSC
SYNHW	Synergistic Hldg Wrrt	NSC
SYNL	Syntellect Inc	NNM
SYNX	Sync Research	NNM
SYQT	SyQuest Technology	NNM
SYR	Syratech Corp	NYSE
SYS	Sterile Concepts	NYSE
SYSF	SystemSoft Corp	NNM
SYSM	SysteMed Inc	NNM
SYY	Sysco Corp	NYSE
SZ	Sizzler International	NYSE
SZB	SouthFirst Bancshares	AMEX
T	AT&T Corp	NYSE
TA	Transalta Corp	TS
TA	Transamerica Corp	NYSE
TAC	Tandycrafts, Inc	NYSE
TACO	Taco Cabana'A'	NNM
TAD	Tadiran Limited ADS	NYSE
TAGS	Tarrant Apparel Group	NNM
TAI	Transamerica Inc Shrs	NYSE
TAIT	Taitron Components'A'	NNM
TAL	Talley Indus	NYSE
TALK	Tel-Save Holdings	NNM
TALPrB	Talley Indus, $1.00 Cv B Pfd	NYSE
TAM	TubosDeAceroMex ADR	AMEX
TAMSA	Intime Systems Intl'A'	NSC
TAMSU	Intime Systems Intl Unit	NSC
TAMSW	Intime Sys Intl Wrrt	NSC
TAN	Tandy Corp	NYSE
TANK	Tanknology Environmental	NNM
TANT	Tennant Co	NNM

Ticker	Issue	Exchange
TAP	Travelers/Aetna Prop Casual'A'	NYSE
TAPI	Tapistron Intl	NNM
TAPIW	Tapistron Intl Wrrt	NNM
TAPPrA	Travelers P&C Cap I 8.08% Pfd	NYSE
TAPPrB	Travelers P&C Cap II 8.00% Pfd	NYSE
TAPrA	Transamerica Del L.P.'MIPS'	NYSE
TAPrD	Transamerica 8.50% Dep Pfd	NYSE
TAR	Telefonica De Argentina ADS	NYSE
TAROF	Taro Pharmaceutical Ind	NNM
TASA	Touchstone Applied Science	NSC
TATTF	TAT Technologies Ltd	NNM
TAVI	Thorn Apple Valley	NNM
TAXI	Medallion Financial	NNM
TAYD	Taylor Devices	NSC
TBAC	Tandy Brands Accessories	NNM
TBC	Tasty Baking	AMEX
TBCC	TBC Corp	NNM
TBCOA	Triathlon Broadcasting 'A'	NSC
TBCOL	Triathlon Brdcst 9% Pfd	NSC
TBDI	TMBR/Sharp Drilling	NNM
TBIT	Telebit Corp	NNM
TBK	Tolland Bank	AMEX
TBL	Timberland Co Cl'A'	NYSE
TBM	Morgan StanGp 6%Telebras'PERQS'	AMEX
TBN.EC	Banker's Note	ECM
TBP	Tab Products	AMEX
TBR	Telecomun Brasil-Telebras ADS	NYSE
TBRL	Timber Lodge Steakhouse	NSC
TBS.A	Turner Broadcast'A'	AMEX
TBS.B	Turner Broadcast'B'	AMEX
TBUD	Team Rental Group'A'	NNM
TBUS	Digital Recorders	NSC
TBUSW	Digital Recorders Wrrt	NSC
TBW	T B Wood's	NYSE
TBY	TCBY Enterprises	NYSE
TBZ	Toy Biz'A'	NYSE
TC	Thai Capital Fund	NYSE
TCA	Thermo Cardiosystems	AMEX
TCAM	Transport Corp Amer	NNM
TCAT	TCA Cable TV	NNM
TCB	TCF Financial	NYSE
TCBK	TriCo Bancshares	NNM
TCC	AT&T Capital	NYSE
TCCC	3CI Complete Compliance	NSC
TCCO	Technical Communications	NNM
TCDN	Techdyne Inc	NSC
TCDNW	Techdyne Inc Wrrt	NSC
TCEL	T Cell Sciences	NNM
TCH	Templeton China World Fd	NYSE
TCHP	Telechips Corp	NSC
TCHPW	Telechips Corp Wrrt	NSC
TCI	Transcontinental Rlty	NYSE
TCII	TCI Intl	NNM
TCIX	Total Containment	NNM
TCK	Thermo Ecotek	AMEX
TCLN	Techniclone Intl	NSC
TCM	T/SF Communications	AMEX
TCNJ	Trust Co of New Jersey	NNM
TCNL	Tecnol Medical Products	NNM
TCNOF	Tecnomatix Technologies Ltd	NNM

Ticker	Issue	Exchange
TCO	Taubman Centers	NYSE
TCOMA	Tele-Communic'A'TCI Group	NNM
TCOMB	Tele-Communic'B'TCI Group	NNM
TCOMP	TeleComm TCI Grp 6% Exch Pfd	NNM
TCPI	Technical Chemicals & Products	NNM
TCSFY	Thomson-CSF ADS	NNM
TCSI	TCSI Corp	NNM
TCT	Town & Country Trust	NYSE
TCTC	Tompkins Cty Trustco	NNM
TCTV	Tel-Com Wireless Cable TV	NSC
TCTVW	Tel-Com Wireless CATV Wrrt	NSC
TCXWF	Tracer Pete Wrrt	NSC
TCXXF	Tracer Petroleum	NSC
TD	Toronto-Dominion Bk	TS
TDAY	Today's Bancorp	NNM
TDD.A	Three D Depts Cl'A'	AMEX
TDD.B	Three D Depts Cv Cl'B'	AMEX
TDF	Templeton Dragon Fd	NYSE
TDGO	3-D Geophysical	NNM
TDHC	Thermadyne Holdings	NNM
TDI	Twin Disc	NYSE
TDK	TDK Corp ADS	NYSE
TDM	Tandem Computers	NYSE
TDS	Telephone & Data Sys	AMEX
TDSC	3-D Systems Corp	NNM
TDT	TCW/DW Term Trust 2000	NYSE
TDW	Tidewater Inc	NYSE
TDY	Teledyne Inc	NYSE
TDYPrE	Teledyne Inc Sr'E' Pfd	NYSE
TE	TECO Energy	NYSE
TEA	Templeton Emerg Mkts Apprec	NYSE
TEAM	Natl TechTeam Inc	NNM
TEC	Commercial Intertech	NYSE
TECD	Tech Data Corp	NNM
TECH	Techne Corp	NNM
TECUA	Tecumseh Products Cl'A'	NNM
TECUB	Tecumseh Products Cl'B'	NNM
TEDPrA	Toledo Edison 8.32% Pfd	AMEX
TEDPrC	Toledo Edison 7.76% Pfd	AMEX
TEDPrD	Toledo Edison 10% Pfd	AMEX
TEDPrE	Toledo Ed 8.84%cm Pfd	NYSE
TEDPrF	Toledo Edison $2.365 Pfd	NYSE
TEDPrK	Toledo Edison Adj A Pfd	NYSE
TEDPrL	Toledo Edison Adj Rt B Pfd	NYSE
TEE	Natl Golf Properties	NYSE
TEF	Telefonica de Espana ADS	NYSE
TEI	Templeton Emerg Mkts Income	NYSE
TEJ	Tejas Gas Corp	NYSE
TEJPr	Tejas Gas Cp 9.96% Dep Pfd	NYSE
TEJPrA	Tejas Gas 5.25% Cv Dep Pfd	NYSE
TEK	Tektronix Inc	NYSE
TEK.A	Teck Corp Cl'A'	TS
TEL	TCC Industries	NYSE
TELC	Telco Systems	NNM
TELE	Tech Electro Industries	NSC
TELEU	Tech Electro Industries Unit	NSC
TELEW	Tech Electro Industries Wrrt	NSC
TELGF	Telegraph Communic Ltd	NSC
TELL	Teletouch Communications Inc	NSC
TELLW	Teletouch Communicns Wrrt'A'	NSC

Ticker	Issue	Exchange
TELOZ	TEL Offshore Tr UBI	NSC
TELR	Telor Ophthalmic Pharm	NNM
TELS	Tels Corp	NSC
TELT	Teltronics Inc	NSC
TELU	Total-Tel USA Communic	NNM
TELV	TeleVideo Systems	NNM
TEMD	Telmed Inc	NSC
TEMDW	TelMed Inc Wrrt	NSC
TEN	Tenneco Inc	NYSE
TENPrB	Tenneco $7.40 cm Pfd	NYSE
TENXF	Tee-Comm Electronics	NNM
TEO	Tel Argentina-France Tel'B'ADS	NYSE
TEP	Tucson Elec Power(New)	NYSE
TEPrB	Toledo Edison 4 1/4% Pfd	AMEX
TER	Teradyne Inc	NYSE
TERA	Tera Computer	NSC
TERAW	Tera Computer Wrrt	NSC
TESC	Tescorp Inc	NSC
TESCP	Tescorp 10% 1990 Cv Pfd	NSC
TESS	TESSCO Technologies	NNM
TEVIY	Teva Pharm Indus ADR	NNM
TEX	Terex Corp	NYSE
TEXSF	Texas Star Resources	NSC
TFA	Municipal Income Trust	NYSE
TFB	Municipal Income Trust II	NYSE
TFC	Municipal Income Trust III	NYSE
TFCE	TFC Enterprises	NNM
TFCO	Tufco Technologies	NNM
TFIPr	TCI Commun Fin I 8.72%'TOPrS'	NYSE
TFONY	Telefonos de Mexico'A'ADR	NSC
TFRC	TechForce Corp	NNM
TFS	Three-Five Systems	NYSE
TFT	Thermo Fibertek	AMEX
TFX	Teleflex Inc	NYSE
TG	Tredegar Indus	NYSE
TGAL	Tegal Corp	NNM
TGB	Triple A and Gvt Ser'97(New)	AMEX
TGBRY	Trans-Global Resource NL ADR	NSC
TGCI	TGC Industries	NSC
TGEN	Targeted Genetics	NNM
TGET	Target Therapeutics	NNM
TGF	Emerging Tigers Fund	NYSE
TGG	Templeton Global Gvts	NYSE
TGIC	Triad Guaranty	NNM
TGIS	Thomas Group	NNM
TGL	Triton Group Ltd	AMEX
TGLEF	Transglobe Energy	NSC
TGL.WS	Triton Group Ltd Wrrt	AMEX
TGN	Trigen Energy	NYSE
TGPAF	Technigen Corp	NSC
TGS	Transportadora De Gas ADS	NYSE
TGSI	Trans Global Svcs	NSC
TGSIW	Trans Global Svcs Wrrt	NSC
TH	Titan Holdings	NYSE
THA	Time Warner Fin Tr 'PERCS'	NYSE
THBC	Troy Hill Bancorp	NNM
THC	Tenet Healthcare	NYSE
THDO	3DO Company	NNM
THFF	First Finl Corp Ind	NNM
THI	Thermo Instrument Sys	AMEX

Ticker	Issue	Exchange
THIR	Third Financial	NNM
THIS	Terrace Holdings	NSC
THISW	Terrace Holdings Wrrt	NSC
THK	Thackeray Corp	NYSE
THM	Thermwood Corp	AMEX
THMP	Thermal Industries	NSC
THMZ	Thermo-Mizer Environmental	NSC
THMZW	Thermo-Mizer Env Wrrt	NSC
THN	Thermo Remediation	AMEX
THO	Thor Industries	NYSE
THOM	Thompson PBE	NNM
THP	Thermo Power	AMEX
THR	Three Rivers Finl	AMEX
THRD	TF Financial	NNM
THRT	TheraTech Inc	NNM
THRX	Theragenics Corp	NNM
THS	ThermoSpectra Corp	AMEX
THTX	TheraTx Inc	NNM
TIDE	Tide West Oil	NNM
TIF	Tiffany & Co	NYSE
TIG	TIG Holdings	NYSE
TII	Thomas Indus	NYSE
TIII	TII Indus	NNM
TIN	Temple-Inland	NYSE
TINTA	Tele-Communications Intl	NNM
TIPIF	Instant Publisher	NNM
TIR	China Tire Holdings Ltd	NYSE
TIRE	Eco 2 Inc	NSC
TIREW	Eco 2 Inc Wrrt'A'	NSC
TIRTZ	Tidelands Rlty Tr B SBI	NSC
TIS	TIS Mtge Investment	NYSE
TJCI	T.J. Cinnamons	NSC
TJCIW	T J Cinnamons Wrrt'A'	NSC
TJCIZ	T J Cinnamons Wrrt'B'	NSC
TJCO	T J International	NNM
TJX	TJX Companies	NYSE
TJXPrC	TJX Co's $3.125 cm Cv'C'Pfd	NYSE
TK	Teekay Shipping	NYSE
TKC	Thiokol Corp	NYSE
TKF	Turkish Investment Fund	NYSE
TKIOY	Tokio Marine/Fire ADR	NNM
TKLC	Tekelec	NNM
TKN	Thermotrex Corp	AMEX
TKOCF	Taseko Mines	NNM
TKR	Timken Co	NYSE
TKS	Tomkins plc ADS	NYSE
TL	Empresas Telex-Chile ADS	NYSE
TLAB	Tellabs, Inc	NNM
TLB	Talbots Inc	NYSE
TLCM	TelCom Semiconductor	NNM
TLD	Tele Danmark A/S ADS	NYSE
TLDCF	Teledata Communication	NNM
TLF	Leather Factory	AMEX
TLGD	Tollgrade Communications	NNM
TLGZF	Telegraph Communications Wrrt	NSC
TLIC	Transport Holdings'A'	NNM
TLII	Trans Leasing Intl	NNM
TLK	P.T. Telekomunikasi ADS	NYSE
TLMD	Telemundo Group 'A'	NNM
TLMDW	Telemundo Group Wrrt	NSC

Ticker	Issue	Exchange
TLSIF	Telepanel Systems	NSC
TLTK	Teletek Inc	NSC
TLTN	Teltrend Inc	NNM
TLX	Trans-Lux	AMEX
TLXAF	Toolex-Alpha N.V.	NNM
TLXN	Telxon Corp	NNM
TLZ	ThermoLase Corp	AMEX
TM	Toastmaster Inc	NYSE
TMA	Thornburg Mortgage Asset	NYSE
TMANQ	Today's Man	NNM
TMAR	Trico Marine Svcs	NNM
TMB	Tambrands Inc	NYSE
TMBR	Tom Brown	NNM
TMBS	Timberline Software	NNM
TMC	Times Mirror 'A'	NYSE
TMCI	TM Century	NSC
TMCPrP	Times Mirror cm Sr'B'Pfd	NYSE
TMD	Thermedics Inc	AMEX
TME	Times Mirror 4.25%'PEPS'2001	NYSE
TMED	Trimedyne Inc	NNM
TMEI	TMCI Electronics	NSC
TMEIW	TMCI Electronics Wrrt	NSC
TMI	Team, Inc	AMEX
TMK	Torchmark Corp	NYSE
TMKPrM	Torchmark Capital 'MIPS'	NYSE
TMLN	Timeline Inc	NSC
TMLNW	Timeline Inc Wrrt	NSC
TMM	Transportacion Maritima ADS	NYSE
TMM.A	Transpt'n Marit Part Ctfs ADS	NYSE
TMN	Transmedia Network	NYSE
TMNA	Transmedia Asia Pacific	NSC
TMNE	Transmedia Europe Inc	NSC
TMO	Thermo Electron	NYSE
TMQ	ThermoQuest Corp	AMEX
TMR	Texas Meridian Resources	AMEX
TMRK	Trimark Holdings	NNM
TMS	TriMas Corp	NYSE
TMSR	ThrustMaster Inc	NNM
TMSTA	Thomaston Mills'A'	NNM
TMSTB	Thomaston Mills'B'	NNM
TMT	TCW/DW Term Trust 2003	NYSE
TMTX	Temtex Indus	NNM
TMX	Telefonos de Mexico'L'ADS	NYSE
TNA	Terra Nova (Bermuda)Hldg	NYSE
TNB	Thomas & Betts	NYSE
TNC	Town & Country Cl'A'	AMEX
TNCR	Tencor Instruments	NNM
TNCX	Network Connection	NSC
TNCXW	Network Connection Wrrt	NSC
TNH	Terra Nitrogen L.P.	NYSE
TNI	Transcisco Indus	AMEX
TNL	Technitrol Inc	AMEX
TNM	Thomas Nelson	NYSE
TNM.B	Thomas Nelson 'B'	NYSE
TNO	True North Communicns	NYSE
TNP	TNP Enterprises	NYSE
TNR	TENERA Inc	AMEX
TNSI	Transaction Network Svcs	NNM
TNSL	Tinsley Labs	NSC
TNTX	T-NETIX Inc	NNM

Ticker	Issue	Exchange
TNV	TRINOVA Corp	NYSE
TNZ.A	Tranzonic Cos 'A'	AMEX
TNZ.B	Tranzonic Cos Cl'B'	AMEX
TO	Tech/Ops Sevcon	AMEX
TOC	Thomson Corp	TS
TOD	Todd Shipyards	NYSE
TODDA	Todd-AO Corp 'A'	NNM
TODH	Todhunter Intl	NNM
TOF	Tofutti Brands	AMEX
TOFF	Tatham Offshore	NNM
TOGA	Saratoga Beverage Group'A'	NSC
TOK	Tokheim Corp	NYSE
TOL	Toll Brothers	NYSE
TOM	Tommy Hilfiger	NYSE
TONE	Touch Tone America	NSC
TONEW	Touch Tone America Wrrt	NSC
TOPM	Top Air Mfg	NSC
TOPP	Topps Co	NNM
TOPS	Tops Appliance City	NNM
TOS	Tosco Corp	NYSE
TOT	TOTAL 'B' ADS	NYSE
TOTL	Total Research	NSC
TOUR	Coach USA	NNM
TOWR	Tower Air	NNM
TOWV	Stratosphere Corp	NNM
TOY	Toys R Us	NYSE
TOYH	T-HQ Inc	NSC
TOYOY	Toyota Motor Corp ADR	NSC
TPADA	TelePad Corp 'A'	NSC
TPADL	TelePad Corp Wrrt 'D'	NSC
TPADM	TelePad Corp Wrrt'C'	NSC
TPADU	TelePad Corp Unit	NSC
TPADW	TelePad Corp Wrrt 'A'	NSC
TPADZ	TelePad Corp Wrrt 'B'	NSC
TPC	TPC Corp	AMEX
TPD	Thrifty PayLess Hldg'B'	NYSE
TPEG	Producers Entertainment Grp	NSC
TPEGP	Producers Entmt 8.50% Cv'A'Pfd	NSC
TPH	Central Trans Rental Gp ADS	NYSE
TPI	P.T. Tri Polyta Indonesia ADS	NYSE
TPIE	TPI Enterprises	NNM
TPL	Texas Pac Ld Tr	NYSE
TPMI	Personnel Management	NNM
TPN	Total Petrol'm NA	AMEX
TPNZ	Tappan Zee Fin'l	NNM
TPOA	Travel Ports Amer	NNM
TPP	Teppco Ptnrs L.P.	NYSE
TPPPF	Triple P N.V.	NNM
TPR	TransPro Inc	NYSE
TPRO	Topro Inc	NSC
TPROW	Topro Inc Wrrt	NSC
TPS	Top Source Technol	AMEX
TPY	Tipperary Corp	AMEX
TQNT	TriQuint Semiconductor	NNM
TR	Tootsie Roll Indus	NYSE
TRA	Terra Industries	NYSE
TRAC	Track Data Corp	NNM
TRACW	Track Data Corp Wrrt	NNM
TRAK	Canterbury Pk Hldg Corp	NSC
TRAKW	Canterbury Pk Hldg Wrrt	NSC

Ticker	Issue	Exchange
TRAV	Intrav Inc	NNM
TRB	Tribune Co.	NYSE
TRBC	Triangle Bancorp	NNM
TRBO	Turbochef Inc	NSC
TRBS	Texas Regional Banc'A'	NNM
TRC	Tejon Ranch	AMEX
TRCD	Tricord Systems	NNM
TRCI	Technology Research	NNM
TRCR	Transcend Services	NNM
TRCW	Transcor Waste Services	NNM
TRDT	Trident Intl	NNM
TRDX	Tridex Corp	NNM
TRE	Tremont Corp	NYSE
TRED	Treadco Inc	NNM
TREE	Doubletree Corp	NNM
TREN	Trenwick Group	NNM
TRES	TresCom International	NNM
TREX	Transnational Re'A'	NNM
TRF	Templeton Russia Fund	NYSE
TRFI	Trans Financial	NNM
TRGL	Toreador Royalty	NNM
TRH	Transatlantic Holdings	NYSE
TRI	TriNet Corporate Rlty Tr	NYSE
TRIBY	Trinity Biotech plc ADS	NSC
TRIC	Tri-County Bancorp	NSC
TRID	Trident Microsystems	NNM
TRIP	Triangle Pacific	NNM
TRIWF	Trinity Biotech plc Wrrt'A'	NSC
TRIZF	Trinity Biotech plc Wrrt'B'	NSC
TRK	Speedway Motorsports	NYSE
TRKA	Trak Auto	NNM
TRL	Total Renal Care Hldgs	NYSE
TRM	TCW/DW Term Trust 2002	NYSE
TRMB	Trimble Navigation Ltd	NNM
TRMK	Trustmark Corp	NNM
TRMM	TRM Copy Centers	NNM
TRN	Trinity Indus	NYSE
TRND	Trend-Lines 'A' Inc	NNM
TRNI	Trans-Industries Inc	NNM
TRNS	Transmation, Inc	NNM
TRNT	TransNet	NNM
TRON	Trion Inc	NNM
TROW	T.Rowe Price Assoc	NNM
TRP	TransCanada P.L.	NYSE
TRPS	Tripos Inc	NNM
TRR	TRC Cos	NYSE
TRSC	Triad Systems	NNM
TRSM	TRISM Inc	NNM
TRTC	Trio-Tech Intl	NSC
TRU	Torch Energy Royalty Trust	NYSE
TRUK	Builders Transport	NNM
TRUV	Truevision Inc	NNM
TRUX	Deflecta-Shield Corp	NNM
TRV	Travelers Group	NYSE
TRVPrA	Travelers Grp 8.125%'A'Dep Pfd	NYSE
TRVPrB	TravelersGrp5.5%Cv'B'Pfd	NYSE
TRVPrD	Travelers Grp 9.25% Dep Pfd	NYSE
TRV.WS	Travelers Grp Wrrt	NYSE
TRW	TRW Inc	NYSE
TRWPrB	TRW Inc,$4.40 Cv II Pref	NYSE

Ticker	Issue	Exchange
TRWPrD	TRW Inc,$4.50 Cv II Pref	NYSE
TRY	Triarc Cos Cl'A'	NYSE
TSA	Sports Authority	NYSE
TSAI	Transaction Sys Architects'A'	NNM
TSAR	Tristar Corp	NNM
TSBS	Trenton Savings Bank	NNM
TSC	Stephan Co	AMEX
TSCC	Technology Solutions	NNM
TSCN	Telescan Inc	NSC
TSCO	Tractor Supply	NNM
TSEMF	Tower Semiconductor	NNM
TSFT	Telesoft Corp	NSC
TSGI	Technology Service Grp	NSC
TSGIW	Technology Service Grp Wrrt	NSC
TSH	Teche Holding	AMEX
TSI	Trinitech Systems	AMEX
TSII	TSI Inc	NNM
TSIX	Transition Systems	NNM
TSK	Computer Task Group	NYSE
TSMAF	Tesma Intl 'A'	NNM
TSN	TecSyn International	TS
TSNG	Tseng Labs	NNM
TSO	Tesoro Petroleum	NYSE
TSR	Thermo Sentron	AMEX
TSRG	Trans Energy	NSC
TSRI	TSR Inc	NNM
TSS	Total System Svcs	NYSE
TSSS	Triple S Plastics	NNM
TSSW	TouchStone Software	NNM
TST	Media Logic	AMEX
TSTI	TST/Impreso	NNM
TSXX	TSX Corp	NNM
TSY	Tech-Sym	NYSE
TT	TransTechnology	NYSE
TTC	Toro Co	NYSE
TTE	Autotote Corp Cl'A'	AMEX
TTELF	Tadiran Telecomm	NNM
TTF	Thai Fund	NYSE
TTI	Tyco Toys	NYSE
TTL	Torotel, Inc	AMEX
TTMT	Tower Tech	NSC
TTN	Titan Corp	NYSE
TTNP	Titan Pharmaceuticals	NSC
TTNPU	Titan Pharmaceuticals Unit	NSC
TTNPr	Titan Corp $1 cm Cv Pfd	NYSE
TTR	2002 Target Term Trust	NYSE
TTRA	TETRA Technologies	NNM
TTRIF	Thermo Tech Technologies Inc	NSC
TTRR	Tracor Inc	NNM
TTRRW	Tracor Inc Wrrt'A'	NNM
TTT	Thermo Terratech	AMEX
TTV	Cabletel Communications	AMEX
TTX	Tultex Corp	NYSE
TTXG	TransTexas Gas	NNM
TUBO	Tuboscope Vetco Intl	NNM
TUBY	Tubby's Inc	NSC
TUCK	Tucker Drilling	NNM
TUEPr	Texas Util Elec Dep Pfd	NYSE
TUEPrA	Texas Util Elec'A'Dep Pfd	NYSE
TUEPrB	Texas Util Elec'B'Dep Pfd	NYSE

Ticker	Issue	Exchange
TUEPrM	TU Electric Cap I 8.25%'TOPrS'	NYSE
TUEPrN	TU Electric Cap II 9.00%'TOPrS'	NYSE
TUEPrO	TU Elec Cap III 8.00%'QUIPS'	NYSE
TUES	Tuesday Morning	NNM
TUG	Maritrans Inc	NYSE
TUNE	DMX Inc	NSC
TUP	Tupperware Corp	NYSE
TUR	Turner Corp	AMEX
TUSC	Tuscarora Inc	NNM
TUTR	TRO Learning	NNM
TV	Grupo Televisa S.A.GDS	NYSE
TVA	Tenn Val Auth 8.00%'QUIDS'	NYSE
TVB	Tenn Val Auth 7.50%'QUIDS'	NYSE
TVF	Templeton Vietnam Opport Fd	NYSE
TVGLF	T V G Technologies Wrrt'C'	NSC
TVGTF	TVG Technologies	NSC
TVGWF	T V G Technologies Wrrt'A'	NSC
TVGZF	T V G Technologies Wrrt'B'	NSC
TVL	Thermo Voltek	AMEX
TVLI	Tivoli Indus Inc	NSC
TVLIW	Tivoli Inds Wrrt'A'	NSC
TVLIZ	Tivoli Inds Wrrt'B'	NSC
TVX	TVX Gold	NYSE
TW	20th Century Indus	NYSE
TWA	Trans World Airlines	AMEX
TWA.WS	Trans World Airlines Wrrt	AMEX
TWBC	Transworld Bancorp (CA)	NNM
TWER	Tower Automotive	NNM
TWHH	Transworld Home Hlthcare	NNM
TWHHW	Transworld Home Hlthcr Wrrt	NNM
TWI	Titan Wheel Intl	NYSE
TWIN	Twin City Bancorp	NSC
TWMC	Trans World Entertainment	NNM
TWN	Taiwan Fund	NYSE
TWSTY	TeleWest PLC ADS	NNM
TWX	Time Warner Inc	NYSE
TWXPrT	Time War Cp I 8.78% Pfd Tr Sec	NYSE
TX	Texaco Inc	NYSE
TXB	Texas Biotechnology	AMEX
TXB.WS	Texas Biotechnology Wrrt	AMEX
TXCC	TranSwitch Corp	NNM
TXCO	Exploration Co	NSC
TXCPrA	Texaco Capital LLC 'MIPS'	NYSE
TXCPrB	Texaco Cap LLC'B'Adj MIPS	NYSE
TXF	Texfi Indus	NYSE
TXHI	THT Inc	NSC
TXI	Texas Indus	NYSE
TXLI	Texoil Inc	NSC
TXLIW	Texoil Inc Wrrt'A'	NSC
TXLIZ	Texoil Inc Wrrt'B'	NSC
TXN	Texas Instruments	NYSE
TXT	Textron, Inc	NYSE
TXTPrA	Textron, $2.08 Cv A Pfd	NYSE
TXTPrB	Textron, $1.40 Cv B Pfd	NYSE
TXTPrT	Textron Cap I 7.92% Tr Sec	NYSE
TXU	Texas Utilities	NYSE
TY	Tri-Continental	NYSE
TYC	Tyco International	NYSE
TYFC	Tysons Financial	NSC
TYGN	Tylan General	NNM

Ticker	Issue	Exchange
TYL	Tyler Corp	NYSE
TYPr	Tri-Continental, $2.50 Pfd	NYSE
TYRX	Tyrex Oil	NSC
TYSNA	Tyson Foods Cl'A'	NNM
TYW	Taiwan Equity Fd	NYSE
TZC	Trizec Corp Ltd	NYSE
TZC.WS	Trizec Corp Ltd 'A' Wrrt	NYSE
U	USAir Group	NYSE
UA	Unionamerica Hldgs ADS	NYSE
UACA	Union Acceptance'A'	NNM
UAH	United Amer Healthcare	NYSE
UAL	UAL Corp	NYSE
UALPrB	UAL Corp 12.25% Dep'B'Pfd	NYSE
UAM	United Asset Mgmt	NYSE
UASI	United Air Specialists	NNM
UBAN	USBANCORP Inc (PA)	NNM
UBCP	United Bancorp Ohio	NSC
UBMT	United Financial	NNM
UBNKZ	UnionBanCal 8.375% Dep 'A' Pfd	NNM
UBS	U.S. Bioscience	AMEX
UBS.WS	U.S. Bioscience Wrrt	AMEX
UBSC	Union Bankshares Ltd	NNM
UBSH	Union Bankshares	NNM
UBSI	United Bankshares	NNM
UCAR	United Carolina Bancsh	NNM
UCC	Union Camp	NYSE
UCFC	United Cos Financial	NNM
UCFCP	United Cos Fin'l 6.75%'PRIDES'	NNM
UCHM	Uniroyal Chemical	NNM
UCIA	UCI Medical Affiliates	NSC
UCIT	United Cities Gas	NNM
UCL	Unocal Corp	NYSE
UCM	Unicom Corp	NYSE
UCMP	UniComp Inc	NNM
UCO	Union Corp	NYSE
UCOR	UroCor Inc	NNM
UCR	UCAR International	NYSE
UCU	UtiliCorp United	NYSE
UCUPrA	UtiliCorp United $2.05 Pref	NYSE
UCUPrC	UtiliCorp Capital 8.875%'MIPS'	NYSE
UDCI	United Dental Care	NNM
UDI	United Dominion Indus	NYSE
UDR	United Dominion Rlty Tr	NYSE
UDRPrA	Utd Dominion Rlty 9.25% 'A' Pfd	NYSE
UEIC	Univl Electronics	NNM
UEP	Union Electric	NYSE
UEPPrA	Union Electric, $3.50 Pfd	NYSE
UEPPrC	Union Electric, $4.00 Pfd	NYSE
UEPPrD	Union Electric, $4.50 Pfd	NYSE
UEPPrE	Union Electric, $4.56 Pfd	NYSE
UEPPrG	Union Electric, $6.40 Pfd	NYSE
UEPPrI	Union Electric, $7.44 Pfd	NYSE
UFC	Univl Foods	NYSE
UFCS	United Fire & Casualty	NNM
UFD.A	United Foods Cl'A'	AMEX
UFD.B	United Foods Cv Cl'B'	AMEX
UFEM	Ultrafem Inc	NNM
UFI	Unifi, Inc	NYSE
UFMG	Univl Mfg	NSC
UFPI	Univl Forest Products	NNM

Ticker	Issue	Exchange
UFPT	UFP Technologies	NSC
UFRM	United Fed Svgs Bk Rocky Mt NC	NSC
UFX	Uniflex Inc	AMEX
UG	United-Guardian Inc	AMEX
UGI	UGI Corp	NYSE
UGNE	Unigene Laboratories	NNM
UGNEZ	Unigene Labs Wrrt'B'	NSC
UH	U.S. Home	NYSE
UHCO	Univl Holding Corp	NNM
UHCOW	Universal Hldg Wrrt	NNM
UHCP	United Heritage Corp	NSC
UHLD	Uniholding Corp	NSC
UHOS	Univl Hospital Svcs	NNM
UHPr	U.S. Home Cv Pfd	NYSE
UHS	Univl Health Svs Cl'B'	NYSE
UHT	Univl Health Realty	NYSE
UHTS	Universal Heights	NSC
UHTSW	Universal Heights Wrrt	NSC
UH.WS	U.S. Home Wrrt	NYSE
UIC	United Industrial	NYSE
UICI	United Insurance	NNM
UICO	Unico Inc Oklahoma	NSC
UIF	USLIFE Income Fund	NYSE
UIHIA	United Intl Hldgs'A'	NNM
UIL	United Illuminating	NYSE
UILPrA	Utd Cap Fd L.P.9.625% CapSec'A'	NYSE
UIS	Unisys Corp	NYSE
UISPrA	Unisys $3.75cm Cv A Pfd	NYSE
UK	Union Carbide	NYSE
UKM	United Kingdom Fund	NYSE
UL	Unilever ADR	NYSE
ULAB	Unilab Corp	NNM
ULBI	Ultralife Batteries	NNM
ULGX	Urologix Inc	NNM
ULR	Ultramar Corp	NYSE
ULTD	Ultradata Corp	NNM
ULTE	Ultimate Electronics	NNM
ULTK	Ultrak Inc	NNM
ULTR	UltraData Systems	NNM
ULTRW	Ultradata Sys Wrrt'A'	NNM
UMBF	UMB Financial	NNM
UMC	United Meridian	NYSE
UMED	Unimed Pharmaceuticals	NNM
UMG	U S West Media Group	NYSE
UMH	United Mobile Homes	AMEX
UMR	Unimar Indonesian Ptc Units	AMEX
UN	Unilever N.V.	NYSE
UNAM	Unico American	NNM
UNBC	UnionBanCal Corp	NNM
UNBJ	United Natl Bancorp	NNM
UNC	UNC Inc	NYSE
UNCB	Uncle B's Bakery	NSC
UND	UNUM Corp 8.80% 'MIDS'	NYSE
UNDG	Unidigital Inc	NNM
UNEWY	United News & Media ADR	NNM
UNF	Unifirst Corp	NYSE
UNFR	Uniforce Services	NNM
UNH	United Healthcare	NYSE
UNHC	Unison HealthCare	NNM
UNI	Uni-Marts Inc	AMEX

Ticker	Issue	Exchange
UNII	Unit Instruments	NNM
UNIR	United Restaurants	NSC
UNIRW	United Restaurants Wrrt'A'	NSC
UNIRZ	United Restaurants Wrrt'B'	NSC
UNIT	Unitrin Inc	NNM
UNIV	Univl International	NNM
UNM	UNUM Corp	NYSE
UNMG	Unimark Group	NNM
UNO	Uno Restaurant Corp	NYSE
UNP	Union Pacific	NYSE
UNPH	Uniphase Corp	NNM
UNRC	Unico Inc	NSC
UNRI	UNR Industries	NNM
UNSN	Unison Software	NNM
UNSW	Union Switch & Signal	NNM
UNT	Unit Corp	NYSE
UNTD	First United Bancshrs	NNM
UNTEW	Unit Corp Wrrt	NSC
UNV	Unitel Video	AMEX
UPAC	Ultra Pac	NNM
UPC	Union Planters	NYSE
UPCPO	Union Planters 8% Cv'E'Pfd	NNM
UPEN	Upper Peninsula Energy	NNM
UPET	United Petroleum	NSC
UPK	United Park City Mns	NYSE
UPR	Union Pacific Resources Group	NYSE
UPX	Unapix Entertainment	AMEX
UPX.WS.B	Unapix Enter Cl'B' Wrrt	AMEX
UPrB	USAir Grp $4.375 Cv Dep Pfd	NYSE
UQM	Unique Mobility	AMEX
URB	Urban Shopping Centers	NYSE
URBN	Urban Outfitters	NNM
URGI	United Retail Group	NNM
URIX	Uranium Resources	NNM
URMD	UroMed Corp	NNM
URO	UROHEALTH Systems'A'(New)	AMEX
URS	URS Corp	NYSE
USA	Liberty ALL-STAR Eqty	NYSE
USAB	USABancShares 'A'	NSC
USAC	Univl Seismic Assoc	NNM
USAD	USA Detergents	NNM
USAK	USA Truck	NNM
USAP	Univl Stainless/Alloy Prods	NNM
USBC	U.S. Bancorp	NNM
USBCP	U.S. Bancorp 8.125% 'A' Pfd	NNM
USBN	United Sec Bancorp (WA)	NNM
USBR	U.S. Bridge of N.Y.	NNM
USBRW	US Bridge of NY Wrrt	NNM
USC	U.S. Can	NYSE
USCI	Universal Self Care	NSC
USCIW	Universal Self Care Wrrt'A'	NSC
USCIZ	Universal Self Care Wrrt'B'	NSC
USCM	USCI Inc	NNM
USDC	USDATA Corp	NNM
USDL	U.S.Diagnostic Labs	NNM
USEC	Univl Security Instr	NSC
USEG	U.S. Energy	NNM
USES	U.S. Environmental Solutions	NSC
USF	U.S. Filter	NYSE
USFC	USFreightways	NNM

Ticker	Issue	Exchange
USG	USG Corp	NYSE
USGL	U.S. Gold Corp	NSC
USG.WS	USG Corp Wrrt	NYSE
USH	USLIFE Corp	NYSE
USHC	U.S. HealthCare	NNM
USHG	U.S. Home & Garden	NSC
USHGW	U S Home & Garden Wrrt'A'	NSC
USHO	U.S. HomeCare	NNM
USHP	U-Ship Inc	NSC
USI	U.S. Industries	NYSE
USLD	U.S. Long Distance	NNM
USLM	U.S. Lime & Minerals	NNM
USM	U.S. Cellular	AMEX
USMD	U.S. Medical Products	NSC
USML	Univl Standard Medl Labs	NNM
USMX	USMX Inc	NNM
USO	US 1 Indus	NYSE
USOR	US Order Inc	NNM
USOS	U.S. Opportunity Search	NSC
USPH	U.S. Physical Therapy	NSC
USPN	U.S. Pawn	NSC
USPTS	USP Real Est Inv Tr SBI	NSC
USRE	US Facilities Corp	NNM
USRV	US SerVis	NNM
USRX	U.S. Robotics	NNM
USS	U.S. Surgical	NYSE
USSB	U.S. Satellite Broadcasting 'A'	NNM
USSPrA	U.S. Surgical $2.20 Dep'DECS'	NYSE
UST	UST Inc	NYSE
USTB	UST Corp	NNM
USTC	U.S. Trust	NNM
USTL	UStel Inc	NSC
USTR	United Stationers	NNM
USTS	U.S. Transportation Sys	NSC
USV	U.S. Restaurant Properties	NYSE
USVSP	United Svcs Advisors(Pfd)	NSC
USW	U S West Communic Grp	NYSE
USWI	US WATS	NSC
USWPrA	U.S.West Fin 7.96%'TOPrS'	NYSE
USXP	U.S. Exploration	NSC
USXX	U.S. Technologies	NSC
UT	United TransNet	NYSE
UTCI	Uniroyal Technology	NNM
UTCIW	Uniroyal Technology Wrrt	NNM
UTDL	United Leisure Corp	NSC
UTDLW	United Leisure Wrrt'A'	NSC
UTEC	Urethane Technologies	NSC
UTEK	Ultratech Stepper	NNM
UTH	Union Texas Petroleum	NYSE
UTI	UTI Energy	AMEX
UTIN	United Trust	NSC
UTL	UNITIL Corp	AMEX
UTLX	UTILX Corp	NNM
UTMD	Utah Medical Products	NNM
UTOG	Unitog	NNM
UTR	Unitrode Corp	NYSE
UTRWW	Unitrode Corp Wrrt	NSC
UTVI	United Television	NNM
UTX	United Technologies	NYSE
UUNT	UUNET Technologies	NNM

Ticker	Issue	Exchange
UVSGA	United Video Satellite Gp'A'	NNM
UVSL	Universal Automotive Inds	NSC
UVSLW	Universal Auto Ind Wrrt	NSC
UVV	Univl Corp	NYSE
UVX	Univar Corp	NYSE
UW	USA Waste Service	NYSE
UWR	United Water Res	NYSE
UWST	United Waste Systems	NNM
UWZ	United Wisconsin Svcs	NYSE
UXL	Laidlaw One 5.75% Ex Nts 2000	NYSE
V	Viridian Inc	TS
V	Vivra Inc	NYSE
VA	Valmet Corp ADS	NYSE
VAALY	Vaal Reefs Ex&Mng ADR	NSC
VABF	Virginia Beach Fed Finl	NNM
VAFD	Valley Fed Svgs Bk Sheffield	NSC
VAL	Valspar Corp	NYSE
VALE	Valley Systems	NNM
VALH	Value Holdings	NSC
VALM	Valmont Indus	NNM
VALN	Vallen Corp	NNM
VALU	Value Line	NNM
VALY	ValliCorp Holdings	NNM
VANS	Vans Inc	NNM
VAP	Van Kam Am Cap Adv PA Mun	NYSE
VAR	Varian Associates	NYSE
VARL	Vari-L Company	NNM
VARS	Varsity Spirit	NNM
VASO	Vasomedical Inc	NSC
VAT	Varity Corp	NYSE
VAZ	Voyageur Arizona Muni Income	AMEX
VBAN	V Band Corp	NNM
VBNJ	Vista Bancorp	NSC
VBNK	Village Bancorp	NSC
VBRK	Vacation Break U.S.A.	NNM
VC	Vencor Inc	NYSE
VCAI	Veterinary Ctrs of Amer	NNM
VCAM	Vincam Group	NNM
VCAR	Vector Aeromotive	NSC
VCARL	Vector Aeromotive Wrrt	NSC
VCARW	Vector Aeromotive Wrrt	NSC
VCC	Volunteer Capital	NYSE
VCD	Value City Dept Stores	NYSE
VCELA	Vanguard Cellular Sys	NNM
VCF	Voyageur CO Ins Muni Income	AMEX
VCI	Valassis Communications	NYSE
VCNB	Ventura Cnty Natl Bancorp	NNM
VCO	Vina Concha y Toro ADS	NYSE
VCOM	VitalCom Inc	NNM
VCR	Go-Video	AMEX
VCR.WS	Go-Video Wrrts	AMEX
VCSI	Voice Control Systems	NNM
VCTR	VECTRA Technologies	NNM
VCV	Van Kam Am Cap CA Val Mun	NYSE
VDCLF	VDC Corp	NSC
VDEF	Vie de France	NNM
VDNX	Videonics Inc	NNM
VDRY	Vacu-dry Co	NNM
VECO	Veeco Instruments	NNM
VEIX	VAALCO Energy	NSC

Ticker	Issue	Exchange
VELCF	Velcro Indus NV	NSC
VELPrE	Virginia El & Pwr $5 Pfd	NYSE
VELPrT	Va Pwr Cap Tr 1 8.05% Pfd	NYSE
VEN	Venture Stores	NYSE
VENGF	Vengold Inc	NNM
VENPr	Venture Strs $3.25 Cv Dep Pfd	NYSE
VENT	Venturian Corp	NNM
VES	Vestaur Securities	NYSE
VEST	Vestro Natural Foods	NSC
VETS	Pet Practice	NNM
VETX	Vertex Industries	NSC
VF	Valley Forge	AMEX
VFC	V.F. Corp	NYSE
VFFC	Virginia First Financial	NNM
VFI	VeriFone Inc	NYSE
VFL	Voyageur FL Insured Muni Inc	AMEX
VFLX	VariFlex Inc	NNM
VFM	Van Kam Am Cap FL Qual Mun	NYSE
VFSC	Vermont Fin'l Svcs	NNM
VGHN	Vaughn Communications	NNM
VGM	Van Kam Am Cap Inv Gr Mun	NYSE
VGO	Vanderbilt Gold	PC
VH	Value Health Inc	NYSE
VHI	Valhi Inc	NYSE
VHT	Banyan Hotel Inv Fund	AMEX
VIA	Viacom Inc Cl'A'	AMEX
VIA.B	Viacom Inc Cl'B'	AMEX
VIAS	VIASOFT Inc	NNM
VIA WS.C	Viacom Inc'97 Wrrt	AMEX
VIA WS.E	Viacom Inc'99 Wrrt	AMEX
VIC	Van Kam Am Cap InvGr CA Mun	NYSE
VICL	Vical Inc	NNM
VICR	Vicor Corp	NNM
VIDA	Vidamed Inc	NNM
VIDE	Video Display	NNM
VIEW	Viewlogic Systems	NNM
VIFL	Food Technology Svc	NSC
VIG	Van Kam Am Cap Inv Grade	NYSE
VII	Vicon Indus	AMEX
VIM	Van Kam Am Cap Ins Muni	NYSE
VINF	VISTA Info Solutions	NSC
VION	Vion Pharmaceuticals	NSC
VIONU	Vion Pharmaceuticals Unit	NSC
VIONW	Vion Pharmaceuticals Wrrt'A'	NSC
VIONZ	Vion Pharmaceuticals Wrrt'B'	NSC
VIPSC	Vinings Invstmt Prop	NSC
VIPTS	Vinland Property Tr SBI	NSC
VIR	Virco Mfg	AMEX
VIRO	ViroGroup Inc	NSC
VISN	Sight Resource	NNM
VISNZ	Sight Resource Wrrt	NNM
VISNZ	Sight Resource Wrrt	NNM
VISTE	Vista 2000 Inc	NNM
VISWE	Vista 2000 Wrrt'A'	NNM
VISX	VISX Inc	NNM
VIT	Van Kam Am Cap Interm	NYSE
VITK	Futurebiotics Inc	NSC
VITKW	Futurebiotics Inc Wrrt	NSC
VITL	Vital Signs	NNM
VJET	ValuJet Airlines	NNM

Ticker	Issue	Exchange
VJV	Van Kam Am Cap NJ Val Mun	AMEX
VKA	Van Kam Am Cap Adv Muni	NYSE
VKC	Van Kam Am Cap CA Muni	AMEX
VKI	Van Kam Am Cap Adv Mun II	AMEX
VKL	Van Kam Am Cap Sel Sec Mun	AMEX
VKNG	Viking Office Products	NNM
VKQ	Van Kam Am Cap Mun Tr	NYSE
VKS	Van Kam Am Cap Str Sec Mun	NYSE
VKV	Van Kam Am Cap Value Muni	NYSE
VLAB	VideoLabs Inc	NSC
VLANS	Banyan Strategic Realty Tr	NNM
VLFG	Valley Forge Scientific	NSC
VLGEA	Village Super Market'A'	NNM
VLNC	Valence Technology	NNM
VLNT	VideoLan Tech	NSC
VLNTW	Videolan Technologies Wrrt	NSC
VLO	Valero Energy	NYSE
VLOPr	Valero Energy $3.125 Cv Pfd	NYSE
VLP	Value Property Trust	NYSE
VLSI	VLSI Technology	NNM
VLT	Van Kam Am Cap Hi Inc	NYSE
VLTS	Video Lottery Tech	NNM
VLU	Worldwide Value Fund	NYSE
VLY	Valley Natl Bancorp	NYSE
VMAX	VictorMaxx Technologies	NSC
VMAXW	Victormaxx Technologies Wrrt	NSC
VMC	Vulcan Materials	NYSE
VMEI	Veritas Music Entertainment	NSC
VMEIW	Veritas Music Entmt Wrrt	NNM
VMG	Banyan Mortgage Inv Fund	NYSE
VMM	Voyageur Minn Muni Income II	AMEX
VMN	Voyageur Minn Muni Income	AMEX
VMO	Van Kam Am Cap Muni Opp	NYSE
VMRK	VMARK Software	NNM
VMRX	VIMRx Pharmaceuticals	NSC
VMRXZ	VIMRx Pharma Wrrt'B'	NSC
VMT	Van Kam Am Cap Mun Inc	NYSE
VMV	Van Kam Am Cap MA Val Mun	AMEX
VNGD	Vanguard Airlines	NSC
VNM	Van Kam Am Cap NY Qual Mun	NYSE
VNO	Vornado Realty Trust	NYSE
VNTV	Vantive Corp	NNM
VNTX	Ventritex Inc	NNM
VNV	Van Kam Am Cap NY Val Mun	NYSE
VO	Seagram Co. Ltd	NYSE
VOCCN	Van Ommeren	AM
VOCLF	VocalTec Ltd	NNM
VOD	Vodafone Group ADR	NYSE
VOF	Van Kam Am Cap FL Mun Op	AMEX
VOLT	Volt Info Sciences	NNM
VOLVY	Volvo AB 'B' ADR	NNM
VON	Vons Cos	NYSE
VOQ	Van Kam Am Cap OH Qual Mun	NYSE
VOT	Van Kam Am Cap Mun Opp II	NYSE
VOV	Van Kam Am Cap OH Val Mun	AMEX
VOX	Audiovox Cl'A'	AMEX
VOXL	Voxel	NSC
VOXLW	Voxel Wrrt	NSC
VPI	Vintage Petroleum	NYSE
VPQ	Van Kam Am Cap PA Qual Mun	NYSE

Ticker	Issue	Exchange
VPTI	Voice Powered Tech Intl	NSC
VPTIW	Voice Powered Tech Intl Wrrt	NSC
VPUR	Vermont Pure Hldgs Ltd	NSC
VPV	Van Kam Am Cap PA Val Mun	NYSE
VQC	Van Kam Am Cap CA Qual Mun	NYSE
VR	Valley Resources	AMEX
VRC	Varco Int'l	NYSE
VRES	VICORP Restaurants	NNM
VRI	Vastar Resources	NYSE
VRLN	Varlen Corp	NNM
VRNT	Vernitron Corp	NSC
VRNTP	Vernitron $1.20 Exch Pfd	NSC
VRONY	Videotron Hldgs Plc 'ADS'	NNM
VRSA	Versa Technologies	NNM
VRT	Vanguard Real Estate Fd II	AMEX
VRTS	VERITAS Software	NNM
VRTX	Vertex Pharmaceuticals	NNM
VRTY	Verity Inc	NNM
VSCI	Vision-Sciences Inc	NNM
VSEC	VSE Corp	NNM
VSEIF	Venture Seismic Ltd	NNM
VSEN	Video Sentry	NNM
VSEWF	Venture Seismic Ltd Wrrt	NNM
VSH	Vishay Intertechnology	NYSE
VSIN	VSI Enterprises	NSC
VSIO	Visio Corp	NNM
VSLF	Banyan Strategic Land Fd II	NNM
VSNR	Visioneer Inc	NNM
VSR	Versar Inc	AMEX
VST	Vanstar Corp	NYSE
VSVR	VideoServer Inc	NNM
VTA	Vesta Insurance Group	NYSE
VTC	Vitronics Corp	AMEX
VTEK	Vodavi Technology	NNM
VTEL	Vtel Corp	NNM
VTEX	Vertex Communic'ns	NNM
VTF	Van Kam Am Cap InvGr FL Mun	NYSE
VTJ	Van Kam Am Cap InvGr NJ Mun	NYSE
VTLK	Vitalink Pharmacy	NNM
VTN	Van Kam Am Cap InvGr NY Mun	NYSE
VTNAF	Vitran Corp	NNM
VTO	Vitro,Sociedad Anonima ADS	NYSE
VTP	Van Kam Am Cap InvGr PA Mun	NYSE
VTRA	Vectra Banking	NNM
VTRAP	Vectra Bkg 9.50%'A'Pfd	NSC
VTSS	Vitesse Semiconductor	NNM
VUL	Vulcan Int'l Corp	AMEX
VUPDA	Video Update	NNM
VUPDW	Video Update Wrrt'A'	NNM
VUPDZ	Video Update Wrrt'B'	NNM
VUTK	View Tech Inc	NNM
VUTKW	View Tech Wrrt	NNM
VVTV	ValueVision Intl'A'	NNM
VVUS	Vivus Inc	NNM
VWRX	VWR Scientific Products	NNM
VYM	Voyageur Minn Muni Income III	AMEX
VYRX	Vyrex Corp	NSC
VYRXU	Vyrex Corp Unit	NSC
VYRXW	Vyrex Corp Wrrt	NSC
W	Westvaco Corp	NYSE

Ticker	Issue	Exchange
WAB	Westinghouse Air Brake	NYSE
WABC	Westamerica Bancorporation	NNM
WAC	Warnaco Group'A'	NYSE
WACC	WestAmerica Corp	NSC
WACLY	Wacoal Corp ADS	NSC
WAG	Walgreen Co	NYSE
WAI	Western Atlas	NYSE
WAIN	Wainwright Bank & Trust	NNM
WAK	Wackenhut Corp Cl'A'	NYSE
WAK B	Wackenhut Corp'B'	NYSE
WAL	Wahlco Enviro Systems	NYSE
WALB	Walbro Corp	NNM
WALK	Walker Interactive Sys	NNM
WALL	Wall Data	NNM
WALS	Walshire Assurance	NNM
WAMA	Watermarc Food Mgmt	NSC
WAMAP	Watermarc Food Mgmt 9% Cv Pfd	NSC
WAMAW	Watermarc Food Mgmt Wrrt'A'	NSC
WAMU	Washington Mutual	NNM
WAMUM	Washington Mutual 7.60% 'E' Pfd'	NNM
WAMUN	Wash Mutual $6 Cv Per'D'Pfd	NNM
WAMUO	Washington Mutual $2.28'C'Pfd	NNM
WANG	Wang Laboratories	NNM
WANGW	Wang Labs Wrrt	NNM
WARPF	Warp 10 Technologies	NSC
WAS	Washington Constr Grp	NYSE
WASH	Washington Trust Bancorp	NNM
WAT	Waters Corp	NYSE
WATFZ	Waterford Wedgwood plcADS	NNM
WATR	Tetra Tech	NNM
WATS	Watson Pharmaceuticals	NNM
WAVO	WavePhore Inc	NNM
WAVR	Waverly Inc	NNM
WAVT	Wave Technologies Intl	NNM
WAVX	Wave Systems 'A'	NNM
WAX	Waxman Indus	NYSE
WAYN	Wayne Svgs & Ln	NSC
WB	Wachovia Corp	NYSE
WBAN	West Coast Bancorp(Fla)	NNM
WBAT	Westport Bancorp	NNM
WBB	Webb (Del) Corp	NYSE
WBC	Westbridge Capital	NYSE
WBCI	WFS Bancorp	NNM
WBK	Westpac Banking ADS	NYSE
WBKC	Westbank Corp	NNM
WBN	Waban Inc	NYSE
WBPR	Westernbank Puerto Rico	NNM
WBST	Webster Financial	NNM
WCAI	Wireless Cable Atlanta	NSC
WCAP	Winfield Capital	NSC
WCAPW	Winfield Capital Wrrt	NSC
WCBI	Westco Bancorp	NNM
WCCI	Western Country Clubs	NSC
WCEC	West Coast Entertainment	NNM
WCFB	Webster City Fed Svgs Bk	NSC
WCG	Willis Corroon Group ADS	NYSE
WCHI	Workingmens Cap Hldgs	NNM
WCII	Winstar Communications	NNM
WCLX	Wisconsin Central Trans	NNM
WCOM	WorldCom Inc	NNM

Ticker	Issue	Exchange
WCS	Wallace Computer Svc	NYSE
WCSTF	Wescast Industries 'A'	NNM
WCX	Westmoreland Coal	NYSE
WCXPrA	Westmoreld Coal Cv Dep Ex Pfd	NYSE
WDC	Western Digital	NYSE
WDEPY	Western Deep Levels ADR	NSC
WDFC	W D-40 Co	NNM
WDHD	Woodhead Indus	NNM
WDN	Walden Residential Prop	NYSE
WDV	Worldwide Dollarvest Fund	NYSE
WE	Westcoast Energy	NYSE
WEB	Webco Industries	AMEX
WEBB	Online System Svcs	NSC
WEBBW	Online System Svcs Wrrt	NSC
WEC	Wisconsin Energy Corp	NYSE
WEFC	Wells Financial	NNM
WEG	Washington Energy	NYSE
WELC	Welcome Home	NNM
WELLE	WellCare Management Group	NNM
WEN	Wendy's Intl	NYSE
WERN	Werner Enterprises	NNM
WES	Westcorp, Inc	NYSE
WEYS	Weyco Group	NNM
WFC	Wells Fargo	NYSE
WFCO	Winton Financial	NSC
WFCPrB	Wells Fargo Adj Rt B Pfd	NYSE
WFCPrC	Wells Fargo 9% 'C' Dep Pfd	NYSE
WFCPrD	Wells Fargo 8.875% Dep Pfd	NYSE
WFCPrF	Wells Fargo 9.875% Dep Pfd	NYSE
WFCPrG	Wells Fargo 9% Dep Pfd	NYSE
WFDS	Worthington Foods	NNM
WFFI	Western Fidelity Funding	NSC
WFMI	Whole Foods Market	NNM
WFR	MEMC Electronic Materials	NYSE
WFRAF	Wharf Resources Ltd	NNM
WFSB	1st Washington Bancorp	NNM
WFSI	WFS Financial	NNM
WFSL	Washington Federal	NNM
WGA	Wells-Gardner Electr	AMEX
WGEN	Watson General Corp	NSC
WGHI	Westmark Group Hldgs	NSC
WGL	Washington Gas Lt	NYSE
WGNR	Wegener Corp	NSC
WGO	Winnebago Indus	NYSE
WGR	Western Gas Resources	NYSE
WGRPr	Western Gas Res$2.28 cm Pfd	NYSE
WGRPrA	Western Gas Res $2.625 Cv Pfd	NYSE
WGTI	Wandel & Goltermann Tech	NNM
WH	Whitman Corp	NYSE
WHAT	What A World	NSC
WHATW	What A World Wrrt	NSC
WHC	Wackenhut Corrections	NYSE
WHFI	Wholesome & Hearty Foods	NNM
WHGB	WHG Bancshares	NSC
WHI	Washington Homes	NYSE
WHIT	Whittman-Hart Inc	NNM
WHO	Waterhouse Investor Svc	NYSE
WHR	Whirlpool Corp	NYSE
WHRC	White River	NNM
WHT	Whitehall Corp	NYSE

Ticker	Issue	Exchange
WHX	WHX Corp	NYSE
WHXPr	WHX Corp'A'Cv Pfd	NYSE
WHXPrB	WHX Corp'B'Cv Pfd	NYSE
WIC	WICOR, Inc	NYSE
WIDEF	WideCom Group	NSC
WIDWF	WideCom Group Wrrt	NSC
WII	Weatherford Enterra	NYSE
WIKD	Pete's Brewing Co	NNM
WIKS	Wickes Lumber	NNM
WIL	Wilshire Technologies	AMEX
WILM	Wilmington Trust Corp	NNM
WIN	Winn-Dixie Stores	NYSE
WIND	Wind River Systems	NNM
WINEA	Canandaigua Wine Cl'A'	NNM
WINEB	Canandaigua Wine Cl'B'	NNM
WINN	Winston Hotels	NNM
WINR	Winthrop Resources	NNM
WINS	Winners Entertainment	NSC
WIR	Western Inv RE Tr SBI	AMEX
WIRE	Encore Wire	NNM
WIRL	Wireless One	NNM
WISI	Warner Insurance Svcs	NSC
WISPr	Wisc Pwr/Lt 4 1/2cm Pfd vtg	AMEX
WIT	Witco Corp	NYSE
WIX	Whitman Education Group	AMEX
WIZ.EC	Wiz Technology	ECM
WIZTF	Wiztec Solutions	NNM
WJ	Watkins-Johnson	NYSE
WJBS	West Jersey Bancshares	NSC
WKGP	Workgroup Technology	NNM
WKR	Whittaker Corp	NYSE
WKS	Weeks Corp	NYSE
WLA	Warner-Lambert	NYSE
WLC	Wellco Enterprises	AMEX
WLD	Weldotron Corp	AMEX
WLDA	World Airways	NNM
WLDN	Walden Bancorp	NNM
WLET	Winland Electronics	NSC
WLFI	WinsLoew Furniture	NNM
WLHN	Wolohan Lumber	NNM
WLM	Wellman Inc	NYSE
WLMR	Wilmar Industries	NNM
WLP	Wellpoint Hlth Networks	NYSE
WLPT	Wellington Properties Trust	NSC
WLRF	WLR Foods Inc	NNM
WLTR	Walter Industries	NNM
WLV	Wolverine Tube	NYSE
WMAR	West Marine	NNM
WMB	Williams Cos	NYSE
WMBPrA	Williams Cos $2.21 cm Pfd	NYSE
WMC	WMC Ltd ADS	NYSE
WMCO	Williams Controls	NNM
WMD	Wendt-Bristol Health Svcs	AMEX
WMDWS	Wendt-Bristol Health Wrrts	AMEX
WME	Waste Mgmt Intl plc ADS	NYSE
WMI	Westmin Resources Ltd	TS
WMK	Weis Markets	NYSE
WMS	WMS Industries	NYSE
WMT	Wal-Mart Stores	NYSE
WMTT	Willamette Indus	NNM

Ticker	Issue	Exchange
WMX	WMX Technologies	NYSE
WMZ	Williams Cos 9.60%'QUICS'	NYSE
WN	Weston (George) Ltd	TS
WN	Wynn's Intl	NYSE
WNC	Wabash National	NYSE
WND	Windmere Corp	NYSE
WNDR	Wonderware Corp	NNM
WNGPr	Wash Nat'l Gas 7.45%Sr II Pfd	NYSE
WNGPrA	Wash Nat'l Gas 8.50%Sr III Pfd	NYSE
WNH	Western National	NYSE
WNMP	Westwood Corp	NSC
WNT	Washington National	NYSE
WNTPr	Washington Natl $2.50 Cv Pfd	NYSE
WNUT	Walnut Financial Services	NNM
WOA	WorldCorp Inc	NYSE
WOC	Wilshire Oil Texas	NYSE
WOFC	Western Ohio Finl	NNM
WOL	Wainoco Oil	NYSE
WON	Sports & Recreation Inc	NYSE
WONE	Westwood One	NNM
WOSIN	Wolters Kluwer Nv	AM
WPAC	Western Pacific Airlines	NNM
WPEC	Western Power & Equip	NNM
WPH	WPL Holdings	NYSE
WPIC	WPI Group	NNM
WPO	Washington Post'B'	NYSE
WPOG	Pease Oil & Gas	NSC
WPOGP	Pease Oil & Gas $1 Cv'A'Pfd	NSC
WPPGY	WPP Group ADS	NNM
WPS	WPS Resources	NYSE
WPSN	Westpoint Stevens	NNM
WQP	West Penn Pwr 8.00% 'QUIDS'	NYSE
WR	Western Resources	NYSE
WRC	World Color Press	NYSE
WRE	Washington REIT SBI	AMEX
WRI	Weingarten Rlty SBI	NYSE
WRLD	World Acceptance	NNM
WRLS	Telular Corp	NNM
WRN	WCI Steel	NYSE
WRNB	Warren Bancorp	NNM
WRP	Wellsford Residential Prop Tr	NYSE
WRPPr	Wellsford Res Prop'A'Cv Pfd	NYSE
WRPPrB	Wellsford Res Prop Tr 9.65% Pfd	NYSE
WRPrA	Western Res Cap 7.875%'QUIPS'	NYSE
WRS	Winston Resources	AMEX
WRSI	Woodroast Systems	NSC
WRSIW	Woodroast Sys Wrrt	NSC
WS	Weirton Steel	NYSE
WSAU	Wausau Paper Mills	NNM
WSB	Washington Savings Bank	AMEX
WSBC	Wesbanco Inc	NNM
WSC	Wesco Financial	AMEX
WSCI	Washington Scientific	NSC
WSDI	Wall Street Deli	NNM
WSFS	WSFS Financial	NNM
WSGC	Williams-Sonoma	NNM
WSH	Western Star Trucks Hldg	AMEX
WSHI	Walsh Intl	NNM
WSKI	Winter Sports	NSC
WSMP	WSMP, Inc	NNM

Ticker	Issue	Exchange
WSO	Watsco, Inc	NYSE
WSO.B	Watsco Inc Cv Cl'B'	AMEX
WSPPr	West Penn Pwr 4 1/2%cmPfd	NYSE
WST	West Co	NYSE
WSTE	TransAmerican Waste Indus	NSC
WSTEW	Transamerican Waste Inds Wrrt'A'	NSC
WSTEZ	Transamerican Waste Inds Wrrt'B'	NSC
WSTF	Western Staff Services	NNM
WSTL	Westell Technologies'A'	NNM
WSTM	Western Micro Techn'gy	NNM
WSTNA	Weston(Roy F)'A'	NNM
WSTR	WesterFed Financial	NNM
WTBK	Westerbeke Corp	NSC
WTDI	WTD Industries	NNM
WTEC	Warrantech Corp	NNM
WTEK	Waste Technology	NSC
WTHG	Worthington Indus	NNM
WTI	Wheelabrator Tech	NYSE
WTLK	Worldtalk Communications	NNM
WTNY	Whitney Holding	NNM
WTR	Aquarion Co	NYSE
WTRS	Waters Instruments	NNM
WTS	Watts Industries'A'	NYSE
WTSLA	Wet Seal Cl'A'	NNM
WTSM	Western Transmedia	NSC
WTSMW	Western Transmedia Wrrt	NSC
WTT	Wireless Telecom	AMEX
WTU	Williams Coal Seam Gas Rlty	NYSE
WTX	Worldtex Inc	NYSE
WTZRA	Weitzer Homebuilders 'A'	NNM
WVFC	WVS Financial	NNM
WVQ	Monongahela Pwr 8% 'QUIDS'	NYSE
WVVI	Williamette Vy Vineyards Inc	NSC
WWCA	Western Wireless'A'	NNM
WWLI	Whitewing Labs	NSC
WWLIW	Whitewing Labs Wrrt	NSC
WWP	Washington Water Pwr	NYSE
WWTK	Weitek Corp	NNM
WWTR	Western Water	NNM
WWW	Wolverine World Wide	NYSE
WWY	Wrigley, (Wm) Jr	NYSE
WX	Westinghouse Elec	NYSE
WY	Weyerhaeuser Co	NYSE
WYL	Wyle Electronics	NYSE
WYMN	Wyman-Gordon	NNM
WYN	Wyndham Hotel	NYSE
WZR	Wiser Oil	NYSE
X	USX-U.S. Steel Group	NYSE
XAA	Amer Muni Income Portfolio	NYSE
XATA	XATA Corp	NNM
XCEL	Canterbury Corporate Svcs	NNM
XCIT	Excite Inc	NNM
XCL	XCL Ltd	AMEX
XCOM	CrossComm Corp	NNM
XEIKY	Xeikon N.V. ADR	NNM
XEL	Excel Realty Trust	NYSE
XENO	Xenometrix Inc	NSC
XENOW	Xenometrix Inc Wrrt	NSC
XETA	XETA Corp	NNM
XICO	Xicor Inc	NNM

Ticker	Issue	Exchange
XIOX	Xiox Corp	NSC
XIRC	Xircom Inc	NNM
XL	EXEL Limited	NYSE
XLCPr	USX Capital LLC 'MIPS'	NYSE
XLNX	Xilinx Inc	NNM
XLTC	Excel Technology	NNM
XLTCP	Excel Tech $0.40 Cv Pfd	NNM
XLTCW	Excel Technology Wrrt'B'	NNM
XNET	XcelleNet Inc	NNM
XNVAY	Xenova Group ADS	NNM
XO	360 (Degrees) Communic	NYSE
XOMA	XOMA Corp	NNM
XON	Exxon Corp	NYSE
XPC	Morgan StanGp 7%CiscoSy'PERQS'	AMEX
XPED	Xpedite Systems	NNM
XPLR	Xplor Corp	NSC
XPRSA	U.S. Xpress Enterprises'A'	NNM
XPRT	Expert Software	NNM
XPrA	USX Corp 6.50% Cv Pfd	NYSE
XRAY	DENTSPLY International	NNM
XRIT	X-Rite Inc	NNM
XRX	Xerox Corp	NYSE
XSCR	Xscribe Corp	NSC
XSYS	XXsys Technologies	NSC
XSYSW	XXsys Technology Wrrt	NSC
XTEL	XeTel Corp	NNM
XTO	Cross Timbers Oil	NYSE
XTON	Executone Info Sys	NNM
XTR	XTRA Corp	NYSE
XTX	New York Tax Exempt Income	AMEX
XUPS	Exide Electronics Group	NNM
XUS	Americas Income Trust	NYSE
XYLN	Xylan Corp	NNM
XYX	Xytronyx Inc	AMEX
Y	Alleghany Corp	NYSE
YALE	Spreckels Industries	NNM
YANB	Yardville Natl Banc	NNM
YBTVA	Young Broadcasting'A'	NNM
YELL	Yellow Corp	NNM
YES	Yankee Energy System	NYSE
YESS	Yes Entertainment	NNM
YFCB	Yonkers Financial	NNM
YFED	York Financial	NNM
YHOO	Yahoo Inc	NNM
YILD	YieldUP Intl	NSC
YILDU	YieldUP Intl Unit	NSC
YILDW	YieldUP Intl Wrrt'A'	NSC
YILDZ	YieldUp Intl Wrrt 'B'	NSC
YLD	High Income Advantage	NYSE
YLH	High Income Advantage III	NYSE
YLT	High Income Advantage II	NYSE
YOCM	Intl Yogurt	NSC
YORK	York Research	NNM
YPF	YPF Sociedad Anonima ADS	NYSE
YRK	York International	NYSE
YRKG	York Group	NNM
YSCO	Yes Clothing	NSC
YSII	Youth Services Int'l	NNM
Z	Woolworth Corp	NYSE
ZALE	Zale Corp	NNM

Ticker	Issue	Exchange
ZALEW	Zale Corp Wrrt'A'	NNM
ZANA	Zanart Entmt	NSC
ZANAU	Zanart Entmt Unit	NSC
ZANAW	Zanart Entmt Wrrt'A'	NSC
ZAP	Zapata Corp	NYSE
ZAPS	Cooper Life Sciences	NSC
ZBRA	Zebra Technologies'A'	NNM
ZCAD	Zycad Corp	NNM
ZCO	Ziegler Cos	AMEX
ZCON	Zycon Corp	NNM
ZE	Zenith Electronics	NYSE
ZEI	Zeigler Coal Holding	NYSE
ZEN	Zeneca Group ADR	NYSE
ZEUS	Olympic Steel	NNM
ZF	Zweig Fund	NYSE
ZHOM	Zaring Homes	NNM
ZIF	Zenix Income Fund	NYSE
ZIGO	Zygo Corp	NNM
ZILA	Zila Inc	NSC
ZING	Zing Technologies	NNM
ZION	Zions Bancorp	NNM
ZITL	Zitel Corp	NNM
ZKEM	Xechem Intl	NSC
ZKEMW	Xechem Intl Wrrt	NNM
ZLG	Zilog Inc	NYSE
ZMX	Zemex Corp	NYSE
ZNRG	Zydeco Energy	NSC
ZNRGW	Zydeco Energy Wrrt	NSC
ZNT	Zenith Natl Insurance	NYSE
ZNXS	Zynaxis Inc	NSC
ZOLL	Zoll Medical	NNM
ZOLT	Zoltek Co	NNM
ZOMX	Zomax Optical Media	NNM
ZONA	Zonagen Inc	NSC
ZOOM	Zoom Telephonics	NNM
ZPrA	Woolworth Corp $2.20 Cv Pfd	NYSE
ZRAN	Zoran Corp	NNM
ZRC	Zurich Reinsurance Centre	NYSE
ZRN	Zurn Indus	NYSE
ZRO	Zero Corp	NYSE
ZSEV	Z Seven Fund	NNM
ZTEC	Zytec Corp	NNM
ZTR	Zweig Total Return Fd	NYSE

Securities By Company Name

Issue	Ticker	Exchange
A & A Foods Ltd	ANAFF	NSC
A S V Inc	ASVI	NSC
A+ Network	ACOM	NNM
A.D.A.M. Software	ADAM	NNM
A/S Eksportfinans 8.70% Pfd	EKPPr	NYSE
Aames Financial	AAM	NYSE
AAON Inc	AAON	NNM
AAR Corp	AIR	NYSE
Aaron Rents	ARON	NNM
Aaron Rents Cl'A'	ARONA	NNM
Aasche Transportation	ASHE	NNM
Aasche Transport Svcs Wrrt	ASHEW	NNM
Aavid Thermal Technologies	AATT	NNM
AB Svensk Exp Cap Sec	SEPPr	NYSE
Abacan Resource	ABACF	NNM
Abatix Environmental	ABIX	NSC
Abaxis Inc	ABAX	NNM
ABB AB ADR	ABBBY	NSC
Abbott Laboratories	ABT	NYSE
ABC Bancorp	ABCB	NNM
ABC Rail Products	ABCR	NNM
Aber Resources Ltd	ABERF	NSC
ABIOMED, Inc	ABMD	NNM
Abitibi-Price	ABY	NYSE
Able Telecom Holding	ABTE	NNM
ABM Industries Inc	ABM	NYSE
ABN AMRO Holdings N.V.	ALGEF	AM
ABR Information Services	ABRX	NNM
Abrams Industries	ABRI	NNM
Abraxas Petroleum	AXAS	NNM
ABT Building Products	ABTC	NNM
ACC Consumer Finance	ACCI	NNM
ACC Corp	ACCC	NNM
Accel Intl	ACLE	NNM
Accent Software Intl	ACNTF	NSC
Acceptance Insur Cos	AIF	NYSE
Access Health	ACCS	NNM
Acclaim Entertainment	AKLM	NNM
Accom Inc	ACMM	NNM
Accugraph Corp	ACCUF	NNM
AccuMed Intl	ACMI	NSC
AccuMed Intl Wrrt	ACMIW	NSC
AccuStaff Inc	ASTF	NNM
Ace Cash Express	AACE	NNM
ACE Limited	ACL	NYSE
Aceto Corp	ACET	NNM
Ackerley Communications	AK	AMEX
ACM Gvt Income Fund	ACG	NYSE
ACM Gvt Opportunity Fd	AOF	NYSE
ACM Gvt Securities	GSF	NYSE
ACM Gvt Spectrum Fund	SI	NYSE
ACM Managed Dollar Income	ADF	NYSE
ACM Managed Income Fund	AMF	NYSE
ACM Muni Securities Income	AMU	NYSE
ACMAT Corp'A'	ACMTA	NNM
Acme Electric	ACE	NYSE
Acme Metals	AMI	NYSE
Acme United	ACU	AMEX
Acme-Cleveland	AMT	NYSE
Acordia Inc	ACO	NYSE

Issue	Ticker	Exchange
Acorn Venture Cap	AVCC	NSC
ACR Group	ACRG	NSC
Acres Gaming	AGAM	NSC
Acres Gaming Wrrt	AGAMW	NSC
Acrodyne Communications	ACRO	NSC
Acrodyne Communicns Wrrt	ACROW	NSC
Across Data Systems	ACRS	NNM
ACT Manufacturing	ACTM	NNM
ACT Networks	ANET	NNM
Act Teleconferencing	ACTT	NSC
Act Teleconferencing Unit	ACTTU	NSC
Act Teleconferencing Wrrt	ACTTW	NSC
Actel Corp	ACTL	NNM
Action Indus	ACZ	AMEX
Action Performance Cos	ACTN	NNM
Action Products Intl	APII	NSC
Active Apparel Group	AAGP	NSC
Active Voice	ACVC	NNM
Activision Inc	ATVI	NNM
Actrade Intl Ltd	ACRT	NSC
ACTV Inc	IATV	NSC
Acuson Corp	ACN	NYSE
ACX Technologies	ACX	NYSE
Acxiom Corp	ACXM	NNM
ADAC Laboratories	ADAC	NNM
Adage Inc	ADGE	NNM
Adams Express	ADX	NYSE
Adams Res & Energy	AE	AMEX
Adaptec Inc	ADPT	NNM
Adaptive Solutions	ADSO	NSC
Adaptive Solutions Wrrt	ADSOW	NSC
ADC Telecommunications	ADCT	NNM
Adco Technologies	ADCO	NNM
Addington Resources	ADDR	NNM
ADE Corp	ADEX	NNM
Adelphia Communic'A'	ADLAC	NNM
Adept Technology	ADTK	NNM
ADFlex Solutions	AFLX	NNM
Adia S.A. ADS	ADIAY	NNM
ADM Tronics Unlimited	ADMT	NSC
Administradora de Fondos ADS	PVD	NYSE
Adobe Systems	ADBE	NNM
Adrian Resources	ADLRF	NSC
ADT Limited	ADT	NYSE
Adtran Inc	ADTN	NNM
Advanced Deposition Tech	ADTC	NSC
Advanced Deposition Tech Wrrt	ADTCW	NSC
Advanced Energy Industries	AEIS	NNM
Advanced Envirn Recycl Tech	AERTA	NSC
Advanced Environm'l Recyclg Wrrt	AERTZ	NSC
Advanced Financial	AVF	AMEX
Advanced Finl 10.50% Cv 'B' Pfd	AVFIP	NSC
Advanced Lighting Technol	ADLT	NNM
Advanced Logic Research	AALR	NNM
Advanced Magnetics	AVM	AMEX
Advanced Mammography Sys	MAMO	NSC
Advanced Marketing Svcs	ADMS	NNM
Advanced Matls Group	ADMG	NSC
Advanced Medical Inc	AMA	AMEX
Advanced Med'l 10% cm Pfd	AMAPr	AMEX

Issue	Ticker	Exchange
Advanced Micro Dev	AMD	NYSE
Advanced NMR Systems	ANMR	NSC
Advanced NMR Sys Wrrt	ANMRW	NSC
Advanced Orthopedic Tech	AOTI	NSC
Advanced Photonix'A'	API	AMEX
Advanced Polymer Sys	APOS	NNM
Advanced Semi Mat's	ASMIF	NNM
Advanced Technology Labs	ATLI	NNM
Advanced Technology Matr'l	ATMI	NNM
Advanced Therapeutic Sys	ATH	AMEX
Advanced Tissue Sci	ATIS	NNM
Advanced Voice Technologies	HMWK	NSC
Advanced Voice Technol Wrrt	HMWKW	NSC
Advanced Voice Technol's 'Unit'	HMWKU	NSC
ADVANTA Corp Cl'A'	ADVNA	NNM
ADVANTA Corp Cl'B'	ADVNB	NNM
ADVANTA Corp Dep Shrs	ADVNZ	NNM
Advantage Bancorp	AADV	NNM
Advantage Life Products	ADVT	NSC
Advent Software	ADVS	NNM
Advest Group	ADV	NYSE
ADVO Inc	AD	NYSE
Advocat Inc	AVC	NYSE
Aegis Consumer Funding	ACAR	NNM
AEGON N.V. Ord	AEG	NYSE
AEP Industries	AEPI	NNM
Aequitron Medical	AQTN	NNM
AER Energy Resources	AERN	NNM
Aero Sys Engr	AERS	NSC
Aeroflex Inc	ARX	NYSE
Aerosonic Corp	AIM	AMEX
Aerovox Inc	ARVX	NNM
AES China Generating'A'	CHGNF	NNM
AES Corp	AESC	NNM
Aetna Life & Casualty	AET	NYSE
Aetna Capital 9.50%'MIPS'	AETPrA	NYSE
Aetrium Inc	ATRM	NNM
AFC Cable Systems	AFCX	NNM
Affiliated Community Bancorp	AFCB	NNM
Affiliated Computer Services'A'	ACSA	NNM
Affinity Technology Gp	AFFI	NNM
Affinity Teleproductions Inc	AFTY	NSC
AFGL Intl	AFGL	NSC
AFLAC Inc	AFL	NYSE
AFP Imaging	AFPC	NSC
AG Associates	AGAI	NNM
Ag Services of America	AGSV	NNM
Ag-Bag Intl Ltd	AGBG	NSC
Ag-Chem Equipment	AGCH	NNM
AGCO Corp	AG	NYSE
Ages Health Svcs Wrrt	AHSIW	NSC
AGL Resources	ATG	NYSE
Agnico Eagle Mines	AEM	NYSE
Agouron Pharmaceuticals	AGPH	NNM
AGP & Co	AGPCE	NSC
Agree Realty	ADC	NYSE
Agri-Nutrition Group	AGNU	NNM
AgriBioTech Inc	ABTX	NSC
Agrium Inc	AGMIF	NNM
AHI Healthcare Sys	AHIS	NNM

Issue	Ticker	Exchange
Ahmanson (H F) & Co	AHM	NYSE
Ahmanson (HF) Cv Dep Pfd	AHMPrD	NYSE
Ahmanson(H F) 9.60% Dep Pfd	AHMPrB	NYSE
Ahmanson(HF)8.40% Dep Pfd	AHMPrC	NYSE
Ahold Ltd ADR	AHO	NYSE
Ahold nv	AHLN	AM
Aid Auto Stores	AIDA	NSC
Aid Auto Stores Wrrt	AIDAW	NSC
AIM Strategic Income Fd	AST	AMEX
Air & Water Tech'A'	AWT	AMEX
Air Canada'A'	ACNAF	NNM
Air Express Intl	AEIC	NNM
Air Methods	AIRM	NNM
Air Products & Chem	APD	NYSE
Air Transn Hldgs	AIRT	NSC
Air-Cure Technologies	ATSS	NNM
Airborne Freight	ABF	NYSE
AIRCOA Hotel Ptnrs L.P.'A'	AHT	AMEX
Airgas Inc	ARG	NYSE
Airlease Ltd L.P.	FLY	NYSE
AirNet Systems	ANSY	NNM
Airport Systems Intl	ASII	NNM
AirSensors Inc	ARSN	NNM
AirSensors Wrrt	ARSNW	NNM
AirTouch Communications	ATI	NYSE
Airways Corp	AAIR	NNM
Ajay Sports	AJAY	NSC
Ajay Sports 10% Cv Pfd	AJAYP	NSC
Ajay Sports Wrrt	AJAYW	NSC
AJL Peps Trust	AJP	NYSE
AK Steel Holding	AKS	NYSE
AK Steel Hldg 7%'SAILS'	AKSPr	NYSE
Akorn Inc	AKRN	NNM
Aksys Ltd	AKSY	NNM
Akzo Nobel N.V. ADS	AKZOY	NNM
Alabama Natl Bancorp	ALAB	NNM
Alabama Pwr 6.40% 'A' Pfd	ALPPrC	NYSE
Alabama Pwr 6.80% 'A' Pfd	ALPPrB	NYSE
Alabama Pwr 7.60% 2nd'A'Pfd	ALPPrH	NYSE
Alabama Pwr 7.60%'A'Pfd	ALPPrA	NYSE
Alabama Pwr Adj Rt'A''93 Sr	ALPPrD	NYSE
Alabama Pwr Cap I 7.375% Tr Pfd Sec	ALPPrQ	NYSE
Aladdin Knowledge Systems	ALDNF	NNM
Alamco Inc	AXO	AMEX
Alamo Group	ALG	NYSE
Alanco Environmental Res	ALAN	NSC
Alaska Air Group	ALK	NYSE
Alaska Apollo Res Ltd	APLOF	NSC
Alba-Waldensian	AWS	AMEX
ALBANK Finl	ALBK	NNM
Albany Intl 'A'	AIN	NYSE
Albemarle Corp	ALB	NYSE
Alberta Energy	AOG	NYSE
Alberto-Culver Cl'A'	ACV.A	NYSE
Alberto-Culver Cl'B'	ACV	NYSE
Albertson's, Inc	ABS	NYSE
Albion Banc Corp	ALBC	NSC
Alcan Aluminium Ltd	AL	NYSE
Alcatel Alsthom ADS	ALA	NYSE
Alcide Corp	ALCD	NNM

Issue	Ticker	Exchange
Alco Standard	ASN	NYSE
Alco Std $5.04 Cv Dep Pfd	ASNPrB	NYSE
Alcohol Sensors Intl Unit	ASILU	NSC
Alden Electronics'A'	ADNEA	NSC
Aldila Inc	ALDA	NNM
Alex Brown Inc	AB	NYSE
Alexander & Alex Sv	AAL	NYSE
Alexander & Baldwin	ALEX	NNM
Alexander Energy	AEOK	NNM
Alexander Haagen Properties	ACH	AMEX
Alexander's, Inc	ALX	NYSE
Alexion Pharmaceuticals	ALXN	NNM
Alfa Corp	ALFA	NNM
Alfin Inc	AFN	AMEX
Algoma Steel	ALGSF	NNM
Alico, Inc	ALCO	NNM
Align-Rite Intl	MASK	NNM
Alkermes Inc	ALKS	NNM
All American Commun	AACI	NNM
All Amer Communications'B'	AACIB	NNM
All Amer Semiconductor	SEMI	NNM
All Seasons Global Fund	FUND	NNM
All-American Term Trust	AAT	NYSE
All-Comm Media	ALCM	NSC
Allcity Insurance	ALCI	NNM
Alleghany Corp	Y	NYSE
Allegheny Ludlum	ALS	NYSE
Allegheny Power Sys	AYP	NYSE
Allegiance Banc	ALLG	NNM
Allegiant Bancorp	ALLE	NNM
Allegro New Media	ANMI	NSC
Allen Group	ALN	NYSE
Allen Organ Cl'B'	AORGB	NNM
Allergan Ligand Retinoid (Unit)	ALRIZ	NNM
Allergan, Inc	AGN	NYSE
Alliance All-Mkt Adv Fd	AMO	NYSE
Alliance Cap Mgmt L.P.	AC	NYSE
Alliance Communic 'B'	ALLIF	NNM
Alliance Entertainment	CDS	NYSE
Alliance Gaming	ALLY	NNM
Alliance Global Enviro Fd	AEF	NYSE
Alliance Imaging	SCAN	NSC
Alliance Pharmaceutical	ALLP	NNM
Alliance Semiconductor	ALSC	NNM
Alliance World Dollar Gvt Fd	AWG	NYSE
Alliance World Dollar Gvt Fd II	AWF	NYSE
Alliant Techsystems	ATK	NYSE
Allied Bankshares (GA)	ABGA	NNM
Allied Capital Advisers	ALLA	NNM
Allied Capital Commercial	ALCC	NNM
Allied Capital Corp	ALLC	NNM
Allied Capital Corp II	ALII	NNM
Allied Capital Lending	ALCL	NNM
Allied Devices Corp	ALDV	NSC
Allied Digital Tech	ADK	AMEX
Allied Digital Tech'A'Wrrt	HDTWS.A	AMEX
Allied Digital Tech'B'Wrrt	HDTWS.B	AMEX
ALLIED Group	ALGR	NNM
Allied Healthcare Prod	AHPI	NNM
Allied Holdings	HAUL	NNM

Issue	Ticker	Exchange
Allied Irish Banks ADS	AIB	NYSE
Allied Irish Banks Pref ADS	AIBPr	NYSE
ALLIED Life Financial	ALFC	NNM
Allied Products	ADP	NYSE
Allied Research Corp	ALR	AMEX
Allied Waste Ind	AWIN	NNM
AlliedSignal Inc	ALD	NYSE
Allmerica Financial	AFC	NYSE
Allmerica Prop & Cas Cos	APY	NYSE
Allmerica Sec Tr	ALM	NYSE
Allou Health&Beauty'A'	ALU	AMEX
Allstate Corp	ALL	NYSE
Allstate Cp 6.76% Exch Nts '98	PME	NYSE
Allstate Financial	ASFN	NNM
ALLTEL Corp	AT	NYSE
ALLTEL Corp $2.06 Cv Pfd	ATPr	NYSE
Alltrista Corp	JARS	NNM
Allwaste Inc	ALW	NYSE
Aloette Cosmetics	ALET	NNM
Alpha Hospitality	ALHY	NSC
Alpha Hospitality Wrrt	ALHYW	NSC
Alpha Indus	AHA	AMEX
Alpha Microsystems	ALMI	NNM
Alpha Microsystems Wrrt	ALMIW	NNM
Alpha Solarco	ASCO	NSC
Alpha Technologies Grp	ATGI	NNM
Alpha-Beta Technology	ABTI	NNM
AlphaNet Solutions	ALPH	NNM
Alpharel,Inc	AREL	NNM
ALPHARMA INC 'A'	ALO	NYSE
ALPHARMA Inc Wrrt	ALO.WS	NYSE
Alpine Group	AGI	AMEX
Alpine Lace Brands	LACE	NNM
ALPNET, Inc	AILP	NSC
Alrenco Inc	RNCO	NNM
Alta Gold Co	ALTA	NNM
Alteon Inc	ALTN	NNM
Altera Corp	ALTR	NNM
Alternate Postal Delivery	ALTD	NSC
Alternative Resources	ALRC	NNM
Altron Inc	ALRN	NNM
Alumax Inc	AMX	NYSE
Aluminum Co of Amer	AA	NYSE
Alum Co Amer $3.75 Pfd	AAPr	AMEX
ALZA Corp	AZA	NYSE
AM International	AM	AMEX
AM Intl Wrrt	AM.WS	AMEX
Amati Communications	AMTX	NNM
Amax Gold Inc	AU	NYSE
Amax Gold $3.75 Sr'B'Cv Pfd	AUPrB	NYSE
AMB Financial	AMFC	NNM
AMBAC Inc	ABK	NYSE
AMBANC Corp	AMBK	NSC
Ambanc Holding	AHCI	NNM
AMBAR Inc	AMBR	NNM
Ambassadors Intl	AMIE	NNM
AMC Entertainment	AEN	AMEX
AMC Entertain't $1.75 Cv Pfd	AENPr	AMEX
Amcast Industrial	AIZ	NYSE
AMCOL Intl	ACOL	NNM

Issue	Ticker	Exchange
AMCON Distributing	DIST	NSC
Amcor Limited ADR	AMCRY	NNM
Amcore Financial	AMFI	NNM
Amdahl Corp	AMH	AMEX
AMEDISYS Inc	AMED	NSC
America Online	AMER	NNM
America West Airlines 'B'	AWA	NYSE
America West Airlines Wrrt	AWA.WS	NYSE
Amer Annuity Group	AAG	NYSE
Amer Bancorp Nevada	ABCN	NNM
Amer Bancorp Ohio	AMBC	NNM
Amer Bancshares	ABAN	NNM
Amer Bank, Conn	BKC	AMEX
Amer Bankers Insur Grp	ABIG	NNM
Amer Banknote	ABN	NYSE
Amer Biltrite	ABL	AMEX
Amer Bingo & Gaming	BNGO	NSC
Amer Bingo & Gaming Wrrt	BNGOW	NSC
Amer Biogenetic Sciences'A'	MABXA	NNM
Amer Body Armor & Equip	ABE	AMEX
Amer Brands	AMB	NYSE
Amer Brands $2.67 Cv Pfd	AMBPrA	NYSE
Amer Buildings	ABCO	NNM
Amer Business Computers	ABCC	NSC
Amer Business Information	ABII	NNM
Amer Business Prod	ABP	NYSE
Amer Casino Enterprises	ACES	NSC
Amer Cinemastores	ACSI	NSC
American Cinemastores Wrrt	ACSIW	NSC
Amer Claims Evaluation	AMCE	NNM
Amer Classic Voyages	AMCV	NNM
Amer Coin Merchandising	AMCN	NNM
Amer Communications Svcs	ACNS	NNM
Amer Complex Care	ACCI	NNM
Amer Dental Technologies	ADLI	NSC
Amer Eagle Group	FLI	NYSE
Amer Eagle Outfitters	AEOS	NNM
Amer Eco Corp	ECGOF	NNM
Amer Ecology	ECOLE	NNM
Amer Educational Prd	AMEP	NNM
Amer Electric Pwr	AEP	NYSE
Amer Exp 6.25% 'DECS' '96	AXD	NYSE
Amer Exploration(New)	AX	AMEX
Amer Explor Cv Dep'C'Pfd	AXPrC	AMEX
Amer Express	AXP	NYSE
Amer Federal Bank	AMFB	NNM
Amer Filtrona	AFIL	NNM
Amer Finl Group	AFG	NYSE
Amer First Finl 1987-A Fd	AFFFZ	NNM
Amer First Prep Fd 2 L.P.	PF	AMEX
Amer First Ptc/Pfd Eqty Mtg	AFPFZ	NNM
Amer First Tax Exempt Mtg 2	ATAXZ	NNM
Amer First Tax Exempt Mtg L.P.	AFTXZ	NNM
Amer Freightways	AFWY	NNM
Amer Fuel	COAL	NSC
Amer Fuel Unit	COALU	NSC
Amer General	AGC	NYSE
Amer Gen'l Del LLC 6% Cv'MIPS'	AGCPrC	NYSE
Amer Genl 7% Cv Pfd	AGCPrD	NYSE
Amer Genl 8.125% 'MIPS'	AGCPrN	NYSE

Issue	Ticker	Exchange
Amer Genl 8.45% 'MIPS'	AGCPrM	NYSE
Amer Greetings Cl'A'	AGREA	NNM
Amer Gvt Income Fd	AGF	NYSE
Amer Gvt Income Portfolio	AAF	NYSE
Amer Health Prop	AHE	NYSE
Amer Health Prop Dep Pfd	AHEPZ	NNM
Amer HealthChoice	AHIC	NSC
Amer Healthcorp	AMHC	NNM
Amer Heritage Life	AHL	NYSE
Amer Home Products	AHP	NYSE
Amer Home Prod,$2 Cv Pfd	AHPPr	NYSE
Amer HomePatient	AHOM	NNM
Amer Homestar	HSTR	NNM
Amer Indem/Finl	AIFC	NNM
Amer Industrial Prop	IND	NYSE
Amer Ins Mtge Inv L.P.	AIA	AMEX
Amer Ins Mtge Inv Ser 85	AII	AMEX
Amer Ins Mtge Inv Ser 86	AIJ	AMEX
Amer Ins Mtge Inv Ser 88	AIK	AMEX
Amer Intl Group	AIG	NYSE
Amer Intl Petroleum	AIPN	NNM
American Intl Pete Wrrt	AIPNW	NNM
Amer Israeli Paper Ord	AIP	AMEX
Amer Life Hldg $2.16 Pfd	AHLCP	NNM
Amer List	AMZ	AMEX
Amer Locker Group	ALGI	NNM
Amer Mgmt Systems	AMSY	NNM
Amer Media Cl'A'	ENQ	NYSE
Amer Media Wrrt	ENQWS	NYSE
Amer Medical Alert	AMAC	NSC
Amer Medical Response	EMT	NYSE
American Med Technologies	AMTI	NSC
Amer Mobile Satellite	SKYC	NNM
Amer Muni Income Portfolio	XAA	NYSE
Amer Muni Term Trust	AXT	NYSE
Amer Muni Term Trust II	BXT	NYSE
Amer Muni Term Trust III	CXT	NYSE
Amer Natl Bancorp	ANBK	NNM
Amer Natl Insur	ANAT	NNM
Amer Oilfield Divers	DIVE	NNM
Amer Oncology Res	AORI	NNM
Amer Opportunity Income	OIF	NYSE
Amer Pac Bk Aumsville OR	AMPBA	NSC
Amer Pacific	APFC	NNM
Amer Paging	APP	AMEX
Amer Physicians Svc Gr	AMPH	NNM
Amer Portable Telecom	APTI	NNM
Amer Power Conversion	APCC	NNM
Amer Precision Indus	APR	NYSE
Amer President Cos	APS	NYSE
Amer R.E.Ptnrs L.P.	ACP	NYSE
Amer R.E. Ptnrs 5%'PIK'Pfd	ACPPr	NYSE
Amer Radio Systems'A'	AMRD	NNM
Amer Re Capital 8.50% 'QUIPS'	ARNPrA	NYSE
Amer Re Corp	ARN	NYSE
Amer Real Estate Investment	REA	AMEX
Amer Realty Tr SBI	ARB	NYSE
Amer Recreation Ctrs	AMRC	NNM
Amer Resources Del	GASS	NSC
Amer Res Del Wrrt	GASSW	NSC

Issue	Ticker	Exchange
Amer Resource	AREE	NSC
Amer Restaurant Ptnrs'A'	RMC	AMEX
Amer Rice	RICE	NSC
American River Oil	AROC	NSC
Amer Safety Closure	CLOS	NSC
Amer Safety Razor	RAZR	NNM
Amer Science & Engr	ASE	AMEX
Amer Select Portfolio	SLA	NYSE
Amer Sensors	SNIFF	NNM
Amer Service Group	ASGR	NNM
Amer Shared Hosp Sv	AMS	AMEX
Amer Software'A'	AMSWA	NNM
Amer Standard	ASD	NYSE
Amer States Financial	ASX	NYSE
Amer Stores	ASC	NYSE
Amer Strategic Inc Portfolio	ASP	NYSE
Amer Strategic Inc Portfolio II	BSP	NYSE
Amer Strategic Inc Portfol III	CSP	NYSE
Amer Studios	AMST	NNM
Amer Superconductor	AMSC	NNM
Amer Techl Ceramics	AMK	AMEX
Amer Telecasting	ATEL	NNM
Amer Toys	ATOY	NSC
American Toys Non-Red Wrrt	ATOYZ	NSC
American Toys Wrrt	ATOYW	NSC
Amer Travellers	ATVC	NNM
Amer United Global	AUGI	NNM
American United Global Wrrt	AUGIW	NNM
Amer Vanguard	AMGD	NNM
Amer Wagering	BETM	NNM
Amer Waste Svcs'A'	AW	NYSE
Amer Water Works	AWK	NYSE
Amer Water Wks 5%Pref	AWKPrA	NYSE
Amer Water Wks,5% Pfd	AWKPrB	NYSE
Amer White Cross	AWCI	NNM
Amer Woodmark	AMWD	NNM
Amerada Hess	AHC	NYSE
Ameralia Inc	AALA	NSC
AMERCO	AMOO	NNM
AMERCO Sr'A'Pfd	AOPrA	NYSE
Ameriana Bancorp	ASBI	NNM
Americana Gold&Diamond Hldgs	AGDM	NSC
Americana Hotels/Rlty	AHR	NYSE
Americas Income Trust	XUS	NYSE
AmeriCredit Corp	ACF	NYSE
AmeriData Technol	ADA	NYSE
AmeriGas Partners L.P.	APU	NYSE
Amerigon Inc'A'	ARGNA	NSC
Amerihost Properties	HOST	NNM
AmeriLink Corp	ALNK	NNM
Amerin Corp	AMRN	NNM
AmeriQuest Technol	AQS	NYSE
AmeriSource Health'A'	AAS	NYSE
Ameristar Casinos	ASCA	NNM
Ameritech Corp	AIT	NYSE
Ameriwood Indus Intl	AWII	NNM
Ameron Intl	AMN	NYSE
Ames Department Stores	AMES	NNM
Ames Dept Stores Wrrt 'C'	AMESW	NSC
AMETEK, Inc	AME	NYSE

Issue	Ticker	Exchange
Amgen Inc	AMGN	NNM
Amistar Corp	AMTA	NNM
AMISYS Managed Care Sys	AMCS	NNM
AML Communications	AMLJ	NNM
Amli Residential Prop	AML	NYSE
AMNEX Inc	AMXI	NSC
Amoco Corp	AN	NYSE
AMP Inc	AMP	NYSE
Ampace Corp	PACE	NNM
Ampal-Amer Israel'A'	AIS.A	AMEX
Ampal-Amer Israel 6.50% Pfd	AMPLP	NSC
Ampal-Amer Israel Wrrt	AIS.A WS	AMEX
Ampco-Pittsburgh	AP	NYSE
Ampex Corp'A'	AXC	AMEX
Amphenol Corp'A'	APH	NYSE
Amplicon, Inc	AMPI	NNM
AMR Corp	AMR	NYSE
AMRE Inc	AMM	NYSE
AMREP Corp	AXR	NYSE
AMRESCO INC	AMMB	NNM
Amrion Inc	AMRI	NNM
Amserv Healthcare	AMSR	NNM
AmSouth Bancorp	ASO	NYSE
Amtech Corp	AMTC	NNM
Amtech Systems	ASYS	NSC
Amtech Sys Wrrt	ASYSW	NSC
Amtran, Inc	AMTR	NNM
AMTROL, Inc	AMTL	NNM
AmTrust Capital	ATSB	NSC
AmVestors Finl	AMV	NYSE
AmVestors Fin'l Wrrt	AMVWW	NSC
Amway Asia Pacific	AAP	NYSE
Amway Japan Ltd ADS	AJL	NYSE
Amwest Insur Group	AMW	AMEX
AMX Corp	AMXX	NNM
Amylin Pharmaceuticals	AMLN	NNM
Anadarko Petroleum	APC	NYSE
ANADIGICS Inc	ANAD	NNM
Analog Devices	ADI	NYSE
Analogic Corp	ALOG	NNM
Analogy Inc	ANLG	NNM
Analysis & Technology	AATI	NNM
Analysts Intl	ANLY	NNM
Analytical Surveys	ANLT	NNM
Anangel-Amer Shiphldgs ADS	ASIPY	NNM
Anaren Microwave	ANEN	NNM
ANB Corp	ANBC	NNM
Anchor Bancorp Wisc	ABCW	NNM
Anchor Gaming	SLOT	NNM
Ancor Communications	ANCR	NSC
Andersen Group	ANDR	NNM
Andersons Inc	ANDE	NNM
Andover Bancorp	ANDB	NNM
Andrea Electronics	AND	AMEX
Andrew Corp	ANDW	NNM
Andyne Computing	ADYNF	NNM
Anergen Inc	ANRG	NNM
Anesta Corp	NSTA	NNM
Angeion Corp	ANGN	NNM
Angeles Mtge Inv Tr L.P.	ANM	AMEX

Issue	Ticker	Exchange
Angeles Ptc Mtge'A'SBI	APT	AMEX
Angelica Corp	AGL	NYSE
Anglo Am Gold Inv ADR	AAGIY	NSC
Anglo Amer So Afr ADR	ANGLY	NSC
Anheuser-Busch Cos	BUD	NYSE
Anicom Inc	ANIC	NNM
Anika Research	ANIK	NSC
Anixter Intl	AXE	NYSE
Annapolis Bancshares	ANNB	NSC
AnnTaylor Stores	ANN	NYSE
Ansan Inc	ANSN	NSC
Ansan Inc Wrrt'A'	ANSNW	NSC
Ansan Inc Wrrt'B'	ANSNZ	NSC
Ansan Inc Unit	ANSNU	NSC
Ansoft Corp	ANST	NNM
Antares Resources	ANTR	NSC
ANTEC Corp	ANTC	NNM
Anthony Indus	ANT	NYSE
Anuhco Inc	ANU	AMEX
Aon Corp	AOC	NYSE
Aon Cp 6.25% Cv Ex Pfd	AOCPrB	NYSE
Aon Cp 8% Perpetual Pfd	AOCPrA	NYSE
APA Optics	APAT	NSC
APAC TeleServices	APAC	NNM
Apache Corp	APA	NYSE
Apartment Investment & Mgmt'A'	AIV	NYSE
Apco Argentina	APAGF	NSC
Apertus Technologies	APTS	NNM
Apex Muni Fund	APX	NYSE
Aphton Corp	APHT	NNM
Apogee Enterprises	APOG	NNM
Apogee Inc	APGG	NNM
Apollo Group'A'	APOL	NNM
Appal Pwr,7.40% Pfd	AEWPrC	NYSE
Apple Computer	AAPL	NNM
Apple South	APSO	NNM
Applebee's Intl	APPB	NNM
Appletree Companies	ATRE	NSC
Applewoods Inc	APWD	NSC
Appliance Recycling Ctrs Amer	ARCI	NNM
Applied Biometrics	ABIO	NSC
Applied Bioscience	APBI	NNM
Applied Carbon Technology	ACTYF	NNM
Applied Cellular Technology	ACTC	NSC
Applied Computer Tech	ACTI	NSC
Applied Computer Tech Wrrt	ACTIW	NSC
Applied Digital Access	ADAX	NNM
Applied Extrusion Tech	AETC	NNM
Applied Graphics Tech	AGTX	NNM
Applied Innovation	AINN	NNM
Applied Magnetics	APM	NYSE
Applied Materials	AMAT	NNM
Applied Microbiology	AMBI	NNM
Applied Microbiology Wrrt	AMBIW	NSC
Applied Microsystems	APMC	NNM
Applied Power Cl'A'	APW	NYSE
Applied Science & Tech	ASTX	NNM
Applied Science & Tech Wrrt	ASTXW	NNM
Applied Signal Technology	APSG	NNM
Applied Voice Technology	AVTC	NNM

Issue	Ticker	Exchange
Applix Inc	APLX	NNM
Apria Healthcare Grp	AHG	NYSE
Aprogenex Inc	APG	AMEX
APS Holding 'A'	APSI	NNM
AptarGroup Inc	ATR	NYSE
Aqua Care Systems	AQCR	NSC
Aqua Care Sys Wrrt 'A'	AQCRW	NSC
Aqua Care Sys Wrrt 'B'	AQCRZ	NSC
Aquagenix Inc	AQUX	NNM
Aquagenix Inc Wrrt	AQUXW	NNM
Aquanatural Co	AQQA	NSC
Aquarion Co	WTR	NYSE
Aquila Gas Pipeline	AQP	NYSE
Arabian Shield Dev	ARSD	NNM
Aracruz Celulose S.A. ADS	ARA	NYSE
Arakis Energy	AKSEF	NNM
Arbor Drugs	ARBR	NNM
Arbor Health Care	AHCC	NNM
Arbor Property Tr	ABR	NYSE
Arbor Software	ARSW	NNM
ARC Capital Cl'A'	ARCCA	NSC
ARC Cap Wrrt 'A'	ARCCW	NSC
ARC Cap Wrrt 'B'	ARCCZ	NSC
ARC Intl	ATV	AMEX
Arcadian Corp	ACA	NYSE
Arcadian Corp Mand Cv Pfd	ACAPrA	NYSE
Arch Communications Group	APGR	NNM
Arch Petroleum Inc	ARCH	NNM
Archer-Daniels-Midland	ADM	NYSE
ARCO Chemical	RCM	NYSE
Arctco Inc	ACAT	NNM
Arden Group Cl'A'	ARDNA	NNM
Arden Industrial Products	AFAS	NNM
Area Bancshares	AREA	NNM
Arel Comm & Software	ARLCF	NNM
Arel Comm & Software Wrrt'A'	ARLWF	NNM
ArgentBank	ARGT	NNM
Argentina Fund	AF	NYSE
Argonaut Group	AGII	NNM
Argosy Gaming	ARGY	NNM
Argyle Television 'A'	ARGL	NNM
ARI Network Services	ARIS	NNM
ARIAD Pharmaceuticals	ARIA	NNM
ARIAD Pharmaceuticals Wrrt	ARIAW	NNM
Ariel Corp	ADSP	NNM
Ariel Corp Unit 2000	ADSPU	NSC
Ariel Corp Wrrt	ADSPW	NNM
Ariel Resources	AU	TS
Ariely Advertising Ltd	RELEF	NNM
Arista Invs Corp	ARINA	NSC
Aristo International	ATSP	NSC
Aristotle Corp	ARTL	NSC
Arizona Instrument	AZIC	NSC
Arizona Land Income'A'	AZL	AMEX
Arizona Pub SvAdj Rt Q Pfd	ARPPrQ	NYSE
Arizona Pub Svc $1.8125 Pfd	ARPPrW	NYSE
Arizona Pub Svc 10%'MIDS'	AZD	NYSE
Ark Restaurants	ARKR	NNM
Arkansas Best	ABFS	NNM
Arkansas Best $2.875 'A' Pfd	ABFSP	NNM

Issue	Ticker	Exchange
ARM Fin'l 9.50% Pfd	ARMPr	AMEX
Armanino Foods Distinction	ARMF	NSC
Armco Inc	AS	NYSE
Armco $3.625 Cv A Pfd	ASPrB	NYSE
Armco $4.50 Cv B Pfd	ASPrA	NYSE
Armco Inc,$2.10 Cv Pfd	ASPr	NYSE
Armor All Products	ARMR	NNM
Armstrong World Indus	ACK	NYSE
Arnold Indus	AIND	NNM
Aronex Pharmaceuticals	ARNX	NNM
Arrhythmia Research Tech	HRT	AMEX
Arris Pharmaceutical	ARRS	NNM
Arrow Automotive Indus	AI	AMEX
Arrow Electronics	ARW	NYSE
Arrow Financial	AROW	NNM
Arrow International	ARRO	NNM
Arrow Transportation	ARRW	NSC
Arrow-Magnolia Intl	ARWM	NSC
Art's Way Mfg	ARTW	NNM
Arterial Vascular Engineering	AVEI	NNM
Artesian Resources 'A'	ARTNA	NNM
ArthroCare Corp	ARTC	NNM
Artisoft Inc	ASFT	NNM
Artistic Greetings	ARTG	NNM
Artra Group	ATA	NYSE
ARV Assisted Living	ARVI	NNM
Arvin Indus	ARV	NYSE
Aryt Inds Ltd	ARYTF	NSC
Arzan Intl(1991) Ltd	ARZNF	NSC
Arzan Intl(1991) Wrrt	ARZWF	NSC
ASA Intl Ltd	ASAA	NSC
ASA Ltd	ASA	NYSE
ASAHI/America	ASAM	NNM
Asante Technologies	ASNT	NNM
ASARCO Inc	AR	NYSE
ASB Financial	ASBP	NNM
Ascend Communications	ASND	NNM
Ascent Entertainment Grp	GOAL	NNM
Aseco Corp	ASEC	NNM
Ashanti Goldfields Ltd GDS	ASL	NYSE
Ashland Coal	ACI	NYSE
Ashland Inc	ASH	NYSE
Ashland Inc $3.125 Cv Pfd	ASHPr	NYSE
Ashton Tech Group	ASTN	NSC
Ashton Tech Group Wrrt	ASTNW	NSC
Ashworth Inc	ASHW	NNM
Asia Pac Resources Intl'A'	ARH	NYSE
Asia Pacific Fund	APB	NYSE
Asia Pacific Resources Ltd	APQCF	NSC
Asia Pulp & Paper ADS	PAP	NYSE
Asia Tigers Fund	GRR	NYSE
ASM Litography Hldg NV	ASMLF	NNM
Aspect Development	ASDV	NNM
Aspect Telecommunications	ASPT	NNM
Aspen Bancshares	ASBK	NNM
Aspen Imaging Intl	ARIB	NSC
Aspen Technology	AZPN	NNM
ASR Investments	ASR	AMEX
Asset Investors Corp	AIC	NYSE
Assisted Living Concepts	ALF	AMEX

Issue	Ticker	Exchange
Associated Estates Realty	AEC	NYSE
Assoc Estates Rlty 9.75% Dep Pfd	AECPrA	NYSE
Associated Banc-Corp	ASBC	NNM
Associated Group 'A'	AGRPA	NNM
Associated Group 'B'	AGRPB	NNM
Associates First Capital'A'	AFS	NYSE
AST Research	ASTA	NNM
Asta Funding	ASFI	NSC
Astea Intl	ATEA	NNM
Astec Industries	ASTE	NNM
Astoria Financial	ASFC	NNM
Astra AB'A' ADS	A	NYSE
Astra AB'B' ADS	AAB	NYSE
ASTRA Compania Argentina	AST.BA	BA
Astro-Med	ALOT	NNM
Astronics Corp	ATRO	NNM
Astrosystems Inc	ASTR	NNM
Astrotech Intl	AIX	AMEX
Asyst Technologies	ASYT	NNM
AT Plastics	ATJ	AMEX
AT&T Capital	TCC	NYSE
AT&T Corp	T	NYSE
Atalanta/Sosnoff	ATL	NYSE
Atari Corp	ATC	AMEX
ATC Communications	ATCT	NNM
ATC Environmental	ATCE	NNM
ATC Environmental Wrrt 'C'	ATCEL	NNM
Atchison Casting	ACCX	NNM
ATEC Group	ATEC	NSC
ATEC Group Wrrt	ATECW	NSC
Athena Neurosciences	ATHN	NNM
Athey Products	ATPC	NNM
Atkinson (Guy F.)Calif	ATKN	NNM
Atlanta Gas Lt 7.70% Dep Pfd	ATGPr	NYSE
Atlantic American	AAME	NNM
Atlantic Bank & Trust	ATLB	NNM
Atlantic Beverage	ABEV	NSC
Atlantic Coast Airlines	ACAI	NNM
Atlantic Energy	ATE	NYSE
Atlantic Gulf Communities	AGLF	NNM
Atlantic Pharmaceuticals	ATLC	NSC
Atlantic Pharm'l Wrrt 2000	ATLCW	NSC
Atlantic Pharma'l Units 2000	ATLCU	NSC
Atlantic Realty Trust	ATLRS	NSC
Atlantic Richfield	ARC	NYSE
Atlantic Rich $3 Cv Pref	ARCPrA	NYSE
Atlantic Rich 9% Exch Nts'97	LYX	NYSE
Atlantic Rich,$2.80 Cv Pref	ARCPrC	NYSE
Atlantic So'east Air	ASAI	NNM
Atlantic Tele-Network	ATNI	NNM
Atlantis Plastics	AGH	AMEX
Atlas Air	ATLS	NNM
Atlas Corp	AZ	NYSE
Atlas Corp Wrrt	AZ.WS	AMEX
Atlas Pacific Limited	ATP	AU
Atmel Corp	ATML	NNM
Atmos Energy Corp	ATO	NYSE
Atria Software	ATSW	NNM
Atrion Corp	ATRI	NNM
Atrix International	ATXI	NSC

Issue	Ticker	Exchange
Atrix Laboratories	ATRX	NNM
ATS Medical	ATSI	NNM
ATS Med Inc Wrrt	ATSIW	NNM
Atwood Oceanics	ATWD	NNM
Au Bon Pain'A'	ABPCA	NNM
Auburn Natl Bancorp	AUBN	NSC
Audio King	AUDK	NSC
Audiovox Cl'A'	VOX	AMEX
Audits & Surveys Worldwide	ASW	AMEX
Augat, Inc	AUG	NYSE
Ault Inc	AULT	NSC
Aura Systems Inc	AURA	NNM
Aurora Electronics	AUR	AMEX
Aurtex Inc	AURT	NSC
Auspex Systems	ASPX	NNM
Australia & N.Z. Bk ADS	ANZ	NYSE
Aust&N.ZealandBk9.125%Pfd	ANZPr	NYSE
Austin's International	AUST	NSC
Austins Steaks & Saloon	STAK	NSC
Austria (Republic) SIGNs	SPJ	NYSE
Austria Fund	OST	NYSE
Authentic Fitness	ASM	NYSE
Auto-trol Technology	ATTC	NSC
Autocam Corp	ACAM	NNM
Autodesk, Inc	ADSK	NNM
AutoImmune Inc	AIMM	NNM
AutoInfo Inc	AUTO	NNM
Autologic Information Intl	AIII	NNM
Automated Security Hldgs ADS	ASI	NYSE
Automatic Data Proc	AUD	NYSE
Automobile Protection-APCO	APCO	NSC
Autonomous Tech	ATCI	NNM
Autotote Corp Cl'A'	TTE	AMEX
AutoZone Inc	AZO	NYSE
Avalon Capital	MIST	NSC
Avalon Community Svcs	CITY	NSC
Avalon Prop 9% Sr'A'Pfd	AVNPrA	NYSE
Avalon Properties	AVN	NYSE
Avant Corp	AVNT	NNM
Avatar Hldgs	AVTR	NNM
Avecor Cardiovascular	AVEC	NNM
AVEMCO Corp	AVE	NYSE
Avenor Inc	AVR	TS
Avert Inc	AVRT	NNM
Avert Inc Wrrt	AVRTW	NNM
Avery Dennison Corp	AVY	NYSE
Aviall Inc	AVL	NYSE
Avid Technology	AVID	NNM
Avigen Inc	AVGN	NNM
Avitar Inc Wrrt	AVITW	NSC
Aviva Petroleum Dep	AVV	AMEX
Avnet, Inc	AVT	NYSE
Avon Products	AVP	NYSE
Avondale Financial	AVND	NNM
Avondale Industries	AVDL	NNM
AVX Corp	AVX	NYSE
AW Computer Systems'A'	AWCSA	NNM
AXENT Technologies	AXNT	NNM
Aydin Corp	AYD	NYSE
Azco Mining	AZC	AMEX

Issue	Ticker	Exchange
Aztar Corp	AZR	NYSE
Aztec Mfg Co	AZTC	NNM
B M J Financial	BMJF	NNM
B&H Maritime Carriers	BHM	AMEX
B&H Ocean Carriers	BHO	AMEX
B.A.T.Indus Ord ADR	BTI	AMEX
B.O.S. Better Online Sol Wrrt	BOSWF	NSC
B.O.S. Better Online Solutions	BOSCF	NSC
Baan Co NV	BAANF	NNM
BAB Holdings	BAGL	NSC
Baby Superstore	BSST	NNM
Bachman Information Sys	BACH	NNM
Back Bay Restaurant Grp	PAPA	NNM
Back Yard Burgers	BYBI	NSC
Bacou USA	BACU	NNM
Badger Meter	BMI	AMEX
Badger Paper Mills	BPMI	NNM
Bailey Corp	BAIB	NNM
Bairnco Corp	BZ	NYSE
Baker (Michael)	BKR	AMEX
Baker Hughes Inc	BHI	NYSE
Baker(J.) Inc	JBAK	NNM
Baker,Fentress & Co	BKF	NYSE
Balchem Corp	BCP	AMEX
Baldor Electric	BEZ	NYSE
Baldwin & Lyons Cl'A'	BWINA	NNM
Baldwin & Lyons Cl'B'	BWINB	NNM
Baldwin Piano & Organ	BPAO	NNM
Baldwin Technology'A'	BLD	AMEX
Ball Corp	BLL	NYSE
Ballantyne of Omaha	BTN	AMEX
Ballard Medical Prod	BMP	NYSE
Ballard Power Systems	BLDPF	NNM
Bally Entertainment	BLY	NYSE
Bally Entertain't 8.00%'PRIDES'	BLYPrP	NYSE
Bally Gaming Intl	BGII	NNM
Bally Total Fitness Holding	BFIT	NNM
Bally's Grand	BGLV	NNM
Ballys Grand Wrrt	BGLVW	NNM
Baltek Corp	BTEK	NNM
Baltic Intl USA	BISA	NSC
Baltic Intl USA Wrrt	BISAW	NSC
Baltimore Gas & El	BGE	NYSE
Banc One $3.50 Cv Pfd	BONEO	NNM
Banc One Corp	ONE	NYSE
Banca QuadrumADS	QDRMY	NNM
BancFirst Corp	BANF	NNM
BancFirst Ohio Corp	BFOH	NNM
Bancinsurance Corp	BCIS	NNM
Banco Bilbao Vizcaya 9% ADS	BVGPrB	NYSE
Banco Bilbao Vizcaya ADS	BBV	NYSE
Banco Cent Hispanoamer ADS	BCH	NYSE
Banco Coml Portugues ADS	BPC	NYSE
Banco de A Edwards ADS	AED	NYSE
Banco de Galicia-Buenos Aires	BGALY	NNM
Banco Frances del Rio ADS	BFR	NYSE
Banco Ganadero ADS	BGA	NYSE
Banco Ganadero 'C'Pref ADS	BGAPr	NYSE
Banco Indl Colombiano Pref ADS	CIB	NYSE
Banco Latinoamer de Export'E'	BLX	NYSE

Issue	Ticker	Exchange
Banco O'Higgins ADS	OHG	NYSE
Banco Osorno y La UnionADS	BOU	NYSE
Banco Santander ADS	STD	NYSE
Banco Wiese ADS	BWP	NYSE
BancoBilbaoVizcaya8.00%ADS	BVGPrC	NYSE
BancoBilbaoVizcaya9.75% ADS	BVGPr	NYSE
Bancorp Connecticut	BKCT	NNM
Bancorp Hawaii	BOH	NYSE
BancorpSouth	BOMS	NNM
Bancroft Convertible Fd	BCV	AMEX
BancTec,Inc	BTC	NYSE
Bandag Inc 'A'	BDG A	NYSE
Bandag, Inc	BDG	NYSE
Bando McGlocklin Adj Rt'A'Pfd	BMCCP	NNM
Bando McGlocklin Capital	BMCC	NNM
Bangor Hydro Electric	BGR	NYSE
Banister Foundation	BAN	AMEX
Bank Corp (GA)	BCGA	NNM
Bank of Boston	BKB	NYSE
Bank of Boston 7.875%DepPfd	BKBPrF	NYSE
Bank of Boston 8.60% Dep Pfd	BKBPrE	NYSE
Bank of Boston Adj Rt A Pfd	BKBPrA	NYSE
Bank of Boston Adj Rt B Pfd	BKBPrB	NYSE
Bank of Boston Adj Rt C Pfd	BKBPrC	NYSE
Bank of Commerce	BCOM	NNM
Bank of Granite	GRAN	NNM
Bank of Montreal	BMO	NYSE
Bank of New York	BK	NYSE
Bk of N.Y. 8.60% Dep Pfd	BKPrB	NYSE
Bank of Nova Scotia	BNS	TS
Bank of Southington	BSO	AMEX
Bank of Tokyo-MitsubishiADS	MBK	NYSE
Bank Plus Corp	BPLS	NNM
Bank South Carolina	BKSC	NSC
Bank Utd Texas 9.60% 'B' Pfd	BKUPrB	NYSE
Bank Utd Texas FSB Pfd	BKUPrA	NYSE
Bank West Financial	BWFC	NNM
BankAmerica Corp	BAC	NYSE
BankAmer 7.875% cm Ser'M'Pfd	BACPrM	NYSE
BankAmer 8.16% cm Ser'L' Pfd	BACPrL	NYSE
BankAmer 8.375% cm Ser'K'Pfd	BACPrK	NYSE
BankAmer 8.50% cm Ser'N'Pfd	BACPrN	NYSE
BankAmer 9% cm Ser'H'Pfd	BACPrH	NYSE
BankAmer Adj cm A Pfd	BACPrA	NYSE
BankAmer Adj cm B Pfd	BACPrB	NYSE
BankAtlantic Bancorp 'A'	BANCA	NNM
BankAtlantic Bancorp'B'	BANC	NNM
Banker's Note	TBN.EC	ECM
Bankers Life Holdings	BLH	NYSE
Bankers Trust NY	BT	NYSE
Bankers Tr N.Y. 7.50% Dep Pfd	BPB	AMEX
Bankers Tr N.Y. 7.625%Dep Pfd	BPR	AMEX
Bankers Tr N.Y. Adj Dep'Q'Pfd	BTPrQ	NYSE
Bankers Tr N.Y. Adj Dep'R'Pfd	BTPrR	NYSE
Bankers Tr N.Y.7.75% Dep'S'Pfd	BTPrS	NYSE
Bankers Tr N.Y.8.55% Sr'I'Pfd	BTPrI	NYSE
Bankers Tr6% Cap Sec	BTB	AMEX
Bankers Tr6.125%CapSec	BND	AMEX
Banknorth Group	BKNG	NNM
BankUnited Financial'A'	BKUNA	NNM

Issue	Ticker	Exchange
BankUnited Finl 8% Cv Pfd	BKUNP	NNM
BankUnited Finl 9% Perp Pfd	BKUNO	NNM
Banner Aerospace	BAR	NYSE
BanPonce Corp	BPOP	NNM
BanPonce 8.35% Mthly Inc Pfd	BPOPP	NNM
Banta Corp	BNTA	NNM
Banyan Hotel Inv Fund	VHT	AMEX
Banyan Mortgage Inv Fund	VMG	NYSE
Banyan Strategic Land Fd II	VSLF	NNM
Banyan Strategic Realty Tr	VLANS	NNM
Banyan Systems	BNYN	NNM
Barbers,Hairstyling Men&Women	BBHF	NSC
Barclays plc ADS	BCS	NYSE
Barclays Bk Cl/C2Unit ADS	BCBPrC	NYSE
Barclays Bk D1/D2Unit ADS	BCBPrD	NYSE
Barclays Bk E1/E2 UnitADS	BCBPr	NYSE
Bard (C.R.)	BCR	NYSE
Barefoot Inc	BARE	NNM
Barnes & Noble	BKS	NYSE
Barnes Group	B	NYSE
Barnett Banks Inc	BBI	NYSE
Barnett Inc	BNTT	NNM
Barnwell Indus	BRN	AMEX
Barr Laboratories	BRL	AMEX
BARRA Inc	BARZ	NNM
Barrett Business Svcs	BBSI	NNM
Barrett Resources	BRR	NYSE
Barrick Gold	ABX	NYSE
Barringer Technologies Inc	BARR	NSC
Barrington Bancorp	BABC	NSC
Barrister Info Sys	BIS	AMEX
Barry (R.G.)	RGB	NYSE
Barry's Jewelers	BARY	NNM
Barry's Jewelers Wrrt	BARYW	NSC
Base Ten Sys Cl'A'	BASEA	NNM
Base Ten Sys Cl'B'	BASEB	NSC
Basic Petroleum Intl	BPILF	NNM
Basin Exploration	BSNX	NNM
Bass ADS	BAS	NYSE
Bassett Furniture	BSET	NNM
Batteries Batteries	BATS	NNM
Batteries Batteries Wrrt	BATSW	NNM
Battery Technologies	BTIOF	NNM
Battle Mtn Gold	BMG	NYSE
Battle Mtn Gold $3.25 Cv Pfd	BMGPr	NYSE
Bausch & Lomb	BOL	NYSE
Baxter International	BAX	NYSE
Bay Apartment Communities	BYA	NYSE
Bay Meadows Oper(Unit)	CJ	AMEX
Bay Networks	BAY	NYSE
Bay State Gas	BGC	NYSE
Bay View Capital	BVFS	NNM
BayBanks Inc	BBNK	NNM
Bayou Steel'A'	BYX	AMEX
Bayport Restaurant Group	PORT	NNM
BBN Corp	BBN	NYSE
BC Gas	BCG	TS
BCAM Intl Wrrt'B'	BCAML	NSC
BCAM Intl Wrrt'E'	BCAMZ	NSC
BCB Financial Svcs	BCBF	NNM

Issue	Ticker	Exchange
BCE Inc	BCE	NYSE
BCT International	BCTI	NNM
BDM Intl	BDMI	NNM
BE Aerospace	BEAV	NNM
BE Semiconductor Indus	BESIF	NNM
BEA Income Fd	FBF	NYSE
BEA Strategic Income Fd	FBI	NYSE
Beacon Properties	BCN	NYSE
Bear Stearns Cos	BSC	NYSE
Bear Stearns 5.50%MRK'CHIPS'	MCP	AMEX
Bear Stearns 7.60%'C'Dep Pfd	BSCPrC	NYSE
Bear Stearns 7.88%'B'Dep Pfd	BSCPrB	NYSE
Bear Stearns Adj Rt A Pfd	BSCPrA	NYSE
Bear Stearns Cos 'CUBS"98	KBB	AMEX
Bear Stearns Fin LLC'EPICS'	BSCPrZ	NYSE
Beard Co	BOC	AMEX
Bearings, Inc	BER	NYSE
BeautiControl Cosmetics	BUTI	NNM
Beazer Homes USA	BZH	NYSE
Beazer HomesUSA$2.00CvExPfd	BZHPrA	NYSE
BEC Group	EYE	NYSE
Beckman Instruments	BEC	NYSE
Becton, Dickinson	BDX	NYSE
Bed Bath & Beyond	BBBY	NNM
Bedford Bancshares	BFSB	NNM
Bedford Prop Investors(New)	BED	NYSE
BEI Electronics	BEII	NNM
Bel Fuse Inc	BELF	NNM
Belco Oil & Gas	BOG	NYSE
Belden & Blake Corp	BELD	NNM
Belden Inc	BWC	NYSE
Belding Heminway	BHY	NYSE
Bell & Howell	BHW	NYSE
Bell Atlantic Corp	BEL	NYSE
Bell Bancorp	BELL	NNM
Bell Cablemedia	BCMPY	NNM
Bell Industries	BI	NYSE
Bell Microproducts	BELM	NNM
Bell Sports	BSPT	NNM
Bell Tech Group Ltd	BELT	NSC
Bell Technology Wrrt	BELTW	NSC
BellSouth Corp	BLS	NYSE
Bellwether Exploration	BELW	NNM
Belmont Bancorp	BLMT	NSC
Belmont Homes	BHIX	NNM
Belo (A.H.)Cl'A'	BLC	NYSE
Bema Gold	BGO	AMEX
Bemis Co	BMS	NYSE
Ben & Jerry's Cl'A'	BJICA	NNM
Benchmark Electronics	BHE	AMEX
BENCHMARQ Microelectronics	BMRQ	NNM
Beneficial Corp	BNL	NYSE
Beneficial Corp,$4.30 Pfd	BNLPrB	NYSE
Beneficial Corp,$4.50 Pfd	BNLPrA	NYSE
Beneficial Corp,$5.50 Cv Pfd	BNLPrC	NYSE
Beneficial Corp,5% Pfd	BNLPrV	NYSE
Benetton Group ADS	BNG	NYSE
Benetton Group S.p.A	BTON	ML
Benguet Corp Cl'B'	BE	NYSE
Benihana Inc	BNHN	NNM

Issue	Ticker	Exchange
Benihana Inc'A'	BNHNA	NNM
Benson Financial	BFCX	NNM
Bentley Pharmaceuticals	BNT	AMEX
Bentley Pharma Cl'A' Wrrt	BNT.WS.A	AMEX
Benton Oil & Gas	BNTN	NNM
Benton Oil & Gas Wrrt	BNTNW	NNM
Berg Electronics	BEI	NYSE
Bergen Brunswig 'A'	BBC	NYSE
Berger Hldgs Ltd	BGRH	NSC
Bergstrom Capital	BEM	AMEX
Berkley (W.R.)	BKLY	NNM
Berkley(W.R.)7.375% Dep'A'Pfd	BKLYZ	NNM
Berkshire Gas	BGAS	NNM
Berkshire Hathaway'A'	BRK.A	NYSE
Berkshire Hathaway'B'	BRK.B	NYSE
Berkshire Realty	BRI	NYSE
Berkshire Realty Wrrt	BRI.WS	NYSE
Berlitz International	BTZ	NYSE
Bernard Haldane Assoc Inc	BHAL	NSC
Berry Petroleum'A'	BRY	NYSE
Bertucci's Inc	BERT	NNM
Besicorp Group	BGI.EC	ECM
Best Buy Co	BBY	NYSE
Best Buy Cap 6.50%'MIPS'	BBYPrM	NYSE
Best Products	BEST	NNM
Bestway Inc	BSTW	NSC
BET Holdings'A'	BTV	NYSE
BET Public Ltd ADS	BEP	NYSE
Bethel Bancorp	BTHL	NNM
Bethlehem Corp	BET	AMEX
Bethlehem Steel	BS	NYSE
Bethlehem Steel $5 cm Cv Pfd	BSPr	NYSE
Bethlehem Steel$2.50cmCv Pfd	BSPrB	NYSE
Bettis Corp	BETT	NNM
Betz Laboratories	BTL	NYSE
Bev-Tyme Inc	BEVTC	NSC
Bev Tyme 10% Cv'C' Pfd	BEVTP	NSC
Bev-Tyme Inc Wrrt'C'	BEVTZ	NSC
Beverly Enterprises	BEV	NYSE
BF Enterprises	BFEN	NNM
BFGoodrich Capital 8.30%'QUIPS'	GRPrA	NYSE
BFS Bankorp	BFSI	NNM
BGS Systems	BGSS	NNM
BHA Group'A'	BHAG	NNM
BHC Communications'A'	BHC	AMEX
BHC Financial	BHCF	NNM
BHI Corp	BHIKF	NNM
BI Inc	BIAC	NNM
Big B, Inc	BIGB	NNM
Big City Bagels	BIGC	NSC
Big City Bagels Wrrt	BIGCW	NSC
Big Entertainment'A'	BIGE	NSC
Big Flower Press Hldgs	BGF	NYSE
Big O Tires, Inc	BIGO	NNM
Big Rock Brewery	BEERF	NNM
Big Smith Brands	BSBI	NSC
Big Smith Brands Wrrt	BSBIW	NSC
Bindley Western Indus	BDY	NYSE
Binks Mfg	BIN	AMEX
Bio Imaging Technologies Inc	BITI	NSC

Issue	Ticker	Exchange
Bio Imaging Technol Wrrt'G'	BITIW	NSC
Bio Technology Gen Wrrt'A'	BTGCL	NNM
Bio Transplant Inc	BTRN	NNM
Bio-Dental Technologies	BDTC	NNM
Bio-Dyne Corp	BODY	NSC
Bio-Logic Systems	BLSC	NNM
Bio-Plexus Inc	BPLX	NNM
Bio-Rad Labs Cl'A'	BIO.A	AMEX
Bio-Rad Labs Cl'B'	BIO.B	AMEX
Bio-Reference Labs	BRLI	NSC
Bio-Reference Labs Wrrt'A'	BRLIW	NSC
Bio-Reference Labs Wrrt'B'	BRLIZ	NSC
Bio-Technology Genl	BTGC	NNM
Bio-Vascular Inc	BVAS	NNM
BioChem Pharma	BCHXF	NNM
Biocircuits Corp	BIOC	NNM
Biocontrol Technology	BICO	NSC
Biocraft Labs	BCL	NYSE
BioCryst Pharm'l	BCRX	NNM
Biodynamics Intl	BDYN	NSC
Biofield Corp	BZET	NNM
Biogen Inc	BGEN	NNM
Bioject Medl Technologies	BJCT	NNM
BIOLASE Technology	BLTI	NSC
Biomagnetic Tech	BTIX	NNM
Biomatrix Inc	BIOX	NNM
Biomerica Inc	BMRA	NSC
Biomet, Inc	BMET	NNM
Biomira Inc	BIOMF	NNM
Biomune Systems	BIME	NSC
Biopool Intl	BIPL	NSC
Biopsys Medical	BIOP	NNM
BioSafe Intl	BSFE	NSC
BioSafe Intl Wrrt'C'	BSFEW	NSC
BioSafe Intl Wrrt'D'	BSFEZ	NSC
BioSafe Intl Wrrt'E'	BSFEL	NSC
BioSepra Inc	BSEP	NNM
BioSource Intl	BIOI	NNM
BioSpecifics Technologies	BSTC	NNM
Biospherics	BINC	NNM
biosys Inc	BIOS	NNM
BioTechnica Intl	BIOT	NNM
Biotime Inc	BTIM	NSC
Biovail Corp Intl	BVF	AMEX
BioWhittaker Inc	BWI	NYSE
Bird Corp	BIRD	NNM
Bird Corp $1.85 Cv Pref	BIRDP	NSC
Birmingham Steel	BIR	NYSE
Birmingham Utils	BIRM	NNM
Biscayne Apparel	BHA	AMEX
BISYS Group	BSYS	NNM
Bitwise Designs	BTWS	NSC
BJ Services	BJS	NYSE
BJ Services Wrrt	BJS.WS	NYSE
BKC Semiconductors	BKCS	NNM
Black & Decker Corp	BDK	NYSE
Black Box Corp	BBOX	NNM
Black Hawk Gaming & Dvlp	BHWK	NNM
Black Hawk Gaming Wrrt 'A'	BHWKW	NNM
Black Hawk Gaming Wrrt 'B'	BHWKZ	NNM

Issue	Ticker	Exchange
Black Hills Corp	BKH	NYSE
Blackrock 1998 Term Tr	BBT	NYSE
Blackrock 1999 Term Tr	BNN	NYSE
Blackrock 2001 Term Trust	BLK	NYSE
Blackrock Advantage Term	BAT	NYSE
Blackrock Broad Inv Gr 2009	BCT	AMEX
Blackrock CA Ins Muni 2008 Tr	BFC	NYSE
Blackrock CA Inv Qual Muni	RAA	AMEX
Blackrock FL Ins Muni 2008 Tr	BRF	NYSE
Blackrock FL Inv Qual Muni	RFA	AMEX
Blackrock Income Trust	BKT	NYSE
Blackrock Ins Muni 2008 Tr	BRM	NYSE
Blackrock Ins Muni Term	BMT	NYSE
Blackrock Inv Qual Muni Tr	BKN	NYSE
Blackrock Inv Qual Term Tr	BQT	NYSE
Blackrock Muni Target Term	BMN	NYSE
Blackrock NJ Inv Qual Muni	RNJ	AMEX
Blackrock No Amer Gvt Inc	BNA	NYSE
Blackrock NY Ins Muni 2008 Tr	BLN	NYSE
Blackrock NY Inv Qual Muni	RNY	AMEX
Blackrock Strategic Term	BGT	NYSE
Blackrock Target Term	BTT	NYSE
Blair Corp	BL	AMEX
Blessings Corp	BCO	AMEX
Blimpie Int'l	BMPE	NNM
Block (H & R)	HRB	NYSE
Block Drug'A'non-vtg	BLOCA	NNM
Blonder Tongue Labs	BDR	AMEX
Blount Intl Cl'A'	BLT.A	NYSE
Blount Intl Cv'B'	BLT.B	NYSE
Blue Chip Computerware	BCHPE	NSC
Blue Chip Value Fund	BLU	NYSE
Blue Dolphin Energy	BDCO	NSC
Bluegreen Corp	BXG	NYSE
Blyth Holdings	BLYH	NNM
Blyth Industries	BTH	NYSE
BlyvoorGold Mng ADR	BLYVY	NSC
BMC Industries	BMC	NYSE
BMC Software	BMCS	NNM
BMC West	BMCW	NNM
BNCCORP Inc	BNCC	NNM
BNH Bancshares	BNHB	NNM
Boardwalk Casino	BWLK	NSC
Boardwalk Casino Wrrt	BWLKW	NSC
Boatmen's Bancshares	BOAT	NNM
Bob Evans Farms	BOBE	NNM
Bobbie Brooks	BBKS	NSC
Boca Research	BOCI	NNM
Boddie-Noell Properties	BNP	AMEX
Boeing Co	BA	NYSE
Bogen Communic Intl	BGN	AMEX
Bogen Communic Intl Unit	BGN.E	AMEX
Bogen Communic Intl Wrrt	BGN.WS	AMEX
Boise Cascade	BCC	NYSE
Boise Cascade 7.48% Dep Pfd	BCCPrG	NYSE
Boise Cascade 9.40% Dep Pfd	BCCPrF	NYSE
Boise Cascade Office Products	BOP	NYSE
BOK Financial	BOKF	NSC
Bolder Tech	BOLD	NNM
Bombardier Inc Cl'B'	BBD.B	TS

Issue	Ticker	Exchange
Bombay Company	BBA	NYSE
Bon-Ton Stores	BONT	NNM
Bonded Motors	BMTR	NNM
Bone Care Intl	BCII	NSC
Bonray Drilling	BNRY	NSC
Bonso Electronics Intl	BNSOF	NNM
Bonso Electrs Intl Wrrt	BNSWF	NNM
Books-A-Million	BAMM	NNM
Boole & Babbage	BOOL	NNM
Boomtown Inc	BMTN	NNM
Boral Ltd ADS	BORAY	NNM
Borden Chem/Plastics L.P.	BCU	NYSE
Borders Group	BGP	NYSE
Borg-Warner Automotive	BWA	NYSE
Borg-Warner Security	BOR	NYSE
Borland Intl	BORL	NNM
Borror Corp	BORR	NNM
Boston Acoustics	BOSA	NNM
Boston Bancorp	SBOS	NNM
Boston Beer 'A'	SAM	NYSE
Boston Celtics L.P.	BOS	NYSE
Boston Chicken	BOST	NNM
Boston Edison	BSE	NYSE
Boston Edison 7.75% Dep Pfd	BSEPrB	NYSE
Boston Edison 8.25% Dep Pfd	BSEPrA	NYSE
Boston Life Sciences	BLSI	NSC
Boston Life Sciences Wrrt	BLSIW	NNM
Boston Private Bancorp	BPBC	NSC
Boston Restaurant Assoc	BRAI	NSC
Boston Restaurant Assoc Wrrt	BRAIW	NSC
Boston Scientific	BSX	NYSE
Boston Technology	BSTN	NNM
BostonFed Bancorp	BFD	AMEX
Bowater, Inc	BOW	NYSE
Bowater Inc Dep'B'7%'PRIDES'	BOWPrB	NYSE
Bowater Inc'C'8.40% Dep Pfd	BOWPrC	NYSE
Bowl America Cl'A'	BWL.A	AMEX
Bowmar Instrument	BOM	AMEX
Bowmar Instr $3.00 Cv Pfd	BOMPr	AMEX
Bowne & Co	BNE	AMEX
Box Energy 'B'	BOXXB	NNM
Box Energy'A'	BOXXA	NNM
Boyd Bros.Transport'n	BOYD	NNM
Boyd Gaming	BYD	NYSE
Boyds Wheels	BYDS	NNM
BP Prudhoe Bay Royalty	BPT	NYSE
BPI Packaging Tech	BPIE	NNM
BPI Pkg Tech 8.50%'A'Pfd	BPIEP	NSC
BPI Pkg Technologies Wrrt'B'	BPIEZ	NNM
Bradlees, Inc	BLE	NYSE
Bradley Pharmaceuticals'A'	BPRXA	NNM
Bradley Pharm Wrrt 'A'	BPRXW	NNM
Bradley Pharm Wrrt 'B'	BPRXZ	NNM
Bradley Pharm Wrrt 'D'	BPRXL	NNM
Bradley Real Estate	BTR	NYSE
Brady(W.H.)'A'non-vtg	BRCOA	NNM
Brandywine Rlty Trust SBI	BDN	AMEX
Branford Savings Bank(CT)	BSBC	NNM
Brascan Ltd Cv'A'Ord	BRS.A	AMEX
Brassie Golf Corp	PUTT	NSC

Issue	Ticker	Exchange
Braun's Fashions	BFCI	NNM
Brazil Fast Food	BOBS	NSC
Brazil Fast Food Wrrt'A'	BOBSW	NSC
Brazil Fast Food Wrrt'B'	BOBSZ	NSC
Brazil Fund	BZF	NYSE
Brazilian Equity Fund	BZL	NYSE
BRC Holdings	BRCP	NNM
BRE Properties Cl'A'	BRE	NYSE
Breed Technologies	BDT	NYSE
Brenco, Inc	BREN	NNM
Brendle's Inc	BRDL	NSC
Brenton Banks	BRBK	NNM
Brewer,C Homes'A'	CBHI	NNM
Bridgeport Machines	BPTM	NNM
Bridgeville Savings Bk	BRFC	NSC
Bridgford Foods	BRID	NNM
Briggs & Stratton	BGG	NYSE
Brightpoint Inc	CELL	NNM
Brilliance China Automotive	CBA	NYSE
Brimm Energy Corp	BRIMF	NSC
Brinker Intl	EAT	NYSE
Brio Industries	BRIOF	NSC
Bristol Hotel	BH	NYSE
Bristol-Myers Squibb	BMY	NYSE
Bris-Myr Squibb,$2 Cv Pfd	BMYPr	NYSE
Brite Voice Systems	BVSI	NNM
British Airways ADS	BAB	NYSE
British Biotech plc ADS	BBIOY	NNM
British Gas ADS	BRG	NYSE
British Petrol ADS	BP	NYSE
British Sky Broadcstg Gp ADS	BSY	NYSE
British Steel ADS	BST	NYSE
British Telecommn ADR	BTY	NYSE
Broad Natl Bancorp	BNBC	NNM
BroadBand Technologies	BBTK	NNM
Broadway & Seymour Inc	BSIS	NNM
Broadway Financial	BYFC	NSC
Broadway Stores Wrrt	BWY.WS	NYSE
Brock Intl Inc	BROC	NNM
Broderbund Software	BROD	NNM
Broken Hill Prop ADR	BHP	NYSE
Brooke Group Ltd	BGL	NYSE
Brooklyn Union Gas	BU	NYSE
Brooks Automation	BRKS	NNM
Brooks Fiber Properties	BFPT	NNM
Brookstone Inc	BKST	NNM
Brooktree Corp	BTRE	NNM
Brooktrout Technology	BRKT	NNM
Brothers Gourmet Coffees	BEAN	NNM
Brown & Sharpe Mfg'A'	BNS	NYSE
Brown Group	BG	NYSE
Brown-Forman Cl'B'	BF.B	NYSE
Brown-Forman'A'	BF.A	NYSE
Brown-Forman Inc 4% Pfd	BFPr	NYSE
Browning-Ferris 7.25% 'ACES'	BFE	NYSE
Browning-Ferris Indus	BFI	NYSE
BRT Realty Trust SBI	BRT	NYSE
Brunswick Corp	BC	NYSE
Brush Creek Mining/Dvlp	BCMD	NSC
Brush Wellman	BW	NYSE

Issue	Ticker	Exchange
Bryn Mawr Bank	BMTC	NNM
BSB Bancorp	BSBN	NNM
BT Financial	BTFC	NNM
BT Office Prod Intl	BTF	NYSE
BT Shipping Ltd ADR	BTBTY	NNM
BTG Inc	BTGI	NNM
BTU International	BTUI	NNM
Buckeye Cellulose	BKI	NYSE
Buckeye Ptnrs L.P.	BPL	NYSE
Buckhead America	BUCK	NNM
Buckle Inc	BKLE	NNM
Bucyrus Intl	BCYR	NNM
Buenos Aires Embotell'a ADS	BAE	NYSE
Bufete Industrial S.A. ADS	GBI	NYSE
Buffets Inc	BOCB	NNM
Buffton Corp	BFX	AMEX
Bugaboo Creek Steak House	RARE	NNM
Builders Transport	TRUK	NNM
Builders Warehouse Assn	BWAI	NSC
Bull & Bear Group 'A'	BNBGA	NSC
Bull Run Corp	BULL	NNM
Bullet Sports Intl	PARR	NSC
Bureau Electr Pubg Wrrt	BEPIW	NSC
Bureau of Elec Pub	BEPI	NSC
Burke Mills	BMLS	NNM
Burlington Coat Factory	BCF	NYSE
Burlington Industries	BUR	NYSE
Burlington Northern Santa Fe	BNI	NYSE
Burlington Res CoalSeamGasRty	BRU	NYSE
Burlington Resources	BR	NYSE
Burmah Castrol plc ADR	BURMY	NSC
Burnham Pacific Prop	BPP	NYSE
Burr-Brown Corp	BBRC	NNM
Bush Boake Allen	BOA	NYSE
Bush Indus Cl'A'	BSH	NYSE
Business Objects ADS	BOBJY	NNM
Business Resource Group	BRGP	NNM
Butler International	BUTL	NNM
Butler Mfg	BTLR	NNM
Butler Natl	BUKS	NSC
Buttrey Food & Drug Stores	BTRY	NNM
BVR Technologies Ltd	BVRTF	NSC
BW/IP Inc	BWIP	NNM
BWAY Corp	BWAY	NNM
C-COR Electrs	CCBL	NNM
C-Cube Microsystems	CUBE	NNM
C-TEC Corp	CTEX	NNM
C-TEC Corp'B'	CTEXB	NSC
C.ATS Software	CATX	NNM
C.I.S. Technologies	CISI	NNM
C.P. Clare	CPCL	NNM
Cable & Wireless ADS	CWP	NYSE
Cable Car Beverage	DRNK	NSC
Cable Design Technologies	CDTC	NNM
Cabletel Communications	TTV	AMEX
Cabletron Systems	CS	NYSE
Cablevision Sys'A'	CVC	AMEX
CablevisionSys 8.50% Dep Cv Ex Pfd	CVCPr	AMEX
Cabot Corp	CBT	NYSE
Cabot Oil & Gas 'A'	COG	NYSE

Issue	Ticker	Exchange
Cabre Corp	CABR	NSC
Cache, Inc	CACH	NNM
CACI Int'l	CACI	NNM
Cadbury Schwep LP 8.625%, 'QUIPS'	CSDPrA	NYSE
Cadbury Schweppes ADS	CSG	NYSE
Cade Industries	CADE	NNM
Cadence Design Sys	CDN	NYSE
Cadiz Land	CLCI	NNM
Cadmus Communication	CDMS	NNM
Caere Corp	CAER	NNM
Cagle's Inc 'A'	CGL.A	AMEX
CAI Wireless Systems	CAWS	NNM
Cairn Energy USA	CEUS	NNM
Cal Fed Bancorp	CAL	NYSE
Cal Fed Bk 7.75% CvPfd'A'	CALPr	NYSE
Caldor Corp	CLD	NYSE
Caledonia Mining	CALVF	NNM
CalEnergy Co	CE	NYSE
Calgene Inc	CGNE	NNM
Calgon Carbon	CCC	NYSE
Cali Realty	CLI	NYSE
Caliber System	CBB	NYSE
Calif Amplifier	CAMP	NNM
Calif Bancshares	CABI	NNM
Calif Culinary Academy	COOK	NNM
Calif Fed'l Bk10.625%'B'Pfd	CALPrB	NYSE
Calif Finl Hldg	CFHC	NNM
Calif Micro Devices	CAMD	NNM
Calif Microwave	CMIC	NNM
Calif Pro Sports	CALP	NSC
Calif REIT SBI	CT	NYSE
Calif Water Svc	CWT	NYSE
California Commun Bancshs	CCBC	NNM
California Pro Sports Wrrt	CALPW	NSC
California State Bank	CSTB	NNM
Call-Net Enterprises'B'	CNEBF	NNM
Callaway Golf	ELY	NYSE
Callon Petroleum	CLNP	NNM
Callon Petroleum Cv Exch 'A' Pfd	CLNPP	NNM
Calloway's Nursery	CLWY	NNM
CalMat Co	CZM	NYSE
Calnetics Corp	CALN	NSC
Calprop Corp	CPP	AMEX
Calton,Inc	CN	AMEX
Calumet Bancorp	CBCI	NNM
CAM Data Systems	CADA	NSC
Cam Designs	CMDA	NNM
Cam Designs Wrrt	CMDAW	NNM
Cam-Net Communic Ntwk	CWKTF	NNM
Cambex Corp	CBEX	NNM
Cambior Inc	CBJ	AMEX
Cambior Inc'96 Wrrt	CBJ.WSA	AMEX
Cambrex Corp	CBM	AMEX
Cambridge NeuroScience	CNSI	NNM
Cambridge SoundWorks	HIFI	NNM
Cambridge Technology Ptnrs	CATP	NNM
Camco Financial	CAFI	NNM
Camco International	CAM	NYSE
Camden Property Trust	CPT	NYSE
Cameco Corp	CCJ	NYSE

Issue	Ticker	Exchange
Cameco Corp 1st Installment	CCJ PP	NYSE
Camelot Corp	CAML	NSC
Cameron Ashley Bldg Prod	CABP	NNM
Cameron Financial	CMRN	NNM
Campbell Resources	CCH	NYSE
Campbell Soup	CPB	NYSE
Campo Electr Appliances/Comp	CMPO	NNM
Canada South'n Petrol	CSPLF	NSC
Canadian Airlines	CA	TS
Canadian Genl Cp 9.125%'TOPrS'	CGGPrT	NYSE
Canadian Imperial Bk	CM	TS
Canadian Marconi	CMW	AMEX
Canadian Natl Railway	CNI PP	NYSE
Canadian Occidental Petrol	CXY	AMEX
Canadian Pacific, Ord	CP	NYSE
Canandaigua Wine Cl'A'	WINEA	NNM
Canandaigua Wine Cl'B'	WINEB	NNM
CanCapital Corp	CJC	TS
Cancer Treatment Hldgs	CTH.EC	ECM
Candela Corp	CLZR	NNM
Candela Corp Wrrt	CLZRW	NNM
Candies Inc	CAND	NNM
Candies Inc Wrrt 'B'	CANDL	NSC
Candies Inc Wrrt 'C'	CANDN	NSC
Canisco Resources	CANRQ	NSC
Canmax Inc	CNMX	NSC
Cannon Express	CANX	NNM
Cannondale Corp	BIKE	NNM
Canon Inc ADR	CANNY	NNM
Cantab Pharmaceuticals ADS	CNTBY	NNM
Cantel Industries	CNTL	NNM
Canterbury Corporate Svcs	XCEL	NNM
Canterbury Pk Hldg Corp	TRAK	NSC
Canterbury Pk Hldg Wrrt	TRAKW	NSC
Canyon Resources	CYNR	NNM
Cap Rlty Inv TaxExFdLP I	CRA	AMEX
Cap Rlty Inv TaxExFdLP II	CRB	AMEX
Cap Rlty Inv TaxExFdLP III	CRL	AMEX
Cape Cod Bank & Trust	CCBT	NNM
Capital Associates	CAII	NNM
Capital Bancorp (Fla)	CBCP	NNM
Capital Bancorpn $2 Dep'C'Pfd	CABKZ	NNM
Capital Brands	CAASD	NSC
Capital Corp of the West	CCOW	NNM
Capital One Financial	COF	NYSE
Capital Pacific Hldgs	CPH	AMEX
Capital Re	KRE	NYSE
Capital Re LLC'MIPS'	KREPrL	NYSE
Capital Savings Bancorp	CAPS	NNM
Capital Southwest	CSWC	NNM
Capitol American Finl	CAF	NYSE
Capitol Bancorp Ltd	CBCL	NNM
Capitol Multimedia	CDIM	NSC
Capitol Multimedia Wrrt 'A'	CDIMW	NSC
Capitol Transamerica	CATA	NNM
CapMAC Holdings	KAP	NYSE
Capstead Mortgage	CMO	NYSE
Capstead Mtge $1.26 cm Cv Pfd	CMOPrB	NYSE
Capstead Mtge $1.60cm Cv Pfd	CMOPrA	NYSE
Capstone Capital	CCT	NYSE

Issue	Ticker	Exchange
Capstone Pharmacy Svc	DOSE	NNM
Capstone Pharmacy Svcs Wrrt	DOSEW	NNM
Capsure Holdings	CSH	NYSE
Caraco Pharm Labs	CARA	NSC
Caraco Pharm Labs Wrrt	CARAW	NSC
Caraustar Industries	CSAR	NNM
Carbide/Graphite Group	CGGI	NNM
Carbo Ceramics	CRBO	NSC
Cardinal Bancshares	CARD	NNM
Cardinal Health	CAH	NYSE
Cardinal Realty Svcs	CRSI	NNM
CardioGenesis Corp	CGCP	NNM
Cardiometrics Inc	CFLO	NNM
CardioThoracic Systems	CTSI	NNM
Cardiotronics Inc	CDIO	NSC
Cardiovascular Diagnostics	CVDI	NNM
Care Group	CARE	NNM
Career Horizons	CHZ	NYSE
Caremark International	CK	NYSE
Caretenders Healthcorp	CTND	NNM
Caribiner International	CWC	NYSE
Carlisle Cos	CSL	NYSE
Carlisle Plastics Cl'A'	CPA	NYSE
Carlton Commun'X-CAPS'	CCMPr	NYSE
Carlton Communic ADS	CCTVY	NNM
Carlyle Golf Inc	CRLG	NSC
Carlyle Golf Wrrt	CRLGW	NSC
Carmel Container Sys	KML	AMEX
Carmike Cinemas'A'	CKE	NYSE
Carnegie Bancorp	CBNJ	NNM
Carnegie Bancorp Wrrt	CBNJW	NNM
Carnegie Group	CGIX	NNM
Carnival Corp'A'	CCL	NYSE
Carolina First Corp	CAFC	NNM
Carolina Pwr & Lt	CPL	NYSE
Carol P&L,$5 cm Pfd	CPLPr	AMEX
Carolina Pwr & Lt 8.55%'QUICS'	CPD	NYSE
Carolina Sthrn Bk Spartn SC	CSBK	NSC
Carpenter Technology	CRS	NYSE
Carr-Gottstein Foods	CGF	NYSE
CarrAmerica Realty	CRE	NYSE
Carrington Laboratories	CARN	NNM
Carrollton Bancorp	CRRB	NNM
Carson Pirie Scott	CRP	NYSE
Carter-Wallace	CAR	NYSE
Carver Corp	CAVR	NNM
Carver Federal Svgs Bank	CARV	NNM
Casa Ole-Restaurants	CASA	NNM
Cascade Bancorp	CACB	NSC
Cascade Communications	CSCC	NNM
Cascade Corp	CASC	NNM
Cascade Financial Corp	CASB	NSC
Cascade Natural Gas	CGC	NYSE
Case Corp	CSE	NYSE
Casey's Genl Stores	CASY	NNM
Cash Amer Intl	PWN	NYSE
Casino America	CSNO	NNM
Casino Data Systems	CSDS	NNM
Casino Magic	CMAG	NNM
Casino Resource	CSNR	NNM

Issue	Ticker	Exchange
Casino Resource Wrrt 'A'	CSNRW	NNM
CasTech Aluminum Group	CTA	NYSE
Castelle	CSTL	NNM
Castle & Cooke Inc	CCS	NYSE
Castle (A.M.)	CAS	AMEX
Castle Convert Fund	CVF	AMEX
Castle Energy Corp	CECX	NNM
Catalina Lighting	LTG	NYSE
Catalina Marketing	POS	NYSE
Catalyst Intl	CLYS	NNM
Catalyst Semiconductor	CATS	NNM
Catalytica Inc	CTAL	NNM
Catellus Development	CDX	NYSE
Catellus Dvlp $3.75'A'Cv Pfd	CDXPrA	NYSE
Caterpillar Inc	CAT	NYSE
Cathay Bancorp	CATY	NNM
Catherines Stores	CATH	NNM
Cato Corp'A'	CACOA	NNM
Catskill Financial	CATB	NNM
Cattlemans Inc	CTLO	NSC
Cavalier Homes	CAV	NYSE
Cavco Indus	CVCO	NSC
Cayman Water Co Ltd	CWCOF	NSC
CB Bancorp	CBCO	NSC
CB Bancshares	CBBI	NNM
CBL & Associates Prop	CBL	NYSE
CBT Corp	CBTC	NNM
CBT Group ADS	CBTSY	NNM
CCA Industries	CCAM	NNM
CCAIR Inc	CCAR	NSC
CCB Financial	CCBF	NNM
CCF Holding	CCFH	NSC
CD Radio Inc	CDRD	NSC
CD Radio Inc Wrrt	CDRDW	NSC
CDI Corp	CDI	NYSE
CDW Computer Centers	CDWC	NNM
CE Franklin Ltd	CFK	AMEX
CE Software Hldgs	CESH	NNM
CEC Resources	CGS	AMEX
Ceco Environmental	CECE	NSC
Cedar Fair L.P.	FUN	NYSE
Cedar Group	CGMV	NNM
Cedar Income Fund	CEDR	NSC
Cel-Sci Corp	CELI	NNM
Cel-Sci Corp Wrrt	CELIW	NNM
Celadon Group	CLDN	NNM
Celanese Canada	CCL	TS
Celebrity Entertainment	CLEB	NSC
Celebrity Inc	FLWR	NNM
Celeritek Inc	CLTK	NNM
Celestial Seasonings	CTEA	NNM
Celex Group	CLXG	NNM
Celgene Corp	CELG	NNM
Cell Genesys	CEGE	NNM
Cellegy Pharmaceutical	CLGY	NSC
Cellegy Pharmaceuticals Wrrt	CLGYW	NSC
Cellex Biosciences	CLXX	NSC
Cellex Biosciences Wrrt 2000	CLXXZ	NSC
CellPro Inc	CPRO	NNM
CellStar Corp	CLST	NNM

Issue	Ticker	Exchange
Cellular Commun Intl	CCIL	NNM
Cellular Commun P.R.	CCPR	NNM
Cellular Technical Svcs	CTSC	NNM
CellularCommunications'A'	COMMA	NNM
CellularVision USA	CVUS	NNM
Celox Laboratories	CELX	NSC
Celtic Investment	CELT	NSC
Celtrix Pharmaceuticals	CTRX	NNM
CEM Corp	CEMX	NNM
CENFED Financial	CENF	NNM
Cenit Bancorp	CNIT	NNM
Centennial Bancorp	CEBC	NNM
Centennial Cellular 'A'	CYCL	NNM
Centennial Technologies	CTN	AMEX
Center Banks	CTBK	NNM
Center Financial	CFCX	NNM
Centerior Energy	CX	NYSE
CenterPoint Properties	CNT	AMEX
Centex Construction Prod	CXP	NYSE
Centex Corp	CTX	NYSE
Centigram Communications	CGRM	NNM
Centl Hispano Cap 10.50% Pref	HCLPr	NYSE
Centl Hispano Intl9.875% 'MIPS'	HPNPr	NYSE
Centocor Inc	CNTO	NNM
Central & So. West	CSR	NYSE
Central & Southern Holding	CSBC	NNM
Central Co-operative Bank	CEBK	NNM
Central Euro Media Enter'A'	CETV	NNM
Central European Eq Fd	CEE	NYSE
Central Fidelity Banks	CFBS	NNM
Central Fund,Cda'A'	CEF	AMEX
Central Garden & Pet	CENT	NNM
Central Hispano Cap 9.43% Pref	HCLPrB	NYSE
Central Hudson Gas&El	CNH	NYSE
Central Ill Lt 4 1/2% cm Pfd	CERPr	NYSE
Central Jersey Finl	CJFC	NNM
Central La Elec	CNL	NYSE
Central Maine Power	CTP	NYSE
Central Maine Pwr 7.875% Pfd	CTPPrA	NYSE
Central Maine Pwr,3 1/2% Pfd	CTPPr	AMEX
Central Newspapers 'A'	ECP	NYSE
Central Pac Minerals NL	CPMNY	NSC
Central Parking	PK	NYSE
Central Reserve Life	CRLC	NNM
Central Securities	CET	AMEX
Central Sec$2cmCv D Pfd	CETPrD	AMEX
Central Sprinkler	CNSP	NNM
Central Tractor Farm & Country	CTFC	NNM
Central Trans Rental Gp ADS	TPH	NYSE
Central VA Bankshares	CVBK	NNM
Central VT Pub Svc	CV	NYSE
Centura Banks	CBC	NYSE
Centurion Mines	CTMC	NSC
Century Aluminum	CENX	NNM
Century Bancorp(MA)	CNBKA	NNM
Century Casinos	CNTY	NSC
Century Casinos Wrrt	CNTYW	NSC
Century Communic'ns'A'	CTYA	NNM
Century South Banks	CSBI	NNM
Century Tel Enterp	CTL	NYSE

Issue	Ticker	Exchange
Cephalon Inc	CEPH	NNM
Ceradyne Inc	CRDN	NNM
CERBCO Inc	CERB	NNM
Ceridian Corp	CEN	NYSE
Ceridian Cp Cv Ex Dep Pfd	CENPr	NYSE
Cerion Technologies	CEON	NNM
Cerner Corp	CERN	NNM
Cerplex Group	CPLX	NNM
CerProbe Corp	CRPB	NNM
Certron Corp	CRTN	NSC
CESP-Companhia Energetica	CES.SA	BSP
CET Environmental Svcs	ENV	AMEX
CFB Bancorp	CFBN	NNM
CFC Intl	CFCI	NNM
CFI Industries	CFIB	NNM
CFI ProServices	PROI	NNM
CFSB Bancorp	CFSB	NNM
CFW Communications	CFWC	NNM
CFX Corp	CFX	AMEX
Chad Therapeutics	CTU	AMEX
Chai-Na-Ta Corp	CCCFF	NNM
Chalone Wine Group	CHLN	NNM
Champion Enterprises	CHB	NYSE
Champion Healthcare	CHC	AMEX
Champion Industries	CHMP	NNM
Champion Intl	CHA	NYSE
Champion Parts	CREB	NSC
Champion Road Machinery	CRMLF	NNM
Chancellor Broadcstg'A'	CBCA	NNM
Chandler Insurance Ltd	CHANF	NNM
Chantal Pharmaceutical	CHTL	NSC
Chaparral Resources	CHAR	NSC
Chaparral Steel Co	CSM	NYSE
Charles (JW) Finl Svcs	KORP	NSC
Charming Shoppes	CHRS	NNM
Chart House Enterpr	CHT	NYSE
Chart Industries	CTI	NYSE
Charter Financial	CBSB	NNM
Charter One Finl	COFI	NNM
Charter Power Systems	CHTR	NNM
Chartwell Re Corp	CWLR	NNM
Chase Brass Indus	CSI	NYSE
Chase Corp	CCF	AMEX
Chase Federal Bank	CHFB	NSC
Chase Manhattan	CMB	NYSE
Chase Manhattan 10 1/2%'A'Pfd	CMBPrA	NYSE
Chase Manhattan 10.84%'C'Pfd	CMBPrC	NYSE
Chase Manhattan 10.96% Pfd	CMBPrG	NYSE
Chase Manhattan 7.92% Dep Pfd	CMBPrI	NYSE
Chase Manhattan 7.50% Dep Pfd	CMBPfK	NYSE
Chase Manhattan 7.58% Dep Pfd	CMBPrJ	NYSE
Chase Manhattan 8.32%'F'Pfd	CMBPrF	NYSE
Chase Manhattan 8.375% Pfd	CMBPrH	NYSE
Chase Manhattan 8.40% M Pfd	CMBPrM	NYSE
Chase Manhattan 8.50%'E'Pfd	CMBPrE	NYSE
Chase Manhattan 9.08%'D'Pfd	CMBPrD	NYSE
Chase Manhattan 9.76%'B'Pfd	CMBPrB	NYSE
Chase Manhattan Adj N Pfd	CMBPrN	NYSE
Chase Manhattan Adj Rt'L'Pfd	CMBPrL	NYSE
Chase Manhattan Wrrt	CMB.WS	NYSE

Issue	Ticker	Exchange
ChatCom Inc	CHAT	NSC
Chateau Properties	CPJ	NYSE
Chattem Inc	CHTT	NNM
Chaus (Bernard) Inc	CHS	NYSE
CHC Helicopter Cl'A'	FLYAF	NNM
Check Technology	CTCQ	NNM
Checkers Drive-In Restr	CHKR	NNM
Checkfree Corp	CKFR	NNM
Checkmate Electronics	CMEL	NNM
Checkpoint Sys	CKP	NYSE
Cheesecake Factory	CAKE	NNM
Chefs Intl	CHEF	NSC
Chelsea GCA Realty	CCG	NYSE
Chemed Corp	CHE	NYSE
Chemfab Corp	CMFB	NNM
Chemi Trol Chem	CTRL	NSC
Chemical Financial	CHFC	NNM
Chempower Inc	CHEM	NNM
ChemTrak Inc	CMTR	NNM
Cherokee Inc	CHKE	NNM
Cherry Corp 'A'	CHERA	NNM
Cherry Corp'B'	CHERB	NNM
Chesapeake Bio Labs'A'	PHD.EC	ECM
Chesapeake Corp	CSK	NYSE
Chesapeake Energy	CHK	NYSE
Chesapeake Utilities	CPK	NYSE
Chester Hldgs Ltd	CHES	NSC
Chester Valley Bancorp	CVAL	NNM
Chevron Corp	CHV	NYSE
Cheyenne Software	CYE	AMEX
Chic by H.I.S. Inc	JNS	NYSE
Chicago Dock & Canal Trust	DOCKS	NNM
Chicago Miniature Lamp	CHML	NNM
Chicago Rivet & Mach	CVR	AMEX
Chico's FAS	CHCS	NNM
Chief Consol Mining	CFCM	NSC
Chieftain Intl	CID	AMEX
Chieftain Intl Fd $1.8125 Cv Pfd	GSSPr	AMEX
Children's Broadcasting	AAHS	NNM
Children's Comp Svcs	KIDS	NNM
Children's Wonderland	CWIC	NSC
Children's Wonderland Unit	CWICU	NSC
Children's Wonderland Wrrt	CWICW	NSC
Childrens Discovery Centers	CDCR	NNM
Childrobics Inc	CHLD	NSC
Childrobics Inc Wrrt	CHLDW	NSC
Childtime Learning Centers	CTIM	NNM
Chile Fund Inc	CH	NYSE
Chilgener S.A. ADS	CHR	NYSE
China Fund	CHN	NYSE
China Industrial Group	CIND	NSC
China Industrial Grp Wrrt'A'	CINDW	NSC
China Industrial Grp Wrrt'B'	CINDZ	NSC
China Pacific	CHNA	NSC
China Resource Dvlmt	CHRB	NSC
China Tire Holdings Ltd	TIR	NYSE
China Yuchai Intl	CYD	NYSE
Chips/Technologies	CHPS	NNM
Chiquita Brands Intl	CQB	NYSE
Chiquita Br Intl $2.875 Cv'A'Pfd	CQBPrA	NYSE

Issue	Ticker	Exchange
ChiRex Inc	CHRX	NNM
Chiron Corp	CHIR	NNM
Chittenden Corp	CNDN	NNM
Chock Full O'Nuts	CHF	NYSE
Cholestech Corp	CTEC	NNM
Chris-Craft Indus	CCN	NYSE
Chris-Craft Ind,$1 Pr Pfd	CCNPrA	NYSE
Chris-Craft Ind,$1.40 Cv Pfd	CCNPrB	NYSE
Christiana Cos	CST	NYSE
Chromatics Color Sci Wrrt	CCSIW	NSC
Chromatics Color Sciences	CCSI	NSC
Chromcraft Revington	CRC	NYSE
Chronimed Inc	CHMD	NNM
Chrysler Corp	C	NYSE
CHS Electronics	CHSE	NSC
Chubb Corp	CB	NYSE
Church & Dwight	CHD	NYSE
Churchill Technology	CHUR	NSC
Chyron Corp	CHY	NYSE
Ciattis Inc	CIAT	NSC
CIBER Inc	CIBR	NNM
CIDCO Inc	CDCO	NNM
CIGNA Corp	CI	NYSE
CIGNA High Income Shs	HIS	NYSE
CILCORP, Inc	CER	NYSE
CIM High Yield Sec	CIM	AMEX
CIMA Labs	CIMA	NNM
Cimatron Ltd	CIMTF	NNM
Cinar Films Cl'B'	CINRF	NNM
Cincinnati Bell	CSN	NYSE
Cincinnati Financial	CINF	NNM
Cincinnati G & E,4% Pfd	CINPrA	NYSE
Cincinnati G & El 4 3/4% Pfd	CINPrB	NYSE
Cincinnati G&E 7.375% Pfd	CINPrG	NYSE
Cincinnati G&E 7.875% Pfd	CINPrl	NYSE
Cincinnati G&E8.28%Jr SubDebs	JRL	NYSE
Cincinnati Microwave	CNMW	NNM
Cincinnati Microwave Wrrt	CNMWW	NNM
Cincinnati Milacron	CMZ	NYSE
Cinema Ride Inc	MOVE	NSC
Cinema Ride Wrrt	MOVEW	NSC
CinemaStar Luxury Theaters	LUXY	NSC
Cinemastar Luxry Theaters Wrrt	LUXYW	NSC
Cineplex Odeon	CPX	NYSE
Cinergi Pictures Entertain	CINE	NNM
CINergy Corp	CIN	NYSE
Cinram Ltd	CNRMF	NNM
Cintas Corp	CTAS	NNM
Ciprico Inc	CPCI	NNM
CIPSCO Inc	CIP	NYSE
Circle Finl	CRCL	NNM
Circon Corp	CCON	NNM
Circuit City Stores	CC	NYSE
Circuit Resh Labs	CRLI	NSC
Circuit Systems	CSYI	NNM
Circus Circus Enterp	CIR	NYSE
Cirque Energy Ltd	CIRQF	NSC
Cirrus Logic	CRUS	NNM
Cisco Systems	CSCO	NNM
Citadel Holding	CDL	AMEX

Issue	Ticker	Exchange
CITATION Computer Sys	CITA	NNM
Citation Corp	CAST	NNM
Citation Insurance	CITN	NNM
Citfed Bancorp	CTZN	NNM
Citi-Bancshares	CNBL	NNM
Citicasters Inc'A'	CITI	NNM
Citicorp	CCI	NYSE
Citicorp 7.50% Dep Pfd	CCIPrF	NYSE
Citicorp 7.75% Dep Sr 22 Pfd	CCIPrK	NYSE
Citicorp 8.00% Dep Pfd	CCIPrE	NYSE
Citicorp 8.30% Dep Pfd	CCIPrI	NYSE
Citicorp 8.50% Dep Pfd	CCIPrJ	NYSE
Citicorp 9.08% Dep Pfd	CCIPrD	NYSE
Citicorp Adj Rt 2nd Pfd	CCIPr	NYSE
Citicorp Adj Rt 3rd Pfd	CCIPrA	NYSE
Citicorp Adj Rt Dep Pfd	CCIPrG	NYSE
Citicorp Adj Rt Dep'H'Pfd	CCIPrH	NYSE
CitiSave Financial	CZF	AMEX
Citizens Bancshares	CICS	NNM
Citizens Banking	CBCF	NNM
Citizens Corp	CZC	NYSE
Citizens Finl Kentucky	CNFL	NSC
Citizens First Finl	CBK	AMEX
Citizens Inc'A'	CIA	AMEX
Citizens Security Grp	CSGI	NSC
Citizens Util 'B'	CZN.B	NYSE
Citizens Util'A'	CZN.A	NYSE
Citiz Util Tr 5%'EPPICS'	CZNPr	NYSE
Citrix Systems	CTXS	NNM
City Holding	CHCO	NNM
City Investing Liq Tr	CNVLZ	NSC
City National	CYN	NYSE
Cityscape Financial	CTYS	NNM
Civic Bancorp	CIVC	NNM
CKE Restaurants	CKR	NYSE
CKF Bancorp	CKFB	NSC
CKS Group	CKSG	NNM
CL&P CPMPL.P.9.30%'MIPS'	CPMPrA	NYSE
Claire's Stores	CLE	NYSE
CLARCOR Inc	CLC	NYSE
Clarify Inc	CLFY	NNM
Classic Bancshares	CLAS	NSC
Classics Intl Entertainment	CIEI	NSC
Clayton Homes	CMH	NYSE
Clayton Williams Energy	CWEI	NNM
Clean Diesel Technologies	CDTI	NSC
Clean Harbors	CLHB	NNM
Clear Channel Commun	CCU	NYSE
Clearly Canadian Beverage	CLCDF	NNM
Clearnet Communic 'A'	CLNTF	NNM
Clemente Global Gr	CLM	NYSE
Cleveland Elec Ill $7.56 Pfd	CVXPrB	NYSE
Cleveland Elec Ill Adj L Pfd	CVXPrL	NYSE
Cleveland Elec Ill'93 Sr'A'Dep Pfd	CVXPrT	NYSE
ClevelandElec $7.40 cm A Pfd	CVXPr	NYSE
Cleveland-Cliffs	CLF	NYSE
CleveTrust Realty SBI	CTRIS	NNM
Cliffs Drilling	CLDR	NNM
Clinton Gas System	CGAS	NNM
ClinTrials Research	CCRO	NNM

Issue	Ticker	Exchange
Clorox Co	CLX	NYSE
ClothesTime Inc	CTMEQ	NNM
CMAC Investment	CMT	NYSE
CMC Industries	CMCI	NNM
CMG Info Services	CMGI	NNM
CMI Corp Cl'A'	CMX	NYSE
CML Group	CML	NYSE
CMS Energy	CMS	NYSE
CMS Energy Cl'G'	CPG	NYSE
CNA Financial	CNA	NYSE
CNA Income Shares	CNN	NYSE
CNB Bancshares	BNK	NYSE
CNB Financial(NY)	CNBF	NNM
CNS Inc	CNXS	NNM
Co-Counsel Inc	LEGL	NSC
Co Counsel Inc Wrrt	LEGLW	NSC
Coach USA	TOUR	NNM
Coachmen Indus	COA	NYSE
Coast Distribution Sys	CRV	AMEX
Coast Svgs Finl	CSA	NYSE
Coastal Bancorp	CBSA	NNM
Coastal Bancorp 9% 'A' Pfd	CBSAP	NNM
Coastal Corp	CGP	NYSE
Coastal Corp $2.125 cm Pfd	CGPPrH	NYSE
Coastal Corp,$1.19 Cv A Pfd	CGPPrA	NYSE
Coastal Corp,$1.83 Cv B Pfd	CGPPrB	NYSE
Coastal Finl Del	CFCP	NSC
Coastal Physician Grp	DR	NYSE
Coastcast Corp	PAR	NYSE
CoBancorp Inc	COBI	NNM
Cobra Electronics	COBR	NNM
Coca-Cola Bott Consol	COKE	NNM
Coca-Cola Co	KO	NYSE
Coca-Cola Enterprises	CCE	NYSE
Coca-Cola FEMSA ADS	KOF	NYSE
CoCensys Inc	COCN	NNM
Coda Music Tech	COMT	NSC
Code Alarm	CODL	NNM
Coeur d'Alene Mines	CDE	NYSE
Coeur d'Alene Mines 'MARCS'	CDEPr	NYSE
Coflexip ADS	CXIPY	NNM
Cognex Corp	CGNX	NNM
Cognitronics Corp	CGN	AMEX
Cognos Inc	COGNF	NNM
Cohen & Steers Rlty Inc Fd	RIF	AMEX
Cohen & Steers Total Rt Rty Fd	RFI	NYSE
Coherent Communic Sys	CCSC	NNM
Coherent, Inc	COHR	NNM
Cohesant Technologies	COHT	NSC
Cohesant Technologies Wrrt	COHTW	NSC
Coho Energy	COHO	NNM
COHR Inc	CHRI	NNM
Cohu Inc	COHU	NNM
Coin Bill Validator	CBVI	NNM
Cold Metal Products	CLQ	NYSE
Cole National	CNJ	NYSE
Cole Taylor Financial Grp	CTFG	NNM
Coleman Co	CLN	NYSE
Coles Myer Ltd ADR	CM	NYSE
Colgate-Palmolive	CL	NYSE

Issue	Ticker	Exchange
Colgate-Palmolive,$4.25 Pfd	CLPr	NYSE
Collagen Corp	CGEN	NNM
Collective Bancorp, Inc	COFD	NNM
Collins & Aikman	CKC	NYSE
Collins Industries	COLL	NNM
Colonel's Intl	COLO	NSC
Colonial BancGroup	CNB	NYSE
Colonial Coml	CCOM	NSC
Colonial Comml Cv Pfd	CCOMP	NSC
Colonial Data Tech	CDTX	NNM
Colonial Gas	CGES	NNM
Colonial High Income Muni	CXE	NYSE
Colonial Interm Hi Income	CIF	NYSE
Colonial InterMkt Inc Tr I	CMK	NYSE
Colonial Inv Grade Muni	CXH	NYSE
Colonial Muni Inc Tr	CMU	NYSE
Colonial Properties Tr	CLP	NYSE
Colorado Casino Resorts	CCRI	NSC
Colorado Medtech	CMED	NSC
Colossal Resources	CLPZF	NSC
Coltec Industries	COT	NYSE
Columbia Bancorp	CBMD	NNM
Columbia Banking System	COLB	NNM
Columbia Gas System	CG	NYSE
Columbia Laboratories	COB	AMEX
Columbia/HCA Hlthcare	COL	NYSE
Columbus Energy	EGY	AMEX
Columbus McKinnon	CMCO	NNM
Columbus Realty Trust	CLB	NYSE
Columbus SoPwr 8.375% Sub Db	CSJ	NYSE
Com/Tech Commun Tech	CMTK	NSC
Comair Holdings	COMR	NNM
Comarco Inc	CMRO	NNM
Comcast Cl'A'	CMCSA	NNM
Comcast Cl'A'Spl(non-vtg)	CMCSK	NNM
Comcast UK Cable Partners'A'	CMCAF	NNM
ComCentral Corp	COMC	NSC
Comdial Corp	CMDL	NNM
Comdisco, Inc	CDO	NYSE
Comdisco 8.75% cm Ser'A'Pfd	CDOPrA	NYSE
Comdisco 8.75% cm Ser'B'Pfd	CDOPrB	NYSE
Comerica Inc	CMA	NYSE
Comforce Corp	CFS	AMEX
Cominco Ltd	CLT	AMEX
Command Security	CMMD	NSC
Commander Aircraft	CMDR	NSC
Commerce Bancorp	COBA	NNM
Commerce Bancshares	CBSH	NNM
Commerce Bk Harrisburg PA	COBH	NSC
Commerce Group	CGCO	NSC
Commerce Group Inc	CGI	NYSE
Commercial Assets	CAX	AMEX
Commercial Bancshares	CLBK	NNM
Commercial Bank of New York	CBNY	NNM
Commercial Federal	CFB	NYSE
Commercial Intertech	TEC	NYSE
Commercial Metals	CMC	NYSE
Commercial Net Lease Rlty	NNN	NYSE
CommNet Cellular	CELS	NNM
Commonwealth Aluminum	CALC	NNM

Issue	Ticker	Exchange
Commonwealth Ed $8.38 Pref	CWEPrI	NYSE
Commonwealth Ed $8.40 Pref	CWEPrJ	NYSE
Commonwealth Ed, $1.90 Pref	CWEPrC	NYSE
Commonwealth Ed, $2.00 Pref	CWEPrD	NYSE
Commonwealth Ed,$2.425 Pref	CWEPrK	NYSE
Commonwealth Ed,$7.24 Pref	CWEPrE	NYSE
Commonwealth Ed,$8.40 Pref	CWEPrF	NYSE
ComEd Financing 1 8.48%'TOPrS'	CWEPrT	NYSE
Commonwealth Energy Sys	CES	NYSE
Commonwealth Savings	CMSB	NNM
Communic Central	CCIX	NNM
Communic Sys	CSII	NNM
Communications World Intl	CWII	NSC
Communications Wrld Intl Wrrt	CWIIW	NSC
Community Bank Shares(Ind)	CBIN	NSC
Community Bank Systems	CBSI	NNM
Community Banks (PA)	CTY	AMEX
Community Bankshares (NH)	CBNH	NNM
Community Care of Amer	CCAI	NNM
Community Federal Bancorp	CFTP	NNM
Community Financial (IL)	CFIC	NNM
Community Finl Group	CFGI	NSC
Community Finl Group Wrrt	CFGIW	NSC
Community Finl Hldg	CMFH	NSC
Community Finl VA	CFFC	NSC
Community First Bankshares	CFBX	NNM
Community First 7% Cv Dep Pfd	CFBXZ	NNM
Community Hlth Sys	CYH	NYSE
Community Investors Bancorp	CIBI	NSC
Community Med Trans	CMTI	NNM
Community Med Trans Wrrt	CMTIW	NNM
Community Psych Ctrs	CMY	NYSE
Community Savings F.A.	CMSV	NNM
COMNET Corp	CNET	NNM
Comp de Minas Buenaventura ADS	BVN	NYSE
Compania Boliviana De Energia	BLP	NYSE
Compania Cervecerias ADS	CCUUY	NNM
Compania de Telecom Chile ADS	CTC	NYSE
Company Doctor	CDOC	NSC
Company Doctor Wrrt	CDOCW	NSC
Compaq Computer	CPQ	NYSE
Comparator Sys	IDID	NSC
Compare Generiks	COGE	NSC
Compare Generiks Unit	COGEU	NSC
Compare Generiks Wrrt'A'	COGEW	NSC
Compass Bancshares	CBSS	NNM
CompDent Corp	CPDN	NNM
Competitive Technologies	CTT	AMEX
Complete Management	CMI	AMEX
CompLink Ltd	CLNK	NSC
Comprehensive Care	CMP	NYSE
Comprehensive Envir'l Sys	COEV	NSC
Compression Labs	CLIX	NNM
Comptek Research Inc	CTK	AMEX
CompuCom Systems	CMPC	NNM
CompuMed Inc	CMPD	NSC
CompuMed Inc Wrrt	CMPDW	NSC
CompUSA Inc	CPU	NYSE
CompuServe Corp	CSRV	NNM
Computalog Ltd	CLTDF	NNM

Issue	Ticker	Exchange
Computational Systems	CSIN	NNM
Computer Assoc Intl	CA	NYSE
Computer Concepts	CCEE	NSC
Computer Data Systems	CDSI	NNM
Computer Horizons	CHRZ	NNM
Computer Identics	CIDN	NNM
Computer Language Rsch	CLRI	NNM
Computer Learning Ctrs	CLCX	NNM
Computer Marketplace	MKPL	NSC
Computer Marketplace Wrrt'A'	MKPLW	NSC
Computer Marketplace Wrrt'B'	MKPLZ	NSC
Computer Mgmt Sciences	CMSX	NNM
Computer Network Technology	CMNT	NNM
Computer Outsourcing Svcs	COSI	NNM
Computer Pete	CPCO	NSC
Computer Products	CPRD	NNM
Computer Sciences	CSC	NYSE
Computer Task Group	TSK	NYSE
Computer Telephone Cl'1'	CPTL	NNM
Computervision Corp	CVN	NYSE
Computone Corp	CMPT	NSC
Computrac Inc	LLB	AMEX
Computron Software	CTRN	NNM
Compuware Corp	CPWR	NNM
COMSAT Capital I 8.125%'MIPS'	CQPrA	NYSE
Comsat Corp	CQ	NYSE
Comshare, Inc	CSRE	NNM
ComSouth Bankshares	CSB	AMEX
Comstock Bk Carson City Nev	LODE	NSC
Comstock Resources	CMRE	NNM
Comtech Telecommns	CMTL	NNM
Comtrex Systems	COMX	NSC
Comverse Technology	CMVT	NNM
ConAgra Inc	CAG	NYSE
ConAgra Cap L.C. 9% Pfd	CAGPrA	NYSE
ConAgra Cap L.C.9.35% Pfd	CAGPrC	NYSE
ConAgra Cap L.C.Adj Pfd'B'	CAGPrB	NYSE
Concentra Corp	CTRA	NNM
Conceptronic Inc	CNCP	NSC
Concepts Direct	CDIR	NSC
Conceptus Inc	CPTS	NNM
Concord Camera	LENS	NNM
Concord EFS	CEFT	NNM
Concord Energy	CODE	NSC
Concord Fabrics Cl'A'	CIS	AMEX
Concord Fabrics Cl'B' Cv	CIS.B	AMEX
Concordia Paper Holdings ADS	CPLNY	NNM
Concurrent Computer	CCUR	NNM
Conductus Inc	CDTS	NNM
Cone Mills	COE	NYSE
Conestoga Bancorp	CONE	NNM
Conestoga Enterprises	CENI	NSC
Congoleum Corp 'A'	CGM	NYSE
Conmed Corp	CNMD	NNM
Connecticut Energy	CNE	NYSE
Connecticut Nat Gas	CTG	NYSE
Connecticut Wtr Svc	CTWS	NNM
Connective Therapeutics	CNCT	NNM
Conolog Corp	CNLG	NSC
Conolog Corp Unit	CNLGU	NSC

Issue	Ticker	Exchange
Conolog Corp Wrrt'A'	CNLGW	NSC
Conquest Inds Wrrt	CAIRW	NSC
Conrail Inc	CRR	NYSE
Cons Westn & Pac Res	CWNPF	NSC
Conseco Inc	CNC	NYSE
Conseco Inc 7%'PRIDES'	CNCPrE	NYSE
Conseco Inc Series'D'Cv Pfd	CNCPrD	NYSE
Consep Inc	CSEP	NNM
Consilium Inc	CSIM	NNM
Conso Products	CNSO	NNM
Consol Delivery & Logistics	CDLI	NNM
Consolidated Edison	ED	NYSE
Consol Ed NY,$5 Pfd	EDPrA	NYSE
Consol Ed NY,4.65% C Pfd	EDPrC	NYSE
Consol Ed NY,6% Cv B Pref	EDPPrB	NYSE
Consolidated Ed 7.75%'QUICS'	EDL	NYSE
Consolidated Freightways	CNF	NYSE
Consolidated Graphics	COGI	NNM
Consolidated Hlth Care Assoc	CHCA	NSC
Consolidated Mercantile	CSLMF	NSC
Consolidated Nat Gas	CNG	NYSE
Consolidated Nev Goldfields	KNVCF	NSC
Consolidated Papers	CDP	NYSE
Consolidated Products	COPI	NNM
Consolidated Stainless	PIPE	NNM
Consolidated Stores	CNS	NYSE
Consolidated Technology Grp	COTG	NSC
Consolidated Tomoka Land	CTO	AMEX
Consorcio G Grupo Dina ADS	DIN	NYSE
Consorcio G Grupo Dina'L'ADS	DIN.L	NYSE
Consulier Engr	CSLR	NSC
Consumer Portfolio Svcs	CPSS	NNM
Consumers Finl	CFIN	NNM
Consumers Finl 8.50% Cv Pfd	CFINP	NNM
Consumers Pwr $2.08'A'Pfd	CMSPrI	NYSE
Consumers Pwr $4.16 Pfd	CMSPrA	NYSE
Consumers Pwr $4.50 Pfd	CMSPrB	NYSE
Consumers Pwr $7.45cmPfd	CMSPrD	NYSE
Consumers Pwr $7.68 Pfd	CMSPrH	NYSE
Consumers Pwr $7.72 Pfd	CMSPrE	NYSE
Consumers Pwr $7.76 Pfd	CMSPrG	NYSE
Consumers Pwr Fin I 8.36%'TOPrS'	CMSPrJ	NYSE
Consumers Water	CONW	NNM
ContiFinancial Corp	CFN	NYSE
Continental Choice Care Wrrt	CCCIW	NNM
Continental Info Sys	CISC	NSC
Continental Waste Industries	CONT	NNM
Continuum Co	CNU	NYSE
Contl Airlines'A'	CAI.A	NYSE
Contl Airlines'B'	CAI.B	NYSE
Contl Can	CAN	NYSE
Contl Choice Care	CCCI	NNM
Contl Circuits	CCIR	NNM
Contl Homes Hldg	CON	NYSE
Contl Materials	CUO	AMEX
Contl Mtg & Eq Tr SBI	CMETS	NNM
Contour Medical	CTMI	NSC
Control Chief Hldgs	DIEM	NSC
Control Data Systems	CDAT	NNM
Converse Inc	CVE	NYSE

Issue	Ticker	Exchange
Conversion Tech Intl	CTIX	NSC
Conversion Tech Intl Wrrt'A'	CTIXW	NSC
Conversion Tech Intl Wrrt'B'	CTIXZ	NSC
Convertible Hldgs	CNV	NYSE
Convertible Hldgs Inc Shrs	CNVPr	NYSE
Convest Energy Corp	COV	AMEX
Cooker Restaurant	CGR	NYSE
Cooper & Chyan Technology	CCTI	NNM
Cooper Cameron	RON	NYSE
Cooper Cos	COO	NYSE
Cooper Ind 6.00%'DECS'1998	CXW	NYSE
Cooper Indus	CBE	NYSE
Cooper Life Sciences	ZAPS	NSC
Cooper Tire & Rubber	CTB	NYSE
Cooperative Bankshares	COOP	NNM
Coors (Adolph)Cl'B'	ACCOB	NNM
Copart Inc	CPRT	NNM
Copley Pharmaceutical	CPLY	NNM
Copley Properties	COP	AMEX
CopyTele Inc	COPY	NNM
Cor Therapeutics	CORR	NNM
Coram Healthcare	CRH	NYSE
Corcom, Inc	CORC	NNM
Cordiant ADS	CDA	NYSE
CORE Inc	CORE	NNM
Core Indus	CRI	NYSE
Core Laboratories N.V.	CRLBF	NNM
Core Technologies	CTXR	NSC
Corel Corp	COSFF	NNM
COREStaff Inc	CSTF	NNM
CoreStates Financial	CFL	NYSE
Corimon ADS	CRM	NYSE
Cornerstone Bank	CBN	AMEX
Cornerstone Imaging	CRNR	NNM
Cornerstone Natural Gas	CGA	AMEX
Corning Inc	GLW	NYSE
Corning Del L.P. 6%'MIPS'	GLWPrM	NYSE
Cornucopia Resources Ltd	CNPGF	NSC
Corporacion Banc Espana ADS	AGR	NYSE
Corporate Express	CEXP	NNM
Corporate High Yield Fd II	KYT	NYSE
Corporate High Yield Fund	COY	NYSE
Corporate Renaissance Group	CREN	NSC
Corpus Christi Bancshares	CTZ	AMEX
Corrections Corp Amer	CXC	NYSE
Corrections Cp Amer Wrrt	CXC.WS	NYSE
Corrpro Co	CO	NYSE
Cort Business Services	CBS	NYSE
Cort Business Svcs Wrrt	CORTW	NSC
Cortech Inc	CRTQ	NNM
Cortecs Intl Ltd ADS	DLVRY	NNM
Cortex Pharmaceuticals	CORX	NSC
Corvas International	CVAS	NNM
CorVel Corp	CRVL	NNM
Corvita Corp	CVTAC	NSC
Cosmetic Center Cl'A'	COSCA	NNM
Cosmetic Center Cl'B'(vtg)	COSCB	NNM
Cosmetic Group USA	CUSA	NSC
Cosmetic Group USA Wrrt	CUSAW	NSC
Cost Plus	CPWM	NNM

Issue	Ticker	Exchange
Cotelligent Group	COTL	NNM
Cott Corp	COTTF	NNM
Cotton States Life Ins	CSLI	NNM
Counsel Corp	CXSNF	NNM
Counsellors Tandem	CTF	NYSE
Country Star Rest Cv'A' Pfd	CAFEP	NNM
Country Star Restaurants	CAFE	NNM
Country Wide Trans Svcs	CWTS	NSC
Countrybkts Australia Index Fd	GXA	NYSE
Countrybkts France Index Fd	GXF	NYSE
Countrybkts Germany Index Fd	GXG	NYSE
Countrybkts Hong Kong Index Fd	GXH	NYSE
Countrybkts Italy Index Fd	GXI	NYSE
Countrybkts Japan Index Fd	GXJ	NYSE
Countrybkts S.Africa Index Fd	GXR	NYSE
Countrybkts UK Index Fd	GXK	NYSE
Countrybkts US Index Fd	GXU	NYSE
Countrywide Credit Indus	CCR	NYSE
County Bank of Chesterfield	CBOC	NSC
Courier Corp	CRRC	NNM
Courtaulds, plc ADR	COU	AMEX
Cousins Properties	CUZ	NYSE
Covenant Bank for Savings	CNSK	NNM
Covenant Transport 'A'	CVTI	NNM
Coventry Corp	CVTY	NNM
Cox Communications'A'	COX	NYSE
CPAC Inc	CPAK	NNM
CPB Inc	CPBI	NNM
CPC Intl	CPC	NYSE
CPI Aerostructures	CPIA	NSC
CPI Corp	CPY	NYSE
CRA Managed Care	CRAA	NNM
Cracker Brl Old Ctry	CBRL	NNM
Craftmade Intl	CRFT	NNM
Craig Consumers Electronics	CREG	NNM
Craig Corp	CRG	NYSE
Craig Corp Cl'A'	CRGPr	NYSE
Crane Co	CR	NYSE
Crawford & Co Cl'B'	CRD.B	NYSE
Crawford&Co Cl'A'non-vtg	CRD.A	NYSE
Cray Research	CYR	NYSE
Crazy Woman Creek Bncp	CRZY	NSC
Creative BioMolecules	CBMI	NNM
Creative Computer Appl	CAP.EC	ECM
Creative Computers	MALL	NNM
Creative Learning Products	CLPI	NSC
Creative Med Dev	CMDI	NSC
Creative Progrm Tech Venture	CPTV	NSC
Creative Technologies	CRTV	NNM
Creative Technology	CREAF	NNM
Credence Systems	CMOS	NNM
Credicorp Ltd	BAP	NYSE
Credit Acceptance	CACC	NNM
Credit Depot	LEND	NSC
Credo Pete	CRED	NSC
Cree Research	CREE	NNM
Crescent Real Estate Eq	CEI	NYSE
Crestar Financial	CF	NYSE
CRH plc	CRHCY	NNM
CRI Liquidating REIT	CFR	NYSE

Issue	Ticker	Exchange
CRIIMI MAE	CMM	NYSE
Cristalerias de Chile ADS	CGW	NYSE
Criticare Systems	CXIM	NNM
Crocker Realty Trust	CKT	AMEX
Crocker Realty Inv Wrrt	CKT.WS	AMEX
Crompton & Knowles	CNK	NYSE
Cronos Group	CRNSF	NNM
Crop Growers	CGRO	NNM
Cross (A.T.) Cl'A'	ATX.A	AMEX
Cross Timbers Oil	XTO	NYSE
Cross Timbers Royalty Tr	CRT	NYSE
CrossComm Corp	XCOM	NNM
Crossmann Communities	CROS	NNM
Crowley, Milner & Co	COM	AMEX
Crown Amer Realty Tr	CWN	NYSE
Crown Books	CRWN	NNM
Crown Casino	DICE	NSC
Crown Centl Pet 'A'	CNP.A	AMEX
Crown Central Cl'B'	CNP.B	AMEX
Crown Cork & Seal	CCK	NYSE
Crown Cork&Seal 4.50% Cv Pfd	CCKPr	NYSE
Crown Crafts	CRW	NYSE
Crown Laboratories	CLL.EC	ECM
Crown Pac Partners L.P.	CRO	NYSE
Crown Resources Corp	CRRS	NNM
Crown Vantage	CVAN	NNM
Crown-Andersen	CRAN	NNM
Cruise America	RVR	AMEX
CRW Financial	CRWF	NSC
Cryenco Sciences	CSCI	NNM
CryoLife Inc	CRYL	NNM
Cryomedical Sciences	CMSI	NNM
Crystal Oil	COR	AMEX
Crystallume Inc	CRYS	NSC
CSB Financial	CSBF	NSC
CSG Systems Intl	CSGS	NNM
CSI Computer Specialists	CSIS	NSC
CSI Computer Specialists Wrrt'A'	CSISW	NSC
CSK Corp ADS	CSKKY	NSC
CSL Lighting Mfg	CSLX	NSC
CSP Inc	CSPI	NNM
CSS Industries	CSS	NYSE
CST Entertainment	CLR	AMEX
CSX Corp	CSX	NYSE
CT Finl Services	CFS	TS
CTL Credit	CTLI	NNM
CTS Corp	CTS	NYSE
CU Bancorp	CUBN	NNM
Cubic Corp	CUB	AMEX
CUC Intl	CU	NYSE
Cucos Inc	CUCO	NSC
Culbro Corp	CUC	NYSE
Cullen Frost Bankers	CFBI	NNM
Culligan Water Tech	CUL	NYSE
Culp Inc	CULP	NNM
Cummins Engine	CUM	NYSE
Cupertino Natl Bancorp	CUNB	NNM
Curative Technology	CURE	NNM
Current Inc Shares	CUR	NYSE
Current Technology	ONE	VS

Issue	Ticker	Exchange
Curtis Mathes Hldg	CRTM	NSC
Curtiss-Wright	CW	NYSE
Cusac Gold Mines	CUSIF	NSC
Cusac Inds Ltd Wrrt	CUSWF	NSC
Custom Chrome	CSTM	NNM
Customedix Corp	CUS	AMEX
CutCo Indus	CUTC	NSC
Cutter & Buck	CBUK	NNM
CV REIT Inc	CVI	NYSE
CVB Financial	CVB	AMEX
CWM Mortgage Hldgs	CWM	NYSE
Cyanotech Corp	CYAN	NNM
CyberCash Inc	CYCH	NNM
Cyberonics Inc	CYBX	NNM
CyberOptics Corp	CYBE	NNM
Cybex Computer Products	CBXC	NNM
CyCare Systems	CYS	NYSE
Cyclopss Corp	OZON	NSC
Cycomm Intl(New)	CYI	AMEX
Cygne Designs	CYDS	NNM
Cygnus Inc	CYGN	NNM
Cylink Corp	CYLK	NNM
Cypress Bioscience	CYPB	NSC
Cypress Bioscience Wrrt	CYPBW	NSC
Cypress Semiconductor	CY	NYSE
Cypros Pharmaceutical	CYPR	NNM
Cypros Pharmaceutical Wrrt'B'	CYPRZ	NNM
Cyprus Amax Minerals	CYM	NYSE
Cyrix Corp	CYRX	NNM
Cyrk Inc	CYRK	NNM
Cytec Industries	CYT	NYSE
Cytel Corp	CYTL	NNM
Cytoclonal Pharmaceuticals	CYPH	NSC
Cytoclonal Pharm Wrrt'C'	CYPHW	NSC
Cytoclonal Pharm Wrrt'D'	CYPHZ	NSC
Cytogen Corp	CYTO	NNM
Cytogen Corp Wrrt	CYTOW	NNM
CytoTherapeutics Inc	CTII	NNM
CytRx Corp	CYTR	NNM
Cytyc Corp	CYTC	NNM
Czech Industries	CZCH	NSC
Czech Inds Wrrt'A'	CZCHW	NSC
Czech Republic Fund	CRF	NYSE
D & K Wholesale Drug	DKWD	NSC
D&N Finl Corp	DNFC	NNM
D&N Financial Wrrt	DNFCW	NNM
D T Industries	DTII	NNM
D.I.Y. Home Warehouse	DIYH	NNM
D.R.Horton	DHI	NYSE
Daiei Inc ADS	DAIEY	NSC
Daig Corp	DAIG	NNM
Daily Journal	DJCO	NNM
Daimler-Benz Aktieng ADS	DAI	NYSE
Dairy Mart Conven Str'A'	DMCVA	NNM
Dairy Mart Conven Str'B'	DMCVB	NNM
Daisytek Intl	DZTK	NNM
DAKA Intl	DKAI	NNM
Dakota Mining	DKT	AMEX
Dakotah Inc	DKTH	NNM
Daktronics Inc	DAKT	NNM

Issue	Ticker	Exchange
Daleco Res	DLOVF	NSC
Dallas Gold&Silver Exchange	DLS.EC	ECM
Dallas Semiconductor	DS	NYSE
Damark International'A'	DMRK	NNM
Damen Financial	DFIN	NNM
Dames & Moore Inc	DM	NYSE
Dana Corp	DCN	NYSE
Danaher Corp	DHR	NYSE
Daniel Indus	DAN	NYSE
Danielson Holding	DHC	AMEX
Danka Business Systems ADR	DANKY	NNM
Danninger Med Tech	DANN	NSC
Danskin Inc	DANS	NNM
Darden Restaurants	DRI	NYSE
Darling International	DARL	NNM
Dart Group Cl'A'	DARTA	NNM
Data Broadcasting	DBCC	NNM
Data Dimensions	DDIM	NNM
Data Documents	DDII	NNM
Data General	DGN	NYSE
Data I/O	DAIO	NNM
Data Processing Resources	DPRC	NNM
Data Race	RACE	NNM
Data Research Associates	DRAI	NNM
Data Switch Wrrt	DASWZ	NSC
Data Sys Network Corp	DSYS	NSC
Data Sys Network Wrrt	DSYSW	NSC
Data Systems & Software	DSSI	NNM
Data Translation	DATX	NNM
Data Transmission Ntwk	DTLN	NNM
Dataflex Corp	DFLX	NNM
Datakey Inc	DKEY	NNM
Datalogix Intl	DLGX	NNM
Datamarine Int'l	DMAR	NNM
Datametrics Corp	DC	AMEX
Datapoint Corp	DPT	NYSE
Datapoint $1 cm Pfd	DPTPrA	NYSE
Dataram Corp	DTM	AMEX
Datascope Corp	DSCP	NNM
Datastream Systems	DSTM	NNM
Datatrend Services	DATA	NSC
Datatrend Svcs Wrrt	DATAW	NSC
Dataware Technologies	DWTI	NNM
Datawatch Corp	DWCH	NNM
DataWorks Corp	DWRX	NNM
Datron Systems	DTSI	NNM
Datum Inc	DATM	NNM
Dauphin Deposit	DAPN	NNM
DavCo Restaurants	DVCO	NNM
Dave & Buster's	DANB	NNM
Davel Communications Grp	DAVL	NNM
David White, Inc	DAWH	NSC
Davidson & Associates Inc	DAVD	NNM
Davis Water & Waste	DWW	NYSE
Davox Corp	DAVX	NNM
Daw Technologies	DAWK	NNM
Dawson Geophysical	DWSN	NNM
Dawson Production Svcs	DPSI	NNM
Daxor Corp	DXR	AMEX
Day Runner	DAYR	NNM

Issue	Ticker	Exchange
Dayton Hudson	DH	NYSE
Dayton Mining	DAY	AMEX
DBA Systems	DBAS	NNM
DCX Inc	DCXI	NSC
DDL Electronics	DDL	NYSE
De Novo Corp	DNVOF	NSC
De Rigo ADS	DER	NYSE
De Tomaso Indus Inc	DTOM	NSC
Dean Foods	DF	NYSE
Dean Witter Gvt Income SBI	GVT	NYSE
Dean Witter, Discover & Co	DWD	NYSE
Deb Shops	DEBS	NNM
DeBartolo Realty	EJD	NYSE
DeBeers Cons Mns ADR	DBRSY	NSC
DecisionOne Holdings	DOCI	NNM
Deckers Outdoor	DECK	NNM
Decora Industries	DECO	NSC
Decorator Indus	DII	AMEX
DeepTech International	DEEP	NNM
Deere & Co	DE	NYSE
Defiance Inc	DEFI	NNM
Deflecta-Shield Corp	TRUX	NNM
DEKALB Genetics'B'	SEEDB	NNM
Del Global Technologies	DEL	AMEX
Del Laboratories	DLI	AMEX
Delaware Grp Dividend Income	DDF	NYSE
Delaware Grp Global Div & Inc	DGF	NYSE
Delaware Otsego	DOCP	NNM
Delchamps Inc	DLCH	NNM
Delgratia Mining	DELGF	NSC
Dell Computer Corp	DELL	NNM
Delmarva Pwr & Lt	DEW	NYSE
Delphi Fin'l Group 'A'	DLFI	NNM
Delphi Information Sys	DLPH	NSC
Delta Air Lines	DAL	NYSE
Delta Air Lines Cv Dep Pfd	DALPrC	NYSE
Delta and Pine Land	DLP	NYSE
Delta Computec	DCIS	NSC
Delta Natural Gas	DGAS	NNM
Delta Petroleum	DPTR	NSC
Delta Woodside Ind	DLW	NYSE
DeltaPoint Inc	DTPT	NSC
Deluxe Corp	DLX	NYSE
DEM Inc	DEMI	NSC
DenAmerica Corp	DEN	AMEX
Denbury Resources	DENRF	NNM
Dendrite International	DRTE	NNM
Dense-Pac Microsystems	DPAC	NNM
DENTSPLY International	XRAY	NNM
DEP Corp 'A'	DPCAQ	NSC
DEP Corp'B'	DPCBQ	NSC
Department 56	DFS	NYSE
Deposit Guaranty	DEPS	NNM
DepoTech Inc	DEPO	NNM
Derma Sciences	DSCI	NSC
Desc S.A. ADS	DES	NYSE
Desert Community Bank	DCBK	NNM
Designer Holdings	DSH	NYSE
Designs Inc	DESI	NNM
Desktop Data	DTOP	NNM

Issue	Ticker	Exchange
DeSoto Inc	DSO	NYSE
Destec Energy	ENG	NYSE
Destron Fearing	DFCO	NSC
Deswell Industries	DSWLF	NNM
Deswell Inds Wrrt	DSWWF	NNM
Detection Systems	DETC	NNM
Detrex Corporation	DTRX	NNM
Detroit & Cda Tunl	DTUN	NSC
Detroit Diesel	DDC	NYSE
Detroit Edison 7.625% 'QUIDS'	DTA	NYSE
Detroit Edison 7.74% Dep Pfd	DTEPrF	NYSE
Detroit Edison 7.75% Dep Pfd	DTEPrI	NYSE
Detroit Edison 8.50% 'QUIDS'	DTD	NYSE
Devcon International	DEVC	NNM
Developed Technology Resource	DEVT	NSC
Developers Diversified Rlty	DDR	NYSE
Developers Div Rlty 9.44% Pfd	DDRPrB	NYSE
Developers Div Rlty 9.50% Pfd	DDRPrA	NYSE
DeVlieg-Bullard Inc	DVLG	NNM
Devon Energy	DVN	AMEX
Devon Group	DEVN	NNM
DeVRY INC	DV	NYSE
DeWolfe Cos	DWL	AMEX
Dexter Corp	DEX	NYSE
DH Technology	DHTK	NNM
DI Industries	DRL	AMEX
Dia Met Minerals'A'	DMM.A	AMEX
Dia Met Minerals'B'	DMM.B	AMEX
Diacrin Inc Unit	DCRNZ	NSC
Diagnostic Health Svcs	DHSM	NNM
Diagnostic Health Svcs Wrrt	DHSMW	NNM
Diagnostic Products	DP	NYSE
Diagnostic/Retrieval Sys	DRS	AMEX
Dial Corp	DL	NYSE
Dial Corp $4.75cmPfd	DLPr	NYSE
Dialogic Corp	DLGC	NNM
Dialysis Corp Amer	DCAI	NSC
Dialysis Corp Amer Unit	DCAIU	NSC
Dialysis Corp Amer Wrrt	DCAIW	NSC
Diametrics Medical	DMED	NNM
Diamond Multimedia Systems	DIMD	NNM
Diamond Offshore Drilling	DO	NYSE
Diamond Shamrock	DRM	NYSE
Diana Corp	DNA	NYSE
Dianon Systems	DIAN	NNM
DiaSys Corp	DIYS	NSC
Diasys Corp Wrrt	DIYSW	NSC
dick clark productions	DCPI	NNM
Diebold, Inc	DBD	NYSE
Diehl Graphsoft	DIEG	NSC
Digene Corp	DIGE	NNM
Digi International	DGII	NNM
Digicon Inc	DGC	AMEX
Digicon Inc Wrrt	DGCWS	AMEX
Digital Biometrics	DBII	NNM
Digital Comm Tech	DCT	AMEX
Digital Data Network	DIDA	NSC
Digital Data Network Wrrt	DIDAW	NSC
Digital Descriptor Systems	DDSI	NSC
Digital Descriptor Sys Wrrt'A'	DDSIW	NSC

Issue	Ticker	Exchange
Digital Descriptor Sys Wrrt'B'	DDSIZ	NSC
Digital Descriptor Sys Unit	DDSIU	NSC
Digital Equipment	DEC	NYSE
Digital Equip 8.875% Dep'A'Pfd	DECPrA	NYSE
Digital Generation Systems	DGIT	NNM
Digital Link	DLNK	NNM
Digital Microwave	DMIC	NNM
Digital Recorders	TBUS	NSC
Digital Recorders Wrrt	TBUSW	NSC
Digital Solutions	DGSI	NSC
Digital Sound Corp	DGSD	NNM
Digital Systems Intl	DGTL	NNM
Digital Transmission Sys Unit	DTSXU	NSC
Digital Video Systems	DVID	NNM
Digital Video Sys Unit	DVIDU	NSC
Digital Video Sys Wrrt'A'	DVIDW	NNM
Digital Video Sys Wrrt'B'	DVIDZ	NNM
Dignity Partners	DPNR	NNM
DII Group	DIIG	NNM
Dillard Dept Str'A'	DDS	NYSE
Dime Bancorp	DME	NYSE
Dime Finl (CT)	DIBK	NNM
DiMon Inc	DMN	NYSE
Diodes, Inc	DIO	AMEX
Dionex Corp	DNEX	NNM
Diplomat Corp	DIPL	NSC
Diplomat Corp Wrrt	DIPLW	NSC
Direct Connect Intl Wrrt	KIDWE	NSC
Disc Graphics	DSGR	NNM
Disc Graphics Wrrt	DSGRW	NSC
DISC Inc	DCSR	NSC
DISC Inc Wrrt	DCSRW	NSC
Disco S.A. ADS	DXO	NYSE
Discount Auto Parts	DAP	NYSE
Discreet Logic	DSLGF	NNM
Disney (Walt) Co	DIS	NYSE
Diversifax Inc	DFAX	NSC
Dixie Natl	DNLC	NSC
Dixie Yarns	DXYN	NNM
Dixon Ticonderoga	DXT	AMEX
DLB Oil & Gas	DLBI	NNM
DM Management	DMMC	NNM
DMI Furniture	DMIF	NSC
DMX Inc	TUNE	NSC
DNA Plant Technology	DNAP	NNM
DNA Plant Tech $2.25 Cv Ex Pfd	DNAPP	NNM
DNX Corp	DNXX	NNM
DocuCon Inc	DOCU	NSC
Documentum Inc	DCTM	NNM
Dofasco, Inc	DFS	TS
Dole Food Co	DOL	NYSE
Dollar General	DG	NYSE
Dollar Time Group(New)	DLRTD	NSC
Dollar Tree Stores	DLTR	NNM
Dominguez Services	DOMZ	NNM
Dominion Res Black Warrior Tr	DOM	NYSE
Dominion Resources	D	NYSE
Dominion Textile	DTX	MS
Domtar, Inc	DTC	NYSE
Donaldson Co	DCI	NYSE

Issue	Ticker	Exchange
Donaldson,Lufkin&Jenrette	DLJ	NYSE
Donegal Group	DGIC	NNM
Donnelley(RR)& Sons	DNY	NYSE
Donnelly Corp Cl'A'	DON	AMEX
Donnkenny Inc	DNKY	NNM
Dorchester Hugoton	DHULZ	NNM
Dorsey Trailers	DSYT	NNM
Dotronix Inc	DOTX	NNM
Double Eagle Pete & Mng	DBLE	NSC
Doubletree Corp	TREE	NNM
Doughtie's Foods	DOBG	NSC
Douglas & Lomason	DOUG	NNM
Dove Audio	DOVE	NSC
Dover Corp	DOV	NYSE
Dow Chemical	DOW	NYSE
Dow Jones & Co	DJ	NYSE
Downey Financial	DSL	NYSE
DPL Inc	DPL	NYSE
DQE	DQE	NYSE
Dravo Corp	DRV	NYSE
Draxis Health	DRAXF	NNM
DRCA Medical Corp	DRC	AMEX
Dreco Energy Svcs'A'	DREAF	NNM
Dress Barn	DBRN	NNM
Dresser Industries	DI	NYSE
Drew Industries	DW	AMEX
Drexler Technology	DRXR	NNM
Dreyer's Gr Ice Cr	DRYR	NNM
Dreyfus Cal Muni Income	DCM	AMEX
Dreyfus Muni Income	DMF	AMEX
Dreyfus N.Y. Muni Income	DNM	AMEX
Dreyfus Strategic Gvts	DSI	NYSE
Dreyfus Strategic Muni Bd Fd	DSM	NYSE
Dreyfus Strategic Municipals	LEO	NYSE
Driefontein Consol ADR	DRFNY	NSC
Driver-Harris	DRH	AMEX
Drug Emporium	DEMP	NNM
Drypers Corp	DYPR	NSC
DS Bancor	DSBC	NNM
DSC Communications	DIGI	NNM
DSG International Ltd	DSGIF	NNM
DSI Industries	DSIC	NSC
DSP Communications	DSPC	NNM
DSP Group	DSPG	NNM
DSP Technology	DSPT	NNM
DST Systems	DST	NYSE
DTE Energy	DTE	NYSE
du Pont(EI)deNemours	DD	NYSE
du Pont(E.I.),$3.50 Pfd	DDPrA	NYSE
du Pont(E.I.),$4.50 Pfd	DDPrB	NYSE
Dual Drilling	DUAL	NNM
DualStar Technologies	DSTR	NNM
DualStar Technologies Unit	DSTRU	NSC
DualStar Technologies Wrrt'A'	DSTRW	NNM
Duckwall-Alco Stores	DUCK	NNM
Ducommun Inc	DCO	AMEX
Duff & Phelps Credit Rating	DCR	NYSE
Duff/Phelps Util & Cp Bd Tr	DUC	NYSE
Duff/Phelps Util Income	DNP	NYSE
Duff/Phelps Util Tax-Free Inc	DTF	NYSE

Issue	Ticker	Exchange
Duke Power	DUK	NYSE
Duke Pwr 6.375%'A'Pfd	DUKPrA	NYSE
Duke Pwr 7.72%'A'Pfd	DUKPrS	NYSE
Duke Realty Inv	DRE	NYSE
Dun & Bradstreet	DNB	NYSE
duPont of Canada Cl'A'	DUP.A	TS
Duquesne Cap L.P.8.375%'MIPS'	DQPrA	NYSE
Duquesne Lt 3.75% Pfd	DQUPrB	NYSE
Duquesne Lt 4% Pfd	DQUPrC	NYSE
Duquesne Lt 4.15% Pfd	DQUPrE	NYSE
Duquesne Lt 4.20% Pfd	DQUPrG	NYSE
Duquesne Lt cm$2.10 Pfd	DQUPrA	NYSE
Duquesne Lt,4.10% Pfd	DQUPrD	NYSE
Dura Pharmaceuticals	DURA	NNM
Duracell Intl	DUR	NYSE
Durakon Industries	DRKN	NNM
Duramed Pharmaceutical	DRMD	NNM
Duriron Co	DURI	NNM
DUSA Pharmaceuticals	DUSA	NNM
Duty Free Intl	DFI	NYSE
DVI Inc	DVI	NYSE
Dwyer Group	DWYR	NNM
Dycam Inc	DYC	AMEX
Dycom Industries	DY	NYSE
Dyersburg Corp	DBG	NYSE
Dyna Group Intl	DGIX	NSC
Dynacq Intl	DYII	NSC
DynaGen Inc	DYGN	NSC
DynaGen Inc Wrrt	DYGNW	NSC
Dynamic Healthcare Tech	DHTI	NSC
Dynamic Homes	DYHM	NSC
Dynamic Materials	BOOM	NSC
Dynamic Oil Ltd	DYOLF	NSC
Dynamics Corp Amer	DYA	NYSE
Dynamics Research	DRCO	NNM
Dynamotion/ATI	DYMO	NSC
Dynamotion/ATI Wrrt'A'	DYMOZ	NSC
DynaMotive Technologies	DYMTF	NSC
Dynatec Intl	DYNX	NSC
Dynatech Corp	DYTC	NNM
Dynatronics Corp	DYNT	NSC
E&B Marine	EBMA	NNM
E'town Corp	ETW	NYSE
E-Z Communications'A'	EZCIA	NNM
E-Z EM Inc 'B'	EZM.B	AMEX
E-Z EM Inc'A'	EZM.A	AMEX
E-Z Serve Corp	EZS	AMEX
E.W. Blanch Holdings	EWB	NYSE
EA Engr Science/Tech	EACO	NNM
EA Industries	EA	NYSE
Eagle Bancshares	EBSI	NNM
Eagle Finance	EFCW	NNM
Eagle Financial	EGFC	NNM
Eagle Food Centers	EGLE	NNM
Eagle Hardware & Garden	EAGL	NNM
Eagle Pacific Indus	EPII	NSC
Eagle Point Software	EGPT	NNM
Eagle River Interactive	ERIV	NNM
Eagle USA Airfreight	EUSA	NNM
Earth Sciences	ESCI	NSC

Issue	Ticker	Exchange
Earthgrains Co	EGR	NYSE
Easco Inc	ESCO	NNM
East Texas Financial Svcs	ETFS	NNM
Eastbay Inc	EBAY	NNM
Eastco Industrial Safety	ESTO	NSC
Eastco Indl Safety Wrrt	ESTOW	NSC
Eastern AmerNatlGasTrSPERs	NGT	NYSE
Eastern Bancorp	EBCP	NNM
Eastern Co	EML	AMEX
Eastern Enterprises	EFU	NYSE
Eastern Environmental Svc	EESI	NNM
Eastern Util Assoc	EUA	NYSE
EastGroup Properties SBI	EGP	NYSE
Eastman Chemical	EMN	NYSE
Eastman Kodak	EK	NYSE
Eastwind Group	EWND	NSC
Eateries Inc	EATS	NNM
Eaton Corp	ETN	NYSE
Eaton Vance	EAVN	NNM
ECC International	ECC	NYSE
ECCS, Inc	ECCS	NSC
Echlin Inc	ECH	NYSE
Echo Bay Mines	ECO	AMEX
EchoCath Inc'A'	ECHTA	NSC
EchoCath Inc Unit	ECHTU	NSC
EchoCath Inc Wrrt	ECHTW	NSC
EchoCath Inc Wrrt 'B'	ECHTZ	NSC
EchoStar Communications'A'	DISH	NNM
ECI Telecom Ltd	ECILF	NNM
Eckerd Corp	ECK	NYSE
Eckler Industries	ECKL	NSC
Eckler Industries Unit	ECKLU	NSC
Eckler Industries Wrrt	ECKLW	NSC
Eclipse Surgical Tech	ESTI	NNM
Eco 2 Inc	TIRE	NSC
Eco 2 Inc Wrrt'A'	TIREW	NSC
Ecogen Inc	EECN	NNM
Ecogen Inc Wrrt	EECNW	NNM
Ecolab Inc	ECL	NYSE
Ecology/Environment'A'	EEI	AMEX
EcoScience Corp	ECSC	NSC
EcoTyre Technologies	ETTI	NSC
EcoTyre Technologies Wrrt	ETTIW	NSC
Edac Technologies	EDAC	NSC
Edelbrock Corp	EDEL	NNM
Edify Corp	EDFY	NNM
Edison Bros Stores	EBS	NYSE
Edison Control	EDCO	NNM
Edison Intl	EIX	NYSE
Edisto Resources	EDT	AMEX
Edisto Resources Wrrt	EDT.WS	AMEX
Editek Inc	EDI	AMEX
Edmark Corp	EDMK	NNM
EDO Corp	EDO	NYSE
Education Alternatives	EAIN	NNM
Educational Development	EDUC	NNM
Educational Insights	EDIN	NNM
Edusoft Ltd	EDUSF	NNM
Edwards(AG)Inc	AGE	NYSE
Effective Mgmt Systems	EMSI	NNM

Issue	Ticker	Exchange
Effective Mgmt Sys Wrrt	EMSIW	NNM
EFI Electronics	EFIC	NSC
EG&G Inc	EGG	NYSE
Egghead Inc	EGGS	NNM
1838 Bond-Deb Trad'g	BDF	NYSE
EIP Microwave	EIPM	NSC
EIS International	EISI	NNM
Ek Chor China Motorcycle	EKC	NYSE
Ekco Group	EKO	NYSE
El Chico Restaurants	ELCH	NNM
El Paso Electric	EE	AMEX
El Paso Natural Gas	EPG	NYSE
Elamex S.A.de C.V. Cl I	ELAMF	NNM
Elan Corp ADS	ELN	NYSE
Elan Corp ADS Wrrt'98	ELN.WS A	NYSE
Elantec Semiconductor	ELNT	NNM
Elbit Ltd	ELBTF	NNM
Elcom Intl	ELCO	NNM
Elcor Corp	ELK	NYSE
Elcotel Inc	ECTL	NNM
Eldorado Bancorp	ELB	AMEX
Electric & Gas Technology	ELGT	NNM
Electric Fuel	EFCX	NNM
Electro Rent	ELRC	NNM
Electro Scientific Ind	ESIO	NNM
Electro-Catheter	ECTH	NSC
Electro-Sensors	ELSE	NNM
Electrochemical Ind(Frutarom)	EIF	AMEX
Electrocon Intl	EPLTF	NSC
Electroglas Inc	EGLS	NNM
Electrolux AB Cl'B'ADR	ELUXY	NNM
Electromagnetic Sci	ELMG	NNM
Electronic Arts	ERTS	NNM
Electronic Clearing House	ECHO	NSC
Electronic Designs	EDIX	NSC
Electronic Designs Wrrt	EDIXW	NSC
Electronic Fab Technology	EFTC	NNM
Electronic Hair Styling	EHST	NNM
Electronic Retailing Sys	ERSI	NNM
Electronic Tele Comm'A'	ETCIA	NNM
Electronics Communications	ELCC	NSC
Electronics Communicns Wrrt'A'	ELCCW	NSC
Electronics For Imaging	EFII	NNM
Electropharmacology Inc	EPHI	NSC
Electropharmacology Inc Wrrt	EPHIW	NSC
Electrosource Inc	ELSI	NSC
ElectroStar Inc	ESTR	NNM
Elek-Tek Inc	ELEK	NNM
Elephant & Castle Group	PUBSF	NSC
ELEXSYS Intl	ELEX	NNM
Elf Aquitaine ADS	ELF	NYSE
Elf Overseas Ltd 7.625% Pfd'B'	EOLPrB	NYSE
Elf Overseas Ltd 8.50%Pfd'A'	EOLPrA	NYSE
Eljer Industries	ELJ	NYSE
Ellett Brothers	ELET	NNM
Ellsworth Cv Growth/Income	ECF	AMEX
Elmers Restaurants	ELMS	NSC
Elmira Svgs Bk FSB NY	ESBK	NSC
Elron Electrn Ind Ord	ELRNF	NNM
Elron Electric Ind Wrrt	ELRWF	NNM

Issue	Ticker	Exchange
Elsag Bailey Process Auto N.V.	EBY	NYSE
Elscint Ltd(New)	ELT	NYSE
Elsevier NV ADS	ENL	NYSE
Elsinore Corp	ELS	AMEX
Eltrax Sys	ELTX	NSC
Eltron Intl	ELTN	NNM
ELXSI Corp	ELXS	NNM
Embotelladora Andina ADS	AKO	NYSE
Embrex Inc	EMBX	NNM
Embrex Inc Wrrt	EMBXW	NNM
Embryo Development	EMBR	NSC
EMC Corp	EMC	NYSE
EMC Insurance Group	EMCI	NNM
EmCare Holdings	EMCR	NNM
EMCEE Broadcast Products	ECIN	NNM
Emco Ltd	EMLTF	NNM
EMCON	MCON	NNM
EMCORE Group	EMCG	NNM
Emerging Germany Fund	FRG	NYSE
Emerging Mexico Fund	MEF	NYSE
Emerging Mkts Fltg Rt Fd	EFL	NYSE
Emerging Mkts Income Fund	EMD	NYSE
Emerging Mkts Income Fund II	EDF	NYSE
Emerging Mkts Infrastructure	EMG	NYSE
Emerging Mkts Telecommun Fd	ETF	NYSE
Emerging Tigers Fund	TGF	NYSE
Emeritus Corp	ESC	AMEX
Emerson Electric	EMR	NYSE
Emerson Radio	MSN	AMEX
Emisphere Technologies	EMIS	NNM
Emmis Broadcasting'A'	EMMS	NNM
Emons Transportation Group	EMON	NSC
Emperor Gold	EMR	VS
Empi Inc	EMPI	NNM
Empire Dist Elec	EDE	NYSE
Empire Dist El,4 3/4% Pfd	EDEPrA	NYSE
Empire Dist El,5% Pfd	EDEPrB	NYSE
Empire of Carolina	EMP	AMEX
Employee Solutions	ESOL	NNM
Empresa Nac'l De Electric ADS	EOC	NYSE
Empresa Nac'l Elec ADS	ELE	NYSE
Empresas ICA Sociedad ADS	ICA	NYSE
Empresas La Moderna SA ADS	ELM	NYSE
Empresas La Moderna, SA	MDAa.M	ME
Empresas Telex-Chile ADS	TL	NYSE
Emulex Corp	EMLX	NNM
En Pointe Tech	ENPT	NNM
ENCAD Inc	ENCD	NNM
Encon Systems	NCON	NSC
Encore Computer	ENCC	NNM
Encore Marketing Intl	EMI.EC	ECM
Encore Mkt Intl Cv Partic Pfd	EMIPr	ECM
Encore Wire	WIRE	NNM
Endogen Inc	ENDG	NSC
Endosonics Corp	ESON	NNM
EndoVascular Technologies	EVTI	NNM
Enercorp Inc	ENCP	NSC
Energen Corp	EGN	NYSE
Energy BioSystems	ENBC	NNM
Energy Conv Devices	ENER	NNM

Issue	Ticker	Exchange
Energy Research	ERCC	NNM
Energy Ventures	EVI	NYSE
Energy West	EWST	NNM
EnergyNorth Inc	EI	NYSE
Enersis S.A. ADS	ENI	NYSE
ENEX Resources	ENEX	NNM
Engelhard Corp	EC	NYSE
Engex Inc	EGX	AMEX
Engineered Support Sys	EASI	NNM
Engineering Animation	EAII	NNM
Engineering Measure't	EMCO	NNM
Engle Homes	ENGL	NNM
English China Clays ADR	ENC	NYSE
Enhance Financial Svcs Grp	EFS	NYSE
ENI S.p.A. ADS	E	NYSE
Ennis Business Forms	EBF	NYSE
Enova Corp	ENA	NYSE
Enron Corp	ENE	NYSE
Enron $10.50 Cv 2nd Pfd	ENEPrJ	NYSE
Enron Cap Res 9% 'A' Pfd	ENEPrA	NYSE
Enron Capital LLC'MIPS'	ENEPrC	NYSE
Enron Cp 6.25% Exch Nts'98	EXG	NYSE
Enron Global Pwr/Pipeln LLC	EPP	NYSE
Enron Liquids Pipeline L.P.	ENP	NYSE
Enron Oil & Gas	EOG	NYSE
ENSCO Intl	ESV	NYSE
Enscor Inc	ENCRF	NSC
ENSERCH Corp	ENS	NYSE
ENSERCH Dep Adj cm E Pfd	ENSPrE	NYSE
ENSERCH Dep Adj cm F Pfd	ENSPrF	NYSE
Enserch Exploration	EEX	NYSE
EnSys Environmental Products	ENSY	NNM
Enteractive Inc	ENTR	NSC
Enteractive Inc Wrrt	ENTRW	NSC
Entergy Arkansas $2.40cmPfd	AKPPr	NYSE
Entergy Corp	ETR	NYSE
Entergy Gulf States $1.75 Pref	GSUPr	NYSE
Entergy Gulf States $4.40 Pfd	GSUPrB	NYSE
Entergy Gulf States $4.52 Pfd	GSUPrG	NYSE
Entergy Gulf States $5.08 Pfd	GSUPrE	NYSE
Entergy Gulf States $8.80 Pfd	GSUPrK	NYSE
Entergy Gulf States Dep Adj B Pfd	GSUPrD	NYSE
Entergy Louisiana 12.64% cmPfd	LPLPr	NYSE
Entergy Louisiana 9.68% cm Pfd	LPLPrA	NYSE
Enterprise Federal Bancorp	EFBI	NNM
Enterprise Oil ADS	ETP	NYSE
Enterprise Oil Pref 'B' ADS	ETPPrB	NYSE
Enterprise Oil Pref'A'ADS	ETPPr	NYSE
Enterprise Systems	ESIX	NNM
Envirodyne Inds	EDYN	NSC
Envirogen Inc	ENVG	NSC
Envirogen Inc Wrrt	ENVGW	NSC
Envirometrics Inc	EVRM	NSC
Envirometrics Inc Wrrt	EVRMW	NSC
Environment-One	EONE	NSC
Environmental Elements	EEC	NYSE
Environmental Power	POWR	NSC
Environmental Tech USA	ENVR	NSC
Environmental Tech USA Wrrt	ENVRW	NSC
Environmental Technologies	EVTC	NNM

Issue	Ticker	Exchange
Environmental Tectonics	ETC	AMEX
Enviropur Waste Refining/Tech	EPUR	NSC
EnviroSource Inc	ENSO	NNM
Envirotest Systems'A'	ENVI	NNM
Envoy Corp	ENVY	NNM
Enzo Biochem	ENZ	AMEX
ENZON Inc	ENZN	NNM
EOTT Energy Partners L.P.	EOT	NYSE
Epic Design Technology	EPIC	NNM
Epitope Inc	EPT	AMEX
EQK Realty Inv I SBI	EKR	NYSE
EqualNet Holding	ENET	NNM
Equifax Inc	EFX	NYSE
EquiMed Inc	EQMD	NNM
Equinox Systems	EQNX	NNM
Equitable Cos	EQ	NYSE
Equitable Fed Svgs Bank	EQSB	NNM
Equitable of Iowa	EIC	NYSE
Equitable Resources	EQT	NYSE
Equitex Inc	EQTX	NNM
Equitrac Corp	ETRC	NNM
Equity Corp Intl	ECII	NNM
Equity Income Fund	ATF	AMEX
Equity Inns	ENNS	NNM
Equity Marketing	EMAK	NNM
Equity Oil	EQTY	NNM
Equity Residential Prop Tr	EQR	NYSE
Equity Res Prop Tr 9.125%Pfd	EQRPrB	NYSE
Equity Res Prop Tr 9.375% Pfd	EQRPrA	NYSE
Equus Gaming LP	EQUUS	NNM
Equus II Inc	EQS	AMEX
ERC Industries	ERCI	NSC
ERD Waste Corp	ERDI	NNM
Ergo Science	ERGO	NNM
Ericsson L M Tel	ERICZ	NSC
Ericsson(LM)Tel'B'ADR	ERICY	NNM
Erie Indemnity 'A'	ERIE	NNM
ERLY Indus	ERLY	NNM
Ernst Home Center	ERNS	NNM
ERO Inc	EROI	NNM
EROX Corp	EROX	NSC
ESC Medical Systems	ESCMF	NNM
Escalade Inc	ESCA	NNM
Escalon Medical Corp	ESMC	NNM
Escalon Med Corp Wrrt'A'	ESMCW	NNM
Escalon Med Corp Wrrt'B'	ESMCL	NNM
ESCO Electronics	ESE	NYSE
ESELCO Inc	EDSE	NNM
Eshed Robotec 1982 Ltd	ROBOF	NSC
Eskimo Pie	EPIE	NNM
Esmor Correctional Svcs	ESMR	NNM
Esmor Correct'l Svcs Wrrt	ESMRW	NNM
Espey Mfg & Electr	ESP	AMEX
Espirito Santo Finl ADS	ESF	NYSE
Espirito Santo Oversecs 8.50% Pref	ESBPrA	NYSE
Esquire Communications	ESQS	NSC
Esquire Communications Wrrt	ESQSW	NSC
ESS Technology	ESST	NNM
ESSEF Corp	ESSF	NNM
Essex Bancorp	ESX	AMEX

Issue	Ticker	Exchange
Essex Corp	ESEX	NSC
Essex County Gas	ECGC	NNM
Essex Property Trust	ESS	NYSE
Esterline Technologies	ESL	NYSE
Etec Systems	ETEC	NNM
Ethan Allen Interiors	ETH	NYSE
Ethical Holdings Ltd ADS	ETHCY	NNM
Ethyl Corp	EY	NYSE
ETS International	ETS.EC	ECM
Etz Lavud Ltd 'A'	ETZ.A	AMEX
Etz Lavud Ltd Ord	ETZ	AMEX
Eufaula BancCorp	EUFA	NSC
Euphonix Inc	EUPH	NNM
EuroMed Inc	EMED	NNM
Europa Cruises	KRUZ	NSC
Europe Fund	EF	NYSE
European Warrant Fund	EWF	NYSE
EV Environmental	EVEN	NSC
EV Environmental Wrrt'A'	EVENW	NSC
Evans Environmental	ECOS	NSC
Evans Inc	EVAN	NNM
Evans Systems	EVSI	NNM
Evans Withycombe Res	EWR	NYSE
Evans&Sutherl'd Computer	ESCC	NNM
Everen Cap 13.50%'A' Ex Pfd	EVRPrA	NYSE
Everest Med	EVMD	NSC
Everest Reinsurance Hldgs	RE	NYSE
Everest/Jennings Intl	EJ	AMEX
Evergreen Bancorp	EVGN	NNM
Evergreen Media Corp'A'	EVGM	NNM
Evergreen Media $3.00 Cv Pfd	EVGMP	NNM
Evergreen Resources	EVER	NNM
EVRO Corp	EVRO	NSC
Exabyte Corp	EXBT	NNM
Exactech Inc	EXAC	NNM
Exar Corp	EXAR	NNM
Excalibur Technologies	EXCA	NNM
EXCEL Communications	ECI	NYSE
Excel Industries	EXC	NYSE
Excel Realty Trust	XEL	NYSE
Excel Technology	XLTC	NNM
Excel Tech $0.40 Cv Pfd	XLTCP	NNM
Excel Technology Wrrt'B'	XLTCW	NNM
Excelsior Inc Shares	EIS	NYSE
Excite Inc	XCIT	NNM
Execufirst Bancorp	FXBC	NSC
Executive Risk	ER	NYSE
Executive Telecard Ltd	EXTL	NNM
Executone Info Sys	XTON	NNM
EXEL Limited	XL	NYSE
Exide Corp	EX	NYSE
Exide Electronics Group	XUPS	NNM
Exogen Inc	EXGN	NNM
Exolon-Esk Co	EXL	BO
Expeditors Intl,Wash	EXPD	NNM
Expert Software	XPRT	NNM
Exploration Co	TXCO	NSC
Express America Hldgs	EXAM	NNM
Express Scripts 'A'	ESRX	NNM
Exsorbet Industries	EXSO	NSC

Issue	Ticker	Exchange
Exstar Financial	EXTRE	NNM
Extecapital Ltd'A'Pref	BEXPr	NYSE
Extended Stay Amer	STAY	NNM
Extendicare Inc	EXE.A	NYSE
EXX Inc 'B'	EXX.B	AMEX
EXX Inc 'A'	EXX.A	AMEX
Exxon Corp	XON	NYSE
Ezcony Interamerica	EZCOF	NNM
EZCORP Inc'A'	EZPW	NNM
F&E Resource Systems Tech	FERS	NSC
F&M Bancorp	FMBN	NNM
F&M Bancorporation, Inc	FMBK	NNM
F&M National Corp	FMN	NYSE
F.F.O. Financial Group	FFFG	NSC
F.Y.I. Inc	FYII	NNM
Fab Indus	FIT	AMEX
Fabri-Centers Amer'A'	FCA.A	NYSE
Fabri-Centers Amer'B'	FCA.B	NYSE
Factory Stores of America	FAC	NYSE
Fahnestock Viner Hldgs'A'	FAHNF	NNM
FAI Insurances Ltd ADS	FAI	NYSE
Failure Group	FAIL	NNM
Fair Isaac & Co	FIC	NYSE
Fairchild Corp 'A'	FA	NYSE
Fairfield Communities	FFD	NYSE
Falcon Building Products'A'	FB	NYSE
Falcon Cable Sys L.P.	FAL	AMEX
Falcon Drilling	FLCN	NNM
Falcon Products	FCP	NYSE
Falmouth Co-operative Bank	FCB	AMEX
Family Bancorp	FMLY	NNM
Family Bargain	FBAR	NSC
Family Bargain 9.5% Cv'A'Pfd	FBARP	NSC
Family Dollar Stores	FDO	NYSE
Family Golf Centers	FGCI	NNM
Family Steak Houses Fla	RYFL	NNM
Fansteel Inc	FNL	NYSE
Far East National Bank	FEB	AMEX
Farah Inc	FRA	NYSE
Farmer Bros	FARM	NNM
Farmers & Mechanics Bank	FMCT	NNM
Farmers Capital Bank	FFKT	NSC
Farmers Grp Cap 8.45%'QUIPS'	FIGPrA	NYSE
Farmers Grp Cap II 8.25%'QUIPS'	FIGPrB	NYSE
Farmstead Tel Group	FONE	NSC
Farmstead Tel Group Wrrt	FONEW	NSC
Farr Co	FARC	NNM
Farrel Corp	FARL	NNM
FastComm Communications	FSCX	NNM
Fastenal Co	FAST	NNM
Faulding Inc	FAUL	NNM
Fay's Inc	FAY	NYSE
Fayette County Bancshrs	FCBS	NSC
FCB Financial	FCBF	NNM
FCNB Corp	FCNB	NNM
FDP Corp	FDPC	NNM
Featherlite Mfg	FTHR	NNM
Fed One Bancorp	FOBC	NNM
Federal Home Loan	FRE	NYSE
Fed'l Home Ln Mtg 6.72% Pfd	FREPrA	NYSE

Issue	Ticker	Exchange
Fed'l Home Ln Mtg 7.90% Pfd	FREPr	NYSE
Fed'l Home Ln Mtg Var Rt Pfd	FREPrB	NYSE
Fedders Corp	FJC	NYSE
Fedders Corp'A'	FJA	NYSE
Federal Agricultural Mtge'A'	FAMCA	NSC
Federal Agricultural Mtge'C'	FAMCK	NSC
Federal Express	FDX	NYSE
Federal Natl Mtge	FNM	NYSE
Federal Natl Mtge 6.41% Pfd	FNMPrA	NYSE
Federal Natl Mtge 6.50% Pfd	FNMPrB	NYSE
Federal Rlty Inv Tr SBI	FRT	NYSE
Federal Screw Works	FSCR	NNM
Federal Signal	FSS	NYSE
Federal-Mogul	FMO	NYSE
Federated Dept Stores	FD	NYSE
Federated Dept Strs 'C' Wrrt	FD.WSC	NYSE
Federated Dept Strs 'D' Wrrt	FD.WSD	NYSE
FEI Co	FEIC	NNM
FelCor Suite Hotels	FCH	NYSE
FelCor Suite Hotels $1.95 Pfd	FCHPrA	NYSE
Female Health	FHC	AMEX
FemRx Inc	FMRX	NNM
Ferrellgas Partners L.P.	FGP	NYSE
Ferro Corp	FOE	NYSE
Ferrofluidics Corp	FERO	NNM
FFBS Bancorp	FFBS	NNM
FFD Financial	FFDF	NNM
FFLC Bancorp	FFLC	NNM
FFP Partners L.P.	FFP	AMEX
FFVA Financial	FFFC	NNM
FFW Corp	FFWC	NSC
FFY Financial	FFYF	NNM
FHP Int'l Corp	FHPC	NNM
FHP Intl $1.25 Cv Pfd'A'	FHPCA	NNM
Fiat SpA ADR	FIA	NYSE
Fiat SpA Preference ADR	FIAPr	NYSE
Fiat SpA Savings ADR	FIAPrA	NYSE
FiberChem Inc	FOCS	NSC
Fibercorp Intl	FCII	NSC
Fiberstars Inc	FBST	NNM
Fibreboard Corp	FBD	AMEX
Fidelity Advisor Emer'g Asia	FAE	NYSE
Fidelity Advisor Korea Fund	FAK	NYSE
Fidelity Bancorp	FBCI	NNM
Fidelity Bancorp (PA)	FSBI	NNM
Fidelity Fed Bancorp	FFED	NNM
Fidelity Fedl Svgs Bk Fla	FFFL	NNM
Fidelity Finl Bankshares	FFRV	NNM
Fidelity Finl Ohio	FFOH	NNM
Fidelity National	LION	NNM
Fidelity Natl Finl	FNF	NYSE
Fieldcrest Cannon	FLD	NYSE
Fieldcrest Cannon $3 Cv	FLDCP	NSC
Fifth Dimension	FIVD	NSC
Fifth Third Bancorp	FITB	NNM
50-Off Stores	FOFF	NNM
Figgie Intl Cl'A'	FIGIA	NNM
Figgie Intl Cl'B'	FIGI	NNM
Fila Holdings ADS	FLH	NYSE
Filene's Basement	BSMT	NNM

Issue	Ticker	Exchange
FileNet Corp	FILE	NNM
FINA,Inc Cl'A'	FI	AMEX
Financial Bancorp	FIBC	NNM
Financial Federal	FIF	AMEX
Financial Inds	FNIN	NSC
Financial Sec Assurance Hldg	FSA	NYSE
Financial Security Corp	FNSC	NNM
Financial Trust Corp	FITC	NNM
Financing for Science Intl	FFSI	NNM
Financing for Science Intl Wrrt	FFSIW	NNM
Find SVP	FSVP	NSC
Fingerhut Companies	FHT	NYSE
Finish Line 'A'	FINL	NNM
FinishMaster Inc	FMST	NNM
Finl Institutions Insur Grp	FIRE	NNM
Finlay Enterprises	FNLY	NNM
FINOVA Group	FNV	NYSE
Firefox Communications	FFOX	NNM
Firetector Inc	FTEC	NSC
First Albany Cos	FACT	NNM
First Alert	ALRT	NNM
First Alliance Bancorp (GA)	FABC	NSC
First Amer (Tenn)	FATN	NNM
First Amer Finl	FAF	NYSE
First Amer Hlth Concepts	FAHC	NNM
First Ashland Financial	FSBS	NSC
First Australia Fund	IAF	AMEX
First Australia Prime	FAX	AMEX
First Bancorp (NC)	FBNC	NNM
1st Bancorp Ind	FBCV	NSC
First Bk Philadelphia PA	FBKP	NSC
First Bank System	FBS	NYSE
First Bank Sys Wrrt	FBSWW	NSC
First Bk Sys $3.5625 Cv91A Pfd	FBSPrX	NYSE
First Banking S.E. Georgia	FBCG	NNM
First Banks 9% Incr Rt'C'Pfd	FBNKP	NNM
First Banks America	FBA	NYSE
First Bankshares	FBSI	NNM
First Bankshares (GA)	FBGA	NSC
First Bell Bancorp	FBBC	NNM
1st Bergen Bancorp	FBER	NNM
First Brands Corp	FBR	NYSE
First Cash	PAWN	NNM
First Cash Wrrt	PAWNW	NSC
First Central Finl	FCC	AMEX
First Charter Bank N.A.	FCBK	NNM
First Charter Corp	FCTR	NNM
First Chicago NBD	FCN	NYSE
First Chi NBD 5 3/4% Cv Dep Pfd	FCNPrV	NYSE
First Chi NBD 7.5%PfdPurUnits	FCNPrU	NYSE
First Chi NBD 8.45% Dep Pfd	FCNPrE	NYSE
First Chi NBD Adj Div B Pfd	FCNPrB	NYSE
First Chi NBD Adj Div C Pfd	FCNPrC	NYSE
First Chi NBD 5.50% 'DECS'97	FND	NYSE
First Citizens BancShares'A'	FCNCA	NNM
First Citizens Finl	FCIT	NNM
First Colonial Group	FTCG	NNM
First Colony	FCL	NYSE
First Colorado Bancorp	FFBA	NNM
First Comm Bancshares 'B'	FCBIB	NSC

Issue	Ticker	Exchange
First Commerce	FCOM	NNM
First Commerce 7.25% Cv Pfd '92	FCOMP	NNM
First Commerce Bancshares'A'	FCBIA	NSC
First Commercial Corp	FCLR	NNM
First Comml Bancorp, Inc	FCOB	NSC
First Commonwealth	FCWI	NNM
First Commonwealth Finl	FCF	NYSE
First Commonwealth Fund	FCO	NYSE
First Data	FDC	NYSE
First Defiance Fin'l	FDEF	NNM
First Empire State	FES	AMEX
First Entertainment	FTETD	NSC
First Essex Bancorp	FESX	NNM
First Family Finl	FFML	NSC
First Fed Bancorp	FFBZ	NNM
First Fed Bancorp(MN)	BDJI	NSC
First Fed Bancshares (AR)	FFBH	NNM
First Fed Finl (KY)	FFKY	NNM
First Fed of Eau Clair	FFEC	NNM
First Fed S & L (CT)	FFES	NNM
First Fed Svgs & Ln Assn	FSSB	NSC
First Fed Svgs Bk Siouxland	FFSX	NSC
First Federal Capital	FTFC	NNM
First Fedl Svg (GA)	FFBG	NNM
First Financial	FTFN	NNM
First Financial Bankshares	FFIN	NNM
First Financial Caribbean	FRCC	NNM
First Financial Fund	FF	NYSE
First Finl (MD)	FFWM	NNM
First Finl Bancorp	FFBI	NSC
First Finl Bancorp	FPRY	NSC
First Finl Bancorp(OH)	FFBC	NNM
First Finl Corp Ind	THFF	NNM
First Finl Corp Wis	FFHC	NNM
First Finl Hldgs	FFCH	NNM
First Franklin Corp	FFHS	NNM
First Georgia Holding	FGHC	NNM
First Hawaiian	FHWN	NNM
First Home Savings Bk	FSPG	NNM
First Iberian Fund	IBF	AMEX
First Independence Del	FFSL	NSC
First Indiana Corp	FISB	NNM
First Industrial Rlty Tr	FR	NYSE
First Indl Rlty Tr 9.50% Pfd	FRPrA	NYSE
First Investors Finl Svcs Grp	FIFS	NNM
First Israel Fund	ISL	NYSE
First Keystone Financial	FKFS	NNM
First Leesport Bancorp	FLPB	NSC
First Liberty Fin'l 6% Cv Pfd	FLFCO	NSC
First Long Island	FLIC	NSC
First Maryland Banc 7.875% Pfd	FMBPr	NYSE
First Merchants Acceptance	FMAC	NNM
First Merchants Corp	FRME	NNM
First Michigan Bank	FMBC	NNM
First Midwest Bancorp	FMBI	NNM
First Midwest Financial	CASH	NNM
First Mississippi	FRM	NYSE
First Mortgage	FMOR	NNM
First Mutual Bancorp	FMBD	NNM
First Mutual Svgs (WA)	FMSB	NNM

Issue	Ticker	Exchange
First National Entmt	FNAT	NSC
First Nationwide Bk 11.50% Pfd	FNWPr	NYSE
First Natl Bankshares(LA)	FNH	AMEX
First Northern Capital	FNGB	NNM
First Oak Brook Bancshrs'A'	FOBBA	NNM
First of America Bk	FOA	NYSE
First Pacific Networks	FPNX	NSC
First Palm Beach Bancorp	FFPB	NNM
First Patriot Bankshares	FPBK	NNM
First Philippine Fund	FPF	NYSE
First Regional Bancorp	FRGB	NSC
First Republic Bancorp	FRC	NYSE
First Savings Bancorp	SOPN	NNM
First Savings Bank(N.J.)	FSNJ	NNM
First Savings Bk(Perth Amboy)	FSLA	NNM
First SB Clovis N Mex	FSBC	NSC
First Security	FSCO	NNM
First Shenango Bancorp	SHEN	NNM
First Source Corp	SRCE	NNM
First South Africa	FSACF	NSC
First South Africa Unit	FSAUF	NSC
First South Africa Wrrt'A'	FSAWF	NSC
First South Africa Wrrt'B'	FSAZF	NSC
First Southeast Finl	FSFC	NNM
First Southern Bancshares	FSTH	NNM
First State	FSBT	NNM
First State Bancorporation	FSNM	NNM
First State Finl Svcs	FSFI	NNM
First Svgs Bk Wash Bancorp	FWWB	NNM
First Team Sports	FTSP	NNM
First Tenn Natl	FTEN	NNM
First Union Corp	FTU	NYSE
First Union $2.15 Cv B Pfd	FTUPrB	NYSE
First Union 10.64% Dep Pfd	FTUPrF	NYSE
First Union Adj D Pfd	FTUPrD	NYSE
First Union RE EqSBI	FUR	NYSE
1st United Bancorp (FL)	FUBC	NNM
First United Bancorp (SC)	FUSC	NNM
First United Bancshrs	UNTD	NNM
First United Corp	FUNC	NNM
First USA	FUS	NYSE
First USA 6.25% 'PRIDES'	FUSPr	NYSE
First USA Paymentech	PTI	NYSE
First Utd SB Greencastle Ind	FUSB	NSC
First Victoria Natl Bank	FVNB	NNM
First Virginia Banks	FVB	NYSE
1st Washington Bancorp	WFSB	NNM
First Wash Realty Trust	FWSH	NNM
First Wash Rlty 9.75% Cv Pfd	FWSHP	NNM
First West Virginia Bancorp	FWV	AMEX
First Years	KIDD	NNM
First-Knox Banc Corp	FKBC	NNM
Firstar Corp	FSR	NYSE
Firstar Corp $1.75 Cv Dep Pfd	FSRPZ	NNM
Firstbank of Illinois	FBIC	NNM
FirstBank Puerto Rico	FBP	NYSE
Firstcity Financial	FCFC	NNM
Firstcity Finl 'B' Pfd	FCFCP	NNM
Firstfed Bancshares	FFDP	NNM
FirstFed Financial	FED	NYSE

Issue	Ticker	Exchange
Firstfed Finl Svcs	FFSW	NNM
FirstFederal Finl 6.5% Cv'B' Pfd	FFSWO	NSC
FirstFederal Finl 7% Cv'A'Pfd	FFSWP	NSC
Firstmark Corp	FIRM	NSC
FirstMerit Corp	FMER	NNM
FirstMiss Gold	FRMG	NNM
FirstService Corp (Vtg)	FSRVF	NSC
Fischer Imaging	FIMG	NNM
Fiserv Inc	FISV	NNM
Fisher Scientific Intl	FSH	NYSE
Flag Financial	FLAG	NNM
Flagstar Companies	FLST	NNM
Flagstar Cos $2.25 Cv Pfd	FLSTP	NNM
Flamemaster Corp	FAME	NNM
Flanders Corp	FLDR	NSC
Flanigan's Enterprises	BDL	AMEX
Fleet Financial Group	FLT	NYSE
Fleet Fin'l 10.12% Dep Pfd	FLTPrB	NYSE
Fleet Fin'l 6.75% Dep Pfd	FLTPrG	NYSE
Fleet Fin'l 7.25% Dep Pfd	FLTPrF	NYSE
Fleet Fin'l 9.30% Dep Pfd	FLTPrD	NYSE
Fleet Fin'l 9.35% Dep Pfd	FLTPrE	NYSE
Fleet Fin'l 9.375% Dep Pfd	FLTPrC	NYSE
Fleet Finl Grp Wrrt	FLT.WS	NYSE
Fleetwood Enterpr	FLE	NYSE
Fleming Cos	FLM	NYSE
Fletcher Challenge Bldg ADS	FLB	NYSE
Fletcher Challenge Cda'A'	FCC.A	TS
Fletcher Challenge Ener ADS	FEG	NYSE
Fletcher Challenge Forest ADS	FFS	NYSE
Fletcher Challenge Paper ADS	FLP	NYSE
Flexsteel Indus	FLXS	NNM
Flextronics Intl	FLEXF	NNM
Flightsafety Intl	FSI	NYSE
FLIR Systems	FLIR	NNM
Flores & Rucks	FNR	NYSE
Florida East Coast Indus	FLA	NYSE
Florida First Bancorp	FFPC	NNM
Florida Gaming	BETS	NSC
Fla Pwr&Lt $2 Pfd'A'	FPLPrA	NYSE
Florida P&L 8.75%'QUIDS'	FPD	NYSE
Florida Progress	FPC	NYSE
Florida Public Utilities	FPU	AMEX
Florida Rock Indus	FRK	AMEX
Florsheim Shoe	FLSC	NNM
Flow International	FLOW	NNM
Flowers Indus	FLO	NYSE
Fluke Corp	FLK	NYSE
Fluor Corp	FLR	NYSE
Fluor Daniel/GTI	FDGT	NNM
FluoroScan Imaging Sys	FLRO	NNM
Fluoroscan Imaging Sys Wrrt	FLROW	NNM
Flushing Financial	FFIC	NNM
FM Properties	FMPO	NNM
FMC Corp	FMC	NYSE
FMC Gold	FGL	NYSE
FMS Financial	FMCO	NNM
FNB Corp (PA)	FBAN	NSC
FNB Corp 7.5% Cv'B' Pfd	FBANP	NSC
FNB Corp(NC)	FNBN	NNM

Issue	Ticker	Exchange
FNB Financial Svcs	FNBF	NNM
FNB Rochester Corp	FNBR	NNM
Foamex International	FMXI	NNM
Focus Enhancements	FCSE	NSC
Focus Enhancements Wrrt	FCSEW	NSC
Foilmark Inc	FLMK	NNM
FONAR Corp	FONR	NSC
Food Court Entmt Network'A'	FCENA	NSC
Food Court Enter Wrrt 'A'	FCENW	NSC
Food Court Enter Wrrt 'B'	FCENZ	NSC
Food Court Entertain Unit	FCENU	NSC
Food Lion Inc Cl'A'	FDLNA	NNM
Food Lion Inc Cl'B'	FDLNB	NNM
Food Technology Svc	VIFL	NSC
Foodarama Supermkts	FSM	AMEX
Foodbrands America	FDB	NYSE
Foodmaker Inc	FM	NYSE
Foodquest Inc	FOOQ	NSC
Foodquest Inc Wrrt	FOOQW	NSC
Foothill Independent Banc	FOOT	NNM
For Better Living	FBTR	NSC
Forasol-Foramer NV	FSOLF	NNM
Forcenergy Inc	FGAS	NNM
Ford Motor	F	NYSE
Ford Motor 8.40% Cv Dep Pfd	FPr	NYSE
Ford Motor Dep'B'Pfd	FPrB	NYSE
Ford Mtr Cap Tr I 9.00%'TOPrS'	FPrT	NYSE
FORE Systems	FORE	NNM
ForeFront Group	FFGI	NNM
Foreign Fd Australia Index'WEBS'	EWA	AMEX
Foreign Fd Austria Index'WEBS'	EWO	AMEX
Foreign Fd Belgium Index'WEBS'	EWK	AMEX
Foreign Fd Canada Index'WEBS'	EWC	AMEX
Foreign Fd France Index'WEBS'	EWQ	AMEX
Foreign Fd Germany Index'WEBS'	EWG	AMEX
Foreign Fd Hong Kong Index'WEBS'	EWH	AMEX
Foreign Fd Italy Index'WEBS'	EWI	AMEX
Foreign Fd Japan Index'WEBS'	EWJ	AMEX
Foreign Fd Malaysia Index'WEBS'	EWM	AMEX
Foreign Fd Mexico Index'WEBS'	EWW	AMEX
Foreign Fd Netherl'ds Index'WEBS'	EWN	AMEX
Foreign Fd Singapore Index'WEBS'	EWS	AMEX
Foreign Fd Spain Index'WEBS'	EWP	AMEX
Foreign Fd Sweden Index'WEBS'	EWD	AMEX
Foreign Fd Switzer'd Index'WEBS'	EWL	AMEX
Foreign Fd U.K. Index'WEBS'	EWU	AMEX
Foreign/Colon'l Emg MidEast Fd	EME	NYSE
Foreland Corp	FORL	NSC
Foreland Corp Wrrt 'L'	FORLL	NSC
Foremost Corp,Amer	FOM	NYSE
Forensic Technologies Intl	FTIC	NNM
Forest City Ent Cv Cl'B'	FCE.B	AMEX
Forest City Enterp Cl'A'	FCE.A	AMEX
Forest Labs	FRX	AMEX
Forest Oil	FOIL	NNM
Forest Oil $0.75 Cv Pfd	FOILO	NNM
Forest Oil Wrrt	FOILW	NNM
Fort Bend Hldg	FBHC	NNM
Fort Dearborn Inc Sec	FTD	NYSE
Fort Howard	FORT	NNM

Issue	Ticker	Exchange
Fort Thomas Finl	FTSB	NSC
Forte Software	FRTE	NNM
Fortis AG	AGFIB	BL
Fortis AMEV	AMEVN	AM
Fortis Securities	FOR	NYSE
Fortress Group	FRTG	NNM
Fortune Petroleum	FPX	AMEX
Fortune Pete Wrrt	FPX.WS	AMEX
Forum Group	FOUR	NSC
Forum Retirem't Ptnrs	FRL	AMEX
Forward Industries(NY)	FORD	NSC
Fossil Inc	FOSL	NNM
Foster (LB)Cl'A'	FSTRA	NNM
Foster Wheeler	FWC	NYSE
Fotoball USA Inc	FUSA	NSC
Fotoball USA Wrrt	FUSAW	NSC
Foundation Health	FH	NYSE
Fountain Oil	GUSH	NNM
Fountain Powerboat Ind	FPI	AMEX
4 Front Software Intl	FFST	NSC
4 Kids Entertainment	KIDE	NNM
Fourth Shift	FSFT	NNM
FoxMeyer Health	FOX	NYSE
FoxMeyer Health $5 Cv Pfd	FOXPr	NYSE
FoxMeyer Hlth $4.20 Ex'A'Pfd	FOXPrA	NYSE
Foxmoor Inds Ltd	FOXI	NSC
FP Bancorp	FPBN	NNM
FPA Corp	FPO	AMEX
FPA Medical Mgmt	FPAM	NNM
FPL Group	FPL	NYSE
Fractal Design	FRAC	NNM
Framingham Svgs Bank (MA)	FSBX	NNM
France Growth Fund	FRF	NYSE
Franchise Finance Cp Amer	FFA	NYSE
Frankfort First Bancorp	FKKY	NNM
Franklin Bancorporation	FNBC	NSC
Franklin Bank N.A.	FSVB	NNM
Franklin Cons Mng	FKCM	NSC
Franklin Electric	FELE	NNM
Franklin Electronic Pub	FEP	NYSE
Franklin Hldg Corp	FKL	AMEX
Franklin Multi-Income Tr	FMI	NYSE
Franklin Ophthalmic Instruments	FKLN	NSC
Franklin Principal Maturity	FPT	NYSE
Franklin Quest	FNQ	NYSE
Franklin Resources	BEN	NYSE
Franklin Select R.E. Inc Fd'A'	FSN	AMEX
Franklin Universal Tr	FT	NYSE
Fred's Inc 'A'	FRED	NNM
Frederick Brewing	BLUE	NSC
Fredericks of Hollywood'A'	FOH.A	NYSE
Fredericks of Hollywood'B'	FOH.B	NYSE
Free St Con Gld Mines ADR	FSCNY	NSC
Freep't McMoRan Copper&Gold'A'	FCX.A	NYSE
Freep't McMoRan Copper&Gold'B'	FCX	NYSE
Freep't McMoRan Cp/Gld7%Cv Pref	FCXPr	NYSE
Freeport McMoRan O/G Rlty	FMR	NYSE
Freeport McMoRan Res LP	FRP	NYSE
Freeport McMoRan(New)	FTX	NYSE
Freept-McMo Cp/Gld'A'Dep Pfd	FCXPrA	NYSE

Issue	Ticker	Exchange
Freept-McMo Cp/Gld'B'Dep Pfd	FCXPrB	NYSE
Freept-McMo Cp/Gld'C'Dep Pfd	FCXPrC	NYSE
Freept-McMo Cp/Slvr'D'Dep Pfd	FCXPrD	NYSE
Fremont Genl	FMT	NYSE
Fremont Genl Fin I 9%'TOPrS'	FMTPr	NYSE
French Fragrances	FRAG	NNM
Frequency Electrs	FEI	AMEX
Fresenius USA	FRN	AMEX
Fresh America	FRES	NNM
Fresh Choice	SALD	NNM
Fresh Juice Inc	FRSH	NSC
Friedman Indus	FRD	AMEX
Friedman's Inc'A'	FRDM	NNM
Frisch's Restaurants	FRS	AMEX
Frisco Bay Industries	FBAYF	NNM
Fritz Companies	FRTZ	NNM
Fronteer Directory	FDIR	NSC
Frontier Adjusters of Amer	FAJ	AMEX
Frontier Airlines	FRNT	NSC
Frontier Airlines Wrrt	FRNTW	NSC
Frontier Corp	FRO	NYSE
Frontier Insurance Gr	FTR	NYSE
Frontier Natural Gas	FNGC	NSC
Frontier Nat Gas $1.20 Cv Pfd	FNGCP	NSC
Frontier Natural Gas Wrrt	FNGCW	NSC
Frozen Food Express	FFEX	NNM
FRP Properties	FRPP	NNM
Fruehauf Trailer	FTC	NYSE
Fruit of The Loom'A'	FTL	NYSE
FSF Financial	FFHH	NNM
FSI International	FSII	NNM
FTP Software	FTPS	NNM
Fuel Tech N.V.	FTEKF	NSC
Fuisz Technologies	FUSE	NNM
Fuji Photo Film ADR	FUJIY	NSC
Fulcrum Technologies	FULCF	NNM
Full House Resorts	FHRI	NSC
Full House Resorts Wrrt	FHRIW	NSC
Fuller (HB)	FULL	NNM
Fulton Financial	FULT	NNM
Funco Inc	FNCO	NNM
Fund Amer Enterpr Hldgs	FFC	NYSE
Fuqua Enterprises	FQE	NYSE
Furniture Brands Intl	FBN	NYSE
Furon Co	FCY	NYSE
Furr's/Bishop's Inc	CHI	NYSE
Fusion Systems	FUSN	NNM
Futurebiotics Inc	VITK	NSC
Futurebiotics Inc Wrrt	VITKW	NSC
Futuremedia PLC ADS	FMDAY	NSC
Futuremedia PLC Wrrt	FMDYW	NNM
G & K Services Cl'A'	GKSRA	NNM
G & L Realty Corp	GLR	NYSE
G-III Apparel Group	GIII	NNM
G.T. Global Dvlp Mkt Fund	GTD	NYSE
G.T. Greater Europe Fd	GTF	NYSE
GA Financial	GAF	AMEX
Gabelli Conv Securities Fd	GCV	NYSE
Gabelli Equity Trust	GAB	NYSE
Gabelli Global Multimedia Tr	GGT	NYSE

Issue	Ticker	Exchange
Gables Residential Trust	GBP	NYSE
Gadzooks Inc	GADZ	NNM
Gainsco Inc	GNA	AMEX
GalaGen Inc	GGEN	NNM
Galaxy Cablevision L.P.	GTV	AMEX
Galaxy Foods	GALX	NSC
Galey & Lord Inc	GNL	NYSE
Galileo Electro-Optics	GAEO	NNM
Gallagher(Arthur J.)	AJG	NYSE
Gallery of History	HIST	NSC
Galoob (Lewis) Toys	GAL	NYSE
Game Financial	GFIN	NNM
GameTek Inc	GAME	NNM
Gaming Lottery	GLCCF	NNM
Gaming World Intl	GWLD	NSC
Gaming World Intl Wrrt'A'	GWLDW	NSC
Gamma Biologicals	GBL	AMEX
Gandalf Technologies	GANDF	NNM
Gander Mountain	GNDR	NNM
Gannett Co	GCI	NYSE
Gantos Inc	GTOS	NNM
Gap Inc	GPS	NYSE
Garan Inc	GAN	AMEX
Garden Botanika	GBOT	NNM
Garden Fresh Restaurant	LTUS	NNM
Garden Ridge	GRDG	NNM
Gardner Denver Machinery	GDMI	NNM
Garment Graphics	GRMN	NSC
Garment Graphics Wrrt'A'	GRMNW	NSC
Garment Graphics Wrrt'B'	GRMNZ	NSC
Garnet Resources	GARN	NNM
Gartner Group'A'	GART	NNM
GaSonics International	GSNX	NNM
Gateway 2000	GATE	NNM
Gateway Bancorp(Ky)	GWBC	NSC
Gateway Data Sciences	GDSC	NNM
GATX Corp	GMT	NYSE
GATX Corp $3.875 cm Cv Pfd	GMTPrA	NYSE
GATX Corp,$2.50 Cv Pfd	GMTPr	NYSE
Gaylord Container'A'	GCR	AMEX
Gaylord Container Wrrt	GCR WS	AMEX
Gaylord Cos	GJCO	NSC
Gaylord Cos Wrrt	GJCOW	NSC
Gaylord Entertainment 'A'	GET	NYSE
GB Foods	GBFC	NSC
GBC Bancorp	GBCB	NNM
GC Companies	GCX	NYSE
GCR Hldgs Ltd	GCREF	NNM
Geerlings & Wade	GEER	NNM
Gehl Co	GEHL	NNM
Gelman Sciences	GSC	AMEX
GelTex Pharmaceuticals	GELX	NNM
Gemini II	GMI	NYSE
Gemini II cm Income Shrs	GMIPr	NYSE
Gemstar Intl	GMSTF	NNM
Gencor Indus	GX	AMEX
GenCorp	GY	NYSE
Genelabs Technologies	GNLB	NNM
GeneMedicine Inc	GMED	NNM
Genentech Inc	GNE	NYSE

Issue	Ticker	Exchange
Genesco Inc	GCO	NYSE
Genesee Corp'B'	GENBB	NNM
Genesis Hlth Ventures	GHV	NYSE
Genetics Institute Dep Shrs	GENIZ	NNM
Geneva Steel Co 'A'	GNV	NYSE
Genicom Corp	GECM	NNM
Genl Acceptance	GACC	NNM
Genl Amer Investors	GAM	NYSE
Genl Automation	GA	AMEX
Genl Binding	GBND	NNM
Genl Cable plc ADS	GCABY	NNM
Genl Chemical Group	GCG	NYSE
Genl Communication'A'	GNCMA	NNM
Genl DataComm Ind	GDC	NYSE
Genl Dynamics	GD	NYSE
Genl Electric	GE	NYSE
Genl Employ Enterpr	JOB	AMEX
Genl Growth Properties	GGP	NYSE
Genl Host	GH	NYSE
Genl Housewares	GHW	NYSE
Genl Instrument	GIC	NYSE
Genl Kinetics	GKI	AMEX
Genl Magic	GMGC	NNM
Genl Magnaplate	GMCC	NNM
Genl Microwave	GMW	AMEX
Genl Mills	GIS	NYSE
Genl Motors	GM	NYSE
General Motors 7.92% Dep Pfd	GMPrD	NYSE
General Motors 9.12% Dep Pfd	GMPrG	NYSE
General Motors 9.125% Dep Pfd	GMPrQ	NYSE
Genl Motors Cl'E'	GME	NYSE
Genl Motors Cl'H'	GMH	NYSE
Genl Nutrition	GNCI	NNM
Genl Parcel Service	GPSX	NSC
General Parcel Svc Wrrt	GPSXW	NSC
Genl Physics	GPH	NYSE
Genl Public Util	GPU	NYSE
Genl Re Corp	GRN	NYSE
Genl Scanning	GSCN	NNM
Genl Signal	GSX	NYSE
Genl Surgical Innovations	GSII	NNM
Genlyte Group Inc	GLYT	NNM
Genome Therapeutics	GENE	NNM
Genovese Drug Str'A'	GDX.A	AMEX
GenRad, Inc	GEN	NYSE
Gensia, Inc	GNSA	NNM
Gensia Pharmaceuticals Wrrt	GNSAW	NNM
Gensym Corp	GNSM	NNM
Genta Inc	GNTA	NNM
Gentex Corp	GNTX	NNM
Gentner Communications	GTNR	NSC
Gentner Communications Wrrt	GTNRW	NSC
Gentra Inc	GTA	TS
Genuine Parts	GPC	NYSE
Genus Inc	GGNS	NNM
Genzyme Corp-Genl Div	GENZ	NNM
Genzyme Corp Wrrt	GENZZ	NNM
Genzyme Corp-Tissue Repair	GENZL	NNM
Genzyme Transgenics	GZTC	NNM
Geographics Inc	GGIT	NNM

Issue	Ticker	Exchange
Geomaque Explorations	GEO	TS
Geon Co	GON	NYSE
Georesources Inc	GEOI	NSC
George Mason Bankshares	GMBS	NNM
Georgia Bonded Fibers	BOTX	NNM
Georgia Gulf Corp	GGC	NYSE
Georgia-Pacific	GP	NYSE
Georgia Pwr $1.90'A'Pfd	GPEPrP	NYSE
Georgia Pwr $1.925'A'Pfd	GPEPrS	NYSE
Georgia Pwr $1.9375'A'Pfd	GPEPrR	NYSE
Georgia Pwr $1.9875 'A' Pfd	GPEPrQ	NYSE
Georgia Pwr $2.125'A'Pfd	GPEPrO	NYSE
Georgia Pwr $7.72Pfd	GPEPr	NYSE
Georgia Pwr $7.80 Pfd	GPEPrB	NYSE
Georgia Pwr Adj Cl'A'Pfd	GPEPrK	NYSE
Georgia Pwr Adj'A'Pfd(2nd'93 Sr)	GPEPrL	NYSE
Georgia Pwr Cap 9%'MIPS'	GPEPrM	NYSE
GeoScience Corp	GSCI	NNM
Geotek Communications	GOTK	NNM
GeoWaste, Inc	GEOW	NSC
Geoworks	GWRX	NNM
Gerber Scientific	GRB	NYSE
Geriatric & Medl Cos	GEMC	NNM
German Amer Bancorp	GABC	NNM
Germany Fund	GER	NYSE
Gerrity O&G Cv Dep Pfd	GOGPr	NYSE
Getty Petroleum	GTY	NYSE
GFS Bancorp	GFSB	NSC
GFSB Bancorp	GUPB	NSC
GHS Inc	GHSI	NSC
Giant Cement Holding	GCHI	NNM
Giant Food Cl'A'	GFS.A	AMEX
GIANT Group	GPO	NYSE
Giant Industries	GI	NYSE
Gibbs Construction	GBSE	NSC
Gibbs Construction Wrrt	GBSEW	NSC
Gibraltar Packaging Group	PACK	NNM
Gibralter Steel	ROCK	NNM
Gibson Greetings	GIBG	NNM
Giddings & Lewis	GIDL	NNM
Giga-tronics Inc	GIGA	NNM
Gilat Satellite Networks	GILTF	NNM
Gilbert Assoc'A'	GILBA	NNM
Gilead Sciences	GILD	NNM
Gillette Co	G	NYSE
Gilman & Ciocia Inc	GTAX	NSC
Gilman & Ciocia Wrrt	GTAXW	NSC
Gish Biomedical	GISH	NNM
Glacier Bancorp	GBCI	NNM
Glacier Water Services	HOO	AMEX
Glamis Gold Ltd	GLG	NYSE
Glas-Aire Indus Grp Ltd	GLAR	NSC
Glasgal Communications	GLAS	NSC
Glasgal Communications Unit	GLASU	NSC
Glasgal Communications Wrrt	GLASW	NSC
Glassmaster Co	GLMA	NSC
Glatfelter (P. H.)	GLT	AMEX
Glaxo Wellcome plc ADR	GLX	NYSE
Gleason Corp	GLE	NYSE
Glenayre Technologies	GEMS	NNM

Issue	Ticker	Exchange
Glenborough Realty Trust	GLB	NYSE
Glendale Co Operative Bk	GLBK	NSC
Glendale Federal Bank	GLN	NYSE
Glendale Fed Bk Cv'E'Pfd	GLNPrE	NYSE
Glendale Fed Bk FSB Wrrt	GDLEW	NSC
Glenway Fin'l	GFCO	NNM
Gliatech Inc	GLIA	NNM
Glimcher Realty Trust	GRT	NYSE
Global Casinos	GBCS	NSC
Global DirectMail	GML	NYSE
Global Health Sciences Fd	GHS	NYSE
Global High Inc Dollar Fd	GHI	NYSE
Global Industrial Tech	GIX	NYSE
Global Industries	GLBL	NNM
Global Intellicom	GBIT	NSC
Global Marine	GLM	NYSE
Global Natural Res	GNR	NYSE
Global Ocean Carriers	GLO	AMEX
Global Partners Income Fd	GDF	NYSE
Global Pharmaceutical	GLPC	NSC
Global Res	GLRS	NSC
Global Small Cap Fund	GSG	AMEX
Global Spill Mgmt	GEGID	NSC
Global Telecomm Solutions	GTST	NSC
Global Tele Solutions Wrrt	GTSTW	NSC
Global Telemedia Intl	GTMIE	NSC
Global Village Commun	GVIL	NNM
Globalink Inc	GNK	AMEX
Globalstar Telecommunications	GSTRF	NNM
Globe Business Resources	GLBE	NNM
GMIS Inc	GMIS	NNM
GNI Group, Inc	GNUC	NNM
Go-Video	VCR	AMEX
Go-Video Wrrts	VCR.WS	AMEX
Gold Fields S.Africa ADR	GLDFY	NSC
Gold Reserve	GLDR	NSC
Gold Standard	GSTD	NSC
Goldcorp Inc 'A'	GG.A	NYSE
Goldcorp Inc 'B'	GG.B	NYSE
Golden Books Family Ent	GBFE	NNM
Golden Eagle Group	GEGP	NSC
Golden Eagle Group Wrrt	GEGPW	NSC
Golden Enterprises	GLDC	NNM
Golden Isles Finl Hldg	GIFH	NSC
Golden Isles Finl Hldg Unit	GIFHU	NSC
Golden Knight Res	GKRVF	NSC
Golden Oil Co	GOCO	NSC
Golden Poultry Co	CHIK	NNM
Golden Quail Res Ltd	GQRVF	NSC
Golden Star Resources	GSR	AMEX
Golden Triangle Ind	GTII	NSC
Golden West Finl	GDW	NYSE
Goldfield Corp	GV	AMEX
Goldwyn, Samuel Co	SG	AMEX
Golf Enterprises	GLFE	NNM
Golf Training Systems	GTSX	NSC
Golf Training Sys Wrrt	GTSXW	NSC
Golf Training Systems Unit	GTSXU	NSC
Good Guys Inc	GGUY	NNM
Good Times Restaurants	GTIM	NSC

Issue	Ticker	Exchange
Good Times Restaurants Wrrt	GTIMW	NSC
Good Times Restaurants Wrrt'B'	GTIMZ	NSC
GoodMark Foods	GDMK	NNM
Goodrich (B.F.)	GR	NYSE
Goodrich Petrol 8% Cv'A'Pfd	GDPAP	NSC
Goodrich Petroleum	GDP	NYSE
Goody's Family Clothing	GDYS	NNM
Goodyear Tire & Rub	GT	NYSE
Goran Capital	GNCNF	NNM
Gorman-Rupp	GRC	AMEX
Gothic Energy	GOTH	NSC
Gothic Energy Wrrt	GOTHW	NSC
Gothic Energy Wrrt	GOTHZ	NSC
Gottschalks Inc	GOT	NYSE
Goulds Pumps	GULD	NNM
Government Technology Svcs	GTSI	NNM
Grace (W.R.)	GRA	NYSE
Graco Inc	GGG	NYSE
Gradco Systems	GRCO	NNM
Graff Pay-Per-View	GPPV	NNM
Graham Corp	GHM	AMEX
Graham-Field Health	GFI	NYSE
Grainger (W.W.)	GWW	NYSE
GranCare Inc	GC	NYSE
Grand Casinos	GND	NYSE
Grand Gaming Wrrt	GGCCW	NSC
Grand Metropolitan ADS	GRM	NYSE
Grand Met Del L.P. 9.42% Pfd	GRMPrA	NYSE
Grand Toys Intl Wrrt	GRINW	NSC
Grand Union	GUCO	NNM
Grand Un Wrrt Ser 1	GUCOW	NNM
Grand Un Wrrt Ser 2	GUCOZ	NNM
GrandeTel Technologies	GTTIF	NNM
Grands Toys Intl	GRIN	NSC
Granges Inc(New)	GXL	AMEX
Granite Broadcasting	GBTVK	NNM
Granite Brdcst $1.9375 Cv Pfd	GBTVP	NNM
Granite Construction	GCCO	NNM
Granite State Bancshares	GSBI	NNM
Grant Geophysical	GRNT	NNM
Grant Geophysical $2.4375 Cv Pfd	GRNTP	NNM
Graphic Industries	GRPH	NNM
Graphix Zone	GZON	NSC
Gray Communications Systems	GCS	NYSE
GRC International	GRH	NYSE
Grease Monkey Hldg	GMHC	NSC
Great Amer BackRub	RUBB	NSC
Great American Bancorp	GTPS	NNM
Great Atl & Pac Tea	GAP	NYSE
Great Bay Power	GBPW	NNM
Great Central Mines NL ADS	GTCMY	NSC
Great Financial	GTFN	NNM
Great Lakes Aviation	GLUX	NNM
Great Lakes Chemical	GLK	NYSE
Great North'n Iron Ore	GNI	NYSE
Great Pines Water	GPWC	NSC
Great Southern Bancorp	GSBC	NNM
Great Train Store	GTRN	NSC
Great Train Store Wrrt	GTRNW	NSC
Great Wall Electr Int. ADS	GWALY	NNM

Issue	Ticker	Exchange
Great Westn Finl	GWF	NYSE
Great Westn Fin I 8.25%'TOPrS'	GWFPrT	NYSE
Great Westn Finl 8.30% Dep Pfd	GWFPrA	NYSE
Great Westn Finl CvDep Pfd	GWFPr	NYSE
Greater China Fund	GCH	NYSE
Greater Del Valley Svgs	GDVS	NSC
Greater N.Y. Svgs Bk	GRTR	NNM
Green Daniel Co	DAGR	NSC
Green Mountain Coffee	GMCR	NSC
Green Mountain Pwr	GMP	NYSE
Green Street Financial	GSFC	NNM
Green Tree Finl	GNT	NYSE
Green(A.P.)Indus	APGI	NNM
Greenberg(William Jr)Desserts	BAKE	NSC
Greenbriar Corp	GBR	AMEX
Greenbrier Cos	GBX	NYSE
Greenfield Industries	GFII	NNM
Greenman Technologies	GMTI	NSC
Greenman Technologies Wrrt	GMTIW	NSC
Greenpoint Finl	GPT	NYSE
GreenStone Indus	STON	NNM
GreenStone Inds Wrrt	STONW	NNM
Greenstone Res Ltd	GRERF	NSC
Greenstone Roberts Adv	GRRI	NSC
Greentree Software	GTSWC	NSC
Greenwich Air Services 'A'	GASIA	NNM
Greenwich Air Svcs'B'	GASIB	NNM
Greenwich Street CA Muni Fd	GCM	AMEX
Greenwich Street Muni Fund	GSI	NYSE
Greg Manning Auctions	GMAI	NSC
Greg Manning Auctions Wrrt	GMAIW	NSC
Greif Bros 'B'	GBCOB	NNM
Greif Bros Cl'A'	GBCOA	NNM
Grey Advertising	GREY	NNM
Greyhound Lines	BUS	AMEX
Griffin Gaming & Entmt	GGE	AMEX
Griffon Corp	GFF	NYSE
Griffon Corp 2d Cv Pfd	GFFPrI	NYSE
Grill Concepts	GRIL	NSC
Grist Mill	GRST	NNM
Grossman's Inc	GROS	NNM
Ground Round Rest	GRXR	NNM
Group 1 Software	GSOF	NNM
Group Technologies	GRTK	NNM
Grove Bank (MA)	GROV	NNM
Grove Real Estate Asset Tr	GRE.EC	ECM
Grow Biz International	GBIZ	NNM
Growth Fund of Spain	GSP	NYSE
Grubb & Ellis	GBE	NYSE
Grupo Casa Autrey ADS	ATY	NYSE
Grupo Elektra GDS	EKT	NYSE
Grupo Embotellador Mex GDS	GEM	NYSE
Grupo Financiero InverMex	GFVb.M	ME
Grupo Financiero Serfin ADS	SFN	NYSE
Grupo Indl Durango ADS	GID	NYSE
Grupo Indl Maseca ADS	MSK	NYSE
Grupo Iusacell S.A.'D'ADS	CEL.D	NYSE
Grupo Iusacell S.A.'L'ADS	CEL	NYSE
Grupo Mex de Desarrollo'L'ADS	GMD	NYSE
Grupo Mex Desarr 'B'ADS	GMD.B	NYSE

Issue	Ticker	Exchange
Grupo Radio Centro ADS	RC	NYSE
Grupo Sidek S.A. 'L' ADS	SDK	NYSE
Grupo Sidek S.A.'B' ADS	SDK.B	NYSE
Grupo Simec ADS	SIM	AMEX
Grupo Situr'B'	STRb.M	ME
Grupo Televisa S.A.GDS	TV	NYSE
Grupo Tribasa S.A. ADS	GTR	NYSE
Gryphon Holdings	GRYP	NNM
GSE Systems	GSES	NNM
GST Telecommunications	GST	AMEX
GT Bicycles	GTBX	NNM
GT Interactive Software	GTIS	NNM
GTE Corp	GTE	NYSE
GTE Calif 4.50% cm Pfd	GTELO	NSC
GTE Calif 4.50% cm Pfd	GTELP	NSC
GTE Calif 5% cm Pfd	GTELN	NSC
GTE Delaware L.P.'A''MIPS'	GTEPrZ	NYSE
GTE Delaware L.P.'B''MIPS'	GTEPrY	NYSE
GTE Fla $1.25 Pfd	GLFPrA	NYSE
GTE Fla $1.30cm B Pfd	GLFPrB	NYSE
GTE Fla 8.16% Pfd	GLFPrC	NYSE
GTECH Holdings	GTK	NYSE
GTI Corp	GGTI	NNM
GTS Duratek	DRTK	NNM
Guangshen Railway ADS	GSH	NYSE
Guarantee Life Cos	GUAR	NNM
Guaranty Fedl Svgs	GFED	NNM
Guaranty Financial	GSLC	NSC
Guaranty National	GNC	NYSE
Guardian Tech Intl Unit	GRDNU	NSC
Gucci Group N.V.	GUC	NYSE
Guest Supply	GEST	NNM
Guidant Corp	GDT	NYSE
Guilford Mills	GFD	NYSE
Guilford Pharmaceuticals	GLFD	NNM
Gulf Canada Resources	GOU	NYSE
Gulf Can ResAdjcm Ser 1 Pref	GOUPrA	NYSE
Gulf South Medical Supply	GSMS	NNM
Gulfmark International	GMRK	NNM
Gulfwest Oil	GULF	NSC
Gull Laboratories	GUL	AMEX
GumTech Intl	GUMM	NSC
GumTech Intl Wrrt	GUMMW	NSC
Gundle/SLT Environmental	GUN	AMEX
Gupta Corp	GPTAE	NNM
Gymboree Corp	GYMB	NNM
Gynecare Inc	GYNE	NNM
Gyrodyne Co Amer	GYRO	NSC
GZA GeoEnvironmental Tech	GZEA	NNM
H&Q Healthcare Inv	HQH	NYSE
H&Q Life Sciences Investors	HQL	NYSE
H.D.Vest	HDVS	NNM
H.E.R.C. Products	HERC	NSC
HA-LO Industries	HALO	NNM
Habersham Bancorp	HABC	NNM
Hach Co	HACH	NNM
Hadco Corp	HDCO	NNM
Haemonetics Corp	HAE	NYSE
Haggar Corp	HGGR	NNM
Hahn Automotive Warehouse	HAHN	NNM

Issue	Ticker	Exchange
Hain Food Group	NOSH	NNM
Halifax Corp	HX	AMEX
Halliburton Co	HAL	NYSE
Hallmark Capital	HALL	NNM
Hallmark Finl Svcs	HAF.EC	ECM
Hallwood Consolidated Res.	HCRC	NNM
Hallwood Energy Ptnrs L.P.	HEP	AMEX
Hallwood Energy Ptnrs L.P.'C'	HEP.C	AMEX
Hallwood Group	HWG	NYSE
Hallwood Rlty Ptnrs L.P.(New)	HRY	AMEX
Halsey Drug	HDG	AMEX
Halstead Energy	HSNR	NSC
Hamburger Hamlet Restr	HMBQE	NSC
Hammers Plastic Recycling	HAMRC	NSC
Hammons(John Q)Hotels'A'	JQH	NYSE
Hampshire Group Ltd	HAMP	NNM
Hampton Indus	HAI	AMEX
Hancock Fabrics	HKF	NYSE
Hancock Holding	HBHC	NNM
Handex Corp	HAND	NNM
Handleman Co	HDL	NYSE
Handy & Harman	HNH	NYSE
Hanger Orthopedic Grp	HGR	AMEX
Hanna (M.A.)Co	MAH	NYSE
Hannaford Bros	HRD	NYSE
Hanover Direct	HNV	AMEX
Hanover Gold	HVGO	NSC
Hansen Nat	HANS	NSC
Hanson plc ADR	HAN	NYSE
Hanson plc Cl'B'Wrrt	HAN WS.B	AMEX
Happiness Express	HAPY	NNM
Harbinger Corp	HRBC	NNM
Harbor Federal Bancorp	HRBF	NNM
Harbor Federal Svgs Bk	HARB	NNM
Harbourton Finl Svcs L.P.	HBT	NYSE
Harcor Energy	HARC	NNM
Harcourt General	H	NYSE
Harcourt Genl'A'cm CvStk	HPrA	NYSE
Hardin Bancorp	HFSA	NSC
Harding Lawson Assoc Grp	HRDG	NNM
Hardinge Inc	HDNG	NNM
Hariston Corp	HRSNF	NSC
Harken Energy	HEC	AMEX
Harland (John H.)	JH	NYSE
Harley-Davidson	HDI	NYSE
Harleysville Group	HGIC	NNM
Harleysville Natl	HNBC	NNM
Harleysville Savings Bank	HARL	NNM
Harlyn Products	HRN	AMEX
Harman International	HAR	NYSE
Harmon Indus	HRMN	NNM
Harmonic Lightwaves	HLIT	NNM
Harmony Brook	HBRK	NSC
Harmony Holdings	HAHO	NSC
Harnischfeger Indus	HPH	NYSE
Harold's Stores	HLD	AMEX
Harper Group	HARG	NNM
Harrah's Entertainment	HET	NYSE
Harrington Fin'l Grp	HFGI	NNM
Harris & Harris Group	HHGP	NNM

Issue	Ticker	Exchange
Harris Computer Systems	NHWK	NNM
Harris Corp	HRS	NYSE
Harris Savings Bank	HARS	NNM
Harrodsburg First Finl Bancorp	HFFB	NNM
Harry's Farmers Market	HARY	NNM
Harsco Corp	HSC	NYSE
Hart Brewing	HOPS	NNM
Harte-Hanks Communications	HHS	NYSE
Hartford Cap I 7.70% 'QUIPS'	HIGPrQ	NYSE
Hartford Stm Boiler Ins	HSB	NYSE
Hartmarx Corp	HMX	NYSE
Harvard Industries	HAVA	NNM
Harvest Home Finl	HHFC	NSC
Harvey Entertainment	HRVY	NNM
Harveys Casino Resorts	HVY	NYSE
Hasbro Inc	HAS	AMEX
Haskel Intl 'A'	HSKL	NNM
Hastings Mfg	HMF	AMEX
Hathaway Corp	HATH	NNM
Hatteras Income Sec	HAT	NYSE
Hauppauge Digital	HAUP	NSC
Hauppague Digital Wrrt'A'	HAUPW	NSC
Hauser Chemical Research	HAUS	NNM
Haven Bancorp	HAVN	NNM
Haverfield Corp	HVFD	NNM
Haverty Furniture	HAVT	NNM
Haverty Furniture'A'	HAVTA	NNM
Hawaiian Airlines 'A'	HA	AMEX
Hawaiian Elec Indus	HE	NYSE
Hawker Siddeley Cda	HSC	TS
Hawkins Chemical	HWKN	NNM
Hawkins Energy	HECI	NSC
Hawks Industries	HAWK	NSC
Hawthorne Finl	HTHR	NNM
Hayes Wheels International	HAY	NYSE
HBO & Co	HBOC	NNM
HCC Insurance Hldgs	HCC	NYSE
HCIA Inc	HCIA	NNM
HDS Network Sys Wrrt	HDSXW	NNM
HDS Network Systems	HDSX	NNM
He-Ro Group	HRG	NYSE
Health & Retirement Prop Tr	HRP	NYSE
Health Care & Retirement	HCR	NYSE
Health Care Prop Inv	HCP	NYSE
Health Care REIT	HCN	NYSE
Health Images	HII	NYSE
Health Management	HMIS	NNM
Health Management Systems	HMSY	NNM
Health Mgmt Associates'A'	HMA	NYSE
Health o meter Products	SCAL	NNM
Health Power	HPWR	NNM
Health Professionals	HPI	AMEX
Health Risk Management	HRMI	NNM
Health Systems Design	HSDC	NNM
Health Systems Intl'A'	HQ	NYSE
Health-Chem	HCH	AMEX
HealthCare COMPARE	HCCC	NNM
Healthcare Imaging Services	HISS	NNM
Healthcare Imaging Sv Wrrt'B'	HISSZ	NNM
Healthcare Realty Tr	HR	NYSE

Issue	Ticker	Exchange
Healthcare Svcs Group	HCSG	NNM
Healthcare Technologies Ltd	HCTLF	NSC
Healthdyne Info Enterprises	HDIE	NSC
Healthdyne Technologies	HDTC	NNM
HealthPlan Services	HPS	NYSE
Healthplex Inc	HPLX	NSC
Healthsource Inc	HS	NYSE
HEALTHSOUTH Corp	HRC	NYSE
HealthTech Intl	GYMM	NSC
HealthTech Intl Wrrt'A'	GYMMW	NSC
Healthwatch Inc	HEALD	NSC
Healthy Planet Prod	HPP	AMEX
Heart Labs Amer	HLOAE	NSC
Heart Labs Amer Wrrt	HLOWE	NSC
Heartland Express	HTLD	NNM
Heartland Partners L.P. 'A'	HTL	AMEX
Heartland Wireless Commun	HART	NNM
Heartport Inc	HPRT	NNM
Heartstream Inc	HTST	NNM
HEARx Ltd	EAR	AMEX
Hechinger Co Cl'A'	HECHA	NNM
Hechinger Co Cl'B' Cv	HECHB	NNM
Hecla Mining	HL	NYSE
Hecla Mining Sr'B'Cv Pfd	HLPrB	NYSE
Hector Communications	HCCO	NNM
Heftel Broadcasting'A'	HBCCA	NNM
HEI Inc	HEII	NNM
HEICO Corp	HEI	AMEX
Heidemij N.V.	HEIDF	NNM
Heilig-Meyers	HMY	NYSE
Hein-Werner	HNW	AMEX
Heinz (H.J.)	HNZ	NYSE
Heinz $1.70 cm Cv Pfd	HNZPr	NYSE
Heist(C.H.)Corp	HST	AMEX
Helen of Troy Ltd	HELE	NNM
Helisys Inc	HELI	NNM
Helix Technology	HELX	NNM
Heller Finl 8.125% Sr'A' Pfd	HLFPrA	NYSE
Hello Direct	HELO	NNM
Helm Resources	HHH	AMEX
Helmerich & Payne	HP	NYSE
Helmstar Group	HLM	AMEX
Help At Home	HAHI	NNM
Help At Home Wrrt	HAHIW	NNM
Helpmate Robotics	HELP	NSC
Helpmate Robotics Unit	HELPU	NSC
Helpmate Robotics Wrrt	HELPW	NSC
HemaCare Corp	HEMA	NSC
Hemagen Diagnostics	HMGN	NSC
HemaSure Inc	HMSR	NNM
Hemdale Communications	HEMDE	NSC
Hemispherx BioPharma Unit	HEMXU	NSC
Hemlo Gold Mines	HEM	AMEX
Henry(Jack) & Assoc	JKHY	NNM
Herbalife Intl	HERB	NNM
Hercules, Inc	HPC	NYSE
Heritage Bancorp	HBCI	NNM
Heritage Finl Svcs	HERS	NNM
Heritage Media'A'	HTG	AMEX
Heritage U.S.Govt Income Fd	HGA	NYSE

Issue	Ticker	Exchange
Herley Industries	HRLY	NNM
Hershey Foods	HSY	NYSE
Hewlett-Packard	HWP	NYSE
Hexcel Corp	HXL	NYSE
HF Bancorp	HEMT	NNM
HF Financial	HFFC	NNM
HFNC Financial	HFNC	NNM
HFS Inc	HFS	NYSE
HGI Realty	HGI	NYSE
Hi-Lo Automotive	HLO	NYSE
Hi-Rise Recycling Sys	HIRI	NSC
Hi-Shear Indus	HSI	NYSE
Hi-Shear Technology	HSR	AMEX
Hi-Tech Pharmacal	HITK	NNM
Hibernia Corp Cl'A'	HIB	NYSE
Hibernia Foods Unit	HIBUF	NSC
Hibernia Foods plc ADS	HIBNY	NSC
Hibernia Foods Wrrt'C'	HIBWF	NSC
Hibernia Foods Wrrt'D'	HIBZF	NSC
Hibernia Savings Bk	HSBK	NNM
Hickok Inc 'A'	HICKA	NSC
Hickory Tech	HTCO	NNM
High Income Advantage	YLD	NYSE
High Income Advantage II	YLT	NYSE
High Income Advantage III	YLH	NYSE
High Income Opp Fd	HIO	NYSE
High Plains Corp	HIPC	NNM
High Yield Income Fd	HYI	NYSE
High Yield Plus Fund	HYP	NYSE
Highland Federal Bank	HBNK	NNM
Highlander Income Fund	HLA	AMEX
Highlands Insurance Group	HIC	NYSE
Highveld Steel & VanadiumADR	HSVLY	NSC
HighwayMaster Communic	HWYM	NNM
Highwood Res Ltd	HIWDF	NSC
Highwoods Properties	HIW	NYSE
Hilb,Rogal & Hamilton	HRH	NYSE
Hilcoast Development	HCDV	NSC
Hilite Industries	HILI	NNM
Hillenbrand Indus	HB	NYSE
Hills Stores	HDS	NYSE
Hills Stores Sr'A' Cv Pfd	HDSPr	NYSE
Hillside Bedding	BEDSD	NSC
Hilton Hotels	HLT	NYSE
Hinsdale Financial	HNFC	NNM
Hirsch Intl Corp'A'	HRSH	NNM
Hitachi,Ltd ADR	HIT	NYSE
Hitox Corp	HTXA	NSC
Hlth Fitness Physl Therapy	HFPT	NSC
HMG Worldwide	HMGC	NSC
HMG/Courtland Prop	HMG	AMEX
HMI Industries	HMII	NNM
HMN Financial	HMNF	NNM
HMT Technology	HMTT	NNM
HNC Software	HNCS	NNM
Hoenig Group	HOEN	NNM
Holco Mtge Accept I	HOL.A	AMEX
Holiday RV Superstores	RVEE	NNM
Hollinger Inc	HLGRF	NNM
Hollinger Intl'A'	HLR	NYSE

Issue	Ticker	Exchange
Holly Corp	HOC	AMEX
Holly Products	HOPR	NSC
Holly Products 10% Cv'D'Pfd	HOPRD	NSC
Holly Products Wrrt	HOPRW	NSC
Hollywood Casino'A'	HWCC	NNM
Hollywood Entertainment	HLYW	NNM
Hollywood Park	HPRK	NNM
Hollywood Park $0.70 Dep Cv Pfd	HPRKZ	NNM
Holmes Protection Group	HLMS	NSC
Hologic Inc	HOLX	NNM
HoloPak Technologies	HOLO	NNM
Holophane Corp	HLPH	NNM
Home Bancorp	HBFW	NNM
Home BeneficialCl'B'	HBENB	NNM
Home Building Bancorp	HBBI	NSC
Home Centers	HOMEF	NNM
Home Depot	HD	NYSE
Home Fed Bancorp	HOMF	NNM
Home Federal (MD)	HFMD	NNM
Home Federal Financial	HFSF	NNM
Home Financial	HOFL	NNM
Home Health Corp of Amer	HHCA	NNM
Home Port Bancorp	HPBC	NNM
Home Properties of NY	HME	NYSE
Home Shopping Network	HSN	NYSE
Home State Holdings	HOMS	NNM
HomeCorp Inc	HMCI	NNM
Homeland Bankshares	HLND	NNM
Homeowners Group	HOMG	NNM
Homeplex Mtge Invmts	HPX	NYSE
Homestake Mining	HM	NYSE
Hometown Bancorp	HTWN	NNM
HomeTown Buffet	HTBB	NNM
HON Indus	HONI	NNM
Honda Motor ADR	HMC	NYSE
Hondo Oil & Gas	HOG	AMEX
Honeywell, Inc	HON	NYSE
Hong Kong Telecom ADR	HKT	NYSE
Hooper Holmes	HH	AMEX
Horace Mann Educators	HMN	NYSE
Horizon Bancorp(TX)	LOAN	NSC
Horizon Bancorp(WV)	HZWV	NNM
Horizon Financial	HRZB	NNM
Horizon Financial Svcs	HZFS	NSC
Horizon Mental Health Mgmt	HMHM	NNM
Horizon/CMS Healthcare	HHC	NYSE
Hormel Foods	HRL	NYSE
Horsehead Resource Dvlp	HHRD	NNM
Horsham Corp	HSM	NYSE
Hospital Staffing Svcs	HSS	NYSE
Hospitality Franchise Sys Wrrt	HFSIW	NNM
Hospitality Properties Trust	HPT	NYSE
Hosposable Products	HOSP	NNM
Host Funding 'A'	HFD	AMEX
Host Marriott	HMT	NYSE
Host Marriott Services	HMS	NYSE
Houghton Mifflin	HTN	NYSE
Houghton Pharmaceuticals	HPIP	NNM
Housecall Medical Resources	HSCL	NNM
Household Intl	HI	NYSE

Issue	Ticker	Exchange
Househld 9.50%'91 cm Dep Pfd	HIPrX	NYSE
Househld Cap Tr 8.25% 'TOPrS'	HIPrT	NYSE
Household 8.25% cm Dep Pfd	HIPrZ	NYSE
Houshld 7.35% cm Dep Pfd	HIPrJ	NYSE
Houston Biotechnology	HBI	AMEX
Houston Biotechnology Wrrt	HBI.WS	AMEX
Houston Indus	HOU	NYSE
Hovnanian Enterpr Cl'A'	HOV	AMEX
Howell Corp	HWL	NYSE
Howell Corp $3.50 Cv'A'Pfd	HWLLP	NSC
Howell Indus	HOW	AMEX
Howtek Inc	HOWT	NNM
HPR Inc	HPRI	NNM
HPSC Inc	HPSC	NNM
HRE Properties	HRE	NYSE
HS Resources	HSE	NYSE
HSBC AmericasAdj Rt cm A Pfd	HSAPrA	NYSE
Huaneng Power Intl ADS	HNP	NYSE
Hub Group 'A'	HUBG	NNM
Hubbell Cl'A'	HUB.A	NYSE
Hubbell Inc Cl'B'	HUB.B	NYSE
HUBCO Inc	HUBC	NNM
Hudson Chartered Bancorp	HCBK	NNM
Hudson Foods Cl'A'	HFI	NYSE
Hudson General	HGC	AMEX
Hudson Technologies Inc	HDSN	NNM
Hudson's Bay Co	HBC	TS
Huffy Corp	HUF	NYSE
Hughes Supply	HUG	NYSE
Hugoton Energy	HUGO	NNM
Human Genome Sciences	HGSI	NNM
Humana Inc	HUM	NYSE
Hummingbird Communications	HUMCF	NNM
Humphrey Hospitality Tr Inc	HUMP	NSC
Hungarian Broadcasting	HBCO	NSC
Hungarian Broadcasting Wrrt	HBCOW	NSC
Hungarian Tel & Cable	HTC	AMEX
Hungarian Teleconstruct	HTEL	NSC
Hunt Mfg	HUN	NYSE
Hunt(JB)Transport	JBHT	NNM
Huntco Inc'A'	HCO	NYSE
Huntingdon Intl ADR	HTD	NYSE
Huntington Bancshares	HBAN	NNM
Huntway Ptnrs L.P.	HWY	NYSE
Hurco Companies	HURC	NNM
Hutchinson Technology	HTCH	NNM
Hyal Pharmaceutical	HYALF	NNM
Hybridon Inc	HYBN	NNM
Hycor Biomedical	HYBD	NNM
Hycor Biomedical Wrrt	HYBDW	NNM
Hyde Athletic Indus'A'	HYDEA	NNM
Hyde Athletic Indus'B'	HYDEB	NNM
Hydron Technologies	HTEC	NNM
Hyperion 1997 Term Trust	HTA	NYSE
Hyperion 1999 Term Trust	HTT	NYSE
Hyperion 2002 Term Trust	HTB	NYSE
Hyperion 2005 Inv Grd Oppt Tr	HTO	NYSE
Hyperion Software	HYSW	NNM
Hyperion Total Return Fd	HTR	NYSE
HyperMedia Communications	HYPR	NSC

Issue	Ticker	Exchange
I V C Industries	IVCO	NSC
I V C Industries Wrrt	IVCOW	NSC
I-Flow Corp	IFLO	NSC
i-STAT	STAT	NNM
I.I.S. Intellig't Info	IISLF	NNM
I.S.G. Technologies	ISGTF	NNM
i2 Technologies	ITWO	NNM
Iatros Health Network	IHNI	NSC
Iatros Health Network Wrrt	IHNIW	NSC
IBAH Inc	IBAH	NNM
Ibis Technology	IBIS	NNM
Ibis Technology Wrrt	IBISW	NNM
IBP, Inc	IBP	NYSE
IBS Financial	IBSF	NNM
ICC Technologies	ICGN	NNM
ICF Kaiser International	ICF	NYSE
ICIS Mgmt Group	ICIS	NSC
ICN Pharmaceuticals	ICN	NYSE
ICO Inc	ICOC	NNM
ICO Inc 6.75% Cv Dep Pfd	ICOCZ	NNM
ICOS Corp	ICOS	NNM
ICU Medical	ICUI	NNM
ID Biomedical	IDBEF	NSC
Idaho Power	IDA	NYSE
Idan Software Ind ISI	IDANF	NSC
IDEC Pharmaceuticals	IDPH	NNM
Identix Inc	IDX	AMEX
IDEON Group	IQ	NYSE
IDEX Corp	IEX	NYSE
IDEXX Laboratories	IDXX	NNM
IDM Environmental	IDMC	NNM
IDM Environmental Wrrt'A'	IDMCW	NNM
IDT Corp	IDTC	NNM
IDX Systems	IDXC	NNM
IEC Electronics	IECE	NNM
IES Industries	IES	NYSE
IES Util 7.875%JrSubDebs	IEU	NYSE
IFR Systems	IFRS	NNM
IGEN Inc	IGEN	NNM
IGI Inc	IG	AMEX
IHOP Corp	IHOP	NNM
II-VI Inc	IIVI	NNM
IIC Industries	IICR	NSC
IITC Holdings	IITCF	NNM
IKOS Systems	IKOS	NNM
ILC Technology	ILCT	NNM
Illinois Central Corp	IC	NYSE
Illinois Pwr 4.08% Pfd	IPCPrA	NYSE
Illinois Pwr 4.20% Pfd	IPCPrB	NYSE
Illinois Pwr 4.26% Pfd	IPCPrC	NYSE
Illinois Pwr 4.42% Pfd	IPCPrD	NYSE
Illinois Pwr 4.70% Pfd	IPCPrE	NYSE
Illinois Pwr Adj Rt A Pfd	IPCPrL	NYSE
Illinois Pwr Cap 9.45%'MIPS'	IPCPrM	NYSE
Illinois Pwr Fin I 8% 'TOPrS'	IPCPrT	NYSE
Illinois Superconductor	ISCO	NNM
Illinois Tool Works	ITW	NYSE
Illinova Corp	ILN	NYSE
ILX Inc	ILEX	NSC
Image Entertainment	DISK	NNM

Issue	Ticker	Exchange
Image Industries	IMAG	NNM
Image Sensing Systems	ISNS	NSC
IMAGE Software	ISOL	NSC
Imaging Mgmt Assoc	IMAI	NSC
Imagyn Medical	IGYN	NNM
Imasco Ltd	IMS	TS
Imatron Inc	IMAT	NNM
Imax Corp	IMAXF	NNM
IMC Global	IGL	NYSE
ImClone Systems	IMCL	NNM
IMCO Recycling	IMR	NYSE
Imex Medical Systems	IMEX	NSC
ImmuCell Corp	ICCC	NSC
Immucor Inc	BLUD	NNM
ImmuLogic Pharmaceutical	IMUL	NNM
Immune Response Corp	IMNR	NNM
Immunex Corp	IMNX	NNM
ImmunoGen Inc	IMGN	NNM
Immunomedics Inc	IMMU	NNM
IMNET Systems	IMNT	NNM
Imo Industries	IMD	NYSE
IMP, Inc	IMPX	NNM
Impact Systems	MPAC	NNM
Impath Inc	IMPH	NNM
Imperial Bancorp	IBAN	NNM
Imperial Chem Ind ADR	ICI	NYSE
Imperial Credit	ICII	NNM
Imperial Credit Mtge Hldgs	IMH	AMEX
Imperial Ginseng Prod	IGPFF	NNM
Imperial Holly Corp	IHK	AMEX
Imperial Oil Ltd	IMO	AMEX
Imperial Thrift & Loan	ITLA	NNM
Imtec Inc	IMTC	NSC
IMUTEC Corp	IMUTF	NSC
In Focus Systems	INFS	NNM
In Home Health Inc	IHHI	NNM
INA Investment Sec	IIS	NYSE
InaCom Corp	INAC	NNM
INBRAND Corp	INBR	NNM
Inca Pacific Resources	IP	VS
Inco Homes	INHM	NNM
Inco Ltd	N	NYSE
Income Opportunities Fd 1999	IOF	NYSE
Income Opportunities Fd 2000	IFT	NYSE
Income Opportunity Rlty	IOT	AMEX
Incomnet Inc	ICNT	NSC
InControl Inc	INCL	NNM
Incstar Corp	ISTR	NNM
INCYTE Pharmaceuticals	INCY	NNM
IndeNet Inc	INDE	NNM
Independence Banc 9% Cv Pfd	IBNJP	NSC
Independence Bancorp NJ	IBNJ	NNM
Independence Fed Svgs Bk	IFSB	NSC
Independence Hldg	INHO	NNM
Independent Bank	IBCP	NNM
Independent Bank(MA)	INDB	NNM
Independent Bankshares	IBK	AMEX
India Fund	IFN	NYSE
India Growth Fund	IGF	NYSE
Indiana Cmnty Bk SB	INCB	NSC

Issue	Ticker	Exchange
Indiana Energy	IEI	NYSE
Indiana Federal	IFSL	NNM
Indiana Mich Pwr 8%JrSubDebs	IMJ	NYSE
Indiana United Bancorp	IUBC	NNM
Indigo N.V.	INDGF	NNM
Individual Inc	INDV	NNM
Individual Investor Group	INDI	NSC
Indonesia Fund	IF	NYSE
Indus Group	IGRP	NNM
Industrial Acoustics	IACI	NNM
Industrial Bancorp	INBI	NNM
Industrial Holdings	IHII	NNM
Industrial Hldgs Wrrt'A'	IHIIW	NNM
Industrial Hldgs Wrrt'B'	IHIIZ	NNM
Industrial Scientific	ISCX	NNM
Industrial Technologies	INTI	NSC
Industrial Technol Wrrt'A'	INTIW	NSC
Industrial Technol Wrrt'B'	INTIZ	NSC
Industrial Training	ITCC	NNM
Industrie Natuzzi ADS	NTZ	NYSE
Inefficient-Mkt Fund	IMF	AMEX
Inference Corp 'A'	INFR	NNM
Infinite Machines	IMCI	NSC
Infinite Machines Wrrt	IMCIW	NSC
Infinity Broadcasting'A'	INF	NYSE
Infinity Inc	IFNY	NSC
Infodata Systems	INFD	NSC
Infonautics Inc'A'	INFO	NNM
Information Mgmt Tech'A'	IMTKA	NNM
Information Mgmt Tech Wrrt'A'	IMTKW	NSC
Information Res Engineering	IREG	NNM
Information Resources	IRIC	NNM
Information Storage Devices	ISDI	NNM
Informedics Inc	IMED	NSC
Informix Corp	IFMX	NNM
Infosafe Systems'A'	ISFEA	NSC
Infosafe Sys Units'99	ISFEU	NSC
Infosafe Sys Wrrt'A'	ISFEW	NSC
Infosafe Sys Wrrt'B'	ISFEZ	NSC
Infrasonics Inc	IFRA	NNM
Infu-Tech, Inc	INFU	NNM
Ingersoll-Rand	IR	NYSE
Ingles Markets'A'	IMKTA	NNM
Inhale Therapeutic Sys	INHL	NNM
Initio Inc	INTO	NSC
Inland Casino	INLD	NNM
Inland Resources	INLN	NSC
Inland Steel Indus	IAD	NYSE
InnerDyne Inc	IDYN	NNM
Innkeepers USA Trust	NKPR	NNM
Innodata Corp	INOD	NNM
Innodata Corp Wrrt	INODW	NNM
InnoServ Technologies	ISER	NNM
Innotech Inc	IIII	NNM
Innovative Gaming Corp Amer	IGCA	NNM
Innovative Tech Systems	ITSY	NSC
Innovative Tech Sys Wrrt'A'	ITSYW	NSC
Innovex Inc	INVX	NNM
Innovir Laboratories	INVR	NSC
Innovir Laboratories Wrrt'A'	INVRW	NSC

Issue	Ticker	Exchange
Innovir Laboratories Wrrt'B'	INVRZ	NSC
Innovo Group	INNO	NSC
Innovus Corp	INUS	NSC
Inotek Technologies	INTK	NSC
InPhyNet Medical Mgmt	IMMI	NNM
Input/Output Inc	IO	NYSE
INSCI Corp	INSI	NSC
INSCI Corp Wrrt	INSIW	NSC
Insight Enterprises	NSIT	NNM
Insignia Financial Grp'A'	IFS	NYSE
Insignia Solutions ADS	INSGY	NNM
Insignia Sys	ISIG	NSC
Insilco Corp	INSL	NNM
InSite Vision	INSV	NNM
Insituform East	INEI	NNM
Insituform Technol'A'	INSUA	NNM
INSO Corp	INSO	NNM
Instant Publisher	TIPIF	NNM
Insteel Industries Inc	III	NYSE
InStent Inc	ININ	NNM
Instron Corp	ISN	AMEX
Instrumentarium 'B' ADR	INMRY	NSC
Insurance Auto Auctions	IAAI	NNM
Insured Muni Income Fd	PIF	NYSE
Integon Corp	IN	NYSE
Integon Cp $3.875 Cv Pfd	INPr	NYSE
Integra LifeSciences	IART	NNM
Integral Sys MD	ISYS	NSC
Integrated Brands 'A'	IBIN	NSC
Integrated Circuit Sys	ICST	NNM
Integrated Commun Ntwk	ICNI	NNM
Integrated Device Tech	IDTI	NNM
Integrated Health Svcs	IHS	NYSE
Integrated Measurement Sys	IMSC	NNM
Integrated Packaging Assembly	IPAC	NNM
Integrated Process Equipment	IPEC	NNM
Integrated Sec Sys Wrrt	IZZIW	NSC
Integrated Security Sys	IZZI	NSC
Integrated Silicon Solution	ISSI	NNM
Integrated Sys Consulting Gp	ISCG	NNM
Integrated Systems Inc	INTS	NNM
Integrated Waste Svcs	IWSI	NNM
Integrity Music'A'	ITGR	NNM
INTEK Diversified	IDCC	NSC
Intel Corp	INTC	NNM
Intel Corp Wrrt	INTCW	NNM
IntelCom Group	ICG	AMEX
Intelect Communications	ICOMF	NNM
Intellicall Inc	ICL	NYSE
IntelliCorp Inc	INAI	NSC
Intelligent Controls	ITC.EC	ECM
Intelligent Electronics	INEL	NNM
Intelligent Med'l Imaging	IMII	NNM
Intelligent Systems	INS	AMEX
IntelliQuest Info Group	IQST	NNM
Inter-City Products	IPR	AMEX
Inter-Regional Fin. Gr.	IFG	NYSE
Inter-Tel Inc	INTL	NNM
Interactive Flight Tech'A'	FLYT	NSC
Interactive Flight Tech Unit	FLYTU	NSC

Issue	Ticker	Exchange
Interactive Flight Wrrt'A'	FLYTW	NSC
Interactive Flight Wrrt'B'	FLYTZ	NSC
Interactive Group	INTE	NNM
Interactive Med Tech Ltd	ITAM	NSC
Interactive Tech	ITNL	NSC
InterCapital Cal Ins Muni Inc	IIC	NYSE
InterCapital Cal Qual Muni Sec	IQC	NYSE
InterCapital Inc Sec	ICB	NYSE
InterCapital Ins Cal Muni Sec	ICS	NYSE
InterCapital Ins Muni Bd Fd	IMB	NYSE
InterCapital Ins Muni Income	IIM	NYSE
InterCapital Ins Muni Sec	IMS	NYSE
InterCapital Ins Muni Tr	IMT	NYSE
InterCapital N.Y.Qual Muni Sec	IQN	NYSE
InterCapital Qual Muni Income	IQI	NYSE
InterCapital Qual Muni Inv	IQT	NYSE
InterCapital Qual Muni Sec	IQM	NYSE
Intercardia Inc	ITRC	NNM
Intercargo Corp	ICAR	NNM
InterCel Inc	ICEL	NNM
Interchange Finl Svcs	ISB	AMEX
Intercontl Life	ILCO	NSC
Interdigital Communications	IDC	AMEX
Interface Inc'A'	IFSIA	NNM
Interface Systems	INTF	NNM
Interferon Sciences	IFSC	NSC
Intergraph Corp	INGR	NNM
Intergroup Corp	INTG	NNM
Interim Services	INTM	NNM
Interiors Inc 'A'	INTXA	NSC
Interiors Inc Cv'A' Pfd	INTXP	NSC
Interiors Inc Wrrt	INTXL	NSC
Interiors Inc Wrrt'A'	INTXW	NSC
Interiors Inc Wrrt'B'	INTXZ	NSC
Interlake Corp	IK	NYSE
Interleaf Inc	LEAF	NNM
Interline Resources	IRC.EC	ECM
Interlink Electronics	LINK	NNM
Interlink Electrs Wrrt	LINKW	NNM
INTERLINQ Software	INLQ	NNM
Intermagnetics Genl	IMG	AMEX
Intermedia Communications	ICIX	NNM
Intermet Corp	INMT	NNM
Internacional De Ceramica ADS	ICM	NYSE
Internet Communications	INCC	NSC
Interneuron Pharmaceuticals	IPIC	NNM
Interphase Corp	INPH	NNM
Interpoint Corp	INTP	NNM
Interpool, Inc	IPX	NYSE
Interpool Inc 5.75% Cv Pfd	IPXPrA	NYSE
Interpore Intl	BONZ	NNM
Interpublic Grp Cos	IPG	NYSE
Interscience Computer	INTR	NNM
Interscience Computer Wrrt	INTRW	NNM
INTERSOLV	ISLI	NNM
Interstate Bakeries	IBC	NYSE
Interstate Genl L.P.	IGC	AMEX
Interstate Natl Dealer Svcs	ISTN	NSC
Interstate Natl Dealer Wrrt	ISTNW	NSC
Interstate Power	IPW	NYSE

Issue	Ticker	Exchange
Interstate/Johnson Lane	IJL	NYSE
Intersystems Inc	II	AMEX
Intersystems Inc Wrrt	IIWS	AMEX
InterTan Inc	ITN	NYSE
Intertape Polymer Group	ITP	AMEX
Intervisual Books'A'	IVBK	NNM
InterVoice	INTV	NNM
InterWest Bancorp	IWBK	NNM
Interwest Home Medical	IWHM	NSC
Intevac Inc	IVAC	NNM
Intimate Brands 'A'	IBI	NYSE
Intime Systems Intl'A'	TAMSA	NSC
Intime Sys Intl Wrrt	TAMSW	NSC
Intime Systems Intl Unit	TAMSU	NSC
Intl Absorbents	IABSF	NSC
Intl Aluminum	IAL	NYSE
Intl Asset Holding	IAAC	NSC
International Assets Hldg Wrrt	IAACW	NSC
International Basic Res	IBRM	NSC
Intl Bus. Machines	IBM	NYSE
Intl Bus.Mach 7 1/2% Dep Pfd	IBMPrA	NYSE
Intl Business Schs	IBSDF	NSC
Intl Cabletel	ICTL	NNM
Intl Colin Energy	KCN	NYSE
Intl Cutlery	ICUT	NSC
Intl Cutlery Wrrt 'A'	ICUTW	NSC
Intl Cutlery Wrrt 'B'	ICUTZ	NSC
Intl Dairy Queen 'A'	INDQA	NNM
Intl Dairy Queen 'B'	INDQB	NNM
International Electrs	IEIB	NSC
Intl Family Entert'nt 'B'	FAM	NYSE
Intl Fibercom Inc	IFCI	NSC
International Fibercom Wrrt	IFCIW	NSC
Intl Flavors/Fragr	IFF	NYSE
Intl Game Technology	IGT	NYSE
Intl Imaging Materials	IMAK	NNM
Intl Leisure Hosts	ILHL	NSC
Intl Lottery	ILI	AMEX
Intl Lottery & Totalizator	ITSI	NNM
Intl Microcomputer Software	IMSI	NSC
Intl Multifoods	IMC	NYSE
Intl Murex Technologies	MURXF	NNM
International Nursing Svcs	NURS	NSC
International Nursing Wrrt	NURSW	NSC
Intl Paper	IP	NYSE
Intl Petroleum	IRPPF	NNM
Intl Post Ltd	POST	NNM
Intl Precious Metals	IPMLF	NSC
Intl Rectifier	IRF	NYSE
Intl Remote Imaging	IRI	AMEX
Intl Road Dynamics 'A'	IRM.A	VS
Intl Shipholding	ISH	NYSE
Intl Specialty Products	ISP	NYSE
Intl Standards Group Ltd	ISGI	NSC
Intl Technology	ITX	NYSE
Intl Tech 7% Cv Exch Dep Pfd	ITXPr	NYSE
Intl ThoroughBred	ITB	AMEX
Intl ThoroughBred A Pfd	ITBPrA	AMEX
Intl Thunderbird Gaming	INB	TS
Intl Verifact	IVIAF	NNM

Issue	Ticker	Exchange
International Verifact Wrrt	IVIAW	NNM
Intl Yogurt	YOCM	NSC
IntlJensen	IJIN	NNM
Intrav Inc	TRAV	NNM
Intrenet Inc	INET	NSC
Intuit Inc	INTU	NNM
Invacare Corp	IVCR	NNM
INVESCO PLC ADS	IVC	NYSE
Investment Grade Muni Inc	PPM	NYSE
Investment Tech Group	ITGI	NNM
Investors Finl Svcs	IFIN	NNM
Investors Ins Group	IIG	AMEX
Investors Title Co	ITIC	NNM
InVision Technologies	INVN	NSC
Invitro International	INVI	NSC
Iomega Corp	IOMG	NNM
Ion Laser Technology	ILT	AMEX
Iona Appliances	IAAPF	NNM
Ionic Fuel Technology	IFTI	NSC
Ionic Fuel Technology Wrrt'A'	IFTIW	NSC
Ionic Fuel Technology Wrrt'B'	IFTIZ	NSC
Ionics Inc	ION	NYSE
IP Timberlands Cl'A'	IPT	NYSE
IPALCO Enterprises	IPL	NYSE
IPC Holdings	IPCRF	NNM
IPC Information Systems	IPCI	NNM
IPI Inc	INST	NSC
IPL Energy	IPPIF	NNM
IPL Systems, Cl'A'	IPLS	NNM
IPSCO Inc	IPSCF	NNM
Ipswich Svgs Bk Mass	IPSW	NNM
IQ Software	IQSW	NNM
Irata Inc'A'	IRATA	NSC
Irata Inc Wrrt	IRATW	NSC
IRIDEX Corp	IRIX	NNM
Irish Investment Fund	IRL	NYSE
Iron Mountain	IMTN	NNM
Iroquois Bancorp	IROQ	NNM
IRSA Inversiones y Rep GDS	IRS	NYSE
IRT Property	IRT	NYSE
Irvine Apartment Communities	IAC	NYSE
Irvine Sensors	IRSN	NSC
ISB Financial	ISBF	NNM
Isco Inc	ISKO	NNM
ISG Intl Software Group	SISGF	NNM
Isis Pharmaceuticals	ISIP	NNM
ISOCOR	ICOR	NNM
Isolyser Co	OREX	NNM
Isomedix Inc	ISO	NYSE
Isomet Corp	IOMT	NSC
Israel Ld Dev Ltd	ILDCY	NNM
Isramco Inc	ISRL	NSC
Isramco Inc Wrrt'A'	ISRLW	NSC
Isramco Inc Wrrt'B'	ISRLZ	NSC
ISS-Intl Service Sys ADS	ISG	NYSE
Istituto Mobiliare Ital ADS	IMI	NYSE
Istituto Nazionale ADS	INZ	NYSE
Italian Oven	OVEN	NNM
Italy Fund	ITA	NYSE
ITEX Corp	ITEX	NSC

Issue	Ticker	Exchange
ITI Technologies	ITII	NNM
Ito Yokado Ltd ADR	IYCOY	NNM
Itron Inc	ITRI	NNM
ITT Corp (New)	ITT	NYSE
ITT Educational Svcs	ESI	NYSE
ITT Hartford Group	HIG	NYSE
ITT Industries	IIN	NYSE
IVAX Corp	IVX	AMEX
IVF America	IVFA	NNM
IVI Publishing	IVIP	NNM
IWC Resources Corp	IWCR	NNM
Iwerks Entertainment	IWRK	NNM
IWI Holdings Ltd	JEWLF	NNM
J & J Snack Foods	JJSF	NNM
J & L Specialty Steel	JL	NYSE
J2 Communications	JTWO	NSC
J2 Communications Wrrt'A'	JTWOW	NSC
Jabil Circuit	JBIL	NNM
Jack Carl 312 Futures Inc	FUTR	NSC
Jackpot Enterprises	J	NYSE
Jackpot Enterprises Wrrt	JKPTW	NSC
Jackson Hewitt	JTAX	NNM
Jacksonville Svgs Bank	JXSB	NSC
Jaclyn, Inc	JLN	AMEX
Jaco Electronics	JACO	NNM
Jacobs Engr Group	JEC	NYSE
Jacobson Stores	JCBS	NNM
Jacor Communications	JCOR	NNM
Jacor Communications Wrrt	JCORW	NNM
Jakarta Growth Fund	JGF	NYSE
Jakes Pizza Intl	JAKE	NSC
JAKKS Pacific	JAKK	NSC
Jalate Ltd	JLT	AMEX
James River Corp	JR	NYSE
James River 8.25% Dep Pfd	JRPrO	NYSE
James River 9% 'DECS'	JRPrP	NYSE
James River Bankshares	JRBK	NNM
James River Dep Cv Ex Pfd	JRPrL	NYSE
James River$3.375Cv Ex K Pfd	JRPrK	NYSE
Jameson Inns	JAMS	NNM
Jan Bell Marketing	JBM	AMEX
Jan Bell Marketing Wrrt	JBM WS	AMEX
Janex Intl	JANX	NSC
Janex Intl Wrrt	JANXW	NNM
Jannock Ltd	JANNF	NNM
Japan Airlines Co Ltd ADR	JAPNY	NSC
Japan Equity Fund	JEQ	NYSE
Japan OTC Equity Fund	JOF	NYSE
Jardine Fleming China Reg Fd	JFC	NYSE
Jardine Fleming India Fund	JFI	NYSE
Jason Inc	JASN	NNM
Java Centrale	JAVC	NSC
Jay Jacobs	JAYJ	NNM
Jayark Corp	JAYA	NSC
Jayhawk Acceptance	JACC	NNM
JB Oxford Hldgs	JBOH	NSC
JDA Software Group	JDAS	NNM
JDN Realty	JDN	NYSE
Jean Philippe Fragrances	JEAN	NNM
JeffBanks Inc	JEFF	NNM

Issue	Ticker	Exchange
Jefferies Group	JEF	NYSE
Jefferson Bancorp (FL)	JBNC	NSC
Jefferson Bancorp(LA)	JEBC	NNM
Jefferson Bankshares	JBNK	NNM
Jefferson Savings Bancorp	JSBA	NNM
Jefferson Smurfit	JJSC	NNM
Jefferson Smurfit Grp ADS	JS	NYSE
Jefferson-Pilot	JP	NYSE
Jefferson-Pilot 7.25% 'ACES'	NBX	NYSE
Jenny Craig	JC	NYSE
Jerry's Famous Deli	DELI	NNM
Jersey Cent P&L 4%cmPfd	JYPPr	NYSE
Jersey Cent P&L 7.88% Pfd	JYPPrE	NYSE
JCP&L Cap L.P.8.56%'MIPS'	JYPPrZ	NYSE
JetForm Corp	FORMF	NNM
Jetronic Indus	JET	AMEX
Jewett-Cameron Trading	JCTCF	NSC
JG Industries	JGIN	NNM
Jilin Chemical Ind ADS	JCC	NYSE
Jillians Entertainment	QBAL	NSC
Jim Hjelms Private Coll'n	JHPC	NSC
JLG Indus	JLGI	NNM
JMAR Industries	JMAR	NNM
JMAR Inds Wrrt	JMARW	NNM
JMC Group	JMCG	NNM
Joachim Bancorp	JOAC	NSC
John Alden Financial	JA	NYSE
John Hancock Bk/Thrift Opp	BTO	NYSE
John Hancock Inc Sec	JHS	NYSE
John Hancock Inv Tr	JHI	NYSE
John Hancock Patr Gl Div Fd	PGD	NYSE
John Hancock Patr Pfd Div Fd	PPF	NYSE
John Hancock Patr Prem Dv Fd	PDF	NYSE
John Hancock Patr Prem Dv II	PDT	NYSE
John Hancock Patr Sel Div Tr	DIV	NYSE
John Nuveen 'A'	JNC	NYSE
Johnson & Johnson	JNJ	NYSE
Johnson Controls	JCI	NYSE
Johnson Worldwide'A'	JWAIA	NNM
Johnston Industries	JII	NYSE
Johnstown America Indus	JAII	NNM
Jones Apparel Group	JNY	NYSE
Jones Intercable	JOIN	NNM
Jones Intercable Cl'A'	JOINA	NNM
Jones Intercable Inv Cl'A'	JTV	AMEX
Jones Medical Indus	JMED	NNM
Jordan Amer Hldgs	JAHI	NSC
Jordan Amer Hldgs Wrrt	JAHIW	NSC
Jos.A. Bank Clothiers	JOSB	NNM
Jostens Inc	JOS	NYSE
Joule Inc	JOL	AMEX
JP Foodservice	JPFS	NNM
JP Realty	JPR	NYSE
JPE Inc	JPEI	NNM
JPM Co	JPMC	NNM
JSB Financial	JSBF	NNM
Juniper Features Ltd	JUNI	NSC
Juniper Features Wrrt'A'	JUNIW	NSC
Juniper Features Wrrt'B'	JUNIZ	NSC
Juno Lighting	JUNO	NNM

Issue	Ticker	Exchange
Just For Feet	FEET	NNM
Just Like Home	JLHC	NSC
Just Toys	JUST	NNM
Justin Indus	JSTN	NNM
K mart	KM	NYSE
K Swiss Inc 'A'	KSWS	NNM
K&G Men's Center	MENS	NNM
K-III Commun$2.875SrExPfd	KCCPr	NYSE
K-III Communications	KCC	NYSE
K-Tel International	KTEL	NNM
K-Tron Intl	KTII	NNM
K-V Pharmaceutical Cl'A'	KV.A	AMEX
K-V Pharmaceutical Cl'B'	KV.B	AMEX
KahlerRealty	KHLR	NNM
Kaiser Aluminum	KLU	NYSE
Kaiser Alum 8.255% 'PRIDES'	KLUPrD	NYSE
Kaiser Ventures	KRSC	NNM
Kaman Corp Cl'A'	KAMNA	NNM
Kaman Cp $3.25 Ser 2 Cv Dep Pfd	KAMNZ	NNM
Kaneb Pipe Line PtnrsL.P.	KPP	NYSE
Kaneb Pipe Ln Ptnrs LP Pref Ut	KPU	NYSE
Kaneb Services	KAB	NYSE
Kaneb Svcs Adj Rt A Pfd	KABPrA	NYSE
Kankakee Bancorp	KNK	AMEX
Kansas City Life Ins	KCLI	NSC
Kansas City Pwr & Lt	KLT	NYSE
Kansas City P&L 3.80% Pfd	KLTPrA	NYSE
Kansas City P&L 4.35% Pfd	KLTPrD	NYSE
Kansas City P&L 4.50% Pfd	KLTPrE	NYSE
Kansas City So. Ind	KSU	NYSE
Kansas City So. Ind 4% Pfd	KSUPr	NYSE
Kash n'Karry Food Stores	KASH	NNM
Katy Indus	KT	NYSE
Katz Digital Technologies	KATC	NNM
Katz Media	KTZ	AMEX
Kaufman & Broad Home	KBH	NYSE
Kaydon Corp	KDN	NYSE
Kaye Group	KAYE	NNM
Kaye Kotts Assoc	KTAX	NSC
Kaye Kotts Assoc Wrrt	KTAXW	NSC
KBK Capital	KBK	AMEX
KCS Energy Inc	KCS	NYSE
Keane Inc	KEA	AMEX
Keithley Instruments	KEI	NYSE
Kelley Oil & Gas	KOGC	NNM
Kellogg Co	K	NYSE
Kellstrom Industries	KELL	NSC
Kellstrom Inds Wrrt	KELLW	NSC
Kellwood Co	KWD	NYSE
Kelly Russell Studios	KRSI	NSC
Kelly Services'A'	KELYA	NNM
Kelly Services'B'	KELYB	NNM
KEMET Corp	KMET	NNM
Kemper High Income	KHI	NYSE
Kemper Interm Gvt Tr	KGT	NYSE
Kemper Multi-Mkt Income	KMM	NYSE
Kemper Muni Income	KTF	NYSE
Kemper Strategic Income	KST	AMEX
Kemper Strategic Muni Tr	KSM	NYSE
Kenan Transport	KTCO	NNM

Issue	Ticker	Exchange
KENETECH Corp	KWND	NNM
KENETECH Cp 8.25% Cv Dep Pfd	KWNDZ	NNM
Kennametal, Inc	KMT	NYSE
Kennedy-Wilson Inc	KWIC	NNM
Kenneth Cole Productions'A'	KCP	NYSE
Kensey Nash	KNSY	NNM
Kent Electronics	KNT	NYSE
Kent Financial Svcs	KENT	NSC
Kentek Information Sys	KNTK	NNM
Kentucky Electric Steel	KESI	NNM
Kentucky First Bancorp	KYF	AMEX
Kentucky Pwr 8.72% Sr'A'Debs	KPC	NYSE
Kenwin Shops	KWN	AMEX
KeraVision Inc	KERA	NNM
Kerr Group	KGM	NYSE
Kerr Group $1.70 Cv Pfd	KMGPrD	NYSE
Kerr-Addison Mines	KER	TS
Kerr-McGee	KMG	NYSE
Kestrel Energy	KEST	NSC
Kewaunee Scientific	KEQU	NNM
Key Energy Group	KEG	AMEX
Key Production	KPCI	NNM
Key Technology	KTEC	NNM
Key Tronic Corp	KTCC	NNM
KeyCorp	KEY	NYSE
KeyCorp 10% cm Dep Pfd	KEYPrA	NYSE
Keystone Consol Ind	KES	NYSE
Keystone Financial	KSTN	NNM
Keystone Heritage Group	KHG	AMEX
Keystone Intl	KII	NYSE
KFX Inc	KFX	AMEX
Kiddie Academy Intl	KAII	NSC
Kiddie Academy Intl Wrrt	KAIIW	NSC
Killearn Properties	KPI	AMEX
Kimball Intl Cl'B'	KBALB	NNM
Kimberly-Clark	KMB	NYSE
Kimco Realty	KIM	NYSE
Kimco Rlty 7.75% Sr'A' Dep Pfd	KIMPrA	NYSE
Kimco Rlty 8.375% Sr'C'Dep	KIMPrC	NYSE
Kimco Rlty 8.50% Sr'B'Dep Pfd	KIMPrB	NYSE
Kimmins Corp	KVN	NYSE
Kinark Corp	KIN	AMEX
Kinder-Care Learning Ctrs	KCLC	NNM
Kinder-Care Lrng Ctr Wrrt	KCLCW	NNM
Kinetic Concepts	KNCI	NNM
Kinetiks Com Inc	KNET	NSC
King World Prod'ns	KWP	NYSE
Kings Road Entmt	KREN	NSC
Kinnard Investments	KINN	NNM
Kinross Gold	KGC	NYSE
Kirby Corp	KEX	AMEX
Kirin Brewery ADS	KNBWY	NSC
Kirlin Holding	KILN	NSC
Kit Mfg	KIT	AMEX
KLA Instruments	KLAC	NNM
Klamath First Bancorp	KFBI	NNM
Kleer-Vu Industries	KVU	AMEX
Kleinert's Inc	KLRT	NNM
Kleinwort Benson Aus	KBA	NYSE
KLLM Transport Sv	KLLM	NNM

Issue	Ticker	Exchange
KLM Royal Dutch Air	KLM	NYSE
Klondex Mines Ltd	KDX	VS
Kloof Gold Mining ADR	KLOFY	NSC
KN Energy	KNE	NYSE
Knape & Vogt Mfg	KNAP	NNM
Knickerbocker (L.L.)	KNIC	NNM
Knickerbocker L L Wrrt	KNWDV	NNM
Knight Transportation	KNGT	NNM
Knight-Ridder Inc	KRI	NYSE
Knogo North America	KNA	AMEX
Koala Corp	KARE	NNM
Koger Equity	KE	AMEX
Koger Equity Wrrt	KEWS	AMEX
Kohl's Corp	KSS	NYSE
Koll Real Estate Grp	KREG	NNM
Koll Real Estate Cv'A'Pfd	KREGP	NNM
Kollmorgen Corp	KOL	NYSE
Komag Inc	KMAG	NNM
Koo Koo Roo	KKRO	NNM
Koor Indus Ltd ADS	KOR	NYSE
Kopin Corp	KOPN	NNM
Korea Electric Power ADS	KEP	NYSE
Korea Equity Fund	KEF	NYSE
Korea Fund	KF	NYSE
Korean Investment Fund	KIF	NYSE
Koss Corp	KOSS	NNM
Krantor Corp	KRAN	NSC
Krantor Corp Wrrt'A'	KRANW	NSC
Kranzco Realty Trust	KRT	NYSE
Krause's Furniture	SOFA	NSC
Kreisler Mfg	KRSL	NSC
Kroger Co	KR	NYSE
Kronos Inc	KRON	NNM
KRUG International	KRUG	NNM
KRUG Intl Wrrt	KRUGW	NNM
Krystal Company	KRYSQ	NNM
KS Bancorp	KSAV	NSC
KSB Bancorp	KSBK	NSC
KTI Inc	KTIE	NNM
KU Energy	KU	NYSE
Kubota Corp ADR	KUB	NYSE
Kuhlman Corp	KUH	NYSE
Kulicke & Soffa Ind	KLIC	NNM
Kurzweil Applied Intelligence	KURZ	NNM
Kushi Macrobiotics	KMAC	NSC
Kushi Macrobiotics Wrrt	KMACW	NSC
Kushner-Locke	KLOC	NNM
Kushner-Locke Wrrt	KLOCW	NNM
KVH Industries	KVHI	NNM
KWG Resources	KWGDF	NSC
Kyocera Corp ADR	KYO	NYSE
Kysor Indl	KZ	NYSE
Kyzen Corp 'A'	KYZN	NSC
Kyzen Corp Wrrt'A'	KYZNW	NSC
L&B Financial	LBFI	NSC
L.A. Gear, Inc	LA	NYSE
L.A. T Sportswear	LATS	NNM
La Jolla Pharmaceutical	LJPC	NNM
La Jolla Pharmaceutical Wrrt	LJPCW	NNM
La Man Corp	LAMN	NSC

Issue	Ticker	Exchange
La Quinta Inns	LQI	NYSE
La Teko Resources Ltd	LAORF	NSC
La-Z Boy Chair	LZB	NYSE
LaBarge Inc	LB	AMEX
LabOne Inc	LABS	NNM
Laboratorio Chile ADS	LBC	NYSE
Laboratory Corp Amer Hldgs	LH	NYSE
Laboratory Corp Amer Hldgs Wrrt	LH WS	NYSE
Laboratory Specialists Amer	LABZ	NSC
Laboratory Specialists Wrrt	LABZW	NSC
Laclede Gas	LG	NYSE
Laclede Steel	LCLD	NNM
LaCrosse Footwear	BOOT	NNM
LADD Furniture	LADF	NNM
Lady Luck Gaming'A'	LUCK	NNM
Lafarge Corp	LAF	NYSE
Lafayette American Bk & Tr	LABK	NNM
Lafayette Industries	LAFIE	NSC
Lafayette Industries Wrrt	LAFWE	NSC
Laidlaw Inc Cl'A'	LDW.A	NYSE
Laidlaw Inc Cl'B'	LDW.B	NYSE
Laidlaw One 5.75% Ex Nts 2000	UXL	NYSE
Lake Ariel Bancorp	LABN	NSC
Lakehead Pipe Line Ptnrs L.P.	LHP	NYSE
Lakeland Indus	LAKE	NNM
Lakeview Financial	LVSB	NNM
Lam Research	LRCX	NNM
Lamson & Sessions	LMS	NYSE
Lancaster Colony	LANC	NNM
Lance, Inc	LNCE	NNM
Lancer Corp	LAN	AMEX
Lancer Orthodontics	LANZ	NSC
Lancit Media Productions	LNCT	NNM
Landair Services	LAND	NNM
Landauer Inc	LDR	AMEX
Landec Corp	LNDC	NNM
Landmark Bancshares	LARK	NNM
Landmark Graphics	LMRK	NNM
Landry's Seafood Restaurants	LDRY	NNM
Lands' End	LE	NYSE
Landstar System	LSTR	NNM
Langer Biomechanics Grp	GAIT	NSC
LanOptics Ltd	LNOPF	NNM
LanVision Systems	LANV	NNM
Larson Davis	LDII	NSC
Las Vegas Disc Golf & Tennis	LVDG	NSC
Las Vegas Entmt Ntwk	LVEN	NSC
Las Vegas Entmt Ntwk Wrrt'A'	LVENW	NSC
Las Vegas Entmt Ntwk Wrrt'B'	LVENZ	NSC
Las Vegas Mjr League Sports	LVTD	NSC
LaSalle Re Holdings	LSREF	NNM
Laser Corp	LSER	NSC
Laser Indus Ltd, Ord	LAS	AMEX
Laser Storm	LAZR	NSC
Laser Storm Unit	LAZRU	NSC
Laser Storm Wrrt	LAZRW	NSC
Laser Technology	LSR	AMEX
Laser Technology Wrrt	LSR.WS	AMEX
Laser Video Network	LVNI	NSC
Laser Video Network Wrrt'A'	LVNIW	NSC

Issue	Ticker	Exchange
Laser Video Network Wrrt'B'	LVNIZ	NSC
Laser Vision Centers	LVCI	NSC
Laser-Pac Media	LPAC	NSC
Lasergate Systems	LSGT	NSC
Lasergate Sys Wrrt	LSGTW	NSC
LaserMaster Technologies	LMTS	NNM
Laserscope	LSCP	NNM
Lasersight Inc	LASE	NNM
Lasertechnics Inc	LASX	NSC
LASMO plc ADS	LSO	NYSE
LASMO plc Sr'A'Pref ADS	LSOPrA	NYSE
Latex Res Inc	LATX	NSC
Latex Resources Wrrt	LATXW	NSC
Latin Amer Casinos	LACI	NNM
Latin Amer Casinos Wrrt	LACIW	NNM
Latin America Dollar Inc Fd	LBF	NYSE
Latin America Equity Fd	LAQ	NYSE
Latin America Growth Fd	LLF	NYSE
Latin America Inv Fd	LAM	NYSE
Latin American Discovery Fd	LDF	NYSE
Lattice Semiconductor	LSCC	NNM
Lauder (Estee) Co	EL	NYSE
Laurel Cap Group	LARL	NSC
Lawrence Ins Group	LWR	AMEX
Lawrence Savings Bank	LSBX	NNM
Lawson Products	LAWS	NNM
Lawter Intl	LAW	NYSE
Lawyers Title	LTI	NYSE
Layne Christensen Co	LAYN	NNM
Lazare Kaplan Intl	LKI	AMEX
LCA-Vision	LCAV	NSC
LCI International	LCI	NYSE
LCI Intl 5% Cv Exch Pfd	LCIPr	NYSE
LCS Industries	LCSI	NNM
Leader Financial	LFCT	NNM
Leadville Corp	LEAD	NSC
Leak-X Environmental	LEAK	NSC
Leak-X Environmental Wrrt	LEAKW	NSC
Lear Corp	LEA	NYSE
Learmouth & Burchett Mgt ADS	LBMSY	NNM
Learning Tree Intl	LTRE	NNM
LeaRonal Inc	LRI	NYSE
Leasing Edge	LECE	NSC
Leasing Edge cm Cv'A'Pfd	LECEP	NSC
Leasing Edge Wrrt'A'	LECEZ	NSC
Leasing Edge Wrrt'B'	LECEL	NSC
Leasing Solutions	LSSI	NNM
Leather Factory	TLF	AMEX
Lechters Inc	LECH	NNM
LeCroy Corp	LCRY	NNM
LecTec Corp	LECT	NNM
Lee Enterprises	LEE	NYSE
Leeds Federal Svgs Bk	LFED	NNM
Legacy Software	LGCY	NSC
Legal Research Center	LRCI	NSC
Legato Systems	LGTO	NNM
Legg Mason Inc	LM	NYSE
Leggett & Platt	LEG	NYSE
Leggoons Inc	LGNS	NSC
Lehigh Group	LEI	NYSE

Issue	Ticker	Exchange
Lehman Br Amgen 'YEELD"97	AYN	AMEX
Lehman Br G1 Tele'SUNS' 2000	SXT	AMEX
Lehman Br Hldg 8.30%'QUICS'	LEQ	NYSE
Lehman Br Holdings	LEH	NYSE
Lehman Br Micron'YEELD"97	MUY	AMEX
Lehman Br Oracle'YEELD"96	LYN	AMEX
Lehman Br Reg'l Bk'SUNS' 1996	BKG	AMEX
Lehman Bros Hldg Sel Tech Wrrt	LET.WS	AMEX
Leisureways Marketing Ltd	LMLAF	NSC
Lennar Corp	LEN	NYSE
Lernout & Hauspie Speech Pds	LHSPF	NNM
LESCO Inc	LSCO	NNM
Leslie's Poolmart	LESL	NNM
Letchworth Indep Bancshares	LEBC	NSC
Letchworth Indep Bcshs Wrrt	LEBCW	NSC
Leucadia National	LUK	NYSE
Level One Communications	LEVL	NNM
Leviathan Gas PLPtnrs LP	LEV	NYSE
Levitz Furniture	LFI	NYSE
Lexington Corporate Prop	LXP	NYSE
Lexington Global Assets Mgrs	LGAM	NNM
Lexmark Intl Group'A'	LXK	NYSE
LFS Bancorp	LFSB	NNM
LG&E Energy	LGE	NYSE
Libbey Inc	LBY	NYSE
Liberte Investors	LBI	NYSE
Liberty ALL-STAR Eqty	USA	NYSE
Liberty ALL-STAR Growth Fd	ASG	NYSE
Liberty Bancorp Inc	LBCI	NNM
Liberty Bancorp(OK)	LBNA	NNM
Liberty Corp	LC	NYSE
Liberty Financial Cos	L	NYSE
Liberty Homes Cl'A'	LIBHA	NNM
Liberty Homes Cl'B'	LIBHB	NNM
Liberty Property Trust	LRY	NYSE
Liberty Technologies	LIBT	NNM
Liberty Term Trust-1999	LTT	NYSE
LIDAK Pharmaceuticals'A'	LDAKA	NNM
Life Bancorp	LIFB	NNM
Life Med Sciences	CHAI	NNM
Life Med Sciences Wrrt'A'	CHAIW	NNM
Life Med Sciences Wrrt'B'	CHAIZ	NNM
Life Partners Group	LPG	NYSE
Life Re	LRE	NYSE
Life Technologies	LTEK	NNM
Life USA Holdings	LUSA	NNM
LifeCell Corp	LIFC	NSC
Lifecore Biomedical	LCBM	NNM
Lifeline Systems	LIFE	NNM
LifeQuest Medical	LQMD	NNM
LifeRate Systems	LRSI	NSC
Lifetime Hoan	LCUT	NNM
Lifeway Foods	LWAY	NSC
Lifschultz Inds	LIFF	NSC
Ligand Pharmaceuticals 'B'	LGND	NNM
Light Savers USA	LTSV	NSC
LightPath Technologies 'A'	LPTHA	NSC
LightPath Technol Wrrt 'A'	LPTHW	NSC
LightPath Technol Wrrt 'B'	LPTHZ	NSC
LightPath Technologies Unit	LPTHU	NSC

Issue	Ticker	Exchange
Lihir Gold ADS	LIHRY	NNM
Lillian Vernon	LVC	AMEX
Lilly (Eli)	LLY	NYSE
Lilly CtgntPymt Units	HYU	AMEX
Lilly Industries'A'	LI	NYSE
Limited Inc	LTD	NYSE
LIN Television Corp	LNTV	NNM
Lincare Holdings	LNCR	NNM
Lincoln Electric	LECO	NNM
Lincoln Electric 'A'	LECOA	NNM
Lincoln Natl Corp	LNC	NYSE
Lincoln Natl $3.00 Cv Pfd	LNCPr	NYSE
Lincoln Natl Cv Sec	LNV	NYSE
Lincoln Natl Income Fd	LND	NYSE
Lincoln Snacks	SNAX	NSC
Lincoln Telecommun	LTEC	NNM
Linda's Flame Roasted Chicken	LINCA	NSC
Linda's Flame Rstd Ckn Wrrt'A'	LINCW	NSC
Linda's Flame Rstd Ckn Wrrt'B'	LINCZ	NSC
Lindal Cedar Homes	LNDL	NNM
Lindberg Corp	LIND	NNM
Lindsay Mfg	LINZ	NNM
Linear Technology Corp	LLTC	NNM
Lion Brewery	MALT	NNM
Liposome Co	LIPO	NNM
Liposome $1.9375 Cv Dep'A'Pfd	LIPOZ	NNM
Liqui-Box Corp	LIQB	NNM
Litchfield Financial	LTCH	NNM
LittelFuse Inc	LFUS	NNM
Littelfuse Inc Wrrt'A'	LFUSW	NNM
Little Falls Bancorp	LFBI	NNM
Little Switzerland	LSVI	NNM
Littlefield, Adams	LFA	AMEX
Litton Indus	LIT	NYSE
Litton Indus,$2 B Pfd	LITPrB	NYSE
Liuski International	LSKI	NNM
Live Entertainment	LIVE	NSC
Live Entmt cm Cv'B' Pfd	LIVEP	NSC
Livent Inc	LVNTE	NNM
Living Centers of America	LCA	NYSE
Liz Claiborne	LIZ	NYSE
LL&E Royalty Tr UBI	LRT	NYSE
Loblaw Cos	L	TS
Lockheed Martin	LMT	NYSE
Loctite Corp	LOC	NYSE
LodgeNet Entertainment	LNET	NNM
Loehmann's Inc	LOEH	NNM
Loewen Group	LWNGF	NNM
Loewen Group Cap Ser'A' 'MIPS'	LWNPr	NYSE
Loews Corp	LTR	NYSE
Logal Educational Softwr&Sys	LOGLF	NNM
Logan's Roadhouse	RDHS	NNM
Logansport Financial	LOGN	NSC
Logic Devices	LOGC	NNM
Logic Works	LGWX	NNM
Logicon Inc	LGN	NYSE
LoJack Corp	LOJN	NNM
Lomak Petroleum	LOMK	NNM
London & Overseas Freight ADS	LOFSY	NNM
London Financial	LONF	NSC

Issue	Ticker	Exchange
London Intl Group plc ADS	LONDY	NNM
London Pacific Grp ADS	LPGLY	NNM
Lone Star Indus	LCE	NYSE
Lone Star Indus Wrrt	LCE.WS	NYSE
Lone Star Steakhouse/Saloon	STAR	NNM
Lone Star Technologies	LSST	NNM
Long Island Bancorp	LISB	NNM
Long Island Light'g	LIL	NYSE
Long Island Ltg 4.35% E Pfd	LILPrE	NYSE
Long Island Ltg 5% B Pfd	LILPrB	NYSE
Long Island Ltg 7.05% Pfd	LILPrQ	NYSE
Long Island Ltg 7.66% Pfd	LILPrC	NYSE
Long Island Ltg 7.95% Pfd	LILPrA	NYSE
Long Island Ltg, 5.75% Cv I Pfd	LILPrI	NYSE
Longhorn Steaks	LOHO	NNM
Longs Drug Stores	LDG	NYSE
Longview Fibre	LFB	NYSE
Loral Space Communications	LOR	NYSE
Loronix Info Systems	LORX	NNM
Lottery Enterprises	LOTO	NNM
Lotto World	LTTO	NSC
Louis Dreyfus Natural Gas	LD	NYSE
Louisiana Land/Exp	LLX	NYSE
Louisiana Pacific	LPX	NYSE
Louisville G&E 5% Pfd	LGASP	NSC
Lowe's Cos	LOW	NYSE
Lowrance Electronics	LEIX	NNM
LSB Bancshares(NC)	LXBK	NNM
LSB Financial	LSBI	NNM
LSB Industries	LSB	NYSE
LSB Ind $3.25 Cv Exch Pfd	LSBPrC	NYSE
LSI Industries	LYTS	NNM
LSI Logic	LSI	NYSE
LTC Properties	LTC	NYSE
LTV Corp	LTV	NYSE
LTV Corp Sr'A' Wrrt	LTV WS.A	NYSE
LTX Corp	LTXX	NNM
Lubrizol Corp	LZ	NYSE
Luby's Cafeterias	LUB	NYSE
Lucent Technologies	LU	NYSE
Lucille Farms	LUCY	NSC
Lucille Farms Wrrt	LUCYW	NSC
Lucor Inc 'A'	LUCR	NSC
Lufkin Industries	LUFK	NNM
Lukens Inc	LUC	NYSE
Lukens Med	LUKN	NSC
Lumex, Inc	LUM	AMEX
Lumisys Inc	LUMI	NNM
Lunar Corp	LUNR	NNM
Lund International	LUND	NNM
Lunn Industries	LUNN	NSC
Luria (L)& Son	LUR	NYSE
Luther Med Products	LUTH	NSC
Luxottica Group ADS	LUX	NYSE
Luxtec Corp	LXU.EC	ECM
LVMH Moet Henn Lou Vttn ADS	LVMHY	NNM
LXE Inc	LXEI	NNM
LXR Biotechnology	LXR	AMEX
Lycos Inc	LCOS	NNM
Lydall, Inc	LDL	NYSE

Issue	Ticker	Exchange
Lydenburg Platinum Ltd ADR	LYDPY	NSC
Lynch Corp	LGL	AMEX
Lyondell Petrochem	LYO	NYSE
M.H.Meyerson & Co	MHMY	NNM
M H Meyerson & Co Wrrt	MHMYW	NSC
M-Sys Flash Disk Pioneers Ltd	FLSHF	NSC
M-Wave Inc	MWAV	NNM
M.A.I.D. ADS	MAIDY	NNM
M.D.C. Hldgs	MDC	NYSE
M.G. Products	MGPR	NNM
M.S. Carriers	MSCA	NNM
M/A/R/C Inc	MARC	NNM
M/I Schottenstein Homes	MHO	NYSE
MACC Private Equities	MACC	NNM
MacDermid, Inc	MACD	NNM
Mace Security Intl	MACE	NNM
Macerich Co	MAC	NYSE
MacFrugals Bargains Closeouts	MFI	NYSE
MacGregor Sports & Fitness	MACG	NSC
MacGregor Sports&Fitness Wrrt	MACGW	NSC
Macheezmo Mouse Restaurants	MMRI	NNM
Mackenzie Financial	MKFCF	NNM
Mackie Designs	MKIE	NNM
MacMillan-Bloedel	MMBLF	NNM
MacNeal-Schwendler	MNS	AMEX
MacroChem Corp	MCHM	NSC
Macrochem Corp Wrrt'A'	MCHML	NSC
Macrochem Corp Wrrt'AA'	MCHMM	NSC
Macrochem Corp Wrrt'X'	MCHMN	NSC
Macromedia Inc	MACR	NNM
Macronix Intl ADR	MXICY	NNM
Madden (Steven) Ltd	SHOO	NSC
Madden(Steven) Wrrt'B'	SHOOZ	NSC
Madeco S.A. ADS	MAD	NYSE
Maderas y Sinteticos ADS	MYS	NYSE
Madge Networks N.V.	MADGF	NNM
Madison Bancshares Group	MADB	NSC
Madison Gas & Elec	MDSN	NNM
Madison Group Assoc	MADI	NSC
MAF Bancorp	MAFB	NNM
Mafco Consolidated Group	MFO	NYSE
Magainin Pharmaceuticals	MAGN	NNM
Magal Security Systems Ltd	MAGSF	NNM
Magellan Health Svcs	MGL	AMEX
Magellan Petroleum	MPC	PC
Magic Restaurants	MGIKQ	NSC
Magic Restaurants Wrrt	MGIWQ	NSC
Magic Software Enterprises	MGICF	NNM
Magna Bancorp	MGNL	NNM
Magna Group, Inc	MAGI	NNM
Magna Intl Cl'A'	MGA	NYSE
Magna-Lab 'A'	MAGLA	NSC
Magna-Lab Unit	MAGLU	NSC
Magna-Lab Wrrt 'A'	MAGLW	NSC
Magna-Lab Wrrt 'B'	MAGLZ	NSC
Magna-Lab Wrrt 'E'	MAGLL	NSC
MagneTek Inc	MAG	NYSE
Magnetic Technologies	MTCC	NNM
Magnum Petroleum	MPM	AMEX
Magnum Pete $1.10 Cv'C'Pfd	MPMPrEC	AMEX

Issue	Ticker	Exchange
Magnum Petroleum Wrrt	MPM.ECWS	AMEX
Mahaska Investment	OSKY	NNM
MAI Systems	NOW	AMEX
MAIC Holdings	MAIC	NNM
Mail Boxes Etc	MAIL	NNM
Mail-Well Inc	MLWL	NNM
Main St. & Main	MAIN	NNM
Maine Public Service	MAP	AMEX
MainStreet BankGroup	MSBC	NNM
Major Realty	MAJR	NSC
Makita Corp	MKTAY	NNM
Mako Marine Intl	MAKO	NSC
Mako Marine Intl 'Unit'	MAKOU	NSC
Malan Realty Investors	MAL	NYSE
Malaysia Fund	MF	NYSE
Mallinckrodt Group	MKG	NYSE
Mallinckrodt Group 4% Pfd	MKGPr	NYSE
Mallon Resources	MLRC	NNM
Managed Care Solutions	MCSX	NNM
Managed High Inc Portfolio	MHY	NYSE
Managed High Yield Fd	PHT	NYSE
Managed Muni Portfolio	MMU	NYSE
Managed Muni Portfolio II	MTU	NYSE
Management Technologies	MTCI	NSC
Manatron Inc	MANA	NNM
Manhattan Bagel	BGLS	NNM
Manhattan Life Insurance	MLIC	NNM
Manitowoc Co	MTW	NYSE
Manor Care	MNR	NYSE
Manpower Inc	MAN	NYSE
Manufactured Home Communities	MHC	NYSE
Manugistics Group	MANU	NNM
MAPCO, Inc	MDA	NYSE
MapInfo Corp	MAPS	NNM
Marcam Corp	MCAM	NNM
Marcum Natural Gas Svcs	MGAS	NNM
Marcus Corp	MCS	NYSE
Margate Industries	CGUL	NSC
Margo Nursery Farms	MRGO	NSC
Marina Ltd Partnership	MRNCZ	NSC
Marine Drilling	MDCO	NNM
Marine Nat'l Bank	MNBK	NSC
Marine Natl Bk Irvine CA Wrrt	MNBKW	NNM
Marine Petrol Tr	MARPS	NSC
Mariner Health Group	MRNR	NNM
Marion Capital Holdings	MARN	NNM
Marisa Christina	MRSA	NNM
Maritrans Inc	TUG	NYSE
Mark Centers Trust	MCT	NYSE
Mark IV Industries	IV	NYSE
Mark Solutions	MCSI	NSC
Mark Twain Bancshrs	MTWN	NNM
Mark VII	MVII	NNM
Markel Corp	MAKL	NNM
Marker Intl	MRKR	NNM
Market Facts	MFAC	NNM
MarketLink Inc	MKTL	NSC
Marks Bros Jewelers	MBJI	NNM
Marlton Technologies	MTY	AMEX
Marquest Medical Products	MMPI	NSC

Issue	Ticker	Exchange
Marquette Electronics'A'	MARQA	NNM
Marriott International	MAR	NYSE
Marsh & McLennan	MMC	NYSE
Marsh Supermkts'A'	MARSA	NNM
Marsh Supermkts'B'	MARSB	NNM
Marshall & Ilsley	MRIS	NNM
Marshall Indus	MI	NYSE
Marshalltown Financial	MFCX	NNM
Martek Biosciences	MATK	NNM
Marten Transport	MRTN	NNM
Martin Color-Fi	MRCF	NNM
Martin Industries	MTIN	NNM
Martin Lawrence Ltd Editions	MLE	NYSE
Martin Marietta Materials	MLM	NYSE
Marvel Entertainment Grp	MRV	NYSE
Maryland Fed Bancorp	MFSL	NNM
Masco Corp	MAS	NYSE
MascoTech, Inc	MSX	NYSE
MascoTech Inc Cv Pfd	MSXPr	NYSE
Masland Corp	MSLD	NNM
Mason-Dixon Bancshares	MSDX	NNM
Mass Hlth & Edu Tax-Exempt Tr	MHE	AMEX
MASSBANK Corp	MASB	NNM
MassMutual Corp Inv	MCI	NYSE
MassMutual Part'n Inv	MPV	NYSE
MasTec Inc	MASX	NNM
Master Glaziers Karate Intl	KICK	NSC
Master Glaziers Karate Wrrt'A'	KICKW	NSC
Master Glaziers Karate Wrrt'B'	KICKZ	NSC
MATEC Corp	MXC	AMEX
Material Sciences	MSC	NYSE
Matewan BancShares	MATE	NNM
Matewan Bancshrs 7.5% Cv'A'Pfd	MATEP	NNM
MathSoft Inc	MATH	NNM
Matlack Systems	MLK	NYSE
Matria Healthcare	MATR	NNM
Matritech Inc	NMPS	NSC
Matrix Pharmaceutical	MATX	NNM
Matrix Service	MTRX	NNM
Matsushita El Ind ADR	MC	NYSE
Mattel, Inc	MAT	NYSE
Matthews Intl 'A'	MATW	NNM
Matthews Studio Equip Group	MATT	NNM
Mattson Technology	MTSN	NNM
Mauna Loa Macadamia'A'	NUT	NYSE
Maverick Tube	MAVK	NNM
Max & Erma's Restaurants	MAXE	NNM
Maxco Inc	MAXC	NNM
Maxicare Health Plans	MAXI	NNM
Maxim Group	MAXM	NNM
Maxim Integrated Prod	MXIM	NNM
Maxis Inc	MXIS	NNM
MaxServ Inc	MXSV	NSC
Maxus Energy $2.50 Pfd	MXSPrA	NYSE
Maxus Energy $4 Cv Pfd	MXSBP	NNM
Maxwell Labs	MXWL	NNM
Maxwell Shoe'A'	MAXS	NNM
MAXXAM Inc	MXM	AMEX
Maxxim Medical	MAM	NYSE
May & Speh Inc	SPEH	NNM

Issue	Ticker	Exchange
May Dept Stores	MA	NYSE
Mayflower Cooperative Bank	MFLR	NNM
Maynard Oil	MOIL	NNM
Mays (JW)	MAYS	NNM
Maytag Corp	MYG	NYSE
MBf USA Inc	MBFA	NSC
MBIA Inc	MBI	NYSE
MBLA Financial	MBLF	NNM
MBNA Corp	KRB	NYSE
MBNA Corp 7.50% Sr'A'Pfd	KRBPrA	NYSE
MC Shipping	MCX	AMEX
McAfee Associates	MCAF	NNM
McClain Industries	MCCL	NNM
McClatchy Newspapers'A'	MNI	NYSE
McCormick & Co	MCCRK	NNM
McDermott (J.Ray) S.A.	JRM	NYSE
McDermott Inc $2.20 cm Cv A Pfd	MDEPrA	NYSE
McDermott Inc $2.60 cm Pfd	MDEPrB	NYSE
McDermott Intl	MDR	NYSE
McDonald & Co Invest	MDD	NYSE
McDonald's Corp	MCD	NYSE
McDonald's Corp 7.72% Dep Pfd	MCDPrE	NYSE
McDonald's Corp 8.35% 'QUIDS'	MCZ	NYSE
McDonnell Douglas	MD	NYSE
McFarland Energy	MCFE	NNM
McGrath RentCorp	MGRC	NNM
McGraw-Hill Companies	MHP	NYSE
MCI Communications	MCIC	NNM
McKesson Corp	MCK	NYSE
McM Corp	MCMC	NSC
McMoRan Oil & Gas	MOXY	NNM
MCN Corp	MCN	NYSE
MCN Corp 8.75%'PRIDES'	MCE	NYSE
MCN Mich L.P. 9.375% Pfd	MCNPrT	NYSE
McRae Indus Cv 'B'	MRI.B	AMEX
McRae Indus'A'	MRI.A	AMEX
McWhorter Technologies	MWT	NYSE
MDC Communication Cl'A'	MDQ	AMEX
MDL Information Sys	MDLI	NNM
MDT Corp	MDTC	NNM
MDU Resources Group	MDU	NYSE
Mead Corp	MEA	NYSE
Meadow Valley	MVCO	NNM
Meadow Valley Wrrt	MVCOW	NNM
Meadowbrook Insurance Grp	MIG	NYSE
Meadowbrook Rehab Grp'A'	MBRK	NNM
Measurement Specialties	MSS	AMEX
Measurex Corp	MX	NYSE
Mechanical Dynamics	MDII	NNM
Mecklermedia Corp	MECK	NNM
Mecon Inc	MECN	NNM
Med-Design Corp	MEDC	NSC
Med/Waste Inc	MWDS	NSC
Med/Waste Inc Wrrt'A'	MWDSW	NSC
Medalist Indus	MDIN	NNM
Medallion Financial	TAXI	NNM
Medamicus Inc	MEDM	NSC
Medaphis Corp	MEDA	NNM
Medar Inc	MDXR	NNM
Medarex Inc	MEDX	NNM

Issue	Ticker	Exchange
Medarex Inc Wrrt	MEDXW	NNM
MedCath Inc	MCTH	NNM
Medco Research	MRE	AMEX
Medcross Inc	MDCR	NSC
Medeva ADR	MDV	AMEX
Medeva plc	MDVL	LO
Medex Inc	MDEX	NNM
Medford Savings Bank	MDBK	NNM
Medgroup Inc Calif	MDGP	NSC
Media Arts Group	ARTS	NNM
Media General Cl'A'	MEG.A	AMEX
Media Logic	TST	AMEX
Medic Computer Systems	MCSY	NNM
Medical Action Industries	MDCI	NNM
Medical Device Technol	MEDD	NSC
Medical Dynamics	MEDY	NSC
Medical Graphics	MGCC	NNM
Medical Innovations	MIXX	NSC
Medical Polymers Tech	MPS	VS
Medical Resources	MRII	NNM
MedicalControl Inc	MDCL	NNM
MedicalControl Wrrt	MDCLW	NNM
Medicis Pharmaceutical 'A'	MDRX	NNM
Medicore,Inc	MDK	AMEX
Medicus Systems Softwr	MECS	NNM
MedImmune Inc	MEDI	NNM
MEDIQ Inc	MED	AMEX
MEDIQ Inc Cv Pfd	MEDPr	AMEX
Medis El Ltd	MDSLF	NSC
MediSense Inc	MSNS	NNM
Meditrust SBI	MT	NYSE
Mediware Information Sys	MEDW	NSC
Medmarco Inc	MDMC	NSC
Medmarco Inc Wrrt'A'	MDMCW	NSC
Medmarco Inc Wrrt'B'	MDMCZ	NSC
Mednet MPC	MMRX	NSC
MedPartners/Mullikin	MDM	NYSE
MedPlus Ohio	MEDP	NNM
MedQuist Inc	MEDQ	NNM
Medstone Intl	MEDS	NNM
Medtronic, Inc	MDT	NYSE
Medusa Corp	MSA	NYSE
Medwave Inc	MDWV	NSC
Megacards Inc	MEGX	NSC
Mego Financial	MEGO	NNM
Melamine Chemicals	MTWO	NNM
Mellon Bank Corp	MEL	NYSE
Mellon Bk 8.20% 'K' Pfd	MELPrK	NYSE
Mellon Bk 8.50% 'J'Pfd	MELPrJ	NYSE
Mellon Bk 9.60% 'I' Pfd	MELPrI	NYSE
Melville Corp	MES	NYSE
MEM Co	MEM	AMEX
MEMC Electronic Materials	WFR	NYSE
Memorex Telex ADS	MEMXY	NNM
Memtec Ltd ADS	MMTCY	NNM
Men's Wearhouse	SUIT	NNM
Menley & James Inc	MENJ	NSC
Mentor Corp	MNTR	NNM
Mentor Graphics	MENT	NNM
Mentor Income Fund	MRF	NYSE

Issue	Ticker	Exchange
MEPC Intl Cap 9.125%'QUIPS'	MUKPrA	NYSE
Mercantile Bancorp	MTL	NYSE
Mercantile Bankshares	MRBK	NNM
Mercantile Stores	MST	NYSE
Mercer Intl SBI	MERCS	NNM
Merchants Bancorp	MBIA	NNM
Merchants Bancshares (VT)	MBVT	NNM
Merchants Group	MGP	AMEX
Merchants NY Bancorp	MBNY	NNM
Merck & Co	MRK	NYSE
Mercury Air Group	MAX	AMEX
Mercury Finance	MFN	NYSE
Mercury General	MRCY	NNM
Mercury Interactive	MERQ	NNM
Meredith Corp	MDP	NYSE
Meridian Data	MDCD	NNM
Meridian Diagnostics	KITS	NNM
Meridian Industrial Trust	MDN	NYSE
Meridian Indl Tr Wrrt	MDN.WS	AMEX
Meridian Insurance Gp	MIGI	NNM
Meridian Natl	MRCO	NSC
Meridian Natl $3.75 Cv'B'Pfd	MRCOP	NSC
Meridian Natl Wrrt	MRCOZ	NSC
Meridian Natl Wrrt'A'	MRCOL	NSC
Meridian Point Rlty Tr 83	MPTBS	NNM
Meridian Point Rlty VIII	MPH	AMEX
Meridian Point Rlty VIII Pfd	MPHPr	AMEX
Meridian Sports	MSPO	NNM
Meridian Technologies	MNI	TS
Meris Laboratories	MERS	NNM
Merisel, Inc	MSEL	NNM
Merit Holding	MRET	NNM
Merit Medical Systems	MMSI	NNM
Meritrust Fed Svgs Bk Morgan	MERI	NSC
Merix Corp	MERX	NNM
Merrill Corp	MRLL	NNM
Merrill Lynch	MER	NYSE
Merrill Lynch 9% Sr'A'Dep Pfd	MERPrA	NYSE
Merrill Lyn 6.00%'STRYPES'	MCO	NYSE
Merrill Lyn 6.50%'STRYPES'	MML	NYSE
Merrill Lyn Euro 'MITTS"99	MEE	NYSE
Merrill Lyn Gl Tel'MITTS"98	MLC	NYSE
Merrill Lynch & Co'MITTS' 2001	MIX	NYSE
Merrill Lynch & Co'MITTS'97	MIT	NYSE
Merrill Lynch & Co'MITTS'98	MIE	NYSE
Merrimac Industries	MRM	AMEX
Merry Land & Invest	MRY	NYSE
Merry Land & Inv Sr'A'Cv Pfd	MRYPr	NYSE
Merry Land & Inv Sr'C'Cv Pfd	MRYPrC	NYSE
Mesa Air Group	MESA	NNM
Mesa Inc	MXP	NYSE
Mesa Laboratories	MLAB	NNM
Mesa Royalty Tr UBI	MTR	NYSE
Mesaba Holdings	MAIR	NNM
Mesabi Tr Ctfs SBI	MSB	NYSE
Mestek Inc	MCC	NYSE
Met-Coil Systems	METS	NSC
Met-Ed Capital L.P.'MIPS'	MTTPrZ	NYSE
Met-Pro Corp	MPR	AMEX
META Group	METG	NNM

Issue	Ticker	Exchange
Meta-Software	MESW	NNM
Metal Management	MTLM	NNM
Metalclad Corp	MTLC	NSC
Metatec Corp	META	NNM
MetaTools Inc	MTLS	NNM
Methanex Corp	MEOHF	NNM
Methode Electronics'A'	METHA	NNM
Methode Electronics'B'	METHB	NNM
Metra Biosystems	MTRA	NNM
Metricom Inc	MCOM	NNM
Metro Global Media	MGMA	NSC
Metro Tel Corp	MTRO	NSC
MetroBanCorp	METB	NSC
Metrocall Inc	MCLL	NNM
MetroGas S.A. Cl'B'ADS	MGS	NYSE
Metrologic Instruments	MTLG	NNM
Metromedia Intl Grp	MMG	AMEX
Metropol Ed 3.90% cm Pfd	MTTPrC	NYSE
Metropolitan Bancorp	MSEA	NNM
Metropolitan Realty	MET	AMEX
Metrotrans Corp	MTRN	NNM
Mexico Eqty & Income Fd	MXE	NYSE
Mexico Fund	MXF	NYSE
Meyer (Fred) Inc	FMY	NYSE
MFB Corp	MFBC	NNM
MFRI, Inc	MFRI	NNM
MFS Charter Income Tr	MCR	NYSE
MFS Communications	MFST	NNM
MFS Commun 8% Cv Dep'A'Pfd	MFSTP	NNM
MFS Gvt Mkts Income Tr	MGF	NYSE
MFS Interm Income SBI	MIN	NYSE
MFS Multimkt Income	MMT	NYSE
MFS Municipal Inc Tr	MFM	NYSE
MFS Special Value Trust	MFV	NYSE
MGI PHARMA, Inc	MOGN	NNM
MGI Properties	MGI	NYSE
MGIC Investment	MTG	NYSE
MGM Grand	MGG	NYSE
MHM Services	MHM	AMEX
Miami Subs	SUBS	NNM
Michael Anthony Jewelers	MAJ	AMEX
Michael Foods	MIKL	NNM
Michaels J	MICH	NSC
Michaels Stores	MIKE	NNM
Michigan Finl Corp	MFCB	NNM
MICOM Communications	MICM	NNM
Micrel Inc	MCRL	NNM
Micrion Corp	MICN	NNM
Micro Bio-Medics	MBMI	NNM
Micro Component Tech	MCTI	NSC
Micro Focus Grp ADS	MIFGY	NNM
Micro General	MGEN	NSC
Micro Linear	MLIN	NNM
Micro Warehouse	MWHS	NNM
Micro-Integration	MINT	NNM
MicroAge Inc	MICA	NNM
Microchip Technology	MCHP	NNM
Microcide Pharmaceuticals	MCDE	NNM
Microcom Inc	MNPI	NNM
Microdyne Corp	MCDY	NNM

Issue	Ticker	Exchange
Microelectronic Packaging	MPIX	NNM
Microfield Graphics	MICG	NSC
Microfluidics International	MFIC	NNM
Microframe Inc	MCFR	NSC
Micrografx Inc	MGXI	NNM
Microleague Multimedia	MLMI	NSC
Microleague Multimedia Wrrt	MLMIW	NSC
Microlog Corp	MLOG	NNM
Micron Electronics	MUEI	NNM
Micron Technology	MU	NYSE
Micronetics Wireless	NOIZ	NSC
Micronics Computers	MCRN	NNM
MICROS Systems	MCRS	NNM
Micros To Mainframes	MTMC	NNM
Microsemi Corp	MSCC	NNM
Microsoft Corp	MSFT	NNM
Microtek Medical	MTMI	NNM
Microtel Franchise&Development	MCTL	NSC
Microtel Intl	MOL	AMEX
Microtest Inc	MTST	NNM
MicroTouch Systems	MTSI	NNM
Microwave Filter	MFCO	NSC
Microwave Power Devices	MPDI	NNM
Microwave Systems	MWAR	NNM
Mid Am Inc	MIAM	NNM
Mid Am $1.8125 Cv'A'Pfd	MIAMP	NNM
Mid Atlantic Medical Svcs	MME	NYSE
Mid Continent Bancshares	MCBS	NNM
Mid Ocean Ltd	MOC	NYSE
Mid-Amer Apart Communities	MAA	NYSE
Mid-America Bancorp	MAB	AMEX
Mid-America Realty Inv	MDI	NYSE
Mid-American Waste Sys	MAW	NYSE
Mid-Atlantic Realty Trust	MRR	AMEX
Mid-Coast Bancorp	MCBN	NSC
Mid-Iowa Finl	MIFC	NSC
Mid-States plc ADS	MSADY	NNM
Mid-West Spring Mfg	MWSSE	NSC
MidAmerican Energy	MEC	NYSE
MidAmer Energy $1.7375 Pfd	MECPr	NYSE
MIDCOM Communications	MCCI	NNM
MidConn Bank	MIDC	NNM
Middle Bay Oil	MBOC	NSC
Middleby Corp	MIDD	NNM
Middlesex Water	MSEX	NNM
Midisoft Corp	MIDI	NNM
Midland Bank A1/A2 UnitADS	MIBPrA	NYSE
Midland Bank B1/B2 Unit ADS	MIBPrB	NYSE
Midland Bank C1/C2 Unit ADS	MIBPrC	NYSE
Midland Co	MLA	AMEX
Midland Financial Group	MDLD	NNM
Midland Resources	MRIX	NSC
Midland Res Inc Wrrt	MRIXZ	NSC
MidSouth Bancorp	MSL	AMEX
MidSouth Bancorp Sr'A'Cv Pfd	MSLPr	AMEX
Midwest Bancshares Del	MWBI	NSC
Midwest Express Holdings	MEH	NYSE
Midwest Fed Finl	MWFD	NSC
Midwest Grain Products	MWGP	NNM
Midwest R.E.Shop'g Ctr L.P.	EQM	NYSE

Issue	Ticker	Exchange
Mikasa Inc	MKS	NYSE
Mikohn Gaming	MIKN	NNM
Mikron Instr	MIKR	NSC
Miles Homes	MIHO	NNM
Milestone Properties	MPI	NYSE
Milestone Properties Cv $0.78Pfd	MPIPrA	NYSE
Milgray Electronics	MGRY	NNM
Millennium Pharmaceuticals	MLNM	NNM
Miller (Herman)	MLHR	NNM
Miller Building Sys	MTIK	NNM
Miller Industries	MLR	NYSE
Millicom Intl Cellular S.A.	MICCF	NNM
Millipore Corp	MIL	NYSE
Mills Corp	MLS	NYSE
Milton Federal Financial	MFFC	NNM
Miltope Group	MILT	NNM
Milwaukee Land	MWK	AMEX
MindSpring Enterprises	MSPG	NNM
Mine Safety Appl	MNES	NNM
Minerals Technologies	MTX	NYSE
MiniMed Inc	MNMD	NNM
Mining Svcs Intl	MSIX	NSC
Minnesota Brewing	MBRW	NSC
Minnesota Min'g/Mfg	MMM	NYSE
Minnesota Muni Inc Portfolio	MXA	AMEX
Minnesota Muni Term Tr-II	MNB	AMEX
Minnesota Muni Term Trust	MNA	NYSE
Minnesota Pwr & Lt	MPL	NYSE
MP&L Cap I 8.05% 'QUIPS'	MPLPr	NYSE
Minn Pwr & Lt 5% cm Pfd	MPLPrA	AMEX
Minntech Corp	MNTX	NNM
Minorco ADR	MNRCY	NSC
Minuteman Int'l	MMAN	NNM
Mirage Resorts	MIR	NYSE
Miramar Mining	MAENF	NNM
Misonix Inc	MSON	NSC
Misonix Inc Wrrt	MSONW	NSC
Mission Capital 8.50% 'MIPS'	MEPrB	NYSE
Mission Capital 9.875%'MIPS'	MEPrA	NYSE
Mission West Prop	MSW	AMEX
Mississippi Chemical	MISS	NNM
Mississippi Pwr 6.32% Dep Pfd	MPPrC	NYSE
Mississippi Pwr 6.65% Dep Pfd	MPPrB	NYSE
Mississippi Pwr 7.25% Dep Pfd	MPPrA	NYSE
Mississippi Valley Bancshares	MVBI	NNM
Mississippi View Holding	MIVI	NSC
Mitcham Indus	MIND	NNM
Mitchell Energy/Dev'A'	MND A	NYSE
Mitchell Energy/Dev'B'	MND B	NYSE
Mitek Systems	MITK	NSC
Mitel Corp	MLT	NYSE
Mitsui & Co ADR	MITSY	NNM
Mity-Lite Inc	MITY	NNM
Mizar Inc	MIZR	NNM
MK Gold	MKAU	NNM
MK Rail	MKRL	NNM
MLF Bancorp	MLFB	NNM
MLX Corp	MLXR	NNM
MMI Companies	MMI	NYSE
MNB Bancshares	MNBB	NSC

Issue	Ticker	Exchange
Mobil Corp	MOB	NYSE
Mobile America	MAME	NSC
Mobile Gas Service	MBLE	NNM
Mobile Mini	MINI	NNM
Mobile Mini Wrrt	MINIW	NSC
Mobile Telecommun Tech	MTEL	NNM
MobileMedia Corp	MBLM	NNM
ModaCAD Inc	MODA	NSC
ModaCAD Inc Wrrt	MODAW	NSC
Modern Controls	MOCO	NNM
Modern Medl Modalities	MODM	NSC
Modern Med Modalities Wrrt'A'	MODMW	NSC
Modern Med Modalities Wrrt'B'	MODMZ	NSC
Modine Mfg	MODI	NNM
Modtech Inc	MODT	NNM
Mohawk Industries	MOHK	NNM
Molecular Biosystems	MB	NYSE
Molecular Devices	MDCC	NNM
Molecular Dynamics	MDYN	NNM
Molex Inc	MOLX	NNM
Molex Inc'A'	MOLXA	NNM
Molson Cos Cl'A'	MOL.A	TS
Molson Cos Cl'B'	MOL.B	TS
Molten Metal Technology	MLTN	NNM
Monaco Coach	MCCO	NNM
Monaco Finance'A'	MONFA	NNM
Monarch Avalon	MAHI	NNM
Monarch Casino & Resort	MCRI	NNM
Monarch Mach Tool	MMO	NYSE
Money Store	MONE	NNM
Monmouth Capital	MONM	NSC
Monmouth R.E. Inv Cl'A'	MNRTA	NNM
Monongah Power 4.50%cm C Pfd	MPNPrC	AMEX
Monongahela Pwr 4.4% Pfd	MPNPrA	AMEX
Monongahela Pwr 8% 'QUIDS'	WVQ	NYSE
Monro Muffler Brake	MNRO	NNM
Monroc Inc	MROC	NNM
Monsanto Co	MTC	NYSE
Montana Power	MTP	NYSE
Montedison S p A ADS	MNT	NYSE
Montedison Bearer Svg Pfd ADS	MNTPr	NYSE
Monterey Bay Bancorp	MBBC	NNM
Monterey Pasta	PSTA	NNM
Montgomery St Inc Sec	MTS	NYSE
Moog Cl'A'	MOG.A	AMEX
Moog, Inc Cl'B'	MOG.B	AMEX
Moore Corp Ltd	MCL	NYSE
Moore Medical Corp	MMD	AMEX
Moore Products	MORP	NNM
Moore-Handley,Inc	MHCO	NNM
Moovies Inc	MOOV	NNM
Morgan (J.P.)	JPM	NYSE
Morgan Finl (Del)	MORG	NSC
Morgan Funshares	MFUN	NSC
Morgan Grenfell Smallcap	MGC	NYSE
Morgan Group	MG	AMEX
Morgan Keegan Inc	MOR	NYSE
Morgan Products Ltd	MGN	NYSE
Morgan Stan Fin 7.80% Cp Uts	MSZ	NYSE
Morgan Stan Fin 7.82% Cp Uts	MSU	NYSE

Issue	Ticker	Exchange
Morgan Stan Fin 8.20% Cp Uts	MSP	NYSE
Morgan Stan Fin 8.40% Cp Uts	MSE	NYSE
Morgan Stan Fin 9% Cp Uts	MSV	NYSE
Morgan Stan Global Opt Bd Fd	MGB	NYSE
Morgan StanGp 6%Telebras'PERQS'	TBM	AMEX
Morgan StanGp 6.00%Tele'PERQS'	MXT	AMEX
Morgan StanGp 6.50% IGT'PERQS'	IGS	AMEX
Morgan StanGp 7%CiscoSy'PERQS'	XPC	AMEX
Morgan Stanley Group	MS	NYSE
Morgan Stanley 7.375% Dep Pfd	MSPrD	NYSE
Morgan Stanley 8.75% Dep Pfd	MSPrC	NYSE
Morgan Stanley 8.88% Dep Pfd	MSPrB	NYSE
Morgan Stanley 9.36% Pfd	MSPr	NYSE
Morgan Stanley Africa Inv Fd	AFF	NYSE
Morgan Stanley Asia-Pac Fund	APF	NYSE
Morgan Stanley Emer'g Mkt Debt	MSD	NYSE
Morgan Stanley Emerging Mkt	MSF	NYSE
Morgan Stanley Hi Yld Fd	MSY	NYSE
Morgan Stanley India Inv Fd	IIF	NYSE
Morgan's Foods	MR	AMEX
Morgan(JP) Adj Rt A Pfd	JPMPrA	NYSE
Morgan(JP)6.625% Dep'H'Pfd	JPMPrH	NYSE
Morningstar Group	MSTR	NNM
Morrison Fresh Cooking	MFC	NYSE
Morrison Health Care	MHI	NYSE
Morrison Knudsen	MRN	NYSE
Morrow Snowboards	MRRW	NNM
Morton International	MII	NYSE
Morton's Restaurant Group	MRG	NYSE
MOSCOM Corp	MSCM	NNM
Mosinee Paper	MOSI	NNM
Mossimo Inc	MGX	NYSE
Mothers Work	MWRK	NNM
Moto Photo	MOTO	NSC
Motor Club of Amer	MOTR	NNM
Motorcar Parts & Accessories	MPAA	NNM
Motorola, Inc	MOT	NYSE
MotorVac Technologies	MVAC	NSC
Mountain Parks Fin'l	MPFC	NNM
Mountain Province Mining	MPVIF	NSC
Mountasia Entertainment	FUNN	NNM
Mountbatten Inc	MTBN	NNM
Movado Group	MOVA	NNM
Movie Gallery	MOVI	NNM
Movie Star Inc	MSI	AMEX
MovieFone Cl'A'	MOFN	NNM
Moxham Bank	MOXB	NSC
Moyco Technologies	MOYC	NNM
MPM Technologies	MPMLE	NSC
MPSI Systems	MPSI	NSC
MPTV Inc	MPTV	NSC
Mr Jay Fashions Intl	MRJY	NSC
MRS Technology	MRSI	NNM
MRV Communications	MRVC	NNM
MS Financial	MSFI	NNM
MSB Bancorp	MSBB	NNM
MSB Financial	MSBF	NSC
MSC Industrial Direct'A'	MSM	NYSE
MSR Exploration	MSR	AMEX
MTI Technology	MTIC	NNM

Issue	Ticker	Exchange
MTL Inc	MTLI	NNM
MTS Systems	MTSC	NNM
Mueller (Paul) Co	MUEL	NNM
Mueller Industries	MLI	NYSE
Multi-Color Corp	LABL	NNM
Multi-Corp	MCUAF	NSC
Multi-Media Tutorial	MMTS	NSC
Multi-Media Tutorial Wrrt	MMTSW	NSC
Multi-Mkt Radio'A'	RDIOA	NNM
Multi-Mkt Radio Wrrt'A'	RDIOW	NNM
Multi-Mkt Radio Wrrt'B'	RDIOZ	NNM
Multicare Cos	MUL	NYSE
MultiMedia Concepts Intl	MMCI	NSC
MultiMedia Concepts Intl Wrrt	MMCIW	NSC
Multimedia Games	MGAM	NSC
Muniassets Fund	MUA	NYSE
Municipal Advantage Fund	MAF	NYSE
Municipal High Income Fd	MHF	NYSE
Municipal Income Opp Tr	OIA	NYSE
Municipal Income Opp Tr II	OIB	NYSE
Municipal Income Opp Tr III	OIC	NYSE
Municipal Income Trust	TFA	NYSE
Municipal Income Trust II	TFB	NYSE
Municipal Income Trust III	TFC	NYSE
Municipal Partners Fund	MNP	NYSE
Municipal Partners Fund II	MPT	NYSE
Municipal Prem Income Tr	PIA	NYSE
MuniEnhanced Fund	MEN	NYSE
MuniInsured Fund	MIF	AMEX
MuniVest CA Insured Fund	MVC	NYSE
MuniVest Florida Fund	MVS	NYSE
MuniVest Fund	MVF	AMEX
MuniVest Fund II	MVT	NYSE
MuniVest MI Insured Fund	MVM	NYSE
MuniVest NJ Fund	MVJ	NYSE
MuniVest NY Insured Fund	MVY	NYSE
MuniVest PA Insured Fund	MVP	NYSE
MuniYield Arizona Fund	MZA	AMEX
MuniYield CA Insured Fund	MIC	NYSE
MuniYield CA Insured Fund II	MCA	NYSE
MuniYield California Fund	MYC	NYSE
MuniYield FL Insured Fund	MFT	NYSE
MuniYield Florida Fund	MYF	NYSE
MuniYield Fund	MYD	NYSE
MuniYield Insured Fund	MYI	NYSE
MuniYield Insured Fund II	MTI	NYSE
MuniYield MI Insured Fund	MIY	NYSE
MuniYield Michigan Fund	MYM	NYSE
MuniYield New Jersey Fund	MYJ	NYSE
MuniYield NJ Insured Fund	MJI	NYSE
MuniYield NY Insured Fund	MYN	NYSE
MuniYield NY Insured Fund II	MYT	NYSE
MuniYield NY Insured Fund III	MYY	NYSE
MuniYield Pennsylvania Fund	MPA	NYSE
MuniYield Quality Fund	MQY	NYSE
MuniYield Quality Fund II	MQT	NYSE
Munsingwear Inc	MUN	NYSE
Murphy Oil	MUR	NYSE
Musicland Stores	MLG	NYSE
Mustang Software	MSTG	NNM

Issue	Ticker	Exchange
Mutual Bancompany	MFSB	NSC
Mutual Risk Management	MM	NYSE
Mutual Savings Bank	MSBK	NNM
MVSI Inc	MVSI	NSC
MVSI Inc Wrrt'A'	MVSIW	NSC
Mycogen Corp	MYCO	NNM
Myers Indus	MYE	AMEX
Mylan Labs	MYL	NYSE
Mylex Corp	MYLX	NNM
MYR Group	MYR	NYSE
Myriad Genetics	MYGN	NNM
MySoftware Co	MYSW	NNM
N-Viro International	NVIC	NSC
n-Vision Inc	NVSN	NSC
n-Vision Inc Wrrt	NVSNW	NSC
N.Y. State E&G 7.40% Pfd	NGEPrE	NYSE
N.Y. State E&G Adj Rt B Pfd	NGEPrD	NYSE
N.Y. State E&G, 3.75% Pfd	NGEPr	NYSE
NAB Asset Corp	NABC	NSC
NABI Inc	NABI	NNM
Nabisco Holdings'A'	NA	NYSE
Nabors Industries	NBR	AMEX
NAC Re Corp	NRC	NYSE
NACCO Indus Inc Cl'A'	NC	NYSE
NAI Technologies	NATL	NNM
NAL Financial Group	NALF	NNM
Nalco Chemical	NLC	NYSE
Nam Tai Electronics	NTAIF	NNM
Nanometrics Inc	NANO	NNM
Nantucket Indus	NAN	AMEX
Napco Security Sys	NSSC	NNM
NaPro BioTherapeutics	NPRO	NSC
Napro Biotherapeutics Wrrts	NPROW	NSC
Nash Finch Co	NAFC	NNM
Nashua Corp	NSH	NYSE
Nashville Country Club	NCCI	NSC
Nashville Country Club Wrrt	NCCIW	NSC
Nastech Pharmaceutical	NSTK	NSC
Nastech Pharmaceutical Wrrt	NSTKW	NSC
Nathan's Famous	NATH	NNM
Nations Bal Target Mat Fd	NBM	NYSE
Nations Gvt Inc Term Tr 2003	NGI	NYSE
Nations Gvt Inc Term Tr 2004	NGF	NYSE
NationsBank Corp	NB	NYSE
Nationwide Health Prop	NHP	NYSE
Natl Australia Bk ADR	NAB	NYSE
Natl Auto Credit	NAK	NYSE
Natl Bancorp(AK)	NBAK	NNM
Natl Bancshares Texas	NBT	AMEX
Natl Beverage	FIZ	AMEX
Natl Bk of Canada	NA	MS
Natl Capital Mgmt	NCMC	NNM
Natl City Bancorp'n	NCBM	NNM
Natl City Bancshares	NCBE	NNM
Natl City Corp	NCC	NYSE
Natl Commerce Bancorp	NCBC	NNM
Natl Computer Sys	NLCS	NNM
Natl Data	NDC	NYSE
Natl Dentex	NADX	NNM
Natl Diagnostics	NATD	NSC

Issue	Ticker	Exchange
National Diagnostics Wrrt	NATDW	NSC
Natl Education	NEC	NYSE
Natl Energy Group'A'	NEGX	NNM
National Environmental Svc	NESC	NSC
Natl Fuel Gas	NFG	NYSE
Natl Gas & Oil	NLG	AMEX
Natl Golf Properties	TEE	NYSE
National Gypsum Wrrt	NGCOW	NNM
Natl Health Enhancement Sys	NHES	NSC
Natl Health Investors	NHI	NYSE
Natl Hlth Inv 8.50%Cv Pfd	NHIPr	NYSE
Natl Healthcare L.P.	NHC	AMEX
Natl Home Centers	NHCI	NNM
Natl Home Health Care	NHHC	NNM
Natl Inc Rlty Tr SBI	NIRTS	NNM
Natl Instruments	NATI	NNM
Natl Insurance Group	NAIG	NNM
Natl Lodging	NALC	NNM
Natl Media Corp	NM	NYSE
Natl Medical Finl Svcs	NMFS	NNM
Natl Mercantile Bancorp	MBLA	NNM
Natl Patent Devel	NPD	AMEX
Natl Penn Bancshares	NPBC	NNM
Natl Picture & Frame Co	NPAF	NNM
Natl Power plc	NATP	LO
Natl Power PLC ADS	NP	NYSE
Natl Power PLC Interim ADS	NP.PP	NYSE
Natl Presto Indus	NPK	NYSE
Natl R.V.Holdings	NRVH	NNM
Natl Re Corp	NRE	NYSE
Natl Realty L.P.	NLP	AMEX
Natl Record Mart	NRMI	NNM
Natl Registry	NRID	NSC
Natl Sanitary Supply	NSSX	NNM
Natl Security Group	NSEC	NNM
Natl Semiconductor	NSM	NYSE
Natl Service Indus	NSI	NYSE
National Secs	NATS	NSC
Natl-Standard	NSD	NYSE
Natl Steel 'B'	NS	NYSE
Natl Surgery Centers	NSCI	NNM
Natl Technical Sys	NTSC	NNM
Natl TechTeam Inc	TEAM	NNM
National Tire Svcs	NTSI	NSC
Natl Vision Associates	NVAL	NNM
Natl Western Life Ins'A'	NWLIA	NNM
Natl Westminster Bk Ex Cap Sec	NWXPrA	NYSE
Natl Westminster ADS	NW	NYSE
Natl Westminster Pref'A' ADS	NWPrA	NYSE
Natl Westminster Pref'B'ADS	NWPrB	NYSE
Natl Wireless Hldgs	NWIR	NSC
Natural Alternatives Intl	NAI	AMEX
Natural Health Trends Wrrt'A'	NHTCW	NSC
Natural Health Trends Wrrt'B'	NHTCZ	NSC
Natural Microsystems	NMSS	NNM
Natural Wonders	NATW	NNM
Nature's Sunshine Prod	NATR	NNM
Nautica Enterprises	NAUT	NNM
Navarre Corp	NAVR	NNM
Navigators Group	NAVG	NNM

Issue	Ticker	Exchange
Navistar Intl	NAV	NYSE
Navistar Intl $6 cm Cv Pfd	NAVPrG	NYSE
Navistar Intl Cv Jr D Pref	NAVPrD	NYSE
NBT Bancorp	NBTB	NNM
NBTY Inc	NBTY	NNM
NCH Corp	NCH	NYSE
NCI Building Systems	BLDG	NNM
NCS HealthCare 'A'	NCSS	NNM
NEC Corp ADR	NIPNY	NNM
Neiman-Marcus Group	NMG	NYSE
Nellcor Puritan Bennett	NELL	NNM
Nematron Corp	NEMA	NSC
Neogen Corp	NEOG	NNM
Neopath Inc	NPTH	NNM
Neopharm Inc	NPRM	NSC
Neopharm Inc Wrrt	NPRMW	NSC
Neoprobe Corp	NEOP	NNM
Neoprobe Corp Wrrt'E'	NEOPW	NNM
NeoRx Corp	NERX	NNM
NeoRx $2.4375 Cv Exch Pfd	NERXP	NSC
Neorx Corp Wrrt	NERXW	NNM
Neose Technologies	NTEC	NNM
NeoStar Retail Group	NEOS	NNM
Nera AS ADS	NERAY	NNM
NETCOM On-Line Comm Svcs	NETC	NNM
NetFRAME Systems	NETF	NNM
NetManage Inc	NETM	NNM
Netrix Corp	NTRX	NNM
Netscape Communications	NSCP	NNM
NetStar Inc	NTSR	NNM
Netter Digital Entertainment	NETT	NSC
Netter Digital Entm't Wrrt	NETTW	NSC
NetVantage Inc 'A'	NETVA	NSC
NetVantage Inc Unit	NETVU	NSC
NetVantage Inc Wrrt'A'	NETVW	NSC
NetVantage Inc Wrrt'B'	NETVZ	NSC
Network Appliance	NTAP	NNM
Network Computing Devices	NCDIE	NNM
Network Connection	TNCX	NSC
Network Connection Wrrt	TNCXW	NSC
Network Equip Tech	NWK	NYSE
Network Event Theater	NETS	NSC
Network Event Theater Wrrt	NETSW	NSC
Network Express	NETK	NNM
Network General	NETG	NNM
Network Imaging	IMGX	NNM
Network Imaging $2.00 Cv Pfd	IMGXP	NNM
Network Imaging Wrrt	IMGXW	NNM
Network Long Distance	NTWK	NSC
Network Peripherals	NPIX	NNM
Network Six	NWSS	NNM
Neurex Corp	NXCO	NNM
Neurobiological Tech	NTII	NNM
Neurocrine Biosciences	NBIX	NNM
Neurogen Corp	NRGN	NNM
Neuromedical Systems	NSIX	NNM
Nevada Energy	NNRGA	NSC
Nevada Power	NVP	NYSE
New Age Media Fund	NAF	NYSE
New Amer Hi Income Fd	HYB	NYSE

Issue	Ticker	Exchange
New Brunswick Scient	NBSC	NNM
New Dimension Software	DDDDF	NNM
New England Bus Svc	NEB	NYSE
New England Comm Bancorp'A'	NECB	NNM
New England El Sys	NES	NYSE
New England Inv Cos L.P.	NEW	NYSE
New England Rlty Assoc L.P.	NEWRZ	NSC
New Germany Fund	GF	NYSE
New Hampshire Thrift	NHTB	NNM
New Horizon Kids Quest	KIDQ	NSC
New Iberia Bancorp	NIB	AMEX
New Image Industries	NIIS	NNM
New Jersey Resources	NJR	NYSE
New Jersey Steel	NJST	NNM
New Mexico/Ariz Land	NZ	AMEX
New Milford Bk & Tr Conn	NMBT	NSC
New Paradigm Sftwr	NPSC	NSC
New Paradigm Software Wrrt	NPSCW	NSC
New Plan Rlty Tr SBI	NPR	NYSE
New South Africa Fund	NSA	NYSE
New West Eyeworks	NEWI	NSC
New World Coffee	NWCI	NNM
New World Communic Grp'A'	NWCG	NNM
New World Power	NWPCE	NNM
New York Bancorp	NYB	NYSE
New York State E&G	NGE	NYSE
New York Tax Exempt Income	XTX	AMEX
New York Times Cl'A'	NYT.A	AMEX
Newberry Bancorp	NEWB	NSC
Newbridge Networks	NN	NYSE
NewCare Health	NWCA	NSC
Newcor Inc	NEWC	NNM
Newell Co	NWL	NYSE
Newfield Exploration	NFX	NYSE
Newhall Land/Farming	NHL	NYSE
NewMil Bancorp	NMSB	NNM
Newmont Gold	NGC	NYSE
Newmont Mining	NEM	NYSE
Newnan Svgs Bank FSB	NFSL	NNM
Newpark Resources	NR	NYSE
Newport Corp	NEWP	NNM
News Communications	NCOM	NSC
News Corp Ltd ADS	NWS	NYSE
News Corp Ltd Pfd ADS	NWSPr	NYSE
Newscp Overseas Ltd Adj Pref	NOPPrB	NYSE
Newscp Overseas Ltd Pref	NOPPrA	NYSE
NeXstar Pharmaceuticals	NXTR	NNM
NEXTEL Communic'ns'A'	CALL	NNM
NextHealth Inc	NEXT	NNM
Nexus Telecommns Sys Ltd	NXUSF	NSC
Nexus Telecomm Sys Wrrt	NXULF	NSC
Nexus Telecommuns Sys Wrrt'A'	NXUWF	NSC
Nexus Telecommuns Sys Wrrt'B'	NXUZF	NSC
NFC plc ADS	NFC	AMEX
NFO Research	NFOR	NNM
NGC Corp	NGL	NYSE
NHP Inc	NHPI	NNM
NHS Financial	NHSL	NNM
Niagara Corp	NIAG	NNM
Niagara Corp Wrrt	NIAGW	NNM

Issue	Ticker	Exchange
Niagara Mohawk Pwr	NMK	NYSE
Niag Moh Pwr 3.40% Pfd	NMKPrA	NYSE
Niag Moh Pwr 3.60% Pfd	NMKPrB	NYSE
Niag Moh Pwr 3.90% Pfd	NMKPrC	NYSE
Niag Moh Pwr 4.10% Pfd	NMKPrD	NYSE
Niag Moh Pwr 4.85% Pfd	NMKPrE	NYSE
Niag Moh Pwr 5.25% Pfd	NMKPrG	NYSE
Niag Moh Pwr 6.10% Pfd	NMKPrH	NYSE
Niag Moh Pwr 7.72% Pfd	NMKPrI	NYSE
Niagara Moh Pwr 9.50% Pfd	NMKPrM	NYSE
Niagara Moh Pwr Adj Rt A Pfd	NMKPr	NYSE
Niagara Mohawk Pwr Adj C Pfd	NMKPrK	NYSE
NICE-Systems ADR	NICEY	NNM
Nichols Research	NRES	NNM
Nicollet Process Engr	NPET	NSC
NICOR Inc	GAS	NYSE
NII Norsat Intl	NSATF	NSC
NIKE, Inc Cl'B'	NKE	NYSE
Nimbus CD Intl	NMBS	NNM
Nine West Group	NIN	NYSE
99(Cents) Only Stores	NDN	NYSE
Nippon Tel & Tel ADS	NTT	NYSE
NIPSCO Cap Mkt 7.75% Debt Sec	NIC	NYSE
NIPSCO Industries	NI	NYSE
Nissan Motor Co ADR	NSANY	NSC
Nitches Inc	NICH	NNM
NL Industries, Inc	NL	NYSE
NMR of America	NMRR	NNM
NN Ball & Roller	NNBR	NNM
Northern States Pwr	NSP	NYSE
No'n St Pwr Minn,$3.60 Pfd	NSPPrA	NYSE
No'n St Pwr Minn,$4.08 Pfd	NSPPrB	NYSE
No'n St Pwr Minn,$4.10 Pfd	NSPPrC	NYSE
No'n St Pwr Minn,$4.11 Pfd	NSPPrD	NYSE
No'n St Pwr Minn,$4.16 Pfd	NSPPrE	NYSE
No'n St Pwr Minn,$4.56 Pfd	NSPPrG	NYSE
No'n St Pwr Minn,$6.80 Pfd	NSPPrH	NYSE
No'n St Pwr Minn,$7.00 Pfd	NSPPrI	NYSE
Nobel Ed Dynamics	NEDI	NSC
Nobel Insurance	NOBLF	NNM
Nobility Homes	NOBH	NNM
Noble Affiliates	NBL	NYSE
Noble Drilling Corp	NE	NYSE
Noble Drilling $1.50 Cv Pfd	NEPr	NYSE
Noble Romans	NROM	NSC
Noel Group	NOEL	NNM
Noise Cancellation Tech	NCTI	NNM
Nokia Corp ADS	NOK.A	NYSE
Noland Co	NOLD	NNM
Noodle Kidoodle	NKID	NNM
Nooney Realty Trust	NRTI	NNM
Nor'Wester Brewing	ALES	NNM
NorAm Energy	NAE	NYSE
Noram Energy $3 Cv Ex A Pfd	NAEPrA	NYSE
Norand Corp	NRND	NNM
Noranda Inc	NOR	TS
Nord Pacific Ltd ADR	NORPY	NNM
Nord Resources	NRD	NYSE
Nordic Amer Tanker Ship Wrrt	NAT WS	AMEX
Nordson Corp	NDSN	NNM

Issue	Ticker	Exchange
Nordstrom, Inc	NOBE	NNM
Norex America	NXA	AMEX
Norfolk Southern	NSC	NYSE
NorfolkSo'nRy$2.60cmPfd	NSRPr	NYSE
Norland Medical Systems	NRLD	NNM
Norrell Corp	NRL	NYSE
Norris Communications	NORRF	NSC
Norsk Hydro A.S. ADS	NHY	NYSE
Norstan, Inc	NRRD	NNM
Nortech Systems	NSYS	NNM
Nortek Inc	NTK	NYSE
Nortel Inversora 10%'MEDS'	NRT	NYSE
North Amer Palladium	PDLCF	NSC
North Amer Svgs Bk	NASB	NSC
North Amer Technologies Group	NATK	NSC
North American Mtge	NAC	NYSE
North American Vaccine	NVX	AMEX
North Bancshares	NBSI	NNM
North Carolina Nat Gas	NCG	NYSE
North Central Bancshares	FFFD	NNM
North Coast Energy	NCEB	NSC
North Coast Energy Cv'B'Pfd	NCEBP	NSC
North Coast Energy Wrrt	NCEBW	NSC
North Coast Life Ins Cv'A'Pfd	NCLIP	NSC
North East Insurance	NEIC	NSC
North Europn Oil Rty Tr	NET	NYSE
North Fork Bancorp	NFB	NYSE
North Lily Mining	NLMC	NSC
North Side Savings Bank	NSBK	NNM
North Star Universal	NSRU	NNM
North'n Ind Pub Sv Adj Rt A Pfd	NIPrA	NYSE
North'n Ind Pub Sv,4 1/4%cmPfd	NIPr	AMEX
Northeast Indiana Banc	NEIB	NNM
Northeast Utilities	NU	NYSE
Northeast Utils Wrrt	NUWTW	NSC
Northern Bk Comm Ore	NBOC	NSC
Northern Border Ptnrs L.P.	NBP	NYSE
Northern States Finl	NSFC	NSC
Northern Technol Intl	NTI	AMEX
Northern Telecom Ltd	NT	NYSE
Northern Trust	NTRS	NNM
Northfield Laboratories	NFLD	NNM
Northgate Explor	NGX	NYSE
Northland Cranberries'A'	CBRYA	NNM
Northrim Bank	NRIM	NNM
Northrop Grumman	NOC	NYSE
Northstar Computer Forms	NSCF	NNM
Northstar Health Svcs	NSTRE	NNM
Northwest Airlines'A'	NWAC	NNM
Northwest Equity Corp	NWEQ	NSC
Northwest Natural Gas	NWNG	NNM
Northwest Pipe	NWPX	NNM
Northwest Savings Bank	NWSB	NNM
Northwest Teleprod'ns	NWTL	NNM
Northwestern Pub Svc	NPS	NYSE
NWPS Cap Fin 8.125% Tr Sec 1	NPSPrA	NYSE
Northwestern Steel & Wire	NWSW	NNM
Norton McNaughton	NRTY	NNM
Norwalk Savings Society	NSSY	NNM
Norwest Corp	NOB	NYSE

Issue	Ticker	Exchange
Norwich Financial	NSSB	NNM
Norwood Promotional Prd	NPPI	NNM
NOVA Corp	NIS	NYSE
NOVA Corp(Cda)	NVA	NYSE
NovaCare	NOV	NYSE
Novadigm Inc	NVDM	NNM
Novametrix Med Sys	NMTX	NNM
Novametrix Med Sys Wrrt'A'	NMTXW	NNM
Novametrix Med Sys Wrrt'B'	NMTXZ	NNM
Novatek Intl	NVTK	NSC
Novatek Intl Unit	NVTKU	NSC
Novatek Intl Wrrt	NVTKW	NSC
Novavax Inc	NOX	AMEX
Novell Inc	NOVL	NNM
Novellus Systems	NVLS	NNM
Noven Pharmaceuticals	NOVN	NNM
Novitron Intl	NOVI	NNM
Novo-Nordisk A/S ADR	NVO	NYSE
Novoste Corp	NOVT	NNM
Nowsco WellService	NWSLF	NNM
Noxso Corp	NOXO	NSC
NPC Intl	NPCI	NNM
NPS Pharmaceuticals	NPSP	NNM
NS Group	NSS	NYSE
NS&L Bancorp	NSLB	NSC
NSA International	NSAI	NNM
NSC Corp	NSCC	NNM
NSD Bancorp	NSDB	NNM
NTN Cda	NTNC	NSC
NTN Communications	NTN	AMEX
Nu Horizons Electronics	NUHC	NNM
Nu-kote Holding'A'	NKOT	NNM
Nu-Tech Bio-Med	NTBM	NSC
Nuclear Metals	NUCM	NNM
NuCo2 Inc	NUCO	NNM
Nucor Corp	NUE	NYSE
Nuevo Energy	NEV	NYSE
NUI Corp	NUI	NYSE
Nuko Information Sys	NUKO	NNM
Numac Energy	NMC	AMEX
NUMAR Corp	NUMR	NNM
Number Nine Visual Tech	NINE	NNM
NuMED Home Hlth Care	NUMD	NSC
NuMED Home Health Care Wrrt	NUMDW	NSC
Numerex Corp	NMRX	NNM
Nur Advanced Technologies	NURTF	NNM
Nutmeg Fedl Svgs & Loan	NTMG	NSC
Nutrition For Life Intl	NFLI	NNM
Nutrition For Life Intl Wrrt	NFLIW	NNM
Nutrition Mgmt Svcs'A'	NMSCA	NSC
Nutrition Mgmt Svcs Wrrt	NMSCW	NSC
Nuveen AZ Prem Inc Muni Fd	NAZ	NYSE
Nuveen CA Inv Qual Muni	NQC	NYSE
Nuveen CA Muni Mkt Oppt	NCO	NYSE
Nuveen CA Muni Val Fd	NCA	NYSE
Nuveen CA Perf Plus Muni	NCP	NYSE
Nuveen CA Prem Inc Muni	NCU	AMEX
Nuveen CA Qual Income Muni	NUC	NYSE
Nuveen CA Select Qual Muni	NVC	NYSE
Nuveen CT Prem Inc Muni	NTC	NYSE

Issue	Ticker	Exchange
Nuveen FL Inv Qual Muni	NQF	NYSE
Nuveen FL Qual Income Muni	NUF	NYSE
Nuveen GA Prem Inc Muni	NPG	AMEX
Nuveen Ins CA Prem Inc Muni	NPC	NYSE
Nuveen Ins CA Prem Inc Muni 2	NCL	NYSE
Nuveen Ins CA Sel Tax-Free Inc	NXC	NYSE
Nuveen Ins FL Prem Inc Muni	NFL	NYSE
Nuveen Ins Muni Oppt Fd	NIO	NYSE
Nuveen Ins NY Prem Inc Muni	NNF	NYSE
Nuveen Ins NY Sel Tax-Free Inc	NXN	NYSE
Nuveen Ins Prem Inc Muni	NPE	NYSE
Nuveen Ins Prem Inc Muni 2	NPX	NYSE
Nuveen Ins Quality Muni	NQI	NYSE
Nuveen Inv Quality Muni	NQM	NYSE
Nuveen MA Prem Inc Muni Fd	NMT	NYSE
Nuveen MD Prem Inc Muni Fd	NMY	NYSE
Nuveen MI Prem Inc Muni	NMP	NYSE
Nuveen MI Qual Income Muni	NUM	NYSE
Nuveen MO Prem Inc Muni	NOM	AMEX
Nuveen Muni Advantage Fd	NMA	NYSE
Nuveen Muni Income Fd	NMI	NYSE
Nuveen Muni Mkt Oppt	NMO	NYSE
Nuveen Muni Value Fd	NUV	NYSE
Nuveen NC Prem Inc Muni	NNC	NYSE
Nuveen NJ Inv Qual Muni	NQJ	NYSE
Nuveen NJ Prem Inc Muni	NNJ	NYSE
Nuveen NY Inv Qual Muni	NQN	NYSE
Nuveen NY Muni Val Fd	NNY	NYSE
Nuveen NY Perform Plus Muni	NNP	NYSE
Nuveen NY Qual Income Muni	NUN	NYSE
Nuveen NY Select Qual Muni	NVN	NYSE
Nuveen OH Qual Income Muni	NUO	NYSE
Nuveen PA Inv Qual Muni	NQP	NYSE
Nuveen PA Prem Inc Muni 2	NPY	NYSE
Nuveen Perform Plus Muni	NPP	NYSE
Nuveen Prem Income Muni	NPI	NYSE
Nuveen Prem Income Muni 2	NPM	NYSE
Nuveen Prem Income Muni 4	NPT	NYSE
Nuveen Prem Insured Muni Inc	NIF	NYSE
Nuveen Prem Muni Income	NPF	NYSE
Nuveen Qual Income Muni Fd	NQU	NYSE
Nuveen Select Maturities Muni	NIM	NYSE
Nuveen Select Qual Muni	NQS	NYSE
Nuveen Select Tax-Free Inc	NXP	NYSE
Nuveen Select Tax-Free Inc 2	NXQ	NYSE
Nuveen Select Tax-Free Inc 3	NXR	NYSE
Nuveen TX Qual Income Muni	NTX	NYSE
Nuveen VA Prem Inc Muni Fd	NPV	NYSE
Nuveen WA Prem Inc Muni Fd	NPW	AMEX
nVIEW Corp	NVUE	NNM
NVR Inc	NVR	AMEX
NVR Inc Wrrt	NVR.WS	AMEX
Nycomed ASA ADS	NYD	NYSE
NYCOR Inc'A'	NYCOA	NNM
NYCOR, Inc	NYCO	NNM
Nyer Med Group	NYER	NSC
NYMAGIC, Inc	NYM	NYSE
NYNEX CableCommsGrpADS Unit	NYNCY	NNM
NYNEX Corp	NYN	NYSE
Nytest Environmental	NYTS	NSC

Issue	Ticker	Exchange
O'Charley's Inc	CHUX	NNM
O'okiep Copper ADR	OKP	AMEX
O'Reilly Automotive	ORLY	NNM
O'Sullivan Corp	OSL	AMEX
O'Sullivan Industries Hldg	OSU	NYSE
O.I. Corp	OICO	NNM
Oacis Healthcare Hldgs	OCIS	NNM
Oak Hill Financial	OAKF	NNM
Oak Hill Sportswear	OHSC	NNM
Oak Indus	OAK	NYSE
Oak Technology	OAKT	NNM
Oakhurst Co	OAKC	NSC
Oakley Inc	OO	NYSE
Oakwood Homes	OH	NYSE
Oasis Residential	OAS	NYSE
Oasis Residential $2.25'A' Pfd	OASPrA	NYSE
Objective Sys Integrators	OSII	NNM
Ocal Inc	OCAL	NNM
Occidental Petrol'm	OXY	NYSE
Occidental Petr $3 Cv Pfd	OXYPrA	NYSE
OccuSystems Inc	OSYS	NNM
Oce-van der Grinten ADR	OCENY	NNM
Ocean Bio-Chem	OBCI	NSC
Ocean Optique Dstr	OPTQ	NSC
Oceaneering Intl	OII	NYSE
Ocelot Energy'B'	OCE.B	TS
OCG Technology	OCGT	NSC
Octel Communications	OCTL	NNM
Odetics,Inc'A'	ODETA	NNM
Odetics,Inc'B'	ODETB	NNM
Odwalla Inc	ODWA	NNM
OEA Inc	OEA	NYSE
OEC Medical Sys	OXE	NYSE
Office Depot	ODP	NYSE
OfficeMax Inc	OMX	NYSE
Offshore Logistics	OLOG	NNM
Ogden Corp	OG	NYSE
Ogden Corp $1.875 cm Cv Pfd	OGPr	NYSE
Oglebay Norton	OGLE	NNM
Ohio Art	OAR	AMEX
Ohio Casualty	OCAS	NNM
Ohio Edison	OEC	NYSE
Ohio Edison 3.90% Pfd	OECPrA	NYSE
Ohio Edison 4.44% Pfd	OECPrC	NYSE
Ohio Edison 4.56% Pfd	OERCPrD	NYSE
Ohio Edison 7.75% Cl'A'Pfd	OECPrM	NYSE
Ohio Edison Fin Tr 9.00% Pfd	OECPrT	NYSE
Ohio Edison, 4.40% Pfd	OECPrB	NYSE
Ohio Power 8.16% Jr Sub Debs	OPJ	NYSE
Ohio Valley Banc Corp	OVBC	NNM
OHM Corp	OHM	NYSE
OHSL Financial	OHSL	NNM
Oil Dri Amer Cl'A'	ODC	NYSE
Oilgear Co	OLGR	NNM
OIS Optical Imaging Sys	OVON	NSC
Oklahoma Gas & Elec	OGE	NYSE
Okla Gas & Elec,4% Pfd	OGEPrA	NYSE
Old America Stores	OASI	NNM
Old Dominion Freight Line	ODFL	NNM
Old Kent Finl	OKEN	NNM

Issue	Ticker	Exchange
Old Natl Bancorp(Ind)	OLDB	NNM
Old Republic Int 8.75% Pfd'H'	ORIPrH	NYSE
Old Republic Intl	ORI	NYSE
Old Second Bancorp	OSBC	NNM
Olicom A/S	OLCMF	NNM
Olin Corp	OLN	NYSE
OLS Asia Hlds ADS	OLSAY	NNM
OLS Asia Hlds ADS Wrrt	OLSWF	NNM
Olsten Corp	OLS	NYSE
Olsten Corp Wrrt	OLS.WS	NYSE
Olympic Financial Ltd	OLM	NYSE
Olympic Finl Cv Exch Pfd	OLYMP	NNM
Olympic Steel	ZEUS	NNM
OM Group	OMGI	NNM
Omega Environmental	OMEG	NNM
Omega Financial	OMEF	NNM
Omega Health Systems	OHSI	NSC
Omega Healthcare Investors	OHI	NYSE
OMI Corp	OMM	NYSE
Omni Insurance Group	OMGR	NNM
Omni MultiMedia Group	OMG	AMEX
OMNI U.S.A.	OUSA	NSC
Omnicare, Inc	OCR	NYSE
Omnicom Group	OMC	NYSE
Omnipoint Corp	OMPT	NNM
On Assignment	ASGN	NNM
ON Technology	ONTC	NNM
ONBANCorp Inc	ONBK	NNM
ONBANCorp 6.75% Cv 'B' Pfd	ONBKP	NNM
Oncogene Science	ONCS	NNM
ONCOR Inc	ONC	AMEX
OncorMed Inc	ONM	AMEX
One Liberty Prop $1.60 Cv Pfd	OLPPr	AMEX
One Liberty Properties	OLP	AMEX
One Price Clothing Strs	ONPR	NNM
One Valley Bancorp	OVWV	NNM
Oneida Ltd	OCQ	NYSE
Oneita Industries	ONA	NYSE
ONEOK Inc	OKE	NYSE
Ongard Sys	OGSI	NSC
Online System Svcs	WEBB	NSC
Online System Svcs Wrrt	WEBBW	NSC
OnTrak Systems	ONTK	NNM
Onyx Acceptance	ONYX	NNM
ONYX Pharmaceuticals	ONXX	NNM
Opal Inc	OPAL	NNM
Open Environment	OPEN	NNM
Open Market	OMKT	NNM
Open Plan Systems	PLAN	NNM
Open Text	OTEXF	NNM
OpenVision Technologies	OPVN	NNM
Ophthalmic Imaging Sys	OISI	NSC
Opinion Research	ORCI	NNM
Oppenheimer Cap L.P.	OCC	NYSE
Oppenheimer Multi-Gvt Tr	OGT	NYSE
Oppenheimer Multi-Sector	OMS	NYSE
Opta Food Ingredients	OPTS	NNM
Optek Technology	OPTT	NSC
Optelecom Inc	OPTC	NSC
Optex Biomedical	OPTX	NSC

Issue	Ticker	Exchange
OPTi Inc	OPTI	NNM
Optical Cable	OCCF	NNM
Optical Coating Lab	OCLI	NNM
Optical Data Systems	ODSI	NNM
Optical Security Group	OPSC	NSC
Optical Sensors	OPSI	NNM
Optima Petroleum	OPPCF	NNM
Optimax Inds Wrrt'BB'	OPMXZ	NSC
OPTION CARE	OPTN	NNM
Oracle Corp	ORCL	NNM
Orange Natl Bancorp	OGNB	NNM
Orange PLC ADR	ORNGY	NNM
Orange-Co	OJ	NYSE
Orange/Rockland Util	ORU	NYSE
OraVax Inc	ORVX	NNM
Orbit International	ORBT	NNM
Orbit Semiconductor	ORRA	NNM
Orbital Engine ADS	OE	NYSE
Orbital Sciences Corp	ORBI	NNM
Orbotech Ltd Ord	ORBKF	NNM
OrCAD Inc	OCAD	NNM
Orchard Supply Hardware Strs	ORH	NYSE
Oregon Metallurgical	OREM	NNM
Oregon Steel Mills	OS	NYSE
Organik Technologies	ORGK	NSC
Organik Tech Wrrt	ORGKL	NSC
Organik Technologies Wrrt'A'	ORGKW	NSC
Organik Technologies Wrrt'B'	ORGKZ	NSC
Organogenesis Inc	ORG	AMEX
Oriental Bank & Trust	OBT	NYSE
Original Sixteen To One Mine	OAU	PC
Oriole Homes 'B'	OHC.B	AMEX
Oriole HomesCv'A'	OHC.A	AMEX
Orion Capital	OC	NYSE
Orion Network Systems	ONSI	NNM
OrNda Healthcorp	ORN	NYSE
OroAmerica Inc	OROA	NNM
Orphan Med Inc	ORPH	NNM
Ortec Intl	ORTC	NSC
Ortec Intl Wrrt'A'	ORTCW	NSC
Ortec Intl Wrrt'B'	ORTC	NSC
Ortel Corp	ORTL	NNM
Orthodontic Centers of Amer	OCAI	NNM
Orthofix International	OFIXF	NNM
OrthoLogic Corp	OLGC	NNM
Oryx Energy Co	ORX	NYSE
Oryx Technology	ORYX	NSC
Oryx Technology Wrrt	ORYXW	NSC
OSB Finl Corp	OSBF	NNM
Osborn Communications	OSBN	NNM
Oshap Technologies Ltd	OSHSF	NNM
Oshawa Grp Cl'A'	OSH.A	TS
Oshkosh B'Gosh Cl'A'	GOSHA	NNM
Oshkosh B'Gosh Cl'B'	GOSHB	NNM
Oshkosh Truck'B'	OTRKB	NNM
Oshman's Sporting Gds	OSH	AMEX
Osicom Technologies Inc	FIBR	NSC
Osmonics, Inc	OSM	NYSE
Osteotech Inc	OSTE	NNM
Ostex Intl	OSTX	NNM

Issue	Ticker	Exchange
Otimax Industries	OPMX	NSC
OTR Express	OTRX	NNM
Ottawa Financial	OFCP	NNM
Otter Tail Power	OTTR	NNM
Outback Steakhouse	OSSI	NNM
Outboard Marine	OM	NYSE
Outdoor Systems	OSIA	NNM
Outlook Group	OUTL	NNM
Overseas Shiphldg	OSG	NYSE
Ovid Technologies	OVID	NNM
Owen Healthcare	OWN	NYSE
Owens & Minor	OMI	NYSE
Owens-Corning	OCF	NYSE
Owens-Illinois	OI	NYSE
Owosso Corp	OWOS	NNM
Oxboro Med Intl	OMED	NSC
Oxford Health Plans	OXHP	NNM
Oxford Indus	OXM	NYSE
Oxford Resources Cl'A'	OXFD	NNM
OXiGENE Inc	OXGN	NSC
OXiGENE Inc Wrrt	OXGNW	NSC
OXIS International	OXIS	NNM
OzEmail Ltd ADR	OZEMY	NNM
P&F Indus'A'	PFINA	NNM
P & F Ind $1 Pfd	PFINP	NSC
P G Energy $2.25 Dep Pfd	PGWCZ	NSC
P-COM Inc	PCMS	NNM
P.A.M. Transportation Svcs	PTSI	NNM
P.T. Telekomunikasi ADS	TLK	NYSE
P.T. Tri Polyta Indonesia ADS	TPI	NYSE
Pac Rim Holding	PRIM	NNM
PACCAR Inc	PCAR	NNM
PACE Health Mgmt	PCES	NSC
Pacer Technology	PTCH	NSC
Pacific Am'n Inc Shrs	PAI	NYSE
Pacific Amber Resources	PCR	VS
Pacific Animated Imaging	PAID	NSC
Pacific Bank N.A.	PBSF	NNM
Pacific Basin Blk Shipng Wrrt	PBBWF	NNM
Pacific Basin Bulk	PBBSF	NNM
Pacific Crest Capital	PCCI	NNM
Pacific Dunlop Ltd ADR	PDLPY	NNM
Pacific Enterprises	PET	NYSE
Pacific Ent $4.36 Pfd	PETPrA	AMEX
Pacific Ent $4.40 Pfd	PETPrB	AMEX
Pacific Ent $4.50 Pfd	PETPrC	AMEX
Pacific Ent $4.75 Pfd	PETPrD	AMEX
Pacific Gas & Elec	PCG	NYSE
Pacific Gas & El 4.36% Pfd	PCGPrI	AMEX
Pacific Gas & El 4.50% Pfd	PCGPrH	AMEX
Pacific Gas & El 4.80% Pfd	PCGPrG	AMEX
Pacific Gas & El 5 1/2% Pfd	PCGPrB	AMEX
Pacific Gas & El 5% Pfd	PCGPrC	AMEX
Pacific Gas & El 5% Pfd	PCGPrD	AMEX
Pac G&E 5%cmRed1stA Pfd	PCGPrE	AMEX
Pacific Gas & El 6% Pfd	PCGPrA	AMEX
Pacific Gas & El 6.30% Pfd	PCGPrZ	AMEX
Pacific Gas & El 6.57% Pfd	PCGPr Y	AMEX
Pacific Gas & El 6.875% Pfd	PCGPrX	AMEX
Pacific Gas & El 7.04% Pfd	PCGPrU	AMEX

Issue	Ticker	Exchange
Pacific Gas & El 7.44% Pfd	PCGPrQ	AMEX
PG&E Cap I 7.90%'QUIPS'	PCGPrCA	AMEX
Pacific Gateway Prop	PGP	AMEX
Pacific Gulf Properties	PAG	AMEX
Pacific Rehab/Sports Medicine	PRHB	NNM
Pacific Res & Engineering Unit	PXE.U	AMEX
Pacific Scientific	PSX	NYSE
Pacific Sentinel Gold	PSGVF	NSC
Pacific Sunwear of Calif	PSUN	NNM
Pacific Telesis Group	PAC	NYSE
Pac Telesis Fin I 7.56%'TOPrS'	PACPrT	NYSE
PacifiCare Health Sys'A'	PHSYA	NNM
PacifiCare Health Sys'B'	PHSYB	NNM
PacifiCorp	PPW	NYSE
PacifiCorp $1.98 cm Pfd	PPWPrE	NYSE
PacifiCorp 5% Pfd	PPWPr	AMEX
PacifiCorp 8.375% 'QUIDS'	PCQ	NYSE
PacifiCorp 8.55%'QUIDS'	PCX	NYSE
Packaging Research	PRCA	NSC
Packaging Research Wrrt	PRCAW	NSC
Pages Inc	PAGZ	NNM
Paging Network	PAGE	NNM
Paging Partners	PPAR	NSC
Paging Partners Wrrt	PPARW	NSC
Paine Webber Gp Stk Index Sec	SIS	AMEX
Paine Webber Group	PWJ	NYSE
PairGain Technologies	PAIR	NNM
Pakistan Investment Fd	PKF	NYSE
PALFED Inc	PALM	NNM
Pall Corp	PLL	NYSE
Palm Harbor Homes	PHHM	NNM
Palm Springs Golf 'Unit'	PSGCU	NSC
Palm Springs Svgs Bk	PSSB	NSC
Palmer Wireless 'A'	PWIR	NNM
Palomar Med Tech	PMTI	NSC
Pamida Holdings	PAM	AMEX
Pamrapo Bancorp	PBCI	NNM
Pan Amer Silver	PAASF	NSC
Panaco Inc	PANA	NNM
Panamerican Beverages'A'	PB	NYSE
PanAmSat Corp	SPOT	NNM
Panatech Res & Dev	PNTC	NNM
Panax Pharmaceutical	PANX	NSC
Panax Pharmaceutical Unit	PANXU	NSC
Panax Pharmaceutical Wrrt	PANXW	NSC
PanCanadian Petroleum	PCP	TS
Pancho's Mexican Buffet	PAMX	NNM
Panda Project	PNDA	NNM
PanEnergy Corp	PEL	NYSE
Panhandle Rty	PANRA	NSC
Papa John's Intl	PZZA	NNM
PaperClip Imaging Software	PCLP	NSC
Paperclip Imaging Softw'r Wrrt	PCLPW	NSC
PAR Technology	PTC	NYSE
Paracelsian Inc	PRLN	NSC
Paracelsian Inc Wrrt	PRLNW	NSC
Paradigm Technology	PRDM	NNM
Paradise Inc	PARF	NSC
Paragon Group	PAO	NYSE
Paragon Trade Brands	PTB	NYSE

Issue	Ticker	Exchange
Parallel Petroleum	PLLL	NNM
Parametric Technology	PMTC	NNM
Paramount Financial	PARA	NSC
Paramount Financial Wrrt	PARAW	NSC
ParcPlace-Digitalk	PARQ	NNM
PAREXEL Intl	PRXL	NNM
Paris Corp	PBFI	NNM
Park Electrochemical	PKE	NYSE
Park Meditech	PMDTF	NSC
Park National Corp	PRK	AMEX
Park-Ohio Indus	PKOH	NNM
Parker & Parsley Petrol	PDP	NYSE
Parker Drilling	PKD	NYSE
Parker-Hannifin	PH	NYSE
ParkerVision Inc	PRKR	NNM
Parkvale Financial	PVSA	NNM
Parkway Co	PKWY	NNM
Parlex Corp	PRLX	NNM
Parlux Fragrances	PARL	NNM
PartnerRe Ltd	PTREF	NNM
Partners Preferred Yld'A'	PYA	AMEX
Partners Preferred Yld'A' II	PYB	AMEX
Partners Preferred Yld'A' III	PYC	AMEX
Parts Source	ACEP	NSC
Party City	PCTY	NNM
PathoGenesis Corp	PGNS	NNM
Patina Oil & Gas	POG	NYSE
Patina Oil & Gas 7.125% Pfd	POGPr	NYSE
Patina Oil & Gas Wrrt	POG.WS	NYSE
Patlex Corp(New)	PTLX	NNM
Patrick Indus	PATK	NNM
Patriot Amer Hospitality	PAH	NYSE
Patriot Bank	PBIX	NNM
Patriot Natl Bk	PNBK	NSC
Patterson Dental	PDCO	NNM
Patterson Energy	PTEN	NNM
Paul Harris Stores	PAUH	NNM
Paul Revere	PRL	NYSE
Paul-Son Gaming	PSON	NNM
Paulson Cap	PLCC	NSC
Paxar Corp	PXR	NYSE
Paxson Communications 'A'	PXN	AMEX
Paychex,Inc	PAYX	NNM
Payco American Corp	PAYC	NNM
Payless Cashways	PCS	NYSE
Payless ShoeSource	PSS	NYSE
PC DOCS Gp Intl	DOCSF	NNM
PC Quote	PQT	AMEX
PC Service Source	PCSS	NNM
PCA Intl	PCAI	NNM
PCC Group	PCCG	NSC
PCD Inc	PCDI	NNM
PCI Services	PCIS	NNM
PCT Holdings	PCTH	NSC
PDG Environmental	PDGE	NSC
PDG Remediation	PDGS	NSC
PDG Remediation Wrrt	PDGSW	NSC
PDK Labs	PDKL	NSC
PDK Labs $0.49 Cv'A'Pfd	PDKLP	NSC
PDK Labs Wrrt'C'	PDKLM	NSC

Issue	Ticker	Exchange
PDS Financial	PDSF	NNM
PDT Inc	PDTI	NNM
Peak Technologies Grp	PEAK	NNM
Pearce Sys Intl	PRCEC	NSC
Pease Oil & Gas	WPOG	NSC
Pease Oil & Gas $1 Cv'A'Pfd	WPOGP	NSC
PEC Israel Economic	IEC	NYSE
Pechiney ADS	PY	NYSE
PECO Energy	PE	NYSE
PECO Energy Dep Pfd	PEPrF	NYSE
PECO Energy L.P. MIPS'A'	PEPrZ	NYSE
PECO Energy, $4.30 Pfd	PEPrB	NYSE
PECO Energy,$3.80 Pfd	PEPrA	NYSE
PECO Energy,$4.40 Pfd	PEPrC	NYSE
PECO Energy,$4.68 Pfd	PEPrD	NYSE
PECO En Cap Tr I 8.72%'TOPrS'	PEPrY	NYSE
Pediatric Services of Amer	PSAI	NNM
Pediatrix Medical Group	PEDX	NNM
Peekskill Financial	PEEK	NNM
Peerless Mfg	PMFG	NNM
Pegasus Gold	PGU	AMEX
Pelsart Resources ADR	PELRY	NSC
Pen Interconnect	PENC	NNM
Pen Interconnect Wrrt	PENCW	NNM
Penederm Inc	DERM	NNM
Penelec Capital L.P. 'MIPS'	PECPrZ	NYSE
Peninsula Trust Bank	PNTB	NSC
Peninsular/Oriental Steam Nav	PORL	LO
Penn Engr & Mfg	PNN	AMEX
Penn Engr & Mfg'A'	PNN.A	AMEX
Penn National Gaming	PENN	NNM
Penn Octane	POCC	NSC
Penn Pwr & Lt 4.40% Pfd	PPLPrA	NYSE
Penn Pwr & Lt 4.50% Pfd	PPLPrB	NYSE
Penn Traffic	PNF	NYSE
Penn Treaty American	PTAC	NNM
Penn Virginia	PVIR	NNM
Penn-America Group	PAGI	NNM
Penna Enterprises	PNT	NYSE
Penna RE Inv Tr SBI	PEI	AMEX
PennCorp Financial Group	PFG	NYSE
PennCorp Finl $3.375 Pfd	PFGPr	NYSE
Penney (J.C.)	JCP	NYSE
PennFed Financial Svcs	PFSB	NNM
PennFirst Bancorp	PWBC	NNM
Pennichuck Corp	PNNW	NSC
Pennzoil Co.	PZL	NYSE
Penobscot Shoe	PSO	AMEX
Penril DataComm Ntwks	PNRL	NNM
Penske Motorsports	SPWY	NNM
Pentair, Inc	PNR	NYSE
Pentech International	PNTK	NNM
Pentland Group plc	PNDL	LO
PENWEST Ltd	PENW	NNM
People's Bank	PBCT	NNM
People's Bank 8.5% Cv 'A' Pfd	PBCTP	NNM
People's Choice TV	PCTV	NNM
Peoples Bancorp	PEBO	NNM
Peoples Bancorp(IN)	PFDC	NNM
Peoples Banctrust	PBTC	NSC

Issue	Ticker	Exchange
Peoples Bank (NC)	PEBK	NNM
Peoples Bank Indianapolis	PPLS	NNM
Peoples Energy	PGL	NYSE
Peoples First	PFKY	NNM
Peoples Heritage Finl Gr	PHBK	NNM
Peoples Holding	PHCO	NNM
Peoples Svgs Finl	PBNB	NNM
Peoples Telephone Co	PTEL	NNM
PeopleSoft Inc	PSFT	NNM
Pep Boys-Man,Mo,Ja	PBY	NYSE
Pepsi-Cola Puerto Rico Bott'B'	PPO	NYSE
PepsiCo Inc	PEP	NYSE
Perceptron Inc	PRCP	NNM
Perclose Inc	PERC	NNM
Percon Inc	PRCN	NNM
PerfectData Corp	PERF	NSC
Performance Food Group	PFGC	NNM
Performance Technologies	PTIX	NNM
Perfumania Inc	PRFM	NNM
Perini Corp	PCR	AMEX
Perini Corp Dep Cv Exch Pfd	PCRPr	AMEX
Periphonics Corp	PERI	NNM
Perkin-Elmer	PKN	NYSE
Perkins Family Rest L.P.	PFR	NYSE
Perle Systems	PERLF	NSC
Perma Fix Enviro Svcs	PESI	NSC
Perma-Fix Envir'l Svcs Wrrt	PESIW	NSC
Perma-Fix Envir'l Svcs Wrrt'B'	PESIZ	NSC
Permanent Bancorp	PERM	NNM
Permian Basin Rty Tr	PBT	NYSE
Perpetual Midwest Financial	PMFI	NNM
Perpetual State Bank	PSTB	NSC
Perrigo Co	PRGO	NNM
Perry County Financial	PCBC	NSC
PerSeptive Biosystems	PBIO	NNM
PerSeptive Biosystems Wrrt	PBIOZ	NSC
Personnel Group of America	PGA	NYSE
Personnel Management	TPMI	NNM
Perusahaan PT IndoSat ADS	IIT	NYSE
Pet Food Warehouse	PFWA	NNM
Pet Practice	VETS	NNM
Petco Animal Supplies	PETC	NNM
Pete's Brewing Co	WIKD	NNM
Petersburg Long Distance	PLDIF	NNM
Petro Union	PTRUQ	NSC
Petro-Canada Installm't Vtg	PCZ PP	NYSE
Petro-Canada Variable Vtg	PCZ	NYSE
PetroCorp	PETR	NNM
Petroleum & Resources	PEO	NYSE
Petroleum Development	PETD	NNM
Petroleum Geo-Svcs A/S ADS	PGSAY	NNM
Petroleum Heat & Pwr'A'	HEAT	NNM
Petroleum Helicopters	PHELK	NSC
Petroleum Helicopters (Vtg)	PHEL	NSC
Petrolite Corp	PLIT	NNM
Petromet Resources	PNTGF	NNM
Petrominerals Corp	PTRO	NSC
PETsMART Inc	PETM	NNM
PFF Bancorp	PFFB	NNM
Pfizer, Inc	PFE	NYSE

Issue	Ticker	Exchange
Phamis Inc	PHAM	NNM
Phar-Mor Wrrt	PMORW	NNM
Pharma Patch plc	SKINY	NSC
Pharmaceutical Mktg Svcs	PMRX	NNM
Pharmaceutical Product Devlpmt	PPDI	NNM
Pharmaceutical Resources	PRX	NYSE
Pharmacia & Upjohn	PNU	NYSE
Pharmacopeia Inc	PCOP	NNM
Pharmacyclics Inc	PCYC	NNM
PharmChem Laboratories	PCHM	NNM
Pharmhouse Corp	PHSE	NSC
Pharmos Corp	PARS	NSC
PHC Inc'A'	PIHC	NSC
PHC Inc Wrrt	PIHCW	NSC
Phelps Dodge	PD	NYSE
PHH Corp	PHH	NYSE
Phila Suburban	PSC	NYSE
Philadelphia Consol Hldg	PHLY	NNM
Philip Environmental	PEV	NYSE
Philip Morris Cos	MO	NYSE
Philippine L-D Tel Pfd GDS	PHIPrA	NYSE
Philippine Long D Tel ADS	PHI	NYSE
Philips ElectronicsNV	PHG	NYSE
Phillips (R.H.) Inc	RHPS	NSC
Phillips Gas 9.32% Pfd	PGCPr	NYSE
Phillips Petroleum	P	NYSE
Phillips(R.H.)Inc Wrrt	RHPSW	NSC
Phillips-Van Heusen	PVH	NYSE
Phoenix Duff & Phelps	DUF	NYSE
Phoenix Duff/Phelps $1.50 Cv Pfd	DUFPr	NYSE
Phoenix Gold Intl	PGLD	NNM
Phoenix Network	PHX	AMEX
Phoenix Shannon plc ADR	PHNXY	NNM
Phoenix Technologies	PTEC	NNM
Phonetel Technologies	PNTL	NSC
Photo Control	PHOC	NNM
Photocomm Inc	PCOM	NSC
Photon Dynamics	PHTN	NNM
Photran Corp	PTRN	NNM
Photronics, Inc	PLAB	NNM
PHP Healthcare	PPH	NYSE
PhyCor Inc	PHYC	NNM
PhyMatrix Corp	PHMX	NNM
Physician Computer Ntwk	PCNI	NNM
Physician Corp of Amer	PCAM	NNM
Physician Reliance Network	PHYN	NNM
Physician Sales & Service	PSSI	NNM
Physician Support Systems	PHSS	NNM
Physicians Health Svcs'A'	PHSV	NNM
Physicians Insur Ohio	PICOA	NNM
Physicians Resource Group	PRG	NYSE
Physio-Control Intl	PHYS	NNM
Physiometrix Inc	PHYX	NNM
PIA Merchandising Svcs	PIAM	NNM
Piccadilly Cafeterias	PIC	NYSE
Pico Products	PPI	AMEX
Picom Insurance	PICM	NNM
PictureTel Corp	PCTL	NNM
Piedmont Bancorp	PDB	AMEX
Piedmont Natl Gas	PNY	NYSE

Issue	Ticker	Exchange
Piemonte Foods	PIFI	NNM
Pier 1 Imports	PIR	NYSE
Piercing Pagoda	PGDA	NNM
Pikeville National	PKVL	NNM
Pilgrim Amer Bk & Thrift	PBS	NYSE
Pilgrim America Prime Rt	PPR	NYSE
Pilgrim's Pride	CHX	NYSE
Pillowtex Corp	PTX	NYSE
PIMCO Advisors'A'	PA	NYSE
PIMCO Comml Mtg Sec Tr	PCM	NYSE
Pinkerton's Inc	PKTN	NNM
Pinnacle Banc Group	PINN	NSC
Pinnacle Bank	PLE	AMEX
Pinnacle Financial Svcs	PNFI	NNM
Pinnacle Micro	PNCL	NNM
Pinnacle Systems	PCLE	NNM
Pinnacle West Capital	PNW	NYSE
Pioneer Cos 'A'	PIONA	NNM
Pioneer Electron ADR	PIO	NYSE
Pioneer Financial Svcs	PFS	NYSE
Pioneer Group	PIOG	NNM
Pioneer Hi-Bred Intl	PHB	NYSE
Pioneer Interest Shs	MUO	NYSE
Pioneer Railcorp	PRRR	NSC
Pioneer Std Electr	PIOS	NNM
Piper Jaffray Cos Inc	PJC	NYSE
Pitney Bowes	PBI	NYSE
Pitney Bowes $2.12 Cv Pref	PBIPr	NYSE
Pitt-DesMoines Inc	PDM	AMEX
Pittencrieff Communic	PITC	NNM
Pitts & W Va RR SBI	PW	AMEX
Pittsburgh Home Finl	PHFC	NNM
Pittston Brinks Grp	PZB	NYSE
Pittston Burlington Group	PZX	NYSE
Pittston Minerals Group	PZM	NYSE
Pittway Corp	PRY	AMEX
Pittway Corp'A'	PRY.A	AMEX
Pixar	PIXR	NNM
PixTech Inc	PIXT	NNM
Pizza Inn	PZZI	NSC
Placer Dome Inc	PDG	NYSE
Plains Resources	PLX	AMEX
Plaintree Systems	LANPF	NNM
Planar Systems	PLNR	NNM
Planet Hollywood Intl'A'	PHII	NNM
Planet Polymer Technologies	POLY	NSC
Planning Sciences ADS	PLNSY	NNM
Plantronics Inc	PLT	NYSE
Plasma & Materials Technologies	PMAT	NNM
Plasma Therm	PTIS	NSC
Plasti-Line	SIGN	NNM
Platinum Entertainment	PTET	NNM
Platinum Software	PSQL	NNM
PLATINUM technology	PLAT	NNM
Play Co Toys & Entmt	PLCO	NSC
Play Co Toys & Entmt Wrrt	PLCOW	NSC
Play-By-Play Toys&Novelties	PBYP	NNM
Playboy Enterprises Cl'B'	PLA	NYSE
Playboy Enterprises'A'(vtg)	PLAA	NYSE
Players International	PLAY	NNM

Issue	Ticker	Exchange
Playtex Products	PYX	NYSE
PLC Capital LLC 'A' 'MIPS'	PLPrM	NYSE
PLC Systems	PLC	AMEX
Plenum Publishing	PLEN	NNM
Plexus Corp	PLXS	NNM
PLM International	PLM	AMEX
Plum Creek Timber L.P.	PCL	NYSE
Ply Gem Industries, Inc	PGI	NYSE
Plymouth Rubber Cl'B'	PLR.B	AMEX
Plymouth Rubber'A'vtg	PLR.A	AMEX
PMC Capital	PMC	AMEX
PMC Commercial Tr	PCC	AMEX
PMI Group	PMA	NYSE
PMR Corp	PMRP	NNM
PMT Services	PMTS	NNM
PNC Bank Corp	PNC	NYSE
PNC Bank Cp $1.60 Cv C Pfd	PNCPrC	NYSE
PNC Bank Cp $1.80 Cv D Pfd	PNCPrD	NYSE
Pocahontas Fed Svg& L A Ark	PFSL	NSC
Poe & Brown	POBR	NNM
Pogo Producing	PPP	NYSE
Pohang Iron & Steel ADS	PKX	NYSE
Polar Express Wrrt'B'	POLRW	NSC
Polaris Industries	PII	NYSE
Polaroid Corp	PRD	NYSE
Policy Mgmt Systems	PMS	NYSE
Polish Tels & Microwave Corp	PTMC	NSC
Polish Tels & Microwave Wrrt	PTMCW	NSC
Polk Audio	POLK	NNM
Pollo Tropical	POYO	NNM
Pollution Resh & Ctl CA	PRCC	NSC
Polycom Inc	PLCM	NNM
Polydex Pharmaceuticals	POLXF	NSC
PolyGram N.V.	PLG	NYSE
PolyMedica Industries	PM	AMEX
Polymer Group	PGH	NYSE
Polymer Resh America	PROA	NSC
Polyphase Corp	PLY	AMEX
PolyVision Corp	PLI	AMEX
Pomeroy Computer Resources	PMRY	NNM
PONCEBANK	PBK	NYSE
Ponder Industries	PNDR	NSC
Pool Energy Services	PESC	NNM
Pope & Talbot	POP	NYSE
Pope Resources L.P.	POPEZ	NNM
Porta Systems	PSI	AMEX
PortaCom Wireless	PCW	VS
Portec Inc	POR	NYSE
Porter McLeod Natl Retail	PMNR	NSC
Portland Genl Corp	PGN	NYSE
Portland Genl Elec 8.25% 'QUIDS'	PGB	NYSE
Portsmouth Bank Shares	POBS	NNM
Portugal Fund	PGF	NYSE
Portugal Telecom ADS	PT	NYSE
Positron Corp	POSI	NNM
Positron Corp Wrrt	POSIW	NNM
Possis Medical	POSS	NNM
Post Properties	PPS	NYSE
Potash Corp Saskatchewan	POT	NYSE
Potlatch Corp	PCH	NYSE

Issue	Ticker	Exchange
Potomac Edison 8.00% 'QUIDS'	PEQ	NYSE
Potomac Electric Pwr	POM	NYSE
Potomac El Pwr$3.89'91 Pfd	POMPrA	NYSE
Potomac Elec Pwr $2.44 Cv Pfd	POMPr	NYSE
Potomac Elec Pwr $3.37cm'87 Pfd	POMPrH	NYSE
Potters Financial	PTRS	NSC
Poughkeepsie Svgs Bank	PKPS	NNM
Powell Indus	POWL	NNM
Power Control Technologies	ATP	NYSE
PowerCerv Corp	PCRV	NNM
PowerGen PLC ADS	PWG	NYSE
PowerGen PLC Interim ADS	PWG.PP	NYSE
Powerhouse Resources	PHKWE	NSC
PP&L Resources	PPL	NYSE
PPG Indus	PPG	NYSE
PPT Vision	PPTV	NNM
Praegitzer Industries	PGTZ	NNM
Pratt Hotel Corp	PHC	AMEX
Praxair Inc	PX	NYSE
Pre-Paid Legal Svcs	PPD	AMEX
Precision Castparts	PCP	NYSE
Precision Optics Mass	POCI	NSC
Precision Standard	PCSN	NNM
Precision Systems	PSYS	NSC
Preferred Income Fund	PFD	NYSE
Preferred Income Mgmt Fund	PFM	NYSE
Preferred Income Oppt Fd	PFO	NYSE
Preferred Networks	PFNT	NNM
Preiss Byron Multimedia	CDRM	NSC
Preiss Byron Multimedia Wrrt	CDRMW	NSC
Premark Intl	PMI	NYSE
Premdor Inc	PI	NYSE
Premenos Technology	PRMO	NNM
Premier Bankshares	PBKC	NNM
Premier Farnell PLC ADS	PFP	NYSE
Premier Farnell $1.35 Pref ADS	PFPPr	NYSE
Premier Financial Svcs	PREM	NNM
Premier Finl Bancorp	PFBI	NNM
Premier Laser Systems'A'	PLSIA	NNM
Premier Laser Systems Wrrt'A'	PLSIW	NNM
Premier Laser Systems Wrrt'B'	PLSIZ	NNM
Premier Parks	PARK	NNM
Premiere Radio Networks	PRNI	NNM
Premiere Radio Networks 'A'	PRNIA	NNM
Premiere Technologies	PTEK	NNM
Premisys Communications	PRMS	NNM
President Casinos	PREZ	NNM
Presidential Life	PLFE	NNM
Presidential Rlty Cl'A'	PDL.A	AMEX
Presidential Rlty Cl'B'	PDL.B	AMEX
Presley Cos 'A'	PDC	NYSE
Presstek Inc	PRST	NNM
Prestige Financial	PRFN	NNM
PRI Automation	PRIA	NNM
Price Communications	PR	AMEX
Price Enterprises	PREN	NNM
Price REIT	RET	NYSE
Price/Costco Inc	PCCW	NNM
PriCellular Corp'A'	PC	AMEX
Pride Automotive Gp	LEAS	NSC

Issue	Ticker	Exchange
Pride Automotive Gp Wrrt	LEASW	NSC
Pride Co $2.60cm Cv L.P.	PRF	NYSE
Pride Petroleum Svcs	PRDE	NNM
Prima Energy	PENG	NNM
Primadonna Resorts	PRMA	NNM
Primark Corp	PMK	NYSE
Primary Bank	PETE	NNM
Prime Bancorp	PSAB	NNM
Prime Equities Intl	PEZVF	NSC
Prime Hospitality	PDQ	NYSE
Prime Medical Services	PMSI	NNM
Prime Motor Inns L.P.	PMP	NYSE
Prime Residential	AAH	NYSE
Prime Retail	PRME	NNM
Prime Retail 8.5%Ptc Cv'B'Pfd	PRMEP	NNM
PrimeEnergy Corp	PNRG	NSC
PrimeSource Corp	PSRC	NNM
Princeton American	PELT	NSC
Princeton Dental Mgmt	PDMC	NSC
Princeton Dental Mgmt Wrrt	PDMCW	NSC
Princeton Natl Bancorp	PNBC	NNM
Prins Recycling	PRNS	NNM
Printronix Inc	PTNX	NNM
Prism Entertainment	PRZ	AMEX
Prism Group	PRSMC	NSC
Prism Solutions	PRZM	NNM
Pro-Dex Inc	PDEX	NSC
Pro-Fac Co-op 'A' Pfd	PFACP	NNM
Procept Inc	PRCT	NNM
Procter & Gamble	PG	NYSE
ProCyte Corp	PRCY	NNM
Producers Entertainment Grp	TPEG	NSC
Producers Entmt 8.50% Cv'A'Pfd	TPEGP	NSC
Production Operators	PROP	NNM
Professional Bancorp	MDB	AMEX
Professional Dental Tech	PRO.EC	ECM
Professional Sports Care Mgmt	PSCM	NNM
Proffitts Inc	PRFT	NNM
Profit Recovery Grp Intl	PRGX	NNM
Programmer's Paradise	PROG	NNM
Progress Finl	PFNC	NNM
Progress Software	PRGS	NNM
Progressive Bank	PSBK	NNM
Progressive Corp,Ohio	PGR	NYSE
ProGroup Inc	PRGR	NSC
Project Software & Dvlp	PSDI	NNM
Projectavision Inc	PJTV	NSC
Projectavision $0.40 Cv'B'Pfd	PJTVP	NSC
Projectavision Inc Wrrt	PJTVW	NSC
Proler Intl	PS	NYSE
PROLOGIC Mgmt Sys	PRLO	NSC
PROLOGIC Mgmt Sys Wrrt	PRLOW	NSC
Promus Hotel	PRH	NYSE
ProNet Inc	PNET	NNM
Property Cap Tr	PCT	AMEX
Prophet 21 Inc	PXXI	NNM
Prospect Group	PROS	NNM
Prospect Street Hi Income	PHY	NYSE
Protection One	ALRM	NNM
Protective Life Corp	PL	NYSE

Issue	Ticker	Exchange
Protein Design Labs	PDLI	NNM
Protein Polymer Technologies	PPTI	NSC
Protein Polymer Technol Wrrt	PPTIW	NSC
Proteon Inc	PTON	NNM
Protocol Systems	PCOL	NNM
ProtoSource Corp	PSCO	NSC
ProtoSource Corp Wrrt	PSCOW	NSC
ProtoSource Corp Unit	PSCOU	NSC
Provena Foods	PZA	AMEX
Providence & Worcester RR	PWRR	NNM
Providence Energy	PVY	AMEX
Provident American Corp	PAMC	NSC
Provident Bancorp	PRBK	NNM
Provident Bankshares	PBKS	NNM
Provident Companies	PVT	NYSE
Provident Companies Dep Pfd	PVTPr	NYSE
Providian Corp	PVN	NYSE
Providian LLC'MIPS'	PVNPrM	NYSE
Proxim Inc	PROX	NNM
Proxima Corp	PRXM	NNM
ProxyMed Inc	PILL	NSC
PS Group Inc	PSG	NYSE
PSC Inc	PSCX	NNM
PSI Energy 6.875% Pfd	PINPrJ	NYSE
PSI Energy 7.44% Pfd	PINPrK	NYSE
PSI Energy, 4.32% Pfd	PINPrC	NYSE
PSI Energy, 7.15% PFd	PINPrD	NYSE
PSI Energy,4.16%cmPfd vtg	PINPrB	NYSE
PSINet Inc	PSIX	NNM
PST Vans	PSTV	NNM
Psychemedics Corp	PMD	AMEX
PTI Holding	PTII	NSC
PTI Hldg Wrrt	PTIIW	NSC
Public SvcColorado	PSR	NYSE
Pub Sv Colo, 8.40% Pfd	PSRPrB	NYSE
Pub Sv Colo.,7.15% Pfd	PSRPrA	NYSE
Pub Sv of Colo.,4 1/4% Pfd	PSRPr	AMEX
Public Svc Enterpr	PEG	NYSE
Pub Sv E&G 4.08% Pfd	PEGPrA	NYSE
Pub Sv E&G 4.18% Pfd	PRGPrB	NYSE
Pub Sv E&G 4.30% Pfd	PEGPrC	NYSE
Pub Sv E&G 5.05% Pfd	PEGPrD	NYSE
Pub Sv E&G 5.28% Pfd	PEGPrE	NYSE
Pub Sv E&G 5.97% Pfd	PEGPrW	NYSE
Pub Sv E&G 6.75% Pfd	PEGPrY	NYSE
Pub Sv E&G 6.80% Pfd	PEGPrG	NYSE
Pub Sv E&G 7.44% Pfd	PEGPrV	NYSE
Pub Sv E&G 7.52% Pfd	PEGPrJ	NYSE
Public Sv E&G 7.40% cm Pfd	PEGPrI	NYSE
Public Svc E&G Cap 8.00%'MIPS'	PEGPrX	NYSE
Public Svc E&G Cap 9.375% 'MIPS'	PEGPrZ	NYSE
Pubco Corp	PUBO	NSC
Public Storage	PSA	NYSE
Public Storage 10% cm'A'Pfd	PSAPrA	NYSE
Public Storage 10%'E'Pfd	PSAPrE	NYSE
Public Storage 8.25%Cv Pfd	PSAPrX	NYSE
Public Storage 8.45%'H'Dep Pfd	PSAPrH	NYSE
Public Storage 8.875% Dep Pfd	PSAPrG	NYSE
Public Storage 9.20%cm'B'Pfd	PSAPrB	NYSE
Public Storage 9.50%'D'Pfd	PSAPrD	NYSE

Issue	Ticker	Exchange
Public Storage 9.75% 'F' Pfd	PSAPrF	NYSE
Public Storage Adj Rt'C'Pfd	PSAPrC	NYSE
Public Storage Prop'A' X	PSL	AMEX
Public Storage Prop'A' XI	PSM	AMEX
Public Storage Prop'A' XII	PSN	AMEX
Public Storage Prop'A' XIV	PSP	AMEX
Public Storage Prop'A' XIX	PSY	AMEX
Public Storage Prop'A' XV	PSQ	AMEX
Public Storage Prop'A' XVI	PSU	AMEX
Public Storage Prop'A' XVII	PSV	AMEX
Public Storage Prop'A' XVIII	PSW	AMEX
Public Storage Prop'A' XX	PSZ	AMEX
Public Svc New Mexico	PNM	NYSE
Public Svc No Car	PGS	NYSE
Publicker Indus	PUL	NYSE
Publishing Co North Amer	PCNA	NNM
Pudgie's Chicken	PUDG	NSC
Pudgies Chicken Wrrt	PUDGW	NSC
Puerto Rican Cement	PRN	NYSE
Puget Sound P&L	PSD	NYSE
Puget Sound P&L 7.875% Pfd	PSDPr	NYSE
Puget Sound P&L Adj Rt'B'Pfd	PSDPrB	NYSE
Pulaski Bank A Svgs Bk MO	PULB	NSC
Pulaski Furniture	PLFC	NNM
Pulitzer Publishing	PTZ	NYSE
Pulse Bancorp	PULS	NNM
Pulte Corp	PHM	NYSE
Pure Software	PRSW	NNM
Pure World Inc	PURW	NNM
PureTec Corp	PURT	NSC
Purus Inc	PURS	NSC
Putnam Cal Inv Grade Muni	PCA	AMEX
Putnam Cv Opp Inc Tr	PCV	NYSE
Putnam Dividend Income	PDI	NYSE
Putnam Hi Income Cv/Bd Fd	PCF	NYSE
Putnam Hi Yield Muni	PYM	NYSE
Putnam Interm Gvt Income	PGT	NYSE
Putnam Inv Grade Muni Tr	PGM	NYSE
Putnam Inv Grade Muni Tr II	PMG	NYSE
Putnam Inv Grade Muni Tr III	PML	AMEX
Putnam Managed Hi Yield Tr	PTM	NYSE
Putnam Managed Muni Income	PMM	NYSE
Putnam Master Income Tr	PMT	NYSE
Putnam Master Interm Income	PIM	NYSE
Putnam Muni Opport Tr	PMO	NYSE
Putnam NY Inv Grade Muni	PMN	AMEX
Putnam Premier Income Tr	PPT	NYSE
Putnam Tax-Free Hlth Care Fd	PMH	NYSE
PVC Container	PVCC	NSC
PVF Capital	PVFC	NSC
PXRE Corp	PXRE	NNM
Pyrocap International	PYR.EC	ECM
Q-Med Inc	QEKG	NSC
Q-Zar Inc	QZARF	NNM
QCF Bancorp	QCFB	NNM
Qlogic Corp	QLGC	NNM
QLT Phototherapeutics	QLTIF	NNM
QMS Inc	AQM	NYSE
QPQ Corp	QPQQ	NSC
QPQ Corp Wrrt	QPQQW	NSC

Issue	Ticker	Exchange
QSound Labs	QSNDF	NSC
QSR Ltd	QSRTF	NSC
Quad City Hldgs	QCHI	NSC
Quad Systems Corp	QSYS	NNM
Quadrax Corp	QDRX	NSC
Quadrax Corp Wrrt'C'	QDRXZ	NSC
Quaker Chemical	QCHM	NNM
Quaker City Bancorp	QCBC	NNM
Quaker Fabric	QFAB	NNM
Quaker Oats	OAT	NYSE
Quaker State Corp	KSF	NYSE
QUALCOMM Inc	QCOM	NNM
Quality Dining	QDIN	NNM
Quality Dino Entmt	RCORF	NNM
Quality Food Centers	QFCI	NNM
Quality Semiconductor	QUAL	NNM
Quality Systems	QSII	NNM
QualMark Corp	QMRK	NSC
Quanex Corp	NX	NYSE
Quantum Corp	QNTM	NNM
Quantum Hlth Resources	QHRI	NNM
Quantum Learning Sys	QLSI	NSC
Quarterdeck Corp	QDEK	NNM
Quebecor Cl'A'	PQB	AMEX
Quebecor Printing	PRW	NYSE
Queens County Bancorp	QCSB	NNM
Queenstake Resources	QTR	TS
Quest For Value Dual Fd	KFV	NYSE
Quest For Value Income Shrs	KFVPr	NYSE
Quest Intl Res	QIXXF	NSC
Quest Medical	QMED	NNM
Questa Oil & Gas	QUES	NSC
Questar Corp	STR	NYSE
QuesTech Inc	QTEC	NSC
Questron Technology	QUST	NSC
Quick & Reilly Group	BQR	NYSE
QuickResponse Services	QRSI	NNM
Quickturn Design Sys	QKTN	NNM
Quidel Corp	QDEL	NNM
Quidel Corp Wrrt	QDELW	NNM
Quiksilver, Inc	QUIK	NNM
Quilmes Ind(Quinsa) ADS	LQU	NYSE
Quintel Entertainment	QTEL	NNM
Quintiles Transnational	QTRN	NNM
Quipp Inc	QUIP	NNM
Quixote Corp	QUIX	NNM
Quizno's Corp	QUIZ	NSC
Quorum Health Group	QHGI	NNM
R & B Inc	RBIN	NNM
R-B Rubber Products	RBBR	NSC
R.F. Management Wrrt'A'	RFMCW	NSC
R.F. Management Wrrt'B'	RFMCZ	NSC
R.O.C. Taiwan Fund SBI	ROC	NYSE
RAC Fin'l Grp	RACF	NNM
Racotek Inc	RACO	NNM
Rada Electronics Industries	RADIF	NNM
Radica Games	RADAF	NNM
RadiSys Corp	RSYS	NNM
Radius Inc	RDUS	NNM
Rag Shops	RAGS	NNM

Issue	Ticker	Exchange
Ragan (Brad)	BRD	AMEX
RailAmerica Inc	RAIL	NSC
RailAmerica Inc Wrrt'B'	RAILZ	NSC
RailTex Inc	RTEX	NNM
Rainbow Technologies	RNBO	NNM
Rainforest Cafe	RAIN	NNM
Ralcorp Holdings	RAH	NYSE
Rally's Hamburgers	RLLY	NNM
Ralston-Purina Group	RAL	NYSE
Ramapo Financial	RMPO	NNM
Ramco-Gershenson Prop Tr	RPT	NYSE
Ramsay Health Care	RHCI	NNM
Ramtron Int'l	RMTR	NNM
Rand Cap	RAND	NSC
Randers Group	RGI.EC	ECM
Ranger Oil Ltd	RGO	NYSE
Rank Organisation ADR	RANKY	NSC
Raptor Systems	RAPT	NNM
Raritan Bancorp	RARB	NNM
Rational Software	RATL	NNM
Rattlesnake Hldg Co	RTTL	NSC
Rauma Oy ADS	RMA	NYSE
Raven Indus	RAVN	NNM
Rawlings Sporting Goods	RAWL	NNM
Rawson-Koenig	RAKO	NSC
Raychem Corp	RYC	NYSE
Raymond Corp	RAYM	NNM
Raymond James Finl	RJF	NYSE
Rayonier Inc	RYN	NYSE
Rayonier Timberlands Cl'A'	LOG	NYSE
Raytech Corp	RAY	NYSE
Raytel Medical	RTEL	NNM
Raytheon Co	RTN	NYSE
RCM Strategic Global Gvt Fund	RCS	NYSE
RCM Technologies	RCMT	NSC
RCM Technologies Wrrt'C'	RCMTZ	NSC
RCSB Financial	RCSB	NNM
RCSB Finl 7% Perp Cv 'B' Pfd	RCSBP	NNM
Rea Gold	REO	AMEX
Read-Rite Corp	RDRT	NNM
Reader's Digest Assn'A'	RDA	NYSE
Reader's Digest Assn'B'	RDB	NYSE
ReadiCare, Inc	RDIC	NNM
Reading & Bates	RB	NYSE
Reading & Bates $1.625 Cv Pfd	RBPr	NYSE
Reading Co Cl'A'	RDGCA	NNM
Realco Inc	RLCO	NNM
Realco Inc Wrrt	RLCOW	NNM
Reality Interactive	RINT	NSC
Reality Interactive Unit	RINTU	NSC
Reality Interactive Wrrt	RINTW	NSC
Realty Income	O	NYSE
Realty Refund SBI	RRF	NYSE
Reckson Associates Realty	RA	NYSE
Reconditioned Sys	RESY	NSC
Reconditioned Sys Wrrt'B'	RESYZ	NSC
Recoton Corp	RCOT	NNM
Recovery Engineering	REIN	NNM
Recycling Industries	RECY	NSC
Red Brick Systems	REDB	NNM

Issue	Ticker	Exchange
Red Hot Concepts Unit	RHCSU	NSC
Red Lion Hotels	RL	NYSE
Red Lion Inns L.P.	RED	AMEX
Red Roof Inns	RRI	NYSE
Reddi Brake Supply	REDI	NNM
RedFed Bancorp	REDF	NNM
Redhook Ale Brewery	HOOK	NNM
Redlaw Industries	RDL	AMEX
Redlaw Ind 2001 Wrrts	RDL.WS	AMEX
Redman Industries	RDMN	NNM
Redwood Empire Bancorp	REB	AMEX
Redwood Empire Bcp 7.80%Cv Pfd	REBPr	AMEX
Redwood Trust	RWTI	NNM
Redwood Trust Wrrt	RWTIW	NNM
Reebok Intl	RBK	NYSE
Reed Intl P.L.C. ADS	RUK	NYSE
Reeds Jewelers	REED	NNM
REFAC Technology Develop	REF	AMEX
Reflectone Inc	RFTN	NNM
Regal Beloit	RBC	AMEX
Regal Cinemas	REGL	NNM
Regency Health Services	RHS	NYSE
Regency Realty	REG	NYSE
Regeneron Pharmaceuticals	REGN	NNM
Regent Assisted Living	RGNT	NNM
Regent Bancshares	RBNKE	NSC
Regent Bancshares Wrrt	RBNWE	NSC
Regent Bancshrs 10% Cv'A'Pfd	RBNKP	NSC
Regional Acceptance	REGA	NNM
Regions Financial	RGBK	NNM
Regis Corp	RGIS	NNM
RehabCare Group	RHBC	NNM
Rehabilicare Inc	REHB	NNM
Reinsurance Group of Amer	RGA	NYSE
Reliability Inc	REAL	NNM
Reliable Life Ins	RLIFA	NSC
Reliance Bancorp	RELY	NNM
Reliance Bancshares	RELI	NSC
Reliance Group Hldgs	REL	NYSE
Reliance Steel & Aluminum	RS	NYSE
ReliaStar Financial	RLR	NYSE
ReliaStar Fin I 8.20%'TOPrS'	RLRPrA	NYSE
ReliaStar Finl 10% Dep Pfd	RLRPr	NYSE
Reliv' International	RLV	AMEX
REMEC Inc	REMC	NNM
Remedy Corp	RMDY	NNM
Renaissance Cap Growth & Inc Fd	RENN	NNM
Renaissance Commun	RRR	NYSE
Renaissance Entertainment	FAIR	NNM
Renaissance Entmt Wrrt'A'	FAIRW	NNM
Renaissance Entmt Wrrt'B'	FAIRZ	NNM
Renaissance Golf Products	FGLF	NSC
Renaissance Hotel Group N.V.	RHG	NYSE
Renaissance Solutions	RENS	NNM
RenaissanceRe Holdings	RNREF	NNM
Renal Care Group	RCGI	NNM
Renal Treatment Ctrs	RXT	NYSE
Reno Air	RENO	NNM
Rent-A-Wreck Amer Inc	RAWA	NSC
Rent-Way	RWAY	NNM

Issue	Ticker	Exchange
Rentech Inc	RNTK	NSC
Renters Choice	RCII	NNM
Rentrak Corp	RENT	NNM
Repap Enterprises	RPAPF	NNM
Repligen Corp	RGEN	NNM
Repsol S.A. ADS	REP	NYSE
Reptron Electronics	REPT	NNM
Republic Automotive	RAUT	NNM
Republic Bancorp	RBNC	NNM
Republic Bancshares	REPB	NNM
Republic Engineered Steels	REPS	NNM
Republic Environmental Systems	RESI	NNM
Republic Group	RGC	NYSE
Republic Industries	RWIN	NNM
Republic New York	RNB	NYSE
Republic NY $1.8125 cm Pfd	RNBPrE	NYSE
Republic NY $1.9375 cm Pfd	RNBPrC	NYSE
Republic NY Adj Rt Dep Pfd	RNBPrD	NYSE
Republic Security Finl	RSFC	NNM
Republic Sec Finl 7.5% Cv 'A' Pfd	RSFCP	NNM
Republic Sec Finl Cv'C'Pfd	RSFCO	NNM
Res-Care Inc	RSCR	NNM
Research Frontiers	REFR	NSC
Research Inc	RESR	NNM
Research Medical	RMED	NNM
ResMed Inc	RESM	NNM
Resound Corp	RSND	NNM
Resource America'A'	REXI	NNM
Resource Bancshares Mtg Gp	REMI	NNM
Resource Bank	RBKV	NSC
Resource Mortgage Capital	RMR	NYSE
Resource Mtg Cap 9.75% Cv 'A' Pfd	RMRPP	NNM
Resource Mtg Cap cm Cv'B'Pfd	RMRPO	NNM
Respironics Inc	RESP	NNM
Response Oncology	ROIX	NNM
Response USA	RUOK	NSC
Response USA Wrrt'A'	RUOKW	NSC
Response USA Wrrt'B'	RUOKZ	NSC
Restor Industries	REST	NSC
Resurgence Properties	RPIA	NSC
Retirement Care Assoc	RCA	NYSE
Retix	RETX	NNM
Reunion Industries	RUNI	NSC
Reuters Hldgs ADS	RTRSY	NNM
Revco D.S.	RXR	NYSE
Revenue Properties Ltd	RPCLF	NNM
Revlon Inc'A'	REV	NYSE
Rex Stores	RSC	NYSE
Rexall Sundown	RXSD	NNM
Rexam Plc ADR	REXMY	NSC
Rexel Inc	RXL	NYSE
Rexene Corp	RXN	NYSE
Rexhall Indus	REXL	NNM
Rexworks Inc	REXW	NNM
Reynolds & Reynolds'A'	REY	NYSE
Reynolds Metals	RLM	NYSE
Reynolds Metals 7%'PRIDES'	RLMPrD	NYSE
RF Management	RFMC	NSC
RF Monolithics	RFMI	NNM
RF Power Products	RFP	AMEX

Issue	Ticker	Exchange
RFS Hotel Investors	RFSI	NNM
RGB Computer & Video	EDIT	NSC
Rheometrics Scientific	RHEM	NNM
Rhodes Inc	RHD	NYSE
Rhone-Poul Overseas 8.125%Pref	RPOPrA	NYSE
Rhone-Poulenc ADR	RP	NYSE
Rhone-Poulenc Rorer	RPR	NYSE
Ribi ImmunoChem Res	RIBI	NNM
Ribozyme Pharmaceuticals	RZYM	NNM
Rich Coast Res ltd	KRHCF	NSC
Richardson Electr	RELL	NNM
Richey Electronics	RCHY	NNM
Richfood Hldgs	RCHF	NNM
Richton Intl	RHT	AMEX
Rick's Cabaret Intl	RICK	NSC
Rick's Cabaret Intl Wrrt	RICKW	NSC
Riddell Sports	RIDL	NNM
Ride Inc	RIDE	NNM
Rigel Energy	RJL	AMEX
Riggs Natl Corp	RIGS	NNM
Right Mgmt Consultants	RMCI	NNM
Right Start	RTST	NNM
RightCHOICE Managed Care'A'	RIT	NYSE
Rimage Corp	RIMG	NNM
Ringer Corp	RING	NNM
Rio Algom Ltd	ROM	AMEX
Rio Hotel & Casino	RHC	NYSE
RISCORP Inc 'A'	RISC	NNM
Riser Foods Cl'A'	RSR	AMEX
Risk Capital Holdings	RCHI	NNM
Rite Aid	RAD	NYSE
Rival Co	RIVL	NNM
River Forest Bancorp	RFBC	NNM
River Oaks Furniture	OAKS	NNM
Riverside Group, Inc	RSGI	NNM
Riverview Svgs Bk FSB Camas	RVSB	NSC
Riviana Foods	RVFD	NNM
Riviera Holdings	RIV	AMEX
RJR Nabisco Holdings(New)	RN	NYSE
RJR Nabisco 10% 'TOPrS'	RNPrT	NYSE
RJR Nabisco Sr'B'Dep Pfd	RNPrB	NYSE
RJR Nabisco Sr'C'PERCS	RNPrC	NYSE
RLI Corp	RLI	NYSE
RMI Titanium	RTI	NYSE
Roadmaster Industries	RDM	NYSE
Roadway Express	ROAD	NNM
Roanoke Electric Steel	RESC	NNM
Roanoke Gas	RGCO	NNM
Robbins & Myers	ROBN	NNM
Roberds Inc	RBDS	NNM
Robert Half Intl	RHI	NYSE
Robert Mondavi 'A'	MOND	NNM
Roberts Pharmaceutical	RPCX	NNM
Robertson-Ceco Corp	RHH	NYSE
Robinson Nugent	RNIC	NNM
Robotic Vision Sys	ROBV	NNM
ROC Communities	RCI	NYSE
Rochester Gas & El	RGS	NYSE
Rochester Medical	ROCM	NNM
Rock Bottom Restaurants	BREW	NNM

Issue	Ticker	Exchange
Rock-Tenn 'A'	RKTN	NNM
Rockefeller Ctr Prop	RCP	NYSE
Rockford Industries	ROCF	NNM
Rockwell Intl	ROK	NYSE
Rockwell Intl $1.35 Cv Pfd	ROKPrB	NYSE
Rockwell Intl $4.75 Cv Pfd	ROKPr	NYSE
Rockwood Nat'l	RNC	PC
Rocky Mtn Choc Factory	RMCF	NNM
Rocky Shoes & Boots	RCKY	NNM
Rodman&Renshaw Cap	RR	NYSE
Rogers Cantel MobComm'B'	RCN	NYSE
Rogers Commun Cl'A'	RCI.A	TS
Rogers CommunCl'B'	RG	NYSE
Rogers Corp	ROG	AMEX
Rohm & Haas	ROH	NYSE
Rohr Inc	RHR	NYSE
Rollins Environ Sv	REN	NYSE
Rollins Inc	ROL	NYSE
Rollins Truck Leasing	RLC	NYSE
Rom Tech	ROMT	NSC
Romac Intl	ROMC	NNM
Ronson Corp	RONC	NSC
Ronson Corp 12% Cv Pfd	RONCP	NSC
Roosevelt Finl	RFED	NNM
Roosevelt Finl 6.5% Cv 'B' Pfd	RFEDP	NNM
Roper Industries	ROPR	NNM
Rose's Stores	RSTO	NNM
Rose's Stores Wrrt	RSTOW	NNM
Ross Stores	ROST	NNM
Ross Systems	ROSS	NNM
Ross Technology	RTEC	NNM
Rotary Power Intl	RPII	NSC
Rotech Medical	ROTC	NNM
Roto-Rooter Inc	ROTO	NNM
Rotonics Manufacturing	RMI	AMEX
Rottlund Co	RHOM	NNM
Rouge Steel 'A'	ROU	NYSE
Rouse Co	RSE	NYSE
Rouse Co Sr'A'Cv Pfd	RSEPrA	NYSE
Rouse Capital 9.25%'QUIPS'	RSEPrZ	NYSE
Rowan Cos	RDC	NYSE
Rowe Furniture	ROW	NYSE
Royal Appliance Mfg	RAM	NYSE
Royal Bancshares(PA)'A'	RBPAA	NNM
Royal Bank Canada	RY	MS
Royal Bk Scotland Ex Cap Sec	RBSPrX	NYSE
Royal Bk Scotland Pfd ADS	RBSPr	NYSE
Royal Bk Scotland Pfd'B'ADS	RBSPrB	NYSE
Royal Bk Scotland Pfd'C'ADS	RBSPrC	NYSE
Royal Bk Scotland Pfd'D' ADS	RBSPrD	NYSE
Royal Caribbean Cruises	RCL	NYSE
Royal Dutch Petrol	RD	NYSE
Royal Gold Inc	RGLD	NSC
Royal Grip	GRIP	NNM
Royal Oak Mines	RYO	AMEX
Royal Plastics Group	RYG	NYSE
Royal PTT Nederland ADS	KPN	NYSE
Royale Energy	ROYL	NSC
Royale Invts Inc	RLIN	NSC
Royce Laboratories	RLAB	NSC

Issue	Ticker	Exchange
Royce Micro-Cap Tr	OTCM	NNM
Royce Value Trust	RVT	NYSE
RPC Inc	RES	NYSE
RPM, Inc	RPOW	NNM
RSI Systems	RSIS	NSC
RT Inds Inc	RTIC	NSC
RTI, Inc	RTII	NSC
RTW Inc	RTWI	NNM
RTZ Corp plc ADS	RTZ	NYSE
Rubbermaid, Inc	RBD	NYSE
Ruby Tuesday	RI	NYSE
Ruddick Corp	RDK	NYSE
Rural Cellular 'A'	RCCC	NNM
Rural/Metro Corp	RURL	NNM
Russ Berrie & Co	RUS	NYSE
Russell Corp	RML	NYSE
Russell Metals Cv'A'	RUSAF	NNM
RX Medical Services	RXM	AMEX
Ryan Beck & Co	RBCO	NNM
Ryan's Family Stk Hse	RYAN	NNM
Ryder System	R	NYSE
Rykoff-Sexton Inc	RYK	NYSE
Ryland Group	RYL	NYSE
RYMAC Mtge Invest	RM	AMEX
Rymer Foods	RYR	NYSE
S & K Famous Brands	SKFB	NNM
S 2 Golf	GOLF	NSC
S I Technologies	SISI	NSC
S Y Bancorp	SYBA	NSC
S&T Bancorp	STBA	NNM
S-K-I Ltd	SKII	NNM
S.I. Handling Sys	SIHS	NNM
S.O.I. Industries(New)	SOI	AMEX
S3 Inc	SIII	NNM
SA Telecommunications	STEL	NSC
Saba Petroleum	SAB	AMEX
Sabine Royalty Tr UBI	SBR	NYSE
Sadlier (William H.)	SADL	NSC
SAES Getters S.p.A ADS	SAESY	NNM
SAFECO Corp	SAFC	NNM
Safeguard Health Enterpr	SFGD	NNM
Safeguard Scientifics	SFE	NYSE
Safeskin Corp	SFSK	NNM
Safety 1st Inc	SAFT	NNM
Safety Components Intl	ABAG	NNM
Safety Fund	SFCO	NSC
Safety-Kleen	SK	NYSE
SafetyTek Corp	SAFE	NNM
Safeway Inc	SWY	NYSE
Safeway Inc Wrrts	SWY.WS	NYSE
Saga Communications'A'	SGA	AMEX
Saga Petroleum ADS'A'	SPM.A	NYSE
Saga Petroleum ADS'B'	SPM.B	NYSE
Sage Labs	SLAB	NNM
Sagebrush Inc	SAGE	NNM
Saint Andrews Golf Wrrt	SAGCW	NSC
Saks Holdings	SKS	NYSE
Salant Corp	SLT	NYSE
Salant Corp Wrrt	SLT.WS	AMEX
Salem Corp	SBS	AMEX

Issue	Ticker	Exchange
Salick Health Care(New)	SHCID	NNM
Saliva Diagnostic Sys Wrrt	SALVW	NSC
Saliva Diagnostic Systems	SALV	NSC
Salomon Bros 2008 WW Dlr Gvt	SBG	NYSE
Salomon Bros Fund	SBF	NYSE
Salomon Bros High Income Fd	HIF	NYSE
Salomon Bros W W Income Fd	SBW	NYSE
Salomon Inc 5% MSFI'ELKS'	MEK	AMEX
Salomon Inc 5.25% HWP'ELKS'	HLK	AMEX
Salomon Inc 6.125% PRI 'ELKS'	PLK	AMEX
Salomon Inc 6.50% AMGN'ELKS'	AEK	AMEX
Salomon Inc 6.75% DEC'ELKS'	DLK	AMEX
Salomon Inc 7.25% ORCL'ELKS'	OLK	AMEX
Salomon Inc 7.625% SNPL'ELKS'	SEK	AMEX
Salomon Inc	SB	NYSE
Salomon Inc 8.08% Dep Pfd	SBPrD	NYSE
Salomon Inc 8.40% Dep Pfd	SBPrE	NYSE
Salomon Inc 9.50% Dep Pfd	SBPrC	NYSE
Salton/Maxim Housewares	SALT	NNM
Sam & Libby Inc	SAML	NNM
Samsonite Corp	SAMC	NNM
San Carlos Milling	SAN	AMEX
San Diego G&E 4.40% Pfd	SDOPrC	AMEX
San Diego G&E 4.50% Pfd	SDOPrB	AMEX
San Diego G&E 5% Pfd	SDOPrA	AMEX
San Diego Gas & El $1.82 Pref	SDOPrH	AMEX
San Juan Basin Rty Tr	SJT	NYSE
Sanctuary Woods Multimedia	SWMCF	NNM
Sand Technology Sys'A'	SNDCF	NNM
Sandata Inc	SAND	NSC
Sanderson Farms	SAFM	NNM
SanDisk Corp	SNDK	NNM
Sands Regent	SNDS	NNM
Sandwich Co-operative Bank	SWCB	NNM
Sandy Spring Bancorp	SASR	NNM
Sanfilippo,John B & Son	JBSS	NNM
SangStat Medical	SANG	NNM
Sanifill Inc	FIL	NYSE
Sanmina Corp	SANM	NNM
Sano Corp	SANO	NNM
Santa Anita Rlty(UNIT)	SAR	NYSE
Santa Barbara Bancorp	SABB	NNM
Santa Cruz Operation	SCOC	NNM
Santa Fe Energy Res	SFR	NYSE
Santa Fe Ener Res 8.25%'DECS'	SFRPrA	NYSE
Santa Fe Energy Res 7% Pfd	SFRPr	NYSE
Santa Fe Energy Tr 'SPERs'	SFF	NYSE
Santa Fe Financial	SFEF	NSC
Santa Fe Gaming	SGM	AMEX
Santa Fe Gaming 8% Ex Pfd	SGMPr	AMEX
Santa Fe Pac Pipeline	SFL	NYSE
Santa Fe Pacific Gold	GLD	NYSE
Santa Isabel ADS	ISA	NYSE
Santa Monica Bank	SMO	AMEX
Santander Fin Pref'A'	BSFPrA	NYSE
Santander Fin Pref'B'	BSFPrB	NYSE
Santander Fin Pref'C'	BSFPrC	NYSE
Santander Overseas Bk 'B'Pfd	OPRPrB	NYSE
Santander Overseas Bk 'D'Pfd	OPRPrD	NYSE
Santander Overseas Bk'A' Pfd	OPRPr	NYSE

Issue	Ticker	Exchange
Santander Overseas Bk'C'Pfd	OPRPrC	NYSE
Santos Ltd ADR	STOSY	NSC
SANYO Electric Ltd ADS	SANYY	NSC
Sapiens Intl N.V.	SPNSF	NNM
Sapient Corp	SAPE	NNM
Sara Lee Corp	SLE	NYSE
Saratoga Beverage Group'A'	TOGA	NSC
Saratoga Brands	STGA	NSC
Sasol Ltd ADR	SASOY	NSC
SatCon Technology	SATC	NNM
Saul Centers	BFS	NYSE
Savannah Bancorp	SAVB	NSC
Savannah El & Pwr 6.64% Pfd	SAVPrB	NYSE
Savannah Foods & Ind	SFI	NYSE
Saville Systems ADS	SAVLY	NNM
Savings Bk of Finger Lakes	SBFL	NSC
Savoy Pictures Entertainment	SPEI	NNM
Sawako Corp ADR	SWKOY	NNM
Sawtek Inc	SAWS	NNM
Sayett Group	SAYT	NSC
Sbarro Inc	SBA	NYSE
SBC Communications	SBC	NYSE
SBE Inc	SBEI	NNM
SBM Industries	SBM	AMEX
SBS Technologies	SBSE	NNM
SC Bancorp	SCK	AMEX
SC&T Intl	SCTI	NSC
SC&T Intl Wrrt	SCTIW	NSC
Scan Graphics	SCNG	NSC
Scan-Optics	SOCR	NNM
SCANA Corp	SCG	NYSE
Scandinavia Co	SCF	AMEX
Scandinavian Broadcstg Sys	SBTVF	NNM
Scanforms Inc	SCFM	NSC
Scania AB'A'ADS	SCV.A	NYSE
Scania AB'B'ADS	SCV.B	NYSE
ScanSource Inc	SCSC	NNM
Scansource Inc Wrrt	SCSCW	NSC
ScanVec Co	SVECF	NNM
SCB Computer Technology	SCBI	NNM
Sceptre Resources	SRL	AMEX
Schawk Inc'A'	SGK	NYSE
Scheib (Earl)	ESH	AMEX
Schein (Henry)	HSIC	NNM
Scherer (R.P.)	SHR	NYSE
Scherer Healthcare	SCHR	NNM
Schering-Plough	SGP	NYSE
Schlotzsky's Inc	BUNZ	NNM
Schlumberger Ltd	SLB	NYSE
Schmitt Industries	SMIT	NSC
Schnitzer Steel Ind'A'	SCHN	NNM
Scholastic Corp	SCHL	NNM
Schroder Asian Growth Fd	SHF	NYSE
Schuler Homes	SHLR	NNM
Schuller Corp	GLS	NYSE
Schuller Corp Wrrts	MVL.WS	NYSE
Schulman (A.)	SHLM	NNM
Schult Homes Corp	SHC	AMEX
Schultz Sav-O Stores	SAVO	NNM
Schwab(Chas)Corp	SCH	NYSE

Issue	Ticker	Exchange
Schweitzer-Mauduit Intl	SWM	NYSE
SCI Fin $3.125'TECONS'	SRVPrT	NYSE
SCI Systems	SCIS	NNM
SciClone Pharmaceuticals	SCLN	NNM
Science Dynamics	SIDY	NSC
Scientific Games Hldgs	SGIH	NNM
Scientific Technologies	STIZ	NNM
Scientific-Atlanta	SFA	NYSE
Scios Inc	SCIO	NNM
Scios Inc Wrrt'D'	SCIOZ	NNM
Scitex Corp, Ord	SCIXF	NNM
Scope Indus	SCP	AMEX
Scopus Technology	SCOP	NNM
Score Board	BSBL	NNM
Scotland Bancorp	SSB	AMEX
Scotsman Industries	SCT	NYSE
Scott's Liquid Gold	SGD	NYSE
Scott/Stringfellow Finl	SCOT	NNM
Scotts Co 'A'	SMG	NYSE
SCP Pool	POOL	NNM
Scripps(E.W.)'A'	SSP	NYSE
Scudder New Asia Fd	SAF	NYSE
Scudder New Europe Fund	NEF	NYSE
Scudder World Inc Oppt Fd	SWI	NYSE
SDL Inc	SDLI	NNM
SDNB Financial	SDNB	NNM
Sea Containers Ltd Cl'A'	SCR A	NYSE
Sea Containers Ltd Cl'B'	SCR B	NYSE
Sea Cont Ltd $2.10'82 Pfd	SCRPrC	NYSE
Sea Cont Ltd $4.125cm Cv Pfd	SCRPrD	NYSE
Sea Cont Ltd $4cm Cv Pfd	SCRPrE	NYSE
Sea Cont Ltd$1.46 1/4cmPfd	SCRPr	NYSE
Seaboard Corp	SEB	AMEX
Seaboard Oil	SBRD	NSC
Seacoast Banking FL'A'	SBCFA	NNM
SEACOR Holdings	CKOR	NNM
Seafield Capital Corp	SFLD	NNM
Seagate Technology	SEG	NYSE
Seagram Co. Ltd	VO	NYSE
Seagull Energy	SGO	NYSE
Sealed Air	SEE	NYSE
Sealright Co	SRCO	NNM
Seaman Furniture	SEAM	NNM
Sears Canada	SCC	TS
Sears,Roebuck	S	NYSE
Sears, Roebuck 8.88% Dep Pfd	SPrA	NYSE
Seattle FilmWorks	FOTO	NNM
Seaway Food Town	SEWY	NNM
Secom General	SECM	NNM
Second Bancorp	SECD	NNM
Second Bncp $1.50 Cv Pfd'A'	SECDP	NNM
Secure Computing	SCUR	NNM
Security Bancorp	SFBM	NNM
Security Capital Ind Tr	SCN	NYSE
Security Cap Ind Tr 7% Cv Pfd	SCNPrB	NYSE
Security Cap Ind Tr 9.40% Pfd	SCNPrA	NYSE
Security Cap Pacific Tr	PTR	NYSE
Security Cap Pac Cv'A'Pfd	PTRPrA	NYSE
Security Cap Pac Tr Sr'B'Pfd	PTRPrB	NYSE
Security Capital	SECP	NNM

Issue	Ticker	Exchange
Security Dynamics Technologies	SDTI	NNM
Security First Network Bank	SFNB	NNM
Security Natl Finl 'A'	SNFCA	NNM
Security-Connecticut Corp	SRC	NYSE
Seda Speciality Packaging	SSPC	NNM
SEEQ Technology	SEEQ	NNM
Seer Tech	SEER	NNM
Segue Software	SEGU	NNM
SEI Corp	SEIC	NNM
Seibels Bruce Group	SBIGE	NNM
Seiler Pollution Ctl Sys	SEPC	NSC
Seitel Inc	SEI	NYSE
Sel-Leb Marketing	SELB	NSC
Sel-Leb Marketing Wrrt	SELBW	NSC
Selas Corp of Amer	SLS	AMEX
Selective Insurance Gr	SIGI	NNM
Selfix Inc	SLFX	NNM
Seligman Quality Muni Fd	SQF	NYSE
Seligman Select Muni Fund	SEL	NYSE
Selvac Corp	SLVC	NSC
Semi-Tech Corp'A'	SEMCF	NNM
Semiconductor Laser Intl	SLIC	NSC
Semiconductor Laser Wrrt	SLICW	NSC
Semiconductor Pkg Materials	SEMX	NNM
Semitool Inc	SMTL	NNM
Semtech Corp	SMTC	NNM
Seneca Foods Cl'A'	SENEA	NNM
Seneca Foods Cl'B'	SENEB	NNM
Senetek Plc ADS	SNTKY	NSC
Senetek Plc Wrrt'A'	SNTWF	NSC
Senetek Plc Wrrt'B'	SNTZF	NSC
Senior High Income Portfolio	ARK	NYSE
Senior Tour Players Dvlmt	SRTR	NSC
Senior Tour Players Dev Wrrt	SRTRW	NSC
Sensormatic Elect	SRM	NYSE
Sentex Sensing Technologies	SENS	NSC
Sepracor Inc	SEPR	NNM
Sepragen Corp'A'	SPGNA	NSC
Sepragen Corp Wrrt'A'	SPGNW	NSC
Sepragen Corp Wrrt'B'	SPGNZ	NSC
Sepragen Corp Unit	SPGNU	NSC
Sequa Corp Cl'A'	SQA.A	NYSE
Sequa Corp'B'	SQA.B	NYSE
Sequa $5cm Cv Pfd	SQAPr	NYSE
Sequana Therapeutics	SQNA	NNM
Sequent Computer Sys	SQNT	NNM
Sequoia Systems	SEQS	NNM
SEQUUS Pharmaceuticals	SEQU	NNM
Seragen Inc	SRGN	NNM
Serenpet Inc	SRI	AMEX
Serologicals Inc	SERO	NNM
Serv-Tech Inc	STEC	NNM
Service Corp Intl	SRV	NYSE
Service Merchandise	SME	NYSE
ServiceMaster L.P.	SVM	NYSE
Servico Inc	SER	AMEX
Servotronics, Inc	SVT	AMEX
Seven Hills Finl	SHFC	NSC
7th Level Inc	SEVL	NNM
Sevenson Enviro Svcs	SEVN	NNM

Issue	Ticker	Exchange
Seventh Generation	SVNG	NSC
SFS Bancorp	SFED	NNM
SFX Broadcasting'A'	SFXBA	NNM
SGS-THOMSON N.V.	STM	NYSE
SGV Bancorp	SGVB	NNM
Shaman Pharmaceuticals	SHMN	NNM
Shandong Huaneng Pwr ADS	SH	NYSE
Shanghai Petrochemical ADS	SHI	NYSE
Shared Medical Sys	SMED	NNM
Shared Tech Cellular	STCL	NSC
Shared Tech Fairchild	STCH	NNM
Sharper Image	SHRP	NNM
Shaw Group	SHAW	NNM
Shaw Indus	SHX	NYSE
Sheffield Exploration	SHE.EC	ECM
Sheffield Medl Tech	SHM	AMEX
Shelby Williams Ind	SY	NYSE
Sheldahl, Inc	SHEL	NNM
Shell Canada'A'vtg	SHC	TS
Shell Transp/Trad ADR	SC	NYSE
Shells Seafood Restaurants	SHLL	NSC
Shells Seafood Rest Wrrt	SHLLW	NSC
Shelter Components Corp	SST	AMEX
Sheridan Healthcare	SHCR	NNM
Sherwin-Williams	SHW	NYSE
Sherwood Group	SHD	NYSE
Shiloh Industries	SHLO	NNM
Shiva Corp	SHVA	NNM
Sho-Me Financial	SMFC	NNM
Shoe Carnival	SCVL	NNM
ShoLodge Inc	LODG	NNM
Shoney's Inc	SHN	NYSE
Shop at Home	SATH	NSC
Shopco Laurel Centre L.P.	LSC	AMEX
Shopko Stores	SKO	NYSE
Shoreline Financial	SLFC	NNM
Shorewood Packaging	SHOR	NNM
ShowBiz Pizza Time	SHBZ	NNM
Showboat, Inc	SBO	NYSE
Showscan Entertainment	SHOW	NNM
Shuffle Master	SHFL	NNM
Shurgard Storage Centers	SHU	NYSE
SI Diamond Technology	SIDT	NSC
SIBIA Neurosciences	SIBI	NNM
Sierra Health Services	SIE	NYSE
Sierra Home Svc Cos	SHSC	NSC
Sierra On-Line	SIER	NNM
Sierra Pacific Resources	SRP	NYSE
Sierra Semiconductor	SERA	NNM
Sierra Tahoe Bancorp	STBS	NNM
SIFCO Indus	SIF	AMEX
SIGCORP, Inc	SIG	NYSE
Sight Resource	VISN	NNM
Sight Resource Wrrt	VISNZ	NNM
Sigma Circuits	SIGA	NNM
Sigma Designs	SIGM	NNM
Sigma-Aldrich	SIAL	NNM
Sigmatron International	SGMA	NNM
Signal Apparel	SIA	NYSE
Signal Technology	STZ	AMEX

Issue	Ticker	Exchange
Signet Banking	SBK	NYSE
Signet Group ADR	SIGGY	NNM
Signet Grp $1.06 Cv Pfd	SIGGZ	NNM
Silicon Graphics	SGI	NYSE
Silicon Ltd	SILCF	NSC
Silicon Ltd Wrrt	SILZF	NSC
Silicon Storage Tech	SSTI	NNM
Silicon Valley Bancshrs	SIVB	NNM
Silicon Valley Group	SVGI	NNM
Silicon Valley Research	SVRI	NNM
Siliconix Inc	SILI	NNM
Silver Diner Dvlpmt	SLVR	NNM
Silver King Communic	SKTV	NNM
Silverado Foods	SLV	AMEX
Silverado Mines	GOLDF	NSC
Simmons First Natl	SFNCA	NNM
Simon Property Group	SPG	NYSE
Simon Transportation Svcs'A'	SIMN	NNM
Simpson Indus	SMPS	NNM
Simpson Manufacturing	SMCO	NNM
SIMS Communications	SIMS	NSC
SIMS Communications Unit	SIMSU	NSC
Sims Communications Wrrt'A'	SIMSW	NSC
Sims Communications Wrrt'B'	SIMSZ	NSC
Simula Inc	SMU	NYSE
Simware Inc	SIMWF	NNM
Sinclair Broadcast Group'A'	SBGI	NNM
Singapore Fund	SGF	NYSE
Singer Co N.V.	SEW	NYSE
Sinter Metals 'A'	SNM	NYSE
SIPEX Corp	SIPX	NNM
Sirco Intl	SIRC	NSC
Sirena Apparel Group	SIRN	NNM
Sirrom Capital	SROM	NNM
Siskon Gold 'A'	SISK	NNM
SITEL Corp	SITL	NNM
Sixx Hldgs	SIXX	NSC
Sizeler Property Inv	SIZ	NYSE
Sizzler International	SZ	NYSE
SJNB Finl	SJNB	NNM
SJS Bancorp	SJSB	NSC
SJW Corp	SJW	AMEX
SKF AB ADR	SKFRY	NNM
Skouras Pictures Unit	SKRSU	NSC
Sky Games Intl	SKYGF	NSC
Sky Scientific	SKYS	NSC
Skydoor Media & Entmt	SKDR	NSC
Skylands Cmnty Bk NJ	SKCB	NSC
Skylands Park Mgmt	SKYP	NSC
Skylands Pk Mgmt Wrrt	SKYPW	NSC
Skyline Chili	SKCH	NSC
Skyline Corp	SKY	NYSE
Skyline Multimedia Entmt	SKYL	NSC
Skyline Multimedia Entmt Wrrt'A'	SKYLW	NSC
Skyline Multimedia Entmt Wrrt'B'	SKYLZ	NSC
Skysat Commun Network'A'	SKATA	NSC
Skysat Communicns Ntwk Wrrt'A'	SKATW	NSC
Skysat Communicns Ntwk Wrrt'B'	SKATZ	NSC
SkyWest Inc	SKYW	NNM
SL Industries	SL	NYSE

Issue	Ticker	Exchange
Sled Dogs Co	SNOW	NSC
Sloan's Supermarkets	SLO	AMEX
Smart & Final Inc	SMF	NYSE
SMART Modular Tech	SMOD	NNM
Smartel Communications	STCCF	NSC
Smartflex Systems	SFLX	NNM
SmartServ Online	SSOL	NSC
SmartServ Online Wrrt	SSOLW	NSC
SMC Corp	SMCC	NNM
Smith (A.O.)	AOS	NYSE
Smith (A.O.) Cl'A'	SMC.A	AMEX
Smith Barney Inter Muni Fd	SBI	AMEX
Smith Barney Muni Fund	SBT	AMEX
Smith Environmental Tech	SMTH	NNM
Smith Intl	SII	NYSE
Smith Micro Software	SMSI	NNM
Smith's Food & Drug'B'	SFD	NYSE
Smith(Charles E.)Res Rlty	SRW	NYSE
Smith-Midland	SMID	NSC
Smith-Midland Wrrt	SMIDW	NSC
Smithfield Cos	HAMS	NNM
Smithfield Foods	SFDS	NNM
SmithKline Beecham ADS	SBH	NYSE
SMT Health Svcs	SHED	NNM
SMT Health Svcs Wrrt	SHEDW	NNM
Smucker (J.M.) Cl'A'	SJM.A	NYSE
Smucker (J.M.) Cl'B'	SJM.B	NYSE
Snap-On Inc	SNA	NYSE
Snyder Oil Corp	SNY	NYSE
Snyder Oil cm Dep Ex Pfd	SNYPrA	NYSE
So Cal Edison 8.375%'QUIDS'	SCE.Q	AMEX
So Union Financing 9.48%'TOPrS'	SUGPrA	NYSE
So West Gas Cap I 9.125%'TOPrS'	SWXPrA	NYSE
So.Carolina E&G 5%cmPfd	SACPr	NYSE
Sobieski Bancorp	SOBI	NSC
Sociedad Quimica Y Minera ADS	SQM	NYSE
Socket Communications	SCKT	NSC
Socket Communications Wrrt	SCKTW	NSC
Sodak Gaming	SODK	NNM
Sofamor/Danek Group	SDG	NYSE
Softdesk Inc	SDSK	NNM
SofTech Inc	SOFT	NNM
Softkey International	SKEY	NNM
Softkey Intl Wrrt	SKEYW	NNM
Softnet Systems	SOF	AMEX
SoftQuad Intl	SWEBF	NNM
Software 2000	SFWR	NNM
Software Artistry	SWRT	NNM
Software Developers	SDEV	NSC
Software Professionals	SFTW	NNM
Software Publishing	SPCO	NNM
Software Spectrum	SSPE	NNM
Sola International	SOL	NYSE
Solar-Mates	SOLR	NSC
Solar-Mates Wrrt	SOLRW	NSC
Solar-Mates Inc Unit	SOLRU	NSC
Solectron Corp	SLR	NYSE
Soligen Technologies	SGT.EC	ECM
Solomon-Page Group Ltd	SOLP	NSC
Solomon-Page Grp Wrrt	SOLPW	NSC

Issue	Ticker	Exchange
Solv-Ex Corp	SOLV	NSC
Somanetics Corp	SMTS	NSC
Somanetics Corp Wrrt'B'	SMTSZ	NSC
Somatix Therapy	SOMA	NNM
Somatogen Inc	SMTG	NNM
Somerset Group	SOMR	NNM
Somerset Savings Bank	SOSA	NNM
Sonat Offshore Drilling	RIG	NYSE
Sonat, Inc	SNT	NYSE
Sonesta Intl Hotels	SNSTA	NNM
Sonic Corp	SONC	NNM
Sonic Solutions	SNIC	NNM
Sonics & Materials	SIMA	NNM
Sonics & Materials Wrrt	SIMAW	NNM
Sonoco Products	SON	NYSE
Sonoco Prd $2.25 Sr'A'Cv Pfd	SONPrA	NYSE
SONUS Pharmaceuticals	SNUS	NNM
Sony Corp ADR	SNE	NYSE
SOS Staffing Svcs	SOSS	NNM
Sotheby's Hldgs Cl'A'	BID	NYSE
Sound Advice	SUND	NNM
Source Capital	SOR	NYSE
Source Capital $2.40 Pfd	SORPr	NYSE
Source Co	SORC	NSC
Source Media	SRCM	NNM
Source One Mtg 8.42%'A'Pfd	SOMPrA	NYSE
Source One Mtg 9.375%'QUICS'	SMQ	NYSE
South Alabama Bancorp	SABC	NSC
South Carolina Cmnty Banc	SCCB	NSC
South Jersey Indus	SJI	NYSE
South West Prop Tr	SWP	NYSE
South'n Cal Ed 4.08% Pfd	SCEPrB	AMEX
South'n Cal Ed 4.24% Pfd	SCEPrC	AMEX
So'n Cal Ed 4.32% cm Pfd	SCEPrD	AMEX
South'n Cal Ed 4.78% Pfd	SCEPrE	AMEX
South'n Cal Ed 5.80% Pfd	SCEPrG	AMEX
South'n Cal Ed 7.36% Pfd	SCEPrP	AMEX
South'n Cal Gas cm6%PfdA vtg	SOUPr	PC
Southdown, Inc	SDW	NYSE
Southdown $2.875cm Cv'D' Pfd	SDWPrD	NYSE
Southeastern Mich Gas Ent	SMGS	NNM
Southern Africa Fund	SOA	NYSE
Southern Banc(AL)	SRN	AMEX
Southern Cal Water	SCW	NYSE
Southern Co	SO	NYSE
Southern Electronics	SECX	NNM
Southern Energy Homes	SEHI	NNM
Southern Finl Bancorp	SFFB	NNM
Southern Mineral	SMIN	NSC
Southern Missouri Bancorp	SMBC	NNM
Southern National	SNB	NYSE
Southern New Eng Telecom	SNG	NYSE
Southern Pac Petrol NL	SPPTY	NSC
Southern Pacific Rail	RSP	NYSE
Southern Peru Copper	PCU	NYSE
Southern Sec Life Ins	SSLI	NSC
Southern Union	SUG	NYSE
SouthFirst Bancshares	SZB	AMEX
Southland Corp	SLCM	NNM
Southside Bancshares	SBCO	NSC

Issue	Ticker	Exchange
SouthTrust Corp	SOTR	NNM
Southwall Technologies	SWTX	NNM
Southwest Airlines	LUV	NYSE
Southwest Bancorp	OKSB	NNM
Southwest Bcp 9.2% cm 'A'Pfd	OKSBP	NNM
Southwest Bancshares	SWBI	NNM
Southwest Banks	SWBA	NNM
Southwest Gas	SWX	NYSE
Southwest National	SWPA	NNM
Southwest Securities Grp	SWST	NNM
Southwest Water Co	SWWC	NNM
Southwestern Energy	SWN	NYSE
Southwestern PubSv	SPS	NYSE
Sovereign Bancorp	SVRN	NNM
Sovereign Bancorp 6.25% Cv Pfd	SVRNP	NNM
Sovran Self Storage	SSS	NYSE
SPACEHAB Inc	SPAB	NNM
SpaceLabs Medical	SLMD	NNM
Spacetec IMC	SIMC	NNM
Spaghetti Warehouse	SWH	NYSE
Spain Fund	SNF	NYSE
Span-America Med Sys	SPAN	NNM
Spanlink Communications	SPLK	NSC
Sparta Foods	SPFO	NSC
Sparta Pharmaceuticals	SPTA	NSC
Sparta Pharmaceuticals Wrrt'A'	SPTAW	NSC
Sparta Pharmaceuticals Wrrt'B'	SPTAZ	NSC
Sparta Surgical	SPSG	NSC
Sparta Surgical Wrrt	SPSGW	NSC
Sparta Surgical Unit	SPSGU	NSC
Spartan Motors	SPAR	NNM
Spartech Corp	SEH	NYSE
Sparton Corp	SPA	NYSE
Spatializer Audio Labs	SPAZ	NSC
Spec's Music	SPEK	NNM
Special Devices	SDII	NNM
Specialized Health Prods Intl	SHPI	NSC
Specialty Chemical Res	CHM	AMEX
Specialty Equipment	SPEQ	NNM
Specialty Paperboard	SPBI	NNM
Specialty Retail Group	SRGC	NSC
Specialty Teleconstructors	SCTR	NNM
Specialty Telecnstrctrs Wrrt	SCTRW	NNM
Spectral Diagnostics	DIAGF	NNM
SpectraLink Corp	SLNK	NNM
SpecTran Corp	SPTR	NNM
Spectranetics Corp	SPNC	NNM
SpectraScience Inc	SPSI	NSC
SpectraVision Inc 'B'	SVN	AMEX
Spectrian Corp	SPCT	NNM
Spectrum Control	SPEC	NNM
Spectrum HoloByte	SBYT	NNM
Spectrum Signal Processing	SSPIF	NNM
Speedfam Intl	SFAM	NNM
Speedway Motorsports	TRK	NYSE
Speizman Ind	SPZN	NNM
Spelling Entertainment Grp	SP	NYSE
Sphere Drake Holdings	SD	NYSE
Spiegel Cl'A'	SPGLA	NNM
Spieker Properties	SPK	NYSE

Issue	Ticker	Exchange
Spieker Prop 9.45%'B' Pfd	SPKPrB	NYSE
Spine-Tech Inc	SPYN	NNM
Spinnaker Industries	SPNI	NSC
Spire Corp	SPIR	NNM
Sport Chalet	SPCH	NNM
Sport Supply Group	GYM	NYSE
Sport Supply Grp Wrrt	GYM.WS	AMEX
Sport-Haley	SPOR	NNM
Sportmart Inc	SPMT	NNM
Sportmart Inc'A'	SPMTA	NNM
Sports & Recreation Inc	WON	NYSE
Sports Authority	TSA	NYSE
Sports Club	SCY	AMEX
Sports Media	SPTS	NSC
Sports Media Wrrt'B'	SPTSZ	NSC
Sports Media Wrrt'C'	SPTSL	NSC
Sports Sciences	SSCI	NSC
Sports Sciences Wrrt	SSCIW	NSC
Spreckels Industries	YALE	NNM
Springfield Instit'n for Svgs	SISB	NNM
Springs Industries'A'	SMI	NYSE
Sprint Corp	FON	NYSE
Sprint Corp $1.50 Cv Ser 1 Pfd	FONPr	NYSE
Sprint Corp $1.50 Cv Ser 2 Pfd	FONPrA	NYSE
Sprint Corp 8.25%'DECS' 2000	FXN	NYSE
SPS Technologies	ST	NYSE
SPS Transaction Services	PAY	NYSE
SPSS Inc	SPSS	NNM
SPX Corp	SPW	NYSE
Spyglass Inc	SPYG	NNM
SQA Inc	SQAX	NNM
Square Industries	SQAI	NNM
SSE Telecom	SSET	NNM
St. Francis Capital	STFR	NNM
St. Helena Gold Mines ADR	SGOLY	NSC
St. Joe Paper	SJP	NYSE
St. John Knits	SJK	NYSE
St. Joseph Lt & Pwr	SAJ	NYSE
St. Jude Medical	STJM	NNM
St. Mary Land Exploration	MARY	NNM
St. Paul Bancorp	SPBC	NNM
St. Paul Cos	SPC	NYSE
St. Paul Cos LLC 6%Cv'MIPS'	SPCPrM	NYSE
STAAR Surgical	STAA	NNM
Stac Inc	STAC	NNM
Stacey's Buffet	SBUF	NNM
Staceys Buffet Wrrt	SBUFW	NNM
Staff Builders 'A'	SBLI	NNM
Stage II Apparel	SA	AMEX
Stake Technology Ltd	STKLF	NSC
Standard & Poor's Dep Receipts	SPY	AMEX
Standard & Poor's MidCap Dep Rc	MDY	AMEX
Standard Commercial	STW	NYSE
Standard Fdg Corp	SFUN	NSC
Standard Fedl Bancorp'n	SFB	NYSE
Standard Financial	STND	NNM
Standard Management	SMAN	NNM
Standard Mgmt 11% Cv 'S' Pfd	SMANP	NSC
Standard Microsystems	SMSC	NNM
Standard Motor Prod	SMP	NYSE

Issue	Ticker	Exchange
Standard Pacific	SPF	NYSE
Standard Products	SPD	NYSE
Standard Register	SR	NYSE
Standex Intl	SXI	NYSE
Standish Care	STAN	NSC
Stanford Telecommun	STII	NNM
Stanhome Inc	STH	NYSE
Stanley Furniture	STLY	NNM
Stanley Works	SWK	NYSE
Stant Corp	STNT	NNM
Staodyn, Inc	SDYN	NSC
Staodyn Inc Wrrt'II'	SDYNZ	NSC
Staples Inc	SPLS	NNM
Star Banc Corp	STB	NYSE
Star Gas Ptnrs L.P.	SGASZ	NNM
Star Multi Care Svcs	SMCS	NNM
Star Technologies	STRR	NNM
Starbucks Corp	SBUX	NNM
Starcraft Corp	STCR	NNM
Starlog Franchise	SIFI	NSC
Starrett (L.S.)'A'	SCX	NYSE
Starrett Corp	SHO	AMEX
StarSight Telecast	SGHT	NNM
Starter Corp	STA	NYSE
Starwood Lodging Tr	HOT	NYSE
Starwood Lodging Tr Wrrt'B'	HOT WS.B	AMEX
STAT Healthcare	ERDR	NSC
STAT Healthcare Wrrt'A'	ERDRW	NSC
State Auto Financial	STFC	NNM
State Bancorp NY	STBC	NSC
State Financial Svcs'A'	SFSW	NNM
State Of The Art	SOTA	NNM
State Str Boston	STT	NYSE
StateFed Financial	SFFC	NSC
Statewide Financial	SFIN	NNM
Station Casinos	STCI	NNM
Station Casinos $3.50 Cv Pfd	STCIP	NNM
STB Systems	STBI	NNM
Steck-Vaughn Publishing	STEK	NNM
Steel of West Virginia	SWVA	NNM
Steel Technologies	STTX	NNM
Stein Mart	SMRT	NNM
Stelco Inc'A'	STE.A	TS
Stepan Co	SCL	NYSE
Stepan Co 5.50% Cv Pfd	SCLPr	NYSE
Stephan Co	TSC	AMEX
Sterile Concepts	SYS	NYSE
STERIS Corp	STRL	NNM
Sterling Bancorp	STL	NYSE
Sterling Bancshares	SBIB	NNM
Sterling Capital	SPR	AMEX
Sterling Chemicals	STX	NYSE
Sterling Commerce	SE	NYSE
Sterling Electronics	SEC	NYSE
Sterling Finl (WA)	STSA	NNM
Sterling Finl $1.8125 Cv Pfd	STSAP	NNM
Sterling Healthcare Group	STER	NNM
Sterling House	SGH	AMEX
Sterling Software	SSW	NYSE
Sterling Vision	ISEE	NNM

Issue	Ticker	Exchange
Sterling West Bancorp(CA)	SWBC	NNM
STET-Societa Fin Tel Ord ADS	STE	NYSE
STET-Societa Fin Tele Svg ADS	STE.A	NYSE
Stevens Intl Cl'A'	SVG.A	AMEX
Stevens Intl Cl'B'	SVG.B	AMEX
Stewart & Stevenson	SSSS	NNM
Stewart Enterprises'A'	STEI	NNM
Stewart Information Sv	STC	NYSE
Stifel Financial	SF	NYSE
Stillwater Mining	PGMS	NNM
Stimsonite Corp	STIM	NNM
STM Wireless	STMI	NNM
Stocker & Yale	STKR	NSC
Stokely USA	STKY	NNM
Stokely-Van Camp 5% Pref	SVCPr	NYSE
Stolt Comex Seaway	SCSWF	NNM
Stolt-Nielsen S.A.	STLTF	NNM
Stolt-Nielsen S.A. ADS	STLBY	NNM
Stone & Webster	SW	NYSE
Stone Container	STO	NYSE
Stone Container Cv Ex Pfd	STOPrE	NYSE
Stone Energy	SGY	NYSE
Stone Street Bancorp	SSM	AMEX
Stop & Shop Cos	SHP	NYSE
Storage Computer	SOS	AMEX
Storage Properties Inc	STG	AMEX
Storage Technology	STK	NYSE
Storage Trust Realty	SEA	NYSE
Storage USA	SUS	NYSE
Stormedia 'A'	STMD	NNM
StrataCom Inc	STRM	NNM
Stratasys Inc	SSYS	NSC
Strategic Distribution	STRD	NNM
Strategic Global Income Fd	SGL	NYSE
Stratosphere Corp	TOWV	NNM
Strattec Security	STRT	NNM
Stratus Computer	SRA	NYSE
Strawbridge/Clothier'A'	STRWA	NNM
StreamLogic Corp	STLC	NNM
Stride Rite	SRR	NYSE
Striker Industries	SKRI	NSC
Strober Organization	STRB	NNM
Strongsville Svgs Bk Ohio	SSBK	NSC
Strouds Inc	STRO	NNM
Structural Dynamics Res	SDRC	NNM
Struthers Industries	SIR	AMEX
Stryker Corp	STRY	NNM
Stuart Entertainment	STUA	NNM
Student Loan Mktg	SLM	NYSE
Student Ln Mktg Adj Rt A Pfd	SLMPrA	NYSE
Student Loan Corp	STU	NYSE
Studio Plus Hotels	SPHI	NNM
Sturm Ruger	RGR	NYSE
STV Group	STVI	NNM
Styles on Video	SOV	AMEX
SubMicron Systems	SUBM	NNM
Suburban Bancorp Inc	SBCN	NNM
Suburban Bancshares	SBNK	NSC
Suburban Lodges America	SLAM	NNM
Suburban Propane Ptnrs L.P.	SPH	NYSE

Issue	Ticker	Exchange
Suburbfed Finl	SFSB	NSC
Sudbury Inc	SUDS	NNM
Suffolk Bancorp	SUBK	NNM
SUGEN Inc	SUGN	NNM
Suiza Foods	SWZA	NNM
Sulcus Computer	SUL	AMEX
Sullivan Dental Products	SULL	NNM
Sumitomo Bank (CA)	SUMI	NNM
Sumitomo Bank CA Dep 'A' Pfd	SUMIZ	NNM
Summa Four	SUMA	NNM
Summa Industries	SUMX	NNM
Summagraphics	SUGR	NNM
Summit Bancorp	SUB	NYSE
Summit Bcp Adj B Pfd	SUBPrB	NYSE
Summit Bancshares	SBIT	NNM
Summit Care	SUMC	NNM
Summit Family Restaurants	SMFR	NNM
Summit Financial	SUMM	NSC
Summit Medical System	SUMT	NNM
Summit Properties	SMT	NYSE
Summit Tax Exempt Bond	SUA	AMEX
Summit Technology	BEAM	NNM
Sun Bancorp	SUBI	NNM
Sun City Indus	SNI	AMEX
Sun Co	SUN	NYSE
Sun Co'A'Dep'TARGETS'	SUNPrD	NYSE
Sun Coast Indus	SN	NYSE
Sun Communities	SUI	NYSE
Sun Energy Ptnrs L.P.	SLP	NYSE
Sun Healthcare Group	SHG	NYSE
Sun Intl Hotels Ord	SIH	NYSE
Sun Microsystems	SUNW	NNM
Sun Sportswear	SSPW	NNM
Sun Television & Appliances	SNTV	NNM
Sunair Electronics	SNR	AMEX
SunAmerica Inc	SAI	NYSE
SunAmer Cap 9.95% 'TOPrS'	SAIPrT	NYSE
SunAmer Cap II 8.35%'TOPrS'	SAIPrV	NYSE
SunAmerica 9 1/4% cm'B'Pfd	SAIPrB	NYSE
SunAmerica Dep'E'Pfd	SAIPrE	NYSE
Sunbase Asia	ASIA	NNM
Sunbeam Corp	SOC	NYSE
Sunbelt Nursery Group	SBN	AMEX
Suncoast S & L Assn FSA	SCSL	NNM
Suncoast S&L 8% Cv Pfd	SCSLP	NNM
Suncor Inc	SU	AMEX
Sundance Homes	SUNH	NNM
Sundstrand Corp	SNS	NYSE
SunGard Data Systems	SNDT	NNM
Sunglass Hut Intl	RAYS	NNM
SunPharm Corp	SUNP	NSC
Sunpharm Corp Wrrt	SUNPW	NSC
Sunport Med	SMQCF	NSC
Sunquest Information Sys	SUNQ	NNM
Sunresorts Ltd NV 'A'	RSTAF	NSC
Sunrise Assisted Living	SNRZ	NNM
Sunrise Bancorp	SRBC	NNM
Sunrise Medical	SMD	NYSE
Sunrise Preschools	SUNR	NSC
Sunrise Preschools Cv 'C' Pfd	SUNRP	NSC

Issue	Ticker	Exchange
Sunrise Resources	SUNL	NNM
SunRiver Corp	SRVC	NSC
SunRiver Corp Wrrt	SRVCW	NSC
Sunshine Mining & Refining	SSC	NYSE
Sunshine Mining & Refining Wrrt	SIVZV	NNM
Sunshine Mng & Refining Wrrt	SILVW	NNM
Sunsource L.P.'A'	SDP	NYSE
Sunsource L.P.'B'	SDP.B	NYSE
SunStar Healthcare	SUNS	NSC
Sunstates Corp	SUSTE	NSC
Sunstates $3.75 cm Pfd	SUSTP	NSC
Sunstone Hotel Investors	SSHI	NNM
SunTrust Banks	STI	NYSE
Super Food Services	SFS	NYSE
Super Vision Intl'A'	SUPVA	NSC
Super Vision Intl Wrrt'A'	SUPVW	NSC
Super Vision Intl Wrrt'B'	SUPVZ	NSC
Superconductor Technologies	SCON	NNM
Supercuts Inc	CUTS	NNM
SuperGen Inc	SUPG	NNM
SuperGen Inc Wrrt	SUPGW	NNM
Superior Energy Svcs	SESI	NNM
Superior Energy Svcs Wrrt	SESIW	NNM
Superior Energy Svcs Wrrt'B'	SESIZ	NNM
Superior Indus Intl	SUP	NYSE
Superior Natl Insurance Grp	SNTL	NNM
Superior Services	SUPR	NNM
Superior Surgical	SGC	AMEX
Supertel Hospitality	SPPR	NNM
Supertex Inc	SUPX	NNM
Supervalu Inc	SVU	NYSE
Suprema Specialties	CHEZ	NNM
Supreme Industries'A'	STS	AMEX
Supreme Indus Wrrt	STS.WS	AMEX
Supreme International	SUPI	NNM
Sure Shot Intl Inc	HOOP	NSC
Sure Shot Intl Wrrt	HOOPW	NSC
Surety Capital	SRY	AMEX
Surgical Laser Tech	SLTI	NNM
Surgical Technologies	SGTI	NNM
Survival Technology	STIQ	NNM
Susquehanna Bancshares	SUSQ	NNM
Sutton Resources	STTZF	NNM
Swank Inc	SNKIE	NSC
Swedish Match AB ADR	SWMAY	NNM
Sweetwater Inc	SWWT	NSC
Swift Energy	SFY	NYSE
Swift Transportation	SWFT	NNM
Swing-N-Slide Corp	SWG	AMEX
Swisher International	SWSH	NNM
Swisher Intl Wrrt	SWSHW	NNM
Swiss Army Brands	SABI	NNM
Swiss Helvetia Fund	SWZ	NYSE
SWISSRAY Intl	SRMI	NSC
Sybase Inc	SYBS	NNM
Sybron Chemicals	SYCM	NNM
Sybron Intl	SYB	NYSE
Sykes Enterprises	SYKE	NNM
Sylvan Inc	SYLN	NNM
Sylvan Learning Systems	SLVN	NNM

Issue	Ticker	Exchange
Symantec Corp	SYMC	NNM
Symbol Technologies	SBL	NYSE
Symbollon Corp	SYMBA	NSC
Symbollon Corp Wrrt'A'	SYMBW	NSC
Symbollon Corp Wrrt'B'	SYMBZ	NSC
Symetrics Industries	SYMT	NNM
Symix Systems	SYMX	NNM
Symmetricom Inc	SYMM	NNM
Syms Corp	SYM	NYSE
Synagro Tech Unit	SYGRU	NSC
Synagro Technologies Wrrt	SYGRW	NSC
Synalloy Corp	SYNC	NNM
Synaptic Pharmaceutical	SNAP	NNM
Synbiotics Corp	SBIO	NNM
Sync Research	SYNX	NNM
Syncor Int'l	SCOR	NNM
Synergistic Hldg	SYNH	NSC
Synergistic Hldg Wrrt	SYNHW	NSC
Synetic Inc	SNTC	NNM
Synopsys Inc	SNPS	NNM
Synovus Financial	SNV	NYSE
Syntellect Inc	SYNL	NNM
Synthetech Inc	NZYM	NSC
SyQuest Technology	SYQT	NNM
Syratech Corp	SYR	NYSE
Sysco Corp	SYY	NYSE
System Software	SSAX	NNM
SysteMed Inc	SYSM	NNM
SyStemix Inc	STMX	NNM
Systems & Computer Tech	SCTC	NNM
SystemSoft Corp	SYSF	NNM
T B Wood's	TBW	NYSE
T Cell Sciences	TCEL	NNM
T.J. Cinnamons	TJCI	NSC
T J Cinnamons Wrrt'A'	TJCIW	NSC
T J Cinnamons Wrrt'B'	TJCIZ	NSC
T J International	TJCO	NNM
T R Financial	ROSE	NNM
TVG Technologies	TVGTF	NSC
T V G Technologies Wrrt'A'	TVGWF	NSC
T V G Technologies Wrrt'B'	TVGZF	NSC
T V G Technologies Wrrt'C'	TVGLF	NSC
T-HQ Inc	TOYH	NSC
T-NETIX Inc	TNTX	NNM
T.J.T. Inc	AXLE	NSC
T.J.T. Inc Wrrt	AXLEW	NSC
T.Rowe Price Assoc	TROW	NNM
T/SF Communications	TCM	AMEX
Tab Products	TBP	AMEX
Taco Cabana'A'	TACO	NNM
Tadiran Limited ADS	TAD	NYSE
Tadiran Telecomm	TTELF	NNM
Taitron Components'A'	TAIT	NNM
Taiwan Equity Fd	TYW	NYSE
Taiwan Fund	TWN	NYSE
Talbots Inc	TLB	NYSE
Talley Indus	TAL	NYSE
Talley Indus, $1.00 Cv B Pfd	TALPrB	NYSE
Tambrands Inc	TMB	NYSE
Tandem Computers	TDM	NYSE

Issue	Ticker	Exchange
Tandy Brands Accessories	TBAC	NNM
Tandy Corp	TAN	NYSE
Tandycrafts, Inc	TAC	NYSE
Tanger Factory Outlet Ctrs	SKT	NYSE
Tanger Fac Outlt Cv Dep Pfd	SKTPrA	NYSE
Tanknology Environmental	TANK	NNM
Tapistron Intl	TAPI	NNM
Tapistron Intl Wrrt	TAPIW	NNM
Tappan Zee Fin'l	TPNZ	NNM
Target Tech Inc	CFON	NNM
Target Therapeutics	TGET	NNM
Targeted Genetics	TGEN	NNM
Taro Pharmaceutical Ind	TAROF	NNM
Tarrant Apparel Group	TAGS	NNM
Taseko Mines	TKOCF	NNM
Tasty Baking	TBC	AMEX
TAT Technologies Ltd	TATTF	NNM
Tatham Offshore	TOFF	NNM
Taubman Centers	TCO	NYSE
Taurus MuniCalif Hldgs	MCF	NYSE
Taurus MuniNewYork Hldgs	MNY	NYSE
Taylor Devices	TAYD	NSC
TBC Corp	TBCC	NNM
TCA Cable TV	TCAT	NNM
TCBY Enterprises	TBY	NYSE
TCC Industries	TEL	NYSE
TCF Financial	TCB	NYSE
TCI Commun Fin I 8.72%'TOPrS'	TFIPr	NYSE
TCI Intl	TCII	NNM
TCSI Corp	TCSI	NNM
TCW Conv Sec Fund	CVT	NYSE
TCW/DW Emerg Mkt Opp Tr	EMO	NYSE
TCW/DW Term Trust 2000	TDT	NYSE
TCW/DW Term Trust 2002	TRM	NYSE
TCW/DW Term Trust 2003	TMT	NYSE
TDK Corp ADS	TDK	NYSE
Team Rental Group'A'	TBUD	NNM
Team, Inc	TMI	AMEX
Tech Data Corp	TECD	NNM
Tech Electro Industries	TELE	NSC
Tech Electro Industries Unit	TELEU	NSC
Tech Electro Industries Wrrt	TELEW	NSC
Tech-Sym	TSY	NYSE
Tech/Ops Sevcon	TO	AMEX
Techdyne Inc	TCDN	NSC
Techdyne Inc Wrrt	TCDNW	NSC
Teche Holding	TSH	AMEX
TechForce Corp	TFRC	NNM
Techknits Inc	KNIT	NSC
Techne Corp	TECH	NNM
Technical Chemicals & Products	TCPI	NNM
Technical Communications	TCCO	NNM
Techniclone Intl	TCLN	NSC
Technigen Corp	TGPAF	NSC
Technitrol Inc	TNL	AMEX
Technology Research	TRCI	NNM
Technology Service Grp	TSGI	NSC
Technology Service Grp Wrrt	TSGIW	NSC
Technology Solutions	TSCC	NNM
Teck Corp Cl'A'	TEK.A	TS

Issue	Ticker	Exchange
Tecnol Medical Products	TCNL	NNM
Tecnomatix Technologies Ltd	TCNOF	NNM
TECO Energy	TE	NYSE
TecSyn International	TSN	TS
Tecumseh Products Cl'A'	TECUA	NNM
Tecumseh Products Cl'B'	TECUB	NNM
Tee-Comm Electronics	TENXF	NNM
Teekay Shipping	TK	NYSE
Tegal Corp	TGAL	NNM
Tejas Gas Corp	TEJ	NYSE
Tejas Gas 5.25% Cv Dep Pfd	TEJPrA	NYSE
Tejas Gas Cp 9.96% Dep Pfd	TEJPr	NYSE
Tejon Ranch	TRC	AMEX
Tekelec	TKLC	NNM
Tektronix Inc	TEK	NYSE
Tel Argentina-France Tel'B'ADS	TEO	NYSE
TEL Offshore Tr UBI	TELOZ	NSC
Tel-Com Wireless Cable TV	TCTV	NSC
Tel-Com Wireless CATV Wrrt	TCTVW	NSC
Tel-Save Holdings	TALK	NNM
Telco Systems	TELC	NNM
TelCom Semiconductor	TLCM	NNM
Tele Danmark A/S ADS	TLD	NYSE
Tele-Comm Inc 'A' Liberty Media	LBTYA	NNM
Tele-Comm'B'Liberty Media	LBTYB	NNM
Tele-Communic'A'TCI Group	TCOMA	NNM
Tele-Communic'B'TCI Group	TCOMB	NNM
Tele-Communications Intl	TINTA	NNM
Telebit Corp	TBIT	NNM
Telechips Corp	TCHP	NSC
Telechips Corp Wrrt	TCHPW	NSC
Telecom Corp New Zealand ADS	NZT	NYSE
TeleComm TCI Grp 6% Exch Pfd	TCOMP	NNM
Telecomun Brasil-Telebras ADS	TBR	NYSE
Teledata Communication	TLDCF	NNM
Teledyne Inc	TDY	NYSE
Teledyne Inc Sr'E' Pfd	TDYPrE	NYSE
Teleflex Inc	TFX	NYSE
Telefonica De Argentina ADS	TAR	NYSE
Telefonica de Espana ADS	TEF	NYSE
Telefonos de Mexico'A'ADR	TFONY	NSC
Telefonos de Mexico'L'ADS	TMX	NYSE
Telegraph Communic Ltd	TELGF	NSC
Telegraph Communications Wrrt	TLGZF	NSC
Telemundo Group 'A'	TLMD	NNM
Telemundo Group Wrrt	TLMDW	NSC
TelePad Corp 'A'	TPADA	NSC
TelePad Corp Unit	TPADU	NSC
TelePad Corp Wrrt 'A'	TPADW	NSC
TelePad Corp Wrrt 'B'	TPADZ	NSC
TelePad Corp Wrrt 'D'	TPADL	NSC
TelePad Corp Wrrt'C'	TPADM	NSC
Telepanel Systems	TLSIF	NSC
Telephone & Data Sys	TDS	AMEX
Telescan Inc	TSCN	NSC
Telesoft Corp	TSFT	NSC
Teletek Inc	TLTK	NSC
Teletouch Communications Inc	TELL	NSC
Teletouch Communicns Wrrt'A'	TELLW	NSC
TeleVideo Systems	TELV	NNM

Issue	Ticker	Exchange
TeleWest PLC ADS	TWSTY	NNM
Tellabs, Inc	TLAB	NNM
Telmed Inc	TEMD	NSC
TelMed Inc Wrrt	TEMDW	NSC
Telor Ophthalmic Pharm	TELR	NNM
Tels Corp	TELS	NSC
Teltrend Inc	TLTN	NNM
Teltronics Inc	TELT	NSC
Telular Corp	WRLS	NNM
Telxon Corp	TLXN	NNM
Temple-Inland	TIN	NYSE
Templeton China World Fd	TCH	NYSE
Templeton Dragon Fd	TDF	NYSE
Templeton Emerg Mkts	EMF	NYSE
Templeton Emerg Mkts Apprec	TEA	NYSE
Templeton Emerg Mkts Income	TEI	NYSE
Templeton Global Gvts	TGG	NYSE
Templeton Global Income	GIM	NYSE
Templeton Russia Fund	TRF	NYSE
Templeton Vietnam Opport Fd	TVF	NYSE
Temtex Indus	TMTX	NNM
Tencor Instruments	TNCR	NNM
TENERA Inc	TNR	AMEX
Tenet Healthcare	THC	NYSE
Tenn Val Auth 7.50%'QUIDS'	TVB	NYSE
Tenn Val Auth 8.00%'QUIDS'	TVA	NYSE
Tennant Co	TANT	NNM
Tenneco Inc	TEN	NYSE
Tenneco $7.40 cm Pfd	TENPrB	NYSE
Teppco Ptnrs L.P.	TPP	NYSE
Tera Computer	TERA	NSC
Tera Computer Wrrt	TERAW	NSC
Teradyne Inc	TER	NYSE
Terex Corp	TEX	NYSE
Terra Industries	TRA	NYSE
Terra Nitrogen L.P.	TNH	NYSE
Terra Nova (Bermuda)Hldg	TNA	NYSE
Terrace Holdings	THIS	NSC
Terrace Holdings Wrrt	THISW	NSC
Tescorp Inc	TESC	NSC
Tescorp 10% 1990 Cv Pfd	TESCP	NSC
Tesma Intl 'A'	TSMAF	NNM
Tesoro Petroleum	TSO	NYSE
TESSCO Technologies	TESS	NNM
Tetra Tech	WATR	NNM
TETRA Technologies	TTRA	NNM
Teva Pharm Indus ADR	TEVIY	NNM
Texaco Cap LLC'B'Adj MIPS	TXCPrB	NYSE
Texaco Capital LLC 'MIPS'	TXCPrA	NYSE
Texaco Inc	TX	NYSE
Texarkana First Financial	FTF	AMEX
Texas Biotechnology	TXB	AMEX
Texas Biotechnology Wrrt	TXB.WS	AMEX
Texas Indus	TXI	NYSE
Texas Instruments	TXN	NYSE
Texas Meridian Resources	TMR	AMEX
Texas Pac Ld Tr	TPL	NYSE
Texas Regional Banc'A'	TRBS	NNM
Texas Star Resources	TEXSF	NSC
Texas Util Elec Dep Pfd	TUEPr	NYSE

Issue	Ticker	Exchange
Texas Util Elec'A'Dep Pfd	TUEPrA	NYSE
Texas Util Elec'B'Dep Pfd	TUEPrB	NYSE
Texas Utilities	TXU	NYSE
Texfi Indus	TXF	NYSE
Texoil Inc	TXLI	NSC
Texoil Inc Wrrt'A'	TXLIW	NSC
Texoil Inc Wrrt'B'	TXLIZ	NSC
Textron, Inc	TXT	NYSE
Textron Cap I 7.92% Tr Sec	TXTPrT	NYSE
Textron, $1.40 Cv B Pfd	TXTPrB	NYSE
Textron, $2.08 Cv A Pfd	TXTPrA	NYSE
TF Financial	THRD	NNM
TFC Enterprises	TFCE	NNM
TGC Industries	TGCI	NSC
Thackeray Corp	THK	NYSE
Thai Capital Fund	TC	NYSE
Thai Fund	TTF	NYSE
Theragenics Corp	THRX	NNM
TheraTech Inc	THRT	NNM
TheraTx Inc	THTX	NNM
Thermadyne Holdings	TDHC	NNM
Thermal Industries	THMP	NSC
Thermedics Inc	TMD	AMEX
Thermo Cardiosystems	TCA	AMEX
Thermo Ecotek	TCK	AMEX
Thermo Electron	TMO	NYSE
Thermo Fibertek	TFT	AMEX
Thermo Instrument Sys	THI	AMEX
Thermo Power	THP	AMEX
Thermo Remediation	THN	AMEX
Thermo Sentron	TSR	AMEX
Thermo Tech Technologies Inc	TTRIF	NSC
Thermo Terratech	TTT	AMEX
Thermo Voltek	TVL	AMEX
Thermo-Mizer Environmental	THMZ	NSC
Thermo-Mizer Env Wrrt	THMZW	NSC
THERMOGENESIS Corp	KOOL	NSC
ThermoLase Corp	TLZ	AMEX
ThermoQuest Corp	TMQ	AMEX
ThermoSpectra Corp	THS	AMEX
Thermotrex Corp	TKN	AMEX
Thermwood Corp	THM	AMEX
Thiokol Corp	TKC	NYSE
Third Financial	THIR	NNM
Thomas & Betts	TNB	NYSE
Thomas Group	TGIS	NNM
Thomas Indus	TII	NYSE
Thomas Nelson	TNM	NYSE
Thomas Nelson 'B'	TNM.B	NYSE
Thomaston Mills'A'	TMSTA	NNM
Thomaston Mills'B'	TMSTB	NNM
Thompson PBE	THOM	NNM
Thomson Corp	TOC	TS
Thomson-CSF ADS	TCSFY	NNM
Thor Industries	THO	NYSE
Thorn Apple Valley	TAVI	NNM
Thornburg Mortgage Asset	TMA	NYSE
3CI Complete Compliance	TCCC	NSC
3Com Corp	COMS	NNM
3-D Geophysical	TDGO	NNM

Issue	Ticker	Exchange
3DO Company	THDO	NNM
360 (Degrees) Communic	XO	NYSE
3-D Systems Corp	TDSC	NNM
Three D Depts Cl'A'	TDD.A	AMEX
Three D Depts Cv Cl'B'	TDD.B	AMEX
Three Rivers Finl	THR	AMEX
Three-Five Systems	TFS	NYSE
Thrifty PayLess Hldg'B'	TPD	NYSE
ThrustMaster Inc	TMSR	NNM
THT Inc	TXHI	NSC
Tide West Oil	TIDE	NNM
Tidelands Rlty Tr B SBI	TIRTZ	NSC
Tidewater Inc	TDW	NYSE
Tiffany & Co	TIF	NYSE
TIG Holdings	TIG	NYSE
TII Indus	TIII	NNM
Timber Lodge Steakhouse	TBRL	NSC
Timberland Co Cl'A'	TBL	NYSE
Timberline Software	TMBS	NNM
Time Warner Inc	TWX	NYSE
Time War Cp I 8.78% Pfd Tr Sec	TWXPrT	NYSE
Time Warner Fin Tr 'PERCS'	THA	NYSE
Timeline Inc	TMLN	NSC
Timeline Inc Wrrt	TMLNW	NSC
Times Mirror 'A'	TMC	NYSE
Times Mirror 4.25%'PEPS'2001	TME	NYSE
Times Mirror cm Sr'B'Pfd	TMCPrP	NYSE
Timken Co	TKR	NYSE
Tinsley Labs	TNSL	NSC
Tipperary Corp	TPY	AMEX
TIS Mtge Investment	TIS	NYSE
Titan Corp	TTN	NYSE
Titan Corp $1 cm Cv Pfd	TTNPr	NYSE
Titan Holdings	TH	NYSE
Titan Pharmaceuticals	TTNP	NSC
Titan Pharmaceuticals Unit	TTNPU	NSC
Titan Wheel Intl	TWI	NYSE
Tivoli Indus Inc	TVLI	NSC
Tivoli Inds Wrrt'A'	TVLIW	NSC
Tivoli Inds Wrrt'B'	TVLIZ	NSC
TJX Companies	TJX	NYSE
TJX Co's $3.125 cm Cv'C'Pfd	TJXPrC	NYSE
TM Century	TMCI	NSC
TMBR/Sharp Drilling	TBDI	NNM
TMCI Electronics	TMEI	NSC
TMCI Electronics Wrrt	TMEIW	NSC
TNP Enterprises	TNP	NYSE
Toastmaster Inc	TM	NYSE
Today's Bancorp	TDAY	NNM
Today's Man	TMANQ	NNM
Todd Shipyards	TOD	NYSE
Todd-AO Corp 'A'	TODDA	NNM
Todhunter Intl	TODH	NNM
Tofutti Brands	TOF	AMEX
Tokheim Corp	TOK	NYSE
Tokio Marine/Fire ADR	TKIOY	NNM
Toledo Ed 8.84%cm Pfd	TEDPrE	NYSE
Toledo Edison $2.365 Pfd	TEDPrF	NYSE
Toledo Edison 10% Pfd	TEDPrD	AMEX
Toledo Edison 4 1/4% Pfd	TEPrB	AMEX

Issue	Ticker	Exchange
Toledo Edison 7.76% Pfd	TEDPrC	AMEX
Toledo Edison 8.32% Pfd	TEDPrA	AMEX
Toledo Edison Adj A Pfd	TEDPrK	NYSE
Toledo Edison Adj Rt B Pfd	TEDPrL	NYSE
Toll Brothers	TOL	NYSE
Tolland Bank	TBK	AMEX
Tollgrade Communications	TLGD	NNM
Tom Brown	TMBR	NNM
Tomkins plc ADS	TKS	NYSE
Tommy Hilfiger	TOM	NYSE
Tompkins Cty Trustco	TCTC	NNM
Toolex-Alpha N.V.	TLXAF	NNM
Tootsie Roll Indus	TR	NYSE
Top Air Mfg	TOPM	NSC
Top Source Technol	TPS	AMEX
Topps Co	TOPP	NNM
Topro Inc	TPRO	NSC
Topro Inc Wrrt	TPROW	NSC
Tops Appliance City	TOPS	NNM
Torch Energy Royalty Trust	TRU	NYSE
Torchmark Capital 'MIPS'	TMKPrM	NYSE
Torchmark Corp	TMK	NYSE
Toreador Royalty	TRGL	NNM
Toro Co	TTC	NYSE
Toronto-Dominion Bk	TD	TS
Torotel, Inc	TTL	AMEX
Tosco Corp	TOS	NYSE
TOTAL 'B' ADS	TOT	NYSE
Total Containment	TCIX	NNM
Total Petrol'm NA	TPN	AMEX
Total Renal Care Hldgs	TRL	NYSE
Total Research	TOTL	NSC
Total System Svcs	TSS	NYSE
Total-Tel USA Communic	TELU	NNM
Touch Tone America	TONE	NSC
Touch Tone America Wrrt	TONEW	NSC
Touchstone Applied Science	TASA	NSC
TouchStone Software	TSSW	NNM
Tower Air	TOWR	NNM
Tower Automotive	TWER	NNM
Tower Semiconductor	TSEMF	NNM
Tower Tech	TTMT	NSC
Town & Country Cl'A'	TNC	AMEX
Town & Country Trust	TCT	NYSE
Toy Biz'A'	TBZ	NYSE
Toyota Motor Corp ADR	TOYOY	NSC
Toys R Us	TOY	NYSE
TPC Corp	TPC	AMEX
TPI Enterprises	TPIE	NNM
Tracer Petroleum	TCXXF	NSC
Tracer Pete Wrrt	TCXWF	NSC
Track Data Corp	TRAC	NNM
Track Data Corp Wrrt	TRACW	NNM
Tracor Inc	TTRR	NNM
Tracor Inc Wrrt'A'	TTRRW	NNM
Tractor Supply	TSCO	NNM
Trak Auto	TRKA	NNM
Trans Energy	TSRG	NSC
Trans Financial	TRFI	NNM
Trans Global Svcs	TGSI	NSC

Issue	Ticker	Exchange
Trans Global Svcs Wrrt	TGSIW	NSC
Trans Leasing Intl	TLII	NNM
Trans World Airlines	TWA	AMEX
Trans World Airlines Wrrt	TWA.WS	AMEX
Trans World Entertainment	TWMC	NNM
Trans World Gaming	IBET	NNM
Trans World Gaming Wrrt	IBETW	NNM
Trans-Global Resource NL ADR	TGBRY	NSC
Trans-Industries Inc	TRNI	NNM
Trans-Lux	TLX	AMEX
Transaction Network Svcs	TNSI	NNM
Transaction Sys Architects'A'	TSAI	NNM
Transalta Corp	TA	TS
Transamerica Corp	TA	NYSE
Transamerica 8.50% Dep Pfd	TAPrD	NYSE
Transamerica Del L.P.'MIPS'	TAPrA	NYSE
Transamerica Inc Shrs	TAI	NYSE
TransAmerican Waste Indus	WSTE	NSC
Transamerican Waste Inds Wrrt'A'	WSTEW	NSC
Transamerican Waste Inds Wrrt'B'	WSTEZ	NSC
Transatlantic Holdings	TRH	NYSE
TransCanada P.L.	TRP	NYSE
Transcend Services	TRCR	NNM
Transcisco Indus	TNI	AMEX
Transcontinental Rlty	TCI	NYSE
Transcor Waste Services	TRCW	NNM
Transglobe Energy	TGLEF	NSC
Transition Systems	TSIX	NNM
Transmation, Inc	TRNS	NNM
Transmedia Asia Pacific	TMNA	NSC
Transmedia Europe Inc	TMNE	NSC
Transmedia Network	TMN	NYSE
Transnational Re'A'	TREX	NNM
TransNet	TRNT	NNM
Transport Corp Amer	TCAM	NNM
Transport Holdings'A'	TLIC	NNM
Transportacion Maritima ADS	TMM	NYSE
Transpt'n Marit Part Ctfs ADS	TMM.A	NYSE
Transportadora De Gas ADS	TGS	NYSE
TransPro Inc	TPR	NYSE
TransTechnology	TT	NYSE
TransTexas Gas	TTXG	NNM
TranSwitch Corp	TXCC	NNM
Transworld Bancorp (CA)	TWBC	NNM
Transworld Home Hlthcare	TWHH	NNM
Transworld Home Hlthcr Wrrt	TWHHW	NNM
Tranzonic Cos 'A'	TNZ.A	AMEX
Tranzonic Cos Cl'B'	TNZ.B	AMEX
Travel Ports Amer	TPOA	NNM
Travelers Group	TRV	NYSE
Travelers Grp 8.125%'A'Dep Pfd	TRVPrA	NYSE
TravelersGrp5.5%Cv'B'Pfd	TRVPrB	NYSE
Travelers Grp 9.25% Dep Pfd	TRVPrD	NYSE
Travelers Grp Wrrt	TRV.WS	NYSE
Travelers/Aetna Prop Casual'A'	TAP	NYSE
Travelers P&C Cap I 8.08% Pfd	TAPPrA	NYSE
Travelers P&C Cap II 8.00% Pfd	TAPPrB	NYSE
TRC Cos	TRR	NYSE
Treadco Inc	TRED	NNM
Tredegar Indus	TG	NYSE

Issue	Ticker	Exchange
Tremont Corp	TRE	NYSE
Trend-Lines 'A' Inc	TRND	NNM
Trenton Savings Bank	TSBS	NNM
Trenwick Group	TREN	NNM
TresCom International	TRES	NNM
Tri-Continental	TY	NYSE
Tri-Continental, $2.50 Pfd	TYPr	NYSE
Tri-County Bancorp	TRIC	NSC
Triad Guaranty	TGIC	NNM
Triad Systems	TRSC	NNM
Triangle Bancorp	TRBC	NNM
Triangle Pacific	TRIP	NNM
Triarc Cos Cl'A'	TRY	NYSE
Triathlon Broadcasting 'A'	TBCOA	NSC
Triathlon Brdcst 9% Pfd	TBCOL	NSC
Tribune Co.	TRB	NYSE
TriCo Bancshares	TCBK	NNM
Trico Marine Svcs	TMAR	NNM
Tricord Systems	TRCD	NNM
Trident Intl	TRDT	NNM
Trident Microsystems	TRID	NNM
Tridex Corp	TRDX	NNM
Trigen Energy	TGN	NYSE
Trimark Holdings	TMRK	NNM
TriMas Corp	TMS	NYSE
Trimble Navigation Ltd	TRMB	NNM
Trimedyne Inc	TMED	NNM
TriNet Corporate Rlty Tr	TRI	NYSE
Trinitech Systems	TSI	AMEX
Trinity Biotech plc ADS	TRIBY	NSC
Trinity Biotech plc Wrrt'A'	TRIWF	NSC
Trinity Biotech plc Wrrt'B'	TRIZF	NSC
Trinity Indus	TRN	NYSE
TRINOVA Corp	TNV	NYSE
Trio-Tech Intl	TRTC	NSC
Trion Inc	TRON	NNM
Triple A and Gvt Ser'97(New)	TGB	AMEX
Triple P N.V.	TPPPF	NNM
Triple S Plastics	TSSS	NNM
Tripos Inc	TRPS	NNM
TriQuint Semiconductor	TQNT	NNM
TRISM Inc	TRSM	NNM
Tristar Corp	TSAR	NNM
Triton Energy	OIL	NYSE
Triton Group Ltd	TGL	AMEX
Triton Group Ltd Wrrt	TGL.WS	AMEX
Trizec Corp Ltd	TZC	NYSE
Trizec Corp Ltd 'A' Wrrt	TZC.WS	NYSE
TRM Copy Centers	TRMM	NNM
TRO Learning	TUTR	NNM
Troy Hill Bancorp	THBC	NNM
True North Communicns	TNO	NYSE
Truevision Inc	TRUV	NNM
Trump Hotels & Casino Resorts	DJT	NYSE
Trust Co of New Jersey	TCNJ	NNM
Trustmark Corp	TRMK	NNM
TRW Inc	TRW	NYSE
TRW Inc,$4.40 Cv II Pref	TRWPrB	NYSE
TRW Inc,$4.50 Cv II Pref	TRWPrD	NYSE
Tseng Labs	TSNG	NNM

Issue	Ticker	Exchange
TSI Inc	TSII	NNM
TSR Inc	TSRI	NNM
TST/Impreso	TSTI	NNM
TSX Corp	TSXX	NNM
TU Elec Cap III 8.00%'QUIPS'	TUEPrO	NYSE
TU Electric Cap I 8.25%'TOPrS'	TUEPrM	NYSE
TU Electric Cap II 9.00%'TOPrS'	TUEPrN	NYSE
Tubby's Inc	TUBY	NSC
Tuboscope Vetco Intl	TUBO	NNM
TubosDeAceroMex ADR	TAM	AMEX
Tucker Drilling	TUCK	NNM
Tucson Elec Power(New)	TEP	NYSE
Tuesday Morning	TUES	NNM
Tufco Technologies	TFCO	NNM
Tultex Corp	TTX	NYSE
Tupperware Corp	TUP	NYSE
Turbochef Inc	TRBO	NSC
Turkish Investment Fund	TKF	NYSE
Turner Broadcast'A'	TBS.A	AMEX
Turner Broadcast'B'	TBS.B	AMEX
Turner Corp	TUR	AMEX
Tuscarora Inc	TUSC	NNM
TVX Gold	TVX	NYSE
20th Century Indus	TW	NYSE
Twin City Bancorp	TWIN	NSC
Twin Disc	TDI	NYSE
2002 Target Term Trust	TTR	NYSE
Tyco International	TYC	NYSE
Tyco Toys	TTI	NYSE
Tylan General	TYGN	NNM
Tyler Corp	TYL	NYSE
Tyrex Oil	TYRX	NSC
Tyson Foods Cl'A'	TYSNA	NNM
Tysons Financial	TYFC	NSC
U S West Communic Grp	USW	NYSE
U.S.West Fin 7.96%'TOPrS'	USWPrA	NYSE
U S West Media Group	UMG	NYSE
U-Ship Inc	USHP	NSC
U.S. Bancorp	USBC	NNM
U.S. Bancorp 8.125% 'A' Pfd	USBCP	NNM
U.S. Bioscience	UBS	AMEX
U.S. Bioscience Wrrt	UBS.WS	AMEX
U.S. Bridge of N.Y.	USBR	NNM
U.S. Bridge of NY Wrrt	USBRW	NNM
U.S. Can	USC	NYSE
U.S. Cellular	USM	AMEX
U.S. Energy	USEG	NNM
U.S. Environmental Solutions	USES	NSC
U.S. Exploration	USXP	NSC
U.S. Filter	USF	NYSE
U.S. Gold Corp	USGL	NSC
U.S. HealthCare	USHC	NNM
U.S. Home	UH	NYSE
U.S. Home & Garden	USHG	NSC
U S Home & Garden Wrrt'A'	USHGW	NSC
U.S. Home Cv Pfd	UHPr	NYSE
U.S. Home Wrrt	UH.WS	NYSE
U.S. HomeCare	USHO	NNM
U.S. Industries	USI	NYSE
U.S. Lime & Minerals	USLM	NNM

Issue	Ticker	Exchange
U.S. Long Distance	USLD	NNM
U.S. Medical Products	USMD	NSC
U.S. Office Products	OFIS	NNM
U.S. Opportunity Search	USOS	NSC
U.S. Pawn	USPN	NSC
U.S. Physical Therapy	USPH	NSC
U.S. Restaurant Properties	USV	NYSE
U.S. Robotics	USRX	NNM
U.S. Satellite Broadcasting 'A'	USSB	NNM
U.S. Surgical	USS	NYSE
U.S. Surgical $2.20 Dep'DECS'	USSPrA	NYSE
U.S. Technologies	USXX	NSC
U.S. Transportation Sys	USTS	NSC
U.S. Trust	USTC	NNM
U.S. Xpress Enterprises'A'	XPRSA	NNM
U.S.-China Indl Exchange	CHDX	NNM
U.S.Alcohol Testing of Amer	AAA	AMEX
U.S.Alcohol Test'g 14% Cl'A'Pfd	AAAPrA	AMEX
U.S.Diagnostic Labs	USDL	NNM
UAL Corp	UAL	NYSE
UAL Corp 12.25% Dep'B'Pfd	UALPrB	NYSE
UCAR International	UCR	NYSE
UCI Medical Affiliates	UCIA	NSC
UFP Technologies	UFPT	NSC
UGI Corp	UGI	NYSE
Ultimate Electronics	ULTE	NNM
Ultra Pac	UPAC	NNM
Ultradata Corp	ULTD	NNM
UltraData Systems	ULTR	NNM
Ultradata Sys Wrrt'A'	ULTRW	NNM
Ultrafem Inc	UFEM	NNM
Ultrak Inc	ULTK	NNM
Ultralife Batteries	ULBI	NNM
Ultramar Corp	ULR	NYSE
Ultratech Stepper	UTEK	NNM
UMB Financial	UMBF	NNM
Unapix Entertainment	UPX	AMEX
Unapix Enter Cl'B' Wrrt	UPX WS.B	AMEX
UNC Inc	UNC	NYSE
Uncle B's Bakery	UNCB	NSC
Uni-Marts Inc	UNI	AMEX
Unico American	UNAM	NNM
Unico Inc Oklahoma	UICO	NSC
Unico Inc	UNRC	NSC
Unicom Corp	UCM	NYSE
UniComp Inc	UCMP	NNM
Unidigital Inc	UNDG	NNM
Unifi, Inc	UFI	NYSE
Unifirst Corp	UNF	NYSE
Uniflex Inc	UFX	AMEX
Uniforce Services	UNFR	NNM
Unigene Laboratories	UGNE	NNM
Unigene Labs Wrrt'B'	UGNEZ	NSC
Uniholding Corp	UHLD	NSC
Unilab Corp	ULAB	NNM
Unilever ADR	UL	NYSE
Unilever N.V.	UN	NYSE
Unimar Indonesian Ptc Units	UMR	AMEX
Unimark Group	UNMG	NNM
Unimed Pharmaceuticals	UMED	NNM

Issue	Ticker	Exchange
Union Acceptance'A'	UACA	NNM
Union Bankshares	UBSH	NNM
Union Bankshares Ltd	UBSC	NNM
Union Camp	UCC	NYSE
Union Carbide	UK	NYSE
Union Corp	UCO	NYSE
Union Electric	UEP	NYSE
Union Electric, $3.50 Pfd	UEPPrA	NYSE
Union Electric, $4.00 Pfd	UEPPrC	NYSE
Union Electric, $4.50 Pfd	UEPPrD	NYSE
Union Electric, $4.56 Pfd	UEPPrE	NYSE
Union Electric, $6.40 Pfd	UEPPrG	NYSE
Union Electric, $7.44 Pfd	UEPPrI	NYSE
Union Pacific	UNP	NYSE
Union Pacific Resources Group	UPR	NYSE
Union Planters	UPC	NYSE
Union Planters 8% Cv'E'Pfd	UPCPO	NNM
Union Switch & Signal	UNSW	NNM
Union Texas Petroleum	UTH	NYSE
Unionamerica Hldgs ADS	UA	NYSE
UnionBanCal Corp	UNBC	NNM
UnionBanCal 8.375% Dep 'A' Pfd	UBNKZ	NNM
Uniphase Corp	UNPH	NNM
Unique Mobility	UQM	AMEX
Uniroyal Chemical	UCHM	NNM
Uniroyal Technology	UTCI	NNM
Uniroyal Technology Wrrt	UTCIW	NNM
Unison HealthCare	UNHC	NNM
Unison Software	UNSN	NNM
Unisys Corp	UIS	NYSE
Unisys $3.75cm Cv A Pfd	UISPrA	NYSE
Unit Corp	UNT	NYSE
Unit Corp Wrrt	UNTEW	NSC
Unit Instruments	UNII	NNM
United Air Specialists	UASI	NNM
United Amer Healthcare	UAH	NYSE
United Asset Mgmt	UAM	NYSE
United Bancorp Ohio	UBCP	NSC
United Bankshares	UBSI	NNM
United Capital Corp	AFP	AMEX
United Carolina Bancsh	UCAR	NNM
United Cities Gas	UCIT	NNM
United Cos Financial	UCFC	NNM
United Cos Fin'l 6.75%'PRIDES'	UCFCP	NNM
United Dental Care	UDCI	NNM
United Dominion Indus	UDI	NYSE
United Dominion Rlty Tr	UDR	NYSE
United Fed Svgs Bk Rocky Mt NC	UFRM	NSC
United Financial	UBMT	NNM
United Fire & Casualty	UFCS	NNM
United Foods Cl'A'	UFD.A	AMEX
United Foods Cv Cl'B'	UFD.B	AMEX
United Healthcare	UNH	NYSE
United Heritage Corp	UHCP	NSC
United Illuminating	UIL	NYSE
United Industrial	UIC	NYSE
United Insurance	UICI	NNM
United Intl Hldgs'A'	UIHIA	NNM
United Kingdom Fund	UKM	NYSE
United Leisure Corp	UTDL	NSC

Issue	Ticker	Exchange
United Leisure Wrrt'A'	UTDLW	NSC
United Meridian	UMC	NYSE
United Mobile Homes	UMH	AMEX
United Natl Bancorp	UNBJ	NNM
United News & Media ADR	UNEWY	NNM
United Park City Mns	UPK	NYSE
United Petroleum	UPET	NSC
United Restaurants	UNIR	NSC
United Restaurants Wrrt'A'	UNIRW	NSC
United Restaurants Wrrt'B'	UNIRZ	NSC
United Retail Group	URGI	NNM
United Sec Bancorp (WA)	USBN	NNM
United Stationers	USTR	NNM
United Svcs Advisors(Pfd)	USVSP	NSC
United Technologies	UTX	NYSE
United Television	UTVI	NNM
United TransNet	UT	NYSE
United Trust	UTIN	NSC
United Video Satellite Gp'A'	UVSGA	NNM
United Waste Systems	UWST	NNM
United Water Res	UWR	NYSE
United Wisconsin Svcs	UWZ	NYSE
United-Guardian Inc	UG	AMEX
Unitel Video	UNV	AMEX
UNITIL Corp	UTL	AMEX
Unitog	UTOG	NNM
Unitrin Inc	UNIT	NNM
Unitrode Corp	UTR	NYSE
Unitrode Corp Wrrt	UTRWW	NSC
Univar Corp	UVX	NYSE
Universal Automotive Inds	UVSL	NSC
Universal Auto Ind Wrrt	UVSLW	NSC
Universal Display	PANL	NSC
Universal Display Wrrt	PANLW	NSC
Universal Heights	UHTS	NSC
Universal Heights Wrrt	UHTSW	NSC
Universal Hldg Wrrt	UHCOW	NNM
Universal Self Care	USCI	NSC
Universal Self Care Wrrt'A'	USCIW	NSC
Universal Self Care Wrrt'B'	USCIZ	NSC
Univl Corp	UVV	NYSE
Univl Electronics	UEIC	NNM
Univl Foods	UFC	NYSE
Univl Forest Products	UFPI	NNM
Univl Health Realty	UHT	NYSE
Univl Health Svs Cl'B'	UHS	NYSE
Univl Holding Corp	UHCO	NNM
Univl Hospital Svcs	UHOS	NNM
Univl International	UNIV	NNM
Univl Mfg	UFMG	NSC
Univl Security Instr	USEC	NSC
Univl Seismic Assoc	USAC	NNM
Univl Stainless/Alloy Prods	USAP	NNM
Univl Standard Medl Labs	USML	NNM
Uno Restaurant Corp	UNO	NYSE
Unocal Corp	UCL	NYSE
UNR Industries	UNRI	NNM
UNUM Corp	UNM	NYSE
UNUM Corp 8.80% 'MIDS'	UND	NYSE
Upper Peninsula Energy	UPEN	NNM

Issue	Ticker	Exchange
Uranium Resources	URIX	NNM
Urban Outfitters	URBN	NNM
Urban Shopping Centers	URB	NYSE
Urethane Technologies	UTEC	NSC
UroCor Inc	UCOR	NNM
UROHEALTH Systems'A'(New)	URO	AMEX
UROHEALTH Sys Wrrt	DVS.WS	AMEX
Urologix Inc	ULGX	NNM
UroMed Corp	URMD	NNM
URS Corp	URS	NYSE
US 1 Indus	USO	NYSE
US Facilities Corp	USRE	NNM
US Order Inc	USOR	NNM
US SerVis	USRV	NNM
US WATS	USWI	NSC
US-China Indl Exchange Wrrt'A'	CHDXW	NSC
US-China Indl Exchange Wrrt'B'	CHDXZ	NSC
USA Detergents	USAD	NNM
USA Truck	USAK	NNM
USA Waste Service	UW	NYSE
USABancShares 'A'	USAB	NSC
USAir Group	U	NYSE
USAir Grp $4.375 Cv Dep Pfd	UPrB	NYSE
USBANCORP Inc (PA)	UBAN	NNM
USCI Inc	USCM	NNM
USDATA Corp	USDC	NNM
USF&G $4.10cm Cv Exch A Pfd	PHFPrA	NYSE
USF&G Corp	FG	NYSE
USF&G Pacholder Fd	PHF	AMEX
USFreightways	USFC	NNM
USG Corp	USG	NYSE
USG Corp Wrrt	USG.WS	NYSE
USLIFE Corp	USH	NYSE
USLIFE Income Fund	UIF	NYSE
USMX Inc	USMX	NNM
USP Real Est Inv Tr SBI	USPTS	NSC
UST Corp	USTB	NNM
UST Inc	UST	NYSE
UStel Inc	USTL	NSC
USX Capital LLC 'MIPS'	XLCPr	NYSE
USX Corp 6.50% Cv Pfd	XPrA	NYSE
USX-Delhi Group	DGP	NYSE
USX-Marathon Grp	MRO	NYSE
USX-U.S. Steel Group	X	NYSE
Utah Medical Products	UTMD	NNM
Utd Cap Fd L.P.9.625% CapSec'A'	UILPrA	NYSE
Utd Dominion Rlty 9.25% 'A' Pfd	UDRPrA	NYSE
UTI Energy	UTI	AMEX
UtiliCorp Capital 8.875%'MIPS'	UCUPrC	NYSE
UtiliCorp United	UCU	NYSE
UtiliCorp United $2.05 Pref	UCUPrA	NYSE
UTILX Corp	UTLX	NNM
UUNET Technologies	UUNT	NNM
V Band Corp	VBAN	NNM
V.F. Corp	VFC	NYSE
Va Pwr Cap Tr 1 8.05% Pfd	VELPrT	NYSE
Vaal Reefs Ex&Mng ADR	VAALY	NSC
VAALCO Energy	VEIX	NSC
Vacation Break U.S.A.	VBRK	NNM
Vacu-dry Co	VDRY	NNM

Issue	Ticker	Exchange
Valassis Communications	VCI	NYSE
Valence Technology	VLNC	NNM
Valero Energy	VLO	NYSE
Valero Energy $3.125 Cv Pfd	VLOPr	NYSE
Valhi Inc	VHI	NYSE
Vallen Corp	VALN	NNM
Valley Fed Svgs Bk Sheffield	VAFD	NSC
Valley Forge	VF	AMEX
Valley Forge Scientific	VLFG	NSC
Valley Natl Bancorp	VLY	NYSE
Valley Resources	VR	AMEX
Valley Systems	VALE	NNM
ValliCorp Holdings	VALY	NNM
Valmet Corp ADS	VA	NYSE
Valmont Indus	VALM	NNM
Valspar Corp	VAL	NYSE
Value City Dept Stores	VCD	NYSE
Value Health Inc	VH	NYSE
Value Holdings	VALH	NSC
Value Line	VALU	NNM
Value Property Trust	VLP	NYSE
ValueVision Intl'A'	VVTV	NNM
ValuJet Airlines	VJET	NNM
Van Kam Am Cap Adv Mun II	VKI	AMEX
Van Kam Am Cap Adv Muni	VKA	NYSE
Van Kam Am Cap Adv PA Mun	VAP	NYSE
Van Kam Am Cap Bd	ACB	NYSE
Van Kam Am Cap CA Muni	VKC	AMEX
Van Kam Am Cap CA Qual Mun	VQC	NYSE
Van Kam Am Cap CA Val Mun	VCV	NYSE
Van Kam Am Cap Cv Sec	ACS	NYSE
Van Kam Am Cap FL Mun Op	VOF	AMEX
Van Kam Am Cap FL Qual Mun	VFM	NYSE
Van Kam Am Cap Hi Inc	VLT	NYSE
Van Kam Am Cap Inc Tr	ACD	NYSE
Van Kam Am Cap Ins Muni	VIM	NYSE
Van Kam Am Cap Interm	VIT	NYSE
Van Kam Am Cap Inv Gr Mun	VGM	NYSE
Van Kam Am Cap Inv Grade	VIG	NYSE
Van Kam Am Cap InvGr CA Mun	VIC	NYSE
Van Kam Am Cap InvGr FL Mun	VTF	NYSE
Van Kam Am Cap InvGr NJ Mun	VTJ	NYSE
Van Kam Am Cap InvGr NY Mun	VTN	NYSE
Van Kam Am Cap InvGr PA Mun	VTP	NYSE
Van Kam Am Cap MA Val Mun	VMV	AMEX
Van Kam Am Cap Mun Inc	VMT	NYSE
Van Kam Am Cap Mun Opp II	VOT	NYSE
Van Kam Am Cap Mun Tr	VKQ	NYSE
Van Kam Am Cap Muni Opp	VMO	NYSE
Van Kam Am Cap NJ Val Mun	VJV	AMEX
Van Kam Am Cap NY Qual Mun	VNM	NYSE
Van Kam Am Cap NY Val Mun	VNV	NYSE
Van Kam Am Cap OH Qual Mun	VOQ	NYSE
Van Kam Am Cap OH Val Mun	VOV	AMEX
Van Kam Am Cap PA Qual Mun	VPQ	NYSE
Van Kam Am Cap PA Val Mun	VPV	NYSE
Van Kam Am Cap Sel Sec Mun	VKL	AMEX
Van Kam Am Cap Str Sec Mun	VKS	NYSE
Van Kam Am Cap Value Muni	VKV	NYSE
Van Ommeren	VOCCN	AM

Issue	Ticker	Exchange
Vanderbilt Gold	VGO	PC
Vanguard Airlines	VNGD	NSC
Vanguard Cellular Sys	VCELA	NNM
Vanguard Real Estate Fd II	VRT	AMEX
Vans Inc	VANS	NNM
Vanstar Corp	VST	NYSE
Vantive Corp	VNTV	NNM
Varco Int'l	VRC	NYSE
Vari-L Company	VARL	NNM
Varian Associates	VAR	NYSE
VariFlex Inc	VFLX	NNM
Varity Corp	VAT	NYSE
Varlen Corp	VRLN	NNM
Varsity Spirit	VARS	NNM
Vasomedical Inc	VASO	NSC
Vastar Resources	VRI	NYSE
Vaughn Communications	VGHN	NNM
VDC Corp	VDCLF	NSC
Vector Aeromotive	VCAR	NSC
Vector Aeromotive Wrrt	VCARW	NSC
Vector Aeromotive Wrrt	VCARL	NSC
Vectra Banking	VTRA	NNM
Vectra Bkg 9.50%'A'Pfd	VTRAP	NSC
VECTRA Technologies	VCTR	NNM
Veeco Instruments	VECO	NNM
Velcro Indus NV	VELCF	NSC
Vencor Inc	VC	NYSE
Vengold Inc	VENGF	NNM
Ventritex Inc	VNTX	NNM
Ventura Cnty Natl Bancorp	VCNB	NNM
Venture Seismic Ltd	VSEIF	NNM
Venture Seismic Ltd Wrrt	VSEWF	NNM
Venture Stores	VEN	NYSE
Venture Strs $3.25 Cv Dep Pfd	VENPr	NYSE
Venturian Corp	VENT	NNM
VeriFone Inc	VFI	NYSE
Veritas Music Entertainment	VMEI	NSC
Veritas Music Entmt Wrrt	VMEIW	NNM
VERITAS Software	VRTS	NNM
Verity Inc	VRTY	NNM
Vermont Fin'l Svcs	VFSC	NNM
Vermont Pure Hldgs Ltd	VPUR	NSC
Vermont Teddy Bear	BEAR	NNM
Vernitron Corp	VRNT	NSC
Vernitron $1.20 Exch Pfd	VRNTP	NSC
Versa Technologies	VRSA	NNM
Versar Inc	VSR	AMEX
Vertex Communic'ns	VTEX	NNM
Vertex Industries	VETX	NSC
Vertex Pharmaceuticals	VRTX	NNM
Vesta Insurance Group	VTA	NYSE
Vestaur Securities	VES	NYSE
Vestro Natural Foods	VEST	NSC
Veterinary Ctrs of Amer	VCAI	NNM
Viacom Inc Cl'A'	VIA	AMEX
Viacom Inc Cl'B'	VIA.B	AMEX
Viacom Inc'97 Wrrt	VIA WS.C	AMEX
Viacom Inc'99 Wrrt	VIA WS.E	AMEX
VIASOFT Inc	VIAS	NNM
Vical Inc	VICL	NNM

Issue	Ticker	Exchange
Vicon Indus	VII	AMEX
Vicor Corp	VICR	NNM
VICORP Restaurants	VRES	NNM
VictorMaxx Technologies	VMAX	NSC
Victormaxx Technologies Wrrt	VMAXW	NSC
Vidamed Inc	VIDA	NNM
Video Display	VIDE	NNM
Video Jukebox Ntwk	JUKE	NSC
Video Lottery Tech	VLTS	NNM
Video Sentry	VSEN	NNM
Video Update	VUPDA	NNM
Video Update Wrrt'A'	VUPDW	NNM
Video Update Wrrt'B'	VUPDZ	NNM
VideoLabs Inc	VLAB	NSC
VideoLan Tech	VLNT	NSC
Videolan Technologies Wrrt	VLNTW	NSC
Videonics Inc	VDNX	NNM
VideoServer Inc	VSVR	NNM
Videotron Hldgs Plc 'ADS'	VRONY	NNM
Vie de France	VDEF	NNM
View Tech Inc	VUTK	NNM
View Tech Wrrt	VUTKW	NNM
Viewlogic Systems	VIEW	NNM
Viking Office Products	VKNG	NNM
Village Bancorp	VBNK	NSC
Village Green Bookstore	BOOK	NSC
Village Green Bookstore Wrrt	BOOKW	NSC
Village Super Market'A'	VLGEA	NNM
VIMRx Pharmaceuticals	VMRX	NSC
VIMRx Pharma Wrrt'B'	VMRXZ	NSC
Vina Concha y Toro ADS	VCO	NYSE
Vincam Group	VCAM	NNM
Vinings Invstmt Prop	VIPSC	NSC
Vinland Property Tr SBI	VIPTS	NSC
Vintage Petroleum	VPI	NYSE
Vion Pharmaceuticals	VION	NSC
Vion Pharmaceuticals Unit	VIONU	NSC
Vion Pharmaceuticals Wrrt'A'	VIONW	NSC
Vion Pharmaceuticals Wrrt'B'	VIONZ	NSC
Virco Mfg	VIR	AMEX
Virginia Beach Fed Finl	VABF	NNM
Virginia El & Pwr $5 Pfd	VELPrE	NYSE
Virginia First Financial	VFFC	NNM
Viridian Inc	V	TS
ViroGroup Inc	VIRO	NSC
Vishay Intertechnology	VSH	NYSE
Visio Corp	VSIO	NNM
Vision-Sciences Inc	VSCI	NNM
Visioneer Inc	VSNR	NNM
Vista 2000 Inc	VISTE	NNM
Vista 2000 Wrrt'A'	VISWE	NNM
Vista Bancorp	VBNJ	NSC
VISTA Info Solutions	VINF	NSC
VISX Inc	VISX	NNM
Vital Signs	VITL	NNM
VitalCom Inc	VCOM	NNM
Vitalink Pharmacy	VTLK	NNM
Vitesse Semiconductor	VTSS	NNM
Vitran Corp	VTNAF	NNM
Vitro,Sociedad Anonima ADS	VTO	NYSE

Issue	Ticker	Exchange
Vitronics Corp	VTC	AMEX
Vivra Inc	V	NYSE
Vivus Inc	VVUS	NNM
VLSI Technology	VLSI	NNM
VMARK Software	VMRK	NNM
VocalTec Ltd	VOCLF	NNM
Vodafone Group ADR	VOD	NYSE
Vodavi Technology	VTEK	NNM
Voice Control Systems	VCSI	NNM
Voice It Worldwide	MEMO	NSC
Voice Powered Tech Intl	VPTI	NSC
Voice Powered Tech Intl Wrrt	VPTIW	NSC
Volt Info Sciences	VOLT	NNM
Volunteer Capital	VCC	NYSE
Volvo AB 'B' ADR	VOLVY	NNM
Vons Cos	VON	NYSE
Vornado Realty Trust	VNO	NYSE
Voxel	VOXL	NSC
Voxel Wrrt	VOXLW	NSC
Voyageur Arizona Muni Income	VAZ	AMEX
Voyageur CO Ins Muni Income	VCF	AMEX
Voyageur FL Insured Muni Inc	VFL	AMEX
Voyageur Minn Muni Income	VMN	AMEX
Voyageur Minn Muni Income II	VMM	AMEX
Voyageur Minn Muni Income III	VYM	AMEX
VSE Corp	VSEC	NNM
VSI Enterprises	VSIN	NSC
Vtel Corp	VTEL	NNM
Vulcan Int'l Corp	VUL	AMEX
Vulcan Materials	VMC	NYSE
VWR Scientific Products	VWRX	NNM
Vyrex Corp Unit	VYRXU	NSC
Vyrex Corp	VYRX	NSC
Vyrex Corp Wrrt	VYRXW	NSC
W D-40 Co	WDFC	NNM
Waban Inc	WBN	NYSE
Wabash National	WNC	NYSE
Wachovia Corp	WB	NYSE
Wackenhut Corp Cl'A'	WAK	NYSE
Wackenhut Corp'B'	WAK B	NYSE
Wackenhut Corrections	WHC	NYSE
Wacoal Corp ADS	WACLY	NSC
Wahlco Enviro Systems	WAL	NYSE
Wainoco Oil	WOL	NYSE
Wainwright Bank & Trust	WAIN	NNM
Wal-Mart Stores	WMT	NYSE
Walbro Corp	WALB	NNM
Walden Bancorp	WLDN	NNM
Walden Residential Prop	WDN	NYSE
Walgreen Co	WAG	NYSE
Walker Interactive Sys	WALK	NNM
Wall Data	WALL	NNM
Wall Street Deli	WSDI	NNM
Wallace Computer Svc	WCS	NYSE
Walnut Financial Services	WNUT	NNM
Walsh Intl	WSHI	NNM
Walshire Assurance	WALS	NNM
Walter Industries	WLTR	NNM
Wandel & Goltermann Tech	WGTI	NNM
Wanderlust Interactive	LUST	NSC

Issue	Ticker	Exchange
Wanderlust Interactive Wrrt	LUSTW	NSC
Wang Laboratories	WANG	NNM
Wang Labs Wrrt	WANGW	NNM
Warnaco Group'A'	WAC	NYSE
Warner Insurance Svcs	WISI	NSC
Warner-Lambert	WLA	NYSE
Warp 10 Technologies	WARPF	NSC
Warrantech Corp	WTEC	NNM
Warren Bancorp	WRNB	NNM
Wash Nat'l Gas 7.45%Sr II Pfd	WNGPr	NYSE
Wash Nat'l Gas 8.50%Sr III Pfd	WNGPrA	NYSE
Washington Constr Grp	WAS	NYSE
Washington Energy	WEG	NYSE
Washington Federal	WFSL	NNM
Washington Gas Lt	WGL	NYSE
Washington Homes	WHI	NYSE
Washington Mutual	WAMU	NNM
Wash Mutual $6 Cv Per'D'Pfd	WAMUN	NNM
Washington Mutual $2.28'C'Pfd	WAMUO	NNM
Washington Mutual 7.60% 'E' Pfd'	WAMUM	NNM
Washington National	WNT	NYSE
Washington Natl $2.50 Cv Pfd	WNTPr	NYSE
Washington Post'B'	WPO	NYSE
Washington REIT SBI	WRE	AMEX
Washington Savings Bank	WSB	AMEX
Washington Scientific	WSCI	NSC
Washington Trust Bancorp	WASH	NNM
Washington Water Pwr	WWP	NYSE
Waste Mgmt Intl plc ADS	WME	NYSE
Waste Technology	WTEK	NSC
Water-Jel Tech	BURN	NSC
Water-Jel Technol Wrrt'A'	BURNZ	NSC
Waterford Wedgwood plcADS	WATFZ	NNM
Waterhouse Investor Svc	WHO	NYSE
Watermarc Food Mgmt	WAMA	NSC
Watermarc Food Mgmt 9% Cv Pfd	WAMAP	NSC
Watermarc Food Mgmt Wrrt'A'	WAMAW	NSC
Waters Corp	WAT	NYSE
Waters Instruments	WTRS	NNM
Watkins-Johnson	WJ	NYSE
Watsco Inc Cv Cl'B'	WSO.B	AMEX
Watsco, Inc	WSO	NYSE
Watson General Corp	WGEN	NSC
Watson Pharmaceuticals	WATS	NNM
Watts Industries'A'	WTS	NYSE
Wausau Paper Mills	WSAU	NNM
Wave Systems 'A'	WAVX	NNM
Wave Technologies Intl	WAVT	NNM
WavePhore Inc	WAVO	NNM
Waverly Inc	WAVR	NNM
Wavetech Inc	ITEL	NSC
Waxman Indus	WAX	NYSE
Wayne Svgs & Ln	WAYN	NSC
WCI Steel	WRN	NYSE
Weatherford Enterra	WII	NYSE
Webb (Del) Corp	WBB	NYSE
Webco Industries	WEB	AMEX
Webster City Fed Svgs Bk	WCFB	NSC
Webster Financial	WBST	NNM
Weeks Corp	WKS	NYSE

Issue	Ticker	Exchange
Wegener Corp	WGNR	NSC
Weingarten Rlty SBI	WRI	NYSE
Weirton Steel	WS	NYSE
Weis Markets	WMK	NYSE
Weitek Corp	WWTK	NNM
Weitzer Homebuilders 'A'	WTZRA	NNM
Welcome Home	WELC	NNM
Weldotron Corp	WLD	AMEX
WellCare Management Group	WELLE	NNM
Wellco Enterprises	WLC	AMEX
Wellington Properties Trust	WLPT	NSC
Wellman Inc	WLM	NYSE
Wellpoint Hlth Networks	WLP	NYSE
Wells Fargo	WFC	NYSE
Wells Fargo 8.875% Dep Pfd	WFCPrD	NYSE
Wells Fargo 9% 'C' Dep Pfd	WFCPrC	NYSE
Wells Fargo 9% Dep Pfd	WFCPrG	NYSE
Wells Fargo 9.875% Dep Pfd	WFCPrF	NYSE
Wells Fargo Adj Rt B Pfd	WFCPrB	NYSE
Wells Financial	WEFC	NNM
Wells-Gardner Electr	WGA	AMEX
Wellsford Residential Prop Tr	WRP	NYSE
Wellsford Res Prop Tr 9.65% Pfd	WRPPrB	NYSE
Wellsford Res Prop'A'Cv Pfd	WRPPr	NYSE
Wendt-Bristol Health Svcs	WMD	AMEX
Wendt-Bristol Health Wrrts	WMD.WS	AMEX
Wendy's Intl	WEN	NYSE
Werner Enterprises	WERN	NNM
Wesbanco Inc	WSBC	NNM
Wescast Industries 'A'	WCSTF	NNM
Wesco Financial	WSC	AMEX
West Co	WST	NYSE
West Coast Bancorp(Fla)	WBAN	NNM
West Coast Entertainment	WCEC	NNM
West Jersey Bancshares	WJBS	NSC
West Marine	WMAR	NNM
West Penn Pwr 4 1/2%cmPfd	WSPPr	NYSE
West Penn Pwr 8.00% 'QUIDS'	WQP	NYSE
Westamerica Bancorporation	WABC	NNM
WestAmerica Corp	WACC	NSC
Westbank Corp	WBKC	NNM
Westbridge Capital	WBC	NYSE
Westco Bancorp	WCBI	NNM
Westcoast Energy	WE	NYSE
Westcorp, Inc	WES	NYSE
Westell Technologies'A'	WSTL	NNM
Westerbeke Corp	WTBK	NSC
WesterFed Financial	WSTR	NNM
Western Atlas	WAI	NYSE
Western Beef Inc	BEEF	NNM
Western Country Clubs	WCCI	NSC
Western Deep Levels ADR	WDEPY	NSC
Western Digital	WDC	NYSE
Western Fidelity Funding	WFFI	NSC
Western Gas Resources	WGR	NYSE
Western Gas Res $2.625 Cv Pfd	WGRPrA	NYSE
Western Gas Res$2.28 cm Pfd	WGRPr	NYSE
Western Inv RE Tr SBI	WIR	AMEX
Western Micro Techn'gy	WSTM	NNM
Western National	WNH	NYSE

Issue	Ticker	Exchange
Western Ohio Finl	WOFC	NNM
Western Pacific Airlines	WPAC	NNM
Western Power & Equip	WPEC	NNM
Western Resources	WR	NYSE
Western Res Cap 7.875%'QUIPS'	WRPrA	NYSE
Western Staff Services	WSTF	NNM
Western Star Trucks Hldg	WSH	AMEX
Western Transmedia	WTSM	NSC
Western Transmedia Wrrt	WTSMW	NSC
Western Water	WWTR	NNM
Western Wireless'A'	WWCA	NNM
Westernbank Puerto Rico	WBPR	NNM
Westinghouse Air Brake	WAB	NYSE
Westinghouse Elec	WX	NYSE
Westmark Group Hldgs	WGHI	NSC
Westmin Resources Ltd	WMI	TS
Westmoreland Coal	WCX	NYSE
Westmoreld Coal Cv Dep Ex Pfd	WCXPrA	NYSE
Weston (George) Ltd	WN	TS
Weston(Roy F)'A'	WSTNA	NNM
Westpac Banking ADS	WBK	NYSE
Westpoint Stevens	WPSN	NNM
Westport Bancorp	WBAT	NNM
Westvaco Corp	W	NYSE
Westwood Corp	WNMP	NSC
Westwood One	WONE	NNM
Wet Seal Cl'A'	WTSLA	NNM
Weyco Group	WEYS	NNM
Weyerhaeuser Co	WY	NYSE
WFS Bancorp	WBCI	NNM
WFS Financial	WFSI	NNM
Wharf Resources Ltd	WFRAF	NNM
What A World	WHAT	NSC
What A World Wrrt	WHATW	NSC
Wheelabrator Tech	WTI	NYSE
WHG Bancshares	WHGB	NSC
Whirlpool Corp	WHR	NYSE
White River	WHRC	NNM
Whitehall Corp	WHT	NYSE
Whitewing Labs	WWLI	NSC
Whitewing Labs Wrrt	WWLIW	NSC
Whitman Corp	WH	NYSE
Whitman Education Group	WIX	AMEX
Whitney Holding	WTNY	NNM
Whittaker Corp	WKR	NYSE
Whittman-Hart Inc	WHIT	NNM
Whole Foods Market	WFMI	NNM
Wholesome & Hearty Foods	WHFI	NNM
WHX Corp	WHX	NYSE
WHX Corp'A'Cv Pfd	WHXPr	NYSE
WHX Corp'B'Cv Pfd	WHXPrB	NYSE
Wickes Lumber	WIKS	NNM
WICOR, Inc	WIC	NYSE
WideCom Group	WIDEF	NSC
WideCom Group Wrrt	WIDWF	NSC
Wiley(John)Sons 'A'	JW.A	NYSE
Wiley(John)Sons 'B'	JW.B	NYSE
Willamette Indus	WMTT	NNM
Williamette Vy Vineyards Inc	WVVI	NSC
Williams Coal Seam Gas Rlty	WTU	NYSE

Issue	Ticker	Exchange
Williams Controls	WMCO	NNM
Williams Cos	WMB	NYSE
Williams Cos $2.21 cm Pfd	WMBPrA	NYSE
Williams Cos 9.60%'QUICS'	WMZ	NYSE
Williams-Sonoma	WSGC	NNM
Willis Corroon Group ADS	WCG	NYSE
Wilmar Industries	WLMR	NNM
Wilmington Trust Corp	WILM	NNM
Wilshire Oil Texas	WOC	NYSE
Wilshire Technologies	WIL	AMEX
Wind River Systems	WIND	NNM
Windmere Corp	WND	NYSE
Winfield Capital	WCAP	NSC
Winfield Capital Wrrt	WCAPW	NSC
Winland Electronics	WLET	NSC
Winn-Dixie Stores	WIN	NYSE
Winnebago Indus	WGO	NYSE
Winners Entertainment	WINS	NSC
WinsLoew Furniture	WLFI	NNM
Winstar Communications	WCII	NNM
Winston Hotels	WINN	NNM
Winston Resources	WRS	AMEX
Winter Sports	WSKI	NSC
Winthrop Resources	WINR	NNM
Winton Financial	WFCO	NSC
Wireless Cable Atlanta	WCAI	NSC
Wireless One	WIRL	NNM
Wireless Telecom	WTT	AMEX
Wisc Pwr/Lt 4 1/2cm Pfd vtg	WISPr	AMEX
Wisconsin Central Trans	WCLX	NNM
Wisconsin Energy Corp	WEC	NYSE
Wiser Oil	WZR	NYSE
Witco Corp	WIT	NYSE
Wiz Technology	WIZ.EC	ECM
Wiztec Solutions	WIZTF	NNM
WLR Foods Inc	WLRF	NNM
WMC Ltd ADS	WMC	NYSE
WMS Industries	WMS	NYSE
WMX Technologies	WMX	NYSE
Wolf (Howard B)	HBW	AMEX
Wolohan Lumber	WLHN	NNM
Wolters Kluwer Nv	WOSIN	AM
Wolverine Tube	WLV	NYSE
Wolverine World Wide	WWW	NYSE
Wonderware Corp	WNDR	NNM
Wood Bancorp	FFWD	NSC
Woodhead Indus	WDHD	NNM
Woodroast Sys Wrrt	WRSIW	NSC
Woodroast Systems	WRSI	NSC
Woolworth Corp	Z	NYSE
Woolworth Corp $2.20 Cv Pfd	ZPrA	NYSE
Workgroup Technology	WKGP	NNM
Workingmens Cap Hldgs	WCHI	NNM
World Acceptance	WRLD	NNM
World Airways	WLDA	NNM
World Color Press	WRC	NYSE
World Fuel Services	INT	NYSE
WorldCom Inc	WCOM	NNM
WorldCorp Inc	WOA	NYSE
Worldtalk Communications	WTLK	NNM

Issue	Ticker	Exchange
Worldtex Inc	WTX	NYSE
Worldwide Dollarvest Fund	WDV	NYSE
Worldwide Value Fund	VLU	NYSE
Worthington Foods	WFDS	NNM
Worthington Indus	WTHG	NNM
WPI Group	WPIC	NNM
WPL Holdings	WPH	NYSE
WPP Group ADS	WPPGY	NNM
WPS Resources	WPS	NYSE
Wrigley, (Wm) Jr	WWY	NYSE
WSFS Financial	WSFS	NNM
WSMP, Inc	WSMP	NNM
WTD Industries	WTDI	NNM
WVS Financial	WVFC	NNM
Wyle Electronics	WYL	NYSE
Wyman-Gordon	WYMN	NNM
Wyndham Hotel	WYN	NYSE
Wynn's Intl	WN	NYSE
X-Rite Inc	XRIT	NNM
XATA Corp	XATA	NNM
XcelleNet Inc	XNET	NNM
XCL Ltd	XCL	AMEX
Xechem Intl	ZKEM	NSC
Xechem Intl Wrrt	ZKEMW	NNM
Xeikon N.V. ADR	XEIKY	NNM
Xenometrix Inc	XENO	NSC
Xenometrix Inc Wrrt	XENOW	NSC
Xenova Group ADS	XNVAY	NNM
Xerox Corp	XRX	NYSE
XETA Corp	XETA	NNM
XeTel Corp	XTEL	NNM
Xicor Inc	XICO	NNM
Xilinx Inc	XLNX	NNM
Xiox Corp	XIOX	NSC
Xircom Inc	XIRC	NNM
XOMA Corp	XOMA	NNM
Xpedite Systems	XPED	NNM
Xplor Corp	XPLR	NSC
Xscribe Corp	XSCR	NSC
XTRA Corp	XTR	NYSE
XXsys Technologies	XSYS	NSC
XXsys Technology Wrrt	XSYSW	NSC
Xylan Corp	XYLN	NNM
Xytronyx Inc	XYX	AMEX
Yahoo Inc	YHOO	NNM
Yankee Energy System	YES	NYSE
Yardville Natl Banc	YANB	NNM
Yellow Corp	YELL	NNM
Yes Clothing	YSCO	NSC
Yes Entertainment	YESS	NNM
YieldUP Intl	YILD	NSC
YieldUP Intl Unit	YILDU	NSC
YieldUp Intl Wrrt 'B'	YILDZ	NSC
YieldUP Intl Wrrt'A'	YILDW	NSC
Yonkers Financial	YFCB	NNM
York Financial	YFED	NNM
York Group	YRKG	NNM
York International	YRK	NYSE
York Research	YORK	NNM
Young Broadcasting'A'	YBTVA	NNM

Issue	Ticker	Exchange
Youth Services Int'l	YSII	NNM
YPF Sociedad Anonima ADS	YPF	NYSE
Z Seven Fund	ZSEV	NNM
Zale Corp	ZALE	NNM
Zale Corp Wrrt'A'	ZALEW	NNM
Zanart Entmt	ZANA	NSC
Zanart Entmt Unit	ZANAU	NSC
Zanart Entmt Wrrt'A'	ZANAW	NSC
Zapata Corp	ZAP	NYSE
Zaring Homes	ZHOM	NNM
Zebra Technologies'A'	ZBRA	NNM
Zeigler Coal Holding	ZEI	NYSE
Zemex Corp	ZMX	NYSE
Zeneca Group ADR	ZEN	NYSE
Zenith Electronics	ZE	NYSE
Zenith Natl Insurance	ZNT	NYSE
Zenix Income Fund	ZIF	NYSE
Zero Corp	ZRO	NYSE
Ziegler Cos	ZCO	AMEX
Zila Inc	ZILA	NSC
Zilog Inc	ZLG	NYSE
Zing Technologies	ZING	NNM
Zions Bancorp	ZION	NNM
Zitel Corp	ZITL	NNM
Zoll Medical	ZOLL	NNM
Zoltek Co	ZOLT	NNM
Zomax Optical Media	ZOMX	NNM
Zonagen Inc	ZONA	NSC
Zoom Telephonics	ZOOM	NNM
Zoran Corp	ZRAN	NNM
Zurich Reinsurance Centre	ZRC	NYSE
Zurn Indus	ZRN	NYSE
Zweig Fund	ZF	NYSE
Zweig Total Return Fd	ZTR	NYSE
Zycad Corp	ZCAD	NNM
Zycon Corp	ZCON	NNM
Zydeco Energy	ZNRG	NSC
Zydeco Energy Wrrt	ZNRGW	NSC
Zygo Corp	ZIGO	NNM
Zynaxis Inc	ZNXS	NSC
Zytec Corp	ZTEC	NNM

About the Author

Standard & Poor's, a division of The McGraw-Hill Companies, is the nation's leading securities information company. It provides a broad range of financial services, including the respected debt ratings and stock rankings, advisory services, data guides, and the most closely watched and widely reported gauges of stock market activity—the S&P 500, S&P MidCap 400, S&P SmallCap 600, and the S&P Super Composite 1500 stock price indexes. Standard & Poor's products are marketed around the world and used extensively by financial professionals and individual investors.